LA FONTAINE DES INNOCENTS

Bien qu'il ait été successivement professeur d'histoire contemporaine, éditorialiste à L'Express durant dix ans, député à l'Assemblée nationale, secrétaire d'Etat, puis député européen, Max Gallo est d'abord un écrivain qui a déjà publié une œuvre importante qui compte plus de quarante livres.
Dans ses romans (La Baie des Anges, – *une trilogie tirée à 500 000 exemplaires,* Un pas vers la mer, Une affaire publique, Le Regard des femmes *et plus d'une quinzaine d'autres), ses études historiques* (La Nuit des longs couteaux, etc.), *ses biographies (*Garibaldi, Vallès, Robespierre, Jaurès, Rosa Luxemburg), *ses essais* (La gauche est morte, vive la gauche *et bien d'autres), il tente de raconter et de comprendre comment vivent, pensent, aiment, créent les êtres, comment ils peuvent conquérir leur liberté dans la société et face aux systèmes, aux préjugés, aux déterminations qui les mutilent.*
Il est marié et père d'un enfant de huit ans.
Une affaire intime *(roman publié en 1978) a été adapté au cinéma sous le titre* Boulevard des Assassins, *mis en scène par Boramy Tioulong, avec comme principaux interprètes Marie-France Pisier et Jean-Louis Trintignant.*
Son dernier roman publié, L'Amour au temps des solitudes *(Fayard), prolonge l'exploration et la peinture des mœurs et sentiments de notre temps commencée avec* La Fontaine des Innocents.

Cela commence avec la nuit qui tombe, un soir de décembre 1989, autour de la Fontaine des Innocents, dans le quartier des Halles, à Paris.
Une jeune femme, Anne-Marie Bermont, est agressée au milieu de la foule. Ce n'est même pas un fait divers, à peine un incident comme il s'en produit chaque jour des dizaines dans l'immense capitale. Mais, pour Anne-Marie, le coup qu'on lui a porté déchire la trame de son existence.
Max Gallo suit cette jeune femme, victime de ce qu'est devenue la Ville. Il mène l'enquête, fait sortir de l'ombre une foule de personnages dont les vies se croisent.
Les figures du Paris d'aujourd'hui, les lieux, s'ordonnent ainsi autour d'Anne-Marie Bermont et composent des scènes de la vie parisienne fin de siècle.
La Fontaine des Innocents est donc aussi, comme tout grand roman, un témoignage. Mais les personnages qui y sont campés apparaissent d'emblée comme plus vrais que ceux dont parlent

(Suite au verso.)

les journaux. Et ce sont les noms des héros de ce roman qu'on retiendra.
Qu'un crime se produise, bousculant l'échiquier où chaque personnage a sa place, et c'est Paris qui tremble, cependant que s'avancent, pour étouffer l'affaire, les proches du pouvoir. Alors s'engage entre ceux qui veulent faire la lumière, policiers, journalistes, et ceux qui veulent l'étouffer, une lutte serrée, impitoyable, dans laquelle, malgré elle, Anne-Marie Bermont va se trouver impliquée.
La Fontaine des Innocents témoigne de l'atmosphère, des machinations, des ambitions perdues, des élans, des hypocrisies, de la fin de l'" innocence ", des petitesses et des passions du Paris de notre temps.

Paru dans Le Livre de Poche

FRANCE.
UN CRIME TRÈS ORDINAIRE.
LE BEAU RIVAGE.
BELLE ÉPOQUE.
LA ROUTE NAPOLÉON.

MAX GALLO

La Fontaine des Innocents

ROMAN

FAYARD

Pour David, compagnon des aubes laborieuses.

Naturellement, aucune confusion n'est possible entre les personnages et les situations de ce roman, imaginaires, comme il va de soi, et la réalité.

Tout y est vraisemblable, mais seuls les lieux sont vrais.

M.G.

« Paris est un véritable océan. Jetez-y la sonde, vous n'en connaîtrez jamais la profondeur. Parcourez-le, décrivez-le. Quelque soin que vous mettiez à le parcourir, à le décrire, quelque nombreux et intéressés que soient les explorateurs de cette mer, il s'y rencontrera toujours un lieu vierge, un antre inconnu, des fleurs, des perles, des monstres, quelque chose d'inouï, oublié par les plongeurs littéraires. »

BALZAC,
Le Père Goriot.

« Paris de nos malheurs Paris du Cours-la-Reine
Paris des Blancs-Manteaux Paris de Février
Du Faubourg Saint-Antoine aux coteaux de Suresnes
Paris plus déchirant qu'un cri de vitrier. »

ARAGON,
Plus belle que les larmes.

1

Elle s'appelait Anne-Marie Bermont.

Sur le pont du Châtelet elle avait relevé le capuchon de son manteau, enfoncé les mains dans ses poches ; la chaleur de la fourrure lui avait donné une sensation de bien-être et presque de gaieté.

Elle avait marché plus lentement, comme on flâne, la bruine glacée lui mouillant les lèvres, le front, et elle s'était arrêtée au milieu du pont, le corps appuyé à la balustrade de pierre, le visage dans ce qui ressemblait à des embruns douceâtres.

Et, en quelques minutes, son humeur avait changé.

Elle avait froid, à cause du vent qui glissait de part et d'autre de son visage, dans le capuchon, s'insinuant le long de son dos, sous sa robe.

Elle avait peur de cette coulée d'eau noire et de silence qui séparait Paris en deux.

Elle recula comme si elle avait craint d'être attirée par le fleuve, puis elle pensa qu'elle n'avait jamais su choisir. Elle n'était finalement qu'une femme seule avec un enfant. Tout cela si lourd pour elle.

Elle le savait, elle l'éprouvait. Sa vie était une guerre qu'elle avait déjà perdue.

Elle se remit à marcher, vite, tête baissée, surprise de cette angoisse soudaine, de ces images qui envahissaient son esprit : cette boutique de la via Veneto, à Rome, proche de l'hôtel où ils étaient descendus, le manteau en vitrine, Benoît Rimberg qui voulait le lui offrir, et elle refusait, s'éloignant de lui qui répétait : « Tu as tort, c'est pour moi, pour mon plaisir, je ne suis qu'égoïste. »

Le lendemain matin, elle entrait seule dans la boutique, elle montrait ce manteau austère, d'une coupe presque militaire avec ce capuchon. Elle disait d'une voix forte, comme si la vendeuse avait été au courant de leur débat et qu'elle dût prendre acte de la décision : « Oui, je l'achète, moi, tout de suite. »

Une folie, un manteau de vison dont elle se disait, en payant, qu'elle ne le porterait jamais, mais c'était un acte de défi, une provocation, le signe de son indépendance, une manière de rappeler à Benoît qu'elle ne capitulerait jamais devant lui, et – l'avait-elle su alors ? – sa façon de lui dire adieu.

Peu après leur retour à Paris, ils avaient rompu, sans éclat, comme un lien qui lâche fil à fil, et ils ne s'étaient plus revus que de temps à autre, par hasard, dans un restaurant, ou même une fois place du Palais-Royal, à la station de taxis. Ils s'embrassaient. Benoît Rimberg lui serrait le poignet, posait sa main sur son épaule et, du bout des doigts, lui caressait la nuque sous les cheveux. « Comment vas-tu ? Et ta fille ? »

Rien, plus rien, sinon les convenances et ce malaise du souvenir, des mots d'autrefois qui revenaient la surprendre, ce soir, et qu'elle tentait de réduire en miettes en frappant fort le talon de ses bottes sur le trottoir, comme si le choc pouvait refouler ce passé qui resurgissait.

Trop tard. Tout était devenu angoisse : l'humidité poisseuse qui collait aux joues, les odeurs d'essence qui stagnaient malgré le vent, au-dessus du pont, la rumeur de l'embouteillage qui bloquait toute la chaussée et la voie sur la berge.

La place du Châtelet était fermée par la barrière des carrosseries encastrées les unes dans les autres, et, au milieu des voitures, gesticulait, dérisoire, la silhouette blanche d'un agent qui, sifflant et criant, semblait appeler au secours.

Qu'est-ce qu'elle faisait là, elle, Anne-Marie Bermont, une semaine avant Noël, dans ce quartier qu'elle n'avait jamais aimé, qu'elle ne connaissait plus – des années qu'elle ne traversait pas le pont du Châtelet à pied ! Mais le chauffeur de taxi avait refusé d'aller plus loin, la déposant à l'angle du quai de l'Horloge : « Vous voyez bien, avait-il dit, c'est la merde, payez-moi ou ne me payez pas, je m'en fous, je m'arrête. »

Il s'était retourné, appuyant son bras sur le dossier du siège, et elle avait reculé ; ce visage gras, gris, une moustache incrustée dans des chairs molles, lui faisait horreur.

Elle avait tendu un billet et claqué la portière cependant qu'il se penchait, l'injuriait, et les mots s'étaient perdus dans le bruit des moteurs.

Elle s'était engagée sur le pont qu'elle quittait maintenant, se faufilant entre les voitures, passant près du policier qui gesticulait, et tout à coup elle avait vu, barrant la place du Châtelet, deux rangs de C. R. S., leurs boucliers formant une carapace sur laquelle se reflétaient les phares jaunes et les feux rouges.

Ils faisaient face à une centaine de jeunes gens dont beaucoup étaient casqués et qui se tenaient épaule contre épaule, certains frappant du poing dans leur paume, tous vêtus de blousons de cuir noir et de pantalons de toile sombre avec des chaussures hautes à lacets.

Ils criaient, mais Anne-Marie ne comprenait pas les mots qu'ils lançaient – peut-être « La France aux Français » –, la peur lui serrait la gorge, faisait battre son sang si fort qu'elle n'entendait que ce martèlement sourd, comme un tambour.

Et pourtant, alors qu'elle aurait pu contourner les C.R.S., elle passa devant eux, seule, dans cet espace laissé libre, comme un couloir, une frontière qu'elle suivait, pensant à Sélim Naïr.

Elle avait croisé Sélim au début de l'après-midi dans l'escalier qui conduisait à l'étage du service de presse. Il portait des livres que les auteurs venaient de dédicacer et qu'il tenait entre ses bras en pile instable, les derniers volumes coincés sous son menton.

Elle s'était arrêtée et collée au mur pour le laisser passer, espérant un regard, peut-être même aurait-il pu lui dire un mot.

Elle lui avait touché la main, avec toujours ce sentiment de honte et de désir, d'amour et de tendresse, qui la prenait dès qu'elle le voyait, qu'elle songeait à lui.

Mais Sélim n'avait pas tourné la tête. Il avait son visage des mauvais jours, les sourcils froncés, le menton en avant, un air buté, une moue de mépris, et elle savait qu'il ne fallait pas lui parler, qu'il était comme recroquevillé – seulement, si elle avait pu le caresser, l'embrasser, il se serait peu à peu laissé aller, acceptant qu'elle l'aime, Sélim son amant, qui avait l'âge d'un fils.

Maintenant, entre ces deux groupes d'hommes face à face, elle imaginait Sélim, son visage aux lèvres charnues, ses cheveux frisés noirs et luisants, ses longues jambes serrées dans un jean délavé, ses chaussures de sport bleues à bandes blanches, Sélim que ces hommes-là, entre lesquels elle passait, auraient pourchassé, les uns et les autres, elle en était sûre.

Elle se força à marcher lentement, à détailler les traits de ces visages figés derrière une visière, s'obligeant à les défier alors qu'elle avait envie de fuir, maîtrisant son effroi qui se mêlait de colère.

Sélim en sang, elle le voyait, se tenant le front à deux mains, et elle aurait pu crier tant cette vision la désespérait, mais était-ce bien cela ou le fait de savoir – d'avoir toujours su – que sa liaison avec Sélim n'avait aucune issue ni pour elle ni pour lui ?

Elle avait séduit Sélim Naïr presque sans y prendre garde. Quand il passait dans les bureaux, distribuant le courrier, elle était heureuse de voir son corps, de deviner ses muscles sous la toile. Sa timidité et sa brusquerie d'adolescent l'émouvaient et elle s'était mise à jouer de la gêne qu'elle sentait chez lui, et ce rôle si neuf pour elle l'avait amusée, excitée, mais c'est elle qui était tombée dans le piège.

Elle avait besoin de Sélim, de sa rudesse, de ses maladresses, de sa rugosité, de ses révoltes et de ses silences. Et, cependant, elle ne supportait plus la clandestinité, les subterfuges qu'elle devait employer pour être seule chez elle, invitant sa fille à coucher chez son père.

« Mais pourquoi, maman, je n'ai aucune envie d'aller là-bas », répondait Isabelle. Et son père téléphonait, ironique : « Tu veux une permission de sortie, chère Anne-Marie ? Explique-toi clairement avec Isabelle, à quinze ans, on comprend plein de choses, tu sais ! »

Elle détestait le ton que prenait Julien, donneur de conseils, mais comment aurait-elle pu parler de Sélim à Isabelle ou à Julien ?

Elle avait traversé la place et commençait à remonter la rue Saint-Denis.

La nuit était tombée et dans la bruine les enseignes bleues rouges vertes formaient des halos où les couleurs se mêlaient, donnant aux façades des allures de décors devant lesquels passaient et repassaient des personnages caricaturaux ou grotesques, femmes vieillies et fardées aux ventres ronds et aux jupes trop courtes, aux cheveux d'un blond trop vif, voyeurs aux regards insistants qui hésitaient à suivre Anne-Marie.

Elle serrait les poings dans ses poches, se reprochant encore d'avoir choisi de faire ses courses de Noël dans ce quartier, d'avoir obéi à Isabelle qui prétendait qu'on ne trouvait le blouson qu'elle convoitait que dans une boutique bien précise des Halles.

Mais peut-être était-ce d'abord pour Sélim Naïr qu'elle était là, avec le désir de lui acheter l'une de ces chemises de toile qu'il aimait, loin des quartiers et des magasins qu'elle fréquentait ?

Elle était ici une femme anonyme dans une ville presque étrangère, avec ses putains et ses flâneurs, ses sex-shops et ses comptoirs ouverts sur la rue, ses restaurants pour touristes.

Il flottait une odeur sucrée de crêpes et de beignets. Des jeunes gens se tenaient assis sur les marches de la Fontaine des Innocents, d'autres bondissaient sur des tremplins faits de caisses, virevoltant sur leurs planches à roulettes. Un homme, une chaîne serrée autour de ses biceps et de son torse nus, sautillait et se contorsionnait au milieu d'un cercle de badauds, hurlant qu'il allait bientôt réussir à se dégager.

Anne-Marie s'arrêta un instant un peu en retrait de la foule.

Elle n'était plus venue là depuis des années, peut-être depuis qu'on avait démoli les Halles, et elle découvrait un autre quartier, d'autres gens, Noirs, Maghrébins, une foule comme on n'en rencontrait pas place Saint-Sulpice, là où elle attendait chaque jour le bus pour rentrer chez elle avec des femmes qui lui ressemblaient, qu'elle saluait d'un sourire, qu'elle croisait dans les restaurants du quartier, rue Servandoni ou rue de

Condé, et qui comme elle travaillaient dans les maisons d'édition installées dans les vieux immeubles du VIe arrondissement, derrière le jardin du Luxembourg.

Mais il avait suffi de traverser un pont, une place, de s'enfoncer dans ces rues bariolées pour qu'elle soit dépaysée, inquiète, fascinée.

On la frôlait dans ces voies piétonnes, des jeunes gens qui ressemblaient à Sélim et qui se retournaient, la tête un peu penchée sur l'épaule, avec un sourire narquois et peut-être méprisant : femme seule, avec ce capuchon, ce manteau de vison, qu'est-ce qu'elle fait là ?

Elle eut un pressentiment qu'elle tenta aussitôt de repousser : il allait lui arriver quelque chose, ici.

Elle s'en voulait de cette peur qui la saisissait. Elle se disait qu'elle cédait aux préjugés du temps, à cette inquiétude qu'inspiraient les passants dès lors qu'ils ressemblaient à Sélim, et elle s'abandonnait à son tour à ces préjugés, serrant son portefeuille dans son poing, se félicitant de ne pas avoir de sac.

Une phrase de Julien lui revenait.

Il avait appris qu'Isabelle aimait se rendre à Beaubourg, au Forum des Halles, et il avait hurlé, expliquant que c'était là-bas le Moyen Age, le retour à l'ancienne vocation de ce centre de Paris, entre la rue de la Grande-Truanderie et la Fontaine des Innocents, la drogue, les agressions... Anne-Marie et Isabelle avaient ri :

« Je suis encore le père, n'est-ce pas, j'interdis, voilà tout ! » répétait-il.

Anne-Marie avait serré sa fille contre elle : « Mais elle vit avec moi, et moi je lui fais confiance. »

« C'est le point de décomposition de la ville, son noyau pourri », avait encore dit Julien.

Elles avaient toutes deux haussé les épaules, le laissant parler tout au long du déjeuner, ce rituel qui tentait une fois par mois de reconstituer la famille brisée.

Ce soir, Anne-Marie regrettait de ne pas avoir alors appuyé Julien, défendu à Isabelle de venir ici dès qu'elle avait un moment, parce que, disait-elle « c'est libre, maman, tu as de l'espace, des jeunes qui sont ce qu'ils sont, vraiment, et pas des gens qui ont leur boulot peint sur la figure, qui portent leur uniforme. Tu comprends ? C'est pas pour les vieux, sûr ! »

Que répondre à Isabelle ?

Comment interdire alors que tout semblait possible et qu'elle-même, trente-sept ans, mère d'une fille de quinze ans, elle, Anne-Marie Bermont, éditeur-conseil, avait pour amant, de temps à autre, Sélim Naïr, qui avait à peine vingt ans, peut-être même pas dix-neuf.

Elle n'avait en fait jamais osé lui demander son âge. Vingt ans : presque le temps qui les séparait.

Comment aurait-elle pu décréter, comme le faisait Julien, qu'il fallait faire ceci ou cela ? Au nom de quoi ? Seulement de la prudence ?

« Tu sais ce que c'est que le sida, j'espère », avait-elle osé demander un jour à Isabelle, qui avait secoué les épaules, regardé sa mère avec un air de commisération : « J'ai vu les pubs à la télé, maman, et on a mis un distributeur de préservatifs dans la cour du lycée. »

La prudence, c'est-à-dire la peur, et Anne-Marie recommençait à avoir peur en s'engageant dans les allées plus sombres, entre ces haies qui serpentaient sur l'esplanade, ce vaste espace qui semblait comme un ciel sans limite.

Elle traversait d'un pas vif, un peu voûtée, pour rejoindre l'entrée des étages souterrains. « Tu verras, lui avait dit Isabelle, une vraie ville. Notre quartier, à côté, c'est mort, maman, c'est le passé. »

Anne-Marie s'était emportée. Elle aimait ce quartier Raspail, l'appartement de la rue Boissonade, au coin du boulevard, les jardins qui s'étendaient derrière les immeubles en façade, le lycée à quelques centaines de mètres, et même le cimetière du Montparnasse, où elle flânait souvent seule. Rien de vulgaire, le visage d'un Paris qui se transformait peu, qui résistait, malgré la tour Montparnasse et le nouveau quartier de la Gare, un lieu surélevé, alors qu'ici, aux Halles, elle était au creux de la ville, dans le trou, et qu'il lui fallait descendre encore, dans ce puits de lumière d'où montait une odeur chaude, poussière et sueur, un air sec cependant, celui des climatiseurs dont il lui semblait entendre le ronflement.

Au moment où Anne-Marie empruntait l'escalier mécanique, une silhouette se dressa devant elle.

Elle recula, leva la tête.

L'homme était grand, jeune, peut-être vingt-cinq ans, le visage émacié mais beau, un front large, les cheveux tirés en arrière, sans doute noués sur la nuque. Il portait une veste de daim à franges, très longue, qui battait ses cuisses. Sa main gauche enfoncée dans la poche semblait tenir une arme.

Anne-Marie se reprocha immédiatement sa panique, propre à attirer le drame comme un vide qui a besoin d'être rempli.

Elle vit les yeux de l'homme, points brillants derrière des lunettes rondes aux montures d'acier enfoncées dans les orbites.

Il souriait, dévoilant des dents régulières, très blanches, légèrement écartées.

Il avait la peau tannée, presque bistre, des hommes qui vivent sans toit, sur les routes ou le long des trottoirs, mais il n'adoptait pas l'attitude humble des clochards, rien dans son regard ou dans son corps n'indiquait un caractère brisé, la veulerie ou la lâcheté.

Au contraire, il se tenait raide, presque menaçant, hautain, sa main droite ouverte au bout de son bras tendu vers Anne-Marie, et son geste exigeait comme on réclame un droit, bien plus qu'il ne sollicitait humblement une aumône.

« Un franc ou plus, beaucoup plus si tu veux », dit-il.

Le ton était ironique, mais la voix si aiguë qu'elle en devenait menaçante.

Anne-Marie s'était immobilisée, puis elle avança, heurtant la main de l'homme qui n'avait pas bougé, dont elle craignait qu'il ne s'agrippât à elle pour la retenir.

Il lui lança alors que l'escalier l'entraînait : « Ton manteau vaut combien, vingt mille balles ? »

Autour d'elle, personne ne semblait avoir entendu, corps et vies pétrifiés qui ne bougeaient que pour s'égailler dans les couloirs surchauffés, s'agglutinant devant les vitrines, s'engouffrant entre les rayons de matériel hi-fi ou de disques.

Une musique gluante imprégnait l'atmosphère, où Anne-Marie eut tout de suite le sentiment d'étouffer, comme si elle se noyait et qu'il lui fallait à tout prix regagner la surface, oubliant ce qu'elle était venue chercher, un blouson pour Isabelle, cette chemise pour Sélim.

Comment les autres résistaient-ils ? Était-elle déjà d'un autre temps, incapable de vivre ce qu'Isabelle aimait, ce que tous ces gens paraissaient accepter avec facilité, ce bruit, cette chaleur, cette lumière, cette odeur, cette foule ?

Brusquement, comme elle cherchait la sortie, elle revit l'homme aux cheveux noués, à la veste en daim.

Il était plus grand que la plupart et la regardait en souriant.

Non, c'est moi qui l'imagine, se dit-elle. Pourquoi elle, comment l'eût-il reconnue alors qu'il ne l'avait entrevue qu'un instant, qu'elle avait baissé son capuchon, ouvert son manteau, tant la chaleur était forte, sèche, presque piquante ? Et cependant, elle en était sûre, il la suivait des yeux.

Elle entra dans une boutique, y resta longtemps, ressortit, ne le vit plus mais, par précaution, s'attarda dans un autre magasin, et, par hasard, y trouva ce qu'elle cherchait, le blouson et la chemise ; les choisir, faire confectionner deux paquets-cadeaux, payer, lui fit oublier l'homme et elle respira mieux, comme si son angoisse avait disparu.

Elle s'adaptait comme les autres, elle pensa même qu'il lui faudrait revenir avec Isabelle, que le lieu, quand on le connaissait mieux, était accueillant, qu'on pouvait s'y sentir à l'abri, au chaud, qu'elle avait seulement cédé à ses peurs, à sa résistance à toute nouveauté.

Elle flâna, distraite, à l'aise, découvrant la rationalité de cet espace consacré à la consommation et où les jeunes étaient nombreux, créant une fébrilité qui, après tout, était celle de la vie, de la passion. Comme tous ceux qui vieillissent, elle avait peur de la passion, de ce qui l'entraînait vers Sélim – malgré tous les discours de prudence qu'elle se tenait, les décisions qu'elle prenait de cesser de le voir ou de l'inviter chez elle – des responsabilités qu'elle avait, de l'exemple qu'elle devait donner à Isabelle, du scandale que cela provoquerait, ou tout au moins de l'étonnement un peu méprisant qui l'entourerait alors, si l'on venait à apprendre qu'elle couchait avec Sélim, le coursier, mais oui, celui qui distribue le courrier et expédie les services de presse ! Les sourires, les chuchotements, les regards qu'il lui faudrait supporter quand elle traverserait les bureaux, et peut-être les remarques de Christian Elsen lui-même, la retenant quelques minutes après le comité de lecture :

« J'aimerais bien déjeuner avec vous, Anne-Marie, commencerait-il. Il faut qu'on parle un peu, de vos collections, et puis – il aurait baissé la tête – de vous, non ? J'aimerais vous aider, Anne-Marie, et je ne crois pas que vous alliez bien en ce moment, je me trompe ? »

Elle voulait éviter cela, et il lui fallait donc rompre avec Sélim, rompre. Le mot entrait en elle, la déchirait. Il le fallait pourtant, et d'ailleurs Sélim lui-même s'éloignait d'elle, elle le sentait. Elle n'allait pas le retenir, supplier. Elle refusait de vivre un de ces romans larmoyants qu'Elsen publiait de plus en plus souvent.

« C'est ça qui marche, que voulez-vous, Anne-Marie, lui répétait-il, l'édition, aujourd'hui, c'est d'abord une entreprise, et une entreprise doit être rentable. »

Ainsi, reprise par ses pensées, morose à nouveau, se laissant pousser par la foule, elle s'engagea dans l'escalier mécanique, serrant contre elle ses paquets, ne regardant pas autour d'elle comme si elle avait craint d'être reconnue ou bien comme si elle avait eu honte d'être là, parmi ces gens qu'elle trouvait laids, auxquels elle avait peur de ressembler et qui lui renvoyaient une image d'elle qu'elle refusait, celle d'une femme quelconque, cette femme seule qui faisait ses courses de Noël, là où tout le monde, ces gens sans destin, ces anonymes, les faisaient.

Elle n'était que l'un d'eux, et elle ne l'admettait pas encore, même si une voix en elle chuchotait, obstinée, qu'elle n'était que cela, que, malgré ses prétentions, ses derniers sursauts, ses ultimes incartades – Sélim Naïr en faisait partie –, son destin était clos, qu'il ne lui restait plus qu'à se laisser glisser jusqu'à la fin, en répétant des gestes, en essayant d'épargner de trop grands malheurs à Isabelle, à elle-même, et cependant ils fondraient tout d'un coup puisque la mort était au bout et que c'est à la mort qu'elle pensait de plus en plus souvent, la mort qu'elle sentait grandir en elle, s'emparer peu à peu de son corps.

L'escalier s'élevait et Anne-Marie eut l'impression qu'on la poussait, qu'on s'appuyait contre elle, mais la foule était si dense sur les marches qu'elle n'y prit pas garde, et d'ailleurs comment aurait-elle pu bouger alors qu'elle était immobilisée sur une marche, qu'à côté d'elle, devant elle, il y avait ces corps dont elle sentait les odeurs, qu'elle tentait d'oublier en baissant la tête ?

Mais on la poussa de nouveau.

Elle ressentit deux douleurs à la hauteur de ses reins, comme si une guêpe l'avait piquée.

Elle tenta de bouger, avançant de quelques centimètres, buttant contre le rebord de la marche, mais la pression dans son dos s'accentua, comme si on tombait sur elle. Au même instant, il y eut deux autres piqûres. Elle se cabra, faillit crier, se retourna instinctivement.

L'homme aux cheveux noués, à la peau tannée, était derrière elle, sur la marche inférieure, si bien que son visage se trouvait face à celui d'Anne-Marie.

Il portait un anneau doré à l'oreille gauche, et il souriait, laissant voir ses dents, petites, blanches, écartées.

Ses yeux fixaient Anne-Marie qui recula vivement, perdant l'équilibre, buttant contre les gens qui se trouvaient sur la marche supérieure, auxquels elle se retint, cependant que l'homme brandissait une seringue dont l'aiguille parut à Anne-Marie immense.

Elle voulut hurler « Il m'a piquée ! » mais elle était comme paralysée, la gorge prise, étouffant, alors que l'homme se penchait vers elle : « Sois plus généreuse, une autre fois, salope », disait-il d'une voix calme, comme s'il faisait un constat.

Puis, tout en agitant la seringue, le bras tendu au-dessus de sa tête, il enjamba la rampe d'un mouvement leste et descendit en courant les marches parallèles à celles de l'escalier mécanique qui continuait d'emporter Anne-Marie.

Elle s'était redressée, ramassant ses paquets qu'elle avait lâchés, le corps en feu, comme si elle sentait déjà, sous chaque pore de sa peau, l'effet du poison que l'homme avait dû lui injecter.

Elle revit devant elle son visage amaigri, elle pensa à ces drogués, malades, dont les journaux rapportaient qu'ils attaquaient les policiers, tentaient de les mordre, de les piquer, de les blesser pour leur inoculer la maladie, de ces enfants qui se blessaient sur les plages avec de vieilles seringues jetées et dont les parents s'affolaient, qu'on soumettait à des examens, à ces médecins qui s'infectaient en manipulant des aiguilles, en s'écorchant à peine le bout d'un doigt.

Elle aurait voulu appeler au secours, mais l'escalier montait au même rythme.

Les gens autour d'elle avaient repris leur place, à nouveau immobiles après l'avoir regardée comme si elle était coupable de ce désordre, parce qu'elle avait bougé, les avait heurtés et qu'ils avaient dû se dégager avec des sursauts violents, laissant leur peur à eux s'exprimer tout à coup.

Elle avait le sentiment qu'ils auraient pu la jeter par-dessus la rampe si elle avait tenté le moins du monde de les prendre à témoin, de demander leur aide, d'expliquer. Elle se tut, brûlante, essayant de se rassurer.

Il n'avait pu que l'effleurer – et elle énumérait les vêtements qu'elle portait, que l'aiguille aurait dû traverser pour atteindre sa peau : manteau, veste, jupe, chemisier, collant.

Mais elle basculait dans la panique, puisqu'elle avait senti les piqûres, malgré tout, deux ou trois fois.

Elle s'affolait. Elle devait voir aussitôt un médecin, téléphoner, oui, et, de manière lancinante, elle se répétait qu'elle n'était qu'une femme seule qui pouvait à tout moment être atteinte, comme cela venait de se produire.

Elle trébucha au moment où la marche atteignait enfin le palier.

Elle fut bousculée par les gens qui la suivaient, qui la poussaient brutalement, semblant ne pas la voir, sachant qu'elle était là, cependant, puisqu'ils l'écartaient d'un coup d'épaule et qu'elle les entendait dire avec des voix bougonnes, interchangeables : « Qu'est-ce qu'elle a, celle-là ? », « Il y en a, vraiment… »

Elle s'appuya à l'une des grilles basses qui bordaient les haies et resta là, les yeux ouverts mais ne voyant rien, seulement des ombres qui passaient devant elle. Elle eût pu s'allonger là, à leurs pieds, s'évanouir, mourir sans que personne s'agenouillât près d'elle.

Elle pensa tout à coup à ces deux clochards qui, chaque soir, s'installaient à l'entrée du parking, chez elle, rue Boissonade, couchés l'un contre l'autre sur une grille d'aération.

Quand elle les apercevait, Anne-Marie détournait la tête.

Mais il suffisait de quelques pas pour qu'ils disparussent de sa vue.

Déjà elle composait le code de l'entrée et elle s'avançait vite dans le hall, ouvrant avec sa clé la deuxième porte, tranquille enfin quand elle entendait le choc des deux portes qu'elle venait de franchir et qui se refermaient l'une après l'autre.

Il lui fallait alors appeler l'ascenseur, et elle usait pour ce faire d'une autre clé, petits gestes qui la rassuraient, qui mettaient entre ces clochards et elle tant de hautes murailles qu'elle finissait par en oublier ces deux hommes dont elle n'avait jamais vu les visages.

Mais elle avait voté, à l'assemblée des copropriétaires, une résolution pour qu'on plaçât une grille devant le parking afin d'interdire à ces intrus de profiter de la chaleur de la bouche d'air, de ces quelques mètres de sol abrités du vent et de la pluie.

Et quand, dans l'entrée de l'immeuble, Mme Sertys lui disait qu'il était scandaleux que cette barrière n'eût pas encore été installée, que ces clochards étaient encore là – « Vous les avez vus, n'est-ce pas ? Quand on rentre en voiture, ils peuvent tout à fait nous agresser, descendre dans le parking, tout à fait » –, Anne-Marie approuvait.

Désormais, lorsqu'elle approchait du parking, elle bloquait les portes de sa voiture, remontait les glaces, détournant la tête, craignant que les clochards ne l'interpellent.

Elle ne les voyait plus, sachant pourtant qu'ils étaient là, couchés, ressemblant à des tas de chiffons que les roues eussent pu écraser sans dommage, à peine un heurt, un petit ressaut.

C'est elle, ce soir, qu'on ne voyait plus.

Elle avait froid. Elle grelottait même. Elle devait se redresser, marcher, rentrer. Ne rien dire à Isabelle. Cette certitude, cette obligation lui rendit un peu de force.

Rentrer pour Isabelle. Se faire examiner immédiatement.

Elle se remit à marcher.

L'esplanade était une sorte de mer sombre bordée de lumières que le vent semblait faire vaciller.

Voir le docteur Sertys, pourquoi pas, il habitait l'immeuble.

Elle ne l'avait jamais consulté, mais il y avait urgence.

Mais se déshabiller devant lui qu'elle croisait dans l'entrée, qu'elle rencontrait dans l'ascenseur ?

Elle pensait à *ça*.

On pense peut-être aussi à *ça* au moment de mourir. Rien n'est vraiment tragique, tout se mêle.

Il faudrait qu'elle parle à Julien, pour Isabelle, qu'il se prépare à l'accueillir, car si la maladie progressait vite, il suffirait de quelques mois pour qu'elle ne puisse plus s'occuper d'elle. Et elle ne voulait pas donner à sa fille le spectacle de quelqu'un qui meurt.

Elle aperçut un taxi, se mit à courir. Elle courait. Elle pouvait courir. Le taxi avait redémarré, mais elle se sentait mieux.

Elle était folle. Il fallait considérer la situation avec calme. Ce type avait voulu se venger, l'impressionner, peut-être un maniaque, seulement cela.

En traversant les vêtements, l'aiguille, même infectée, s'était nettoyée. Il n'avait rien injecté, ce n'était pas possible.

Elle toucha son dos, elle ne sentait rien.

Ridicule.

Elle s'était laissée emporter par la panique. Elle devait d'abord retrouver son calme, rentrer, rentrer vite.

Il lui fallait redescendre, emprunter à nouveau les escaliers mécaniques, rejoindre la station de taxis souterraine.

Elle détestait cette lumière bleutée des parkings, ces murs de béton, ces zones d'ombre, ces piliers derrière lesquels il semblait que s'accumulaient des menaces. Et personne ne lui viendrait en aide.

Elle se rapprocha d'un couple qui marchait devant elle, mais en entendant qu'on le suivait celui-ci se mit à marcher plus vite, la femme tournant la tête à plusieurs reprises, regardant Anne-Marie avec inquiétude, puis, leur voiture atteinte, claquant la portière tandis que le véhicule démarrait sans tarder.

Enfin, une deuxième porte métallique poussée, Anne-Marie quitta le parking, échappa aux odeurs d'essence et d'urine pour se retrouver au bord des voies qui se croisaient, où les voitures lancées faisaient hurler leurs moteurs, créant des tourbillons d'air glacé qui fouettaient le visage.

Le bras levé, Anne-Marie attendit.

Elle était seule. On peut m'écraser, pensa-t-elle, arracher mes paquets.

Elle recula à deux ou trois reprises lorsque des motards paraissaient ralentir, imaginant qu'ils allaient la heurter pour la dépouiller. Quand un taxi s'arrêta enfin, elle lança : « Vite, je vous en prie, rue Boissonade, vite. »

Le chauffeur se mit à rire : « Vite, vite ! Vous arrivez d'où ? Tout est bloqué, vous savez. Il y a une manifestation au Châtelet. Je ne sais même pas si on pourra sortir d'ici. »

Anne-Marie écrasa ses poings contre ses lèvres et se mit à sangloter.

2

Le docteur Sertys s'était assis derrière son bureau.

La jeune femme avait laissé sur le bras du fauteuil un châle de soie noire qu'il ne pouvait quitter des yeux. Sur le tissu s'entrelaçaient des arabesques blanches, représentant peut-être des corps de serpents qui se mêlaient, semblant glisser vers le sol, jusqu'à ces franges, longues, étendues déjà sur le tapis, comme une femme qui s'abandonne ou s'évanouit.

Quand il lui avait ouvert la porte, au moment où la lumière de l'escalier s'éteignait, Sertys avait bien cru qu'elle allait tomber. C'était ce châle qu'il avait vu d'abord, jeté sur ses épaules, lui couvrant une partie des cheveux, et dont elle serrait les extrémités, les poings crispés à hauteur des seins, comme si elle s'agrippait à ce tissu pour ne pas s'effondrer, là.

Il avait été si surpris de la voir ainsi, les cheveux en désordre, les joues empourprées, la bouche entrouverte, peinte d'un rouge sombre, si bien qu'on eût dit une blessure vive, violacée, qu'il avait tardé à s'effacer pour la laisser entrer, partagé entre la fascination pour cette femme belle et défaite, et la formulation d'un diagnostic qu'en vieux praticien il faisait déjà malgré lui, cherchant des signes cliniques, regardant les mains, trop blanches, guettant le bruit de la respiration, s'attardant sur le visage, sur cette bouche, ces seins qui palpitaient, et ne trouvant à dire, bêtement, qu'un : « Ne vous inquiétez pas, nous allons voir ça. »

Elle avait téléphoné quelques minutes auparavant, s'excusant, disant d'une voix haletante : « Si je pouvais vous voir, docteur, tout de suite, je vous en prie. »

Sertys était revenu au salon. Marthe l'interrogeait des

yeux. Rollin était comme à son habitude impassible, continuant son exposé comme s'il avait parlé devant une salle comble, sans même remarquer que Hederlisch et Lucile ne l'écoutaient plus, tournés eux aussi vers Sertys.

« Le nazisme, disait Rollin, doit être examiné dans la perspective historique du XXe siècle, n'est-ce pas ? C'est seulement aujourd'hui qu'il nous est possible de porter un jugement serein, parce que, précisément, nous avons le recul nécessaire et que les événements... »

Sertys avait interrompu Rollin, s'était excusé : quelqu'un de l'immeuble qui avait un petit problème, une urgence. Il ne pouvait pas refuser.

« Qui ça ?... » avait demandé Marthe. Sertys n'avait pas répondu, quittant le salon, ouvrant la porte de son bureau et de la petite pièce attenante où il examinait les patients, même s'il recevait rarement ici, à son domicile, préférant l'hôpital.

Mais alors qu'il était dans le hall, Marthe s'était approchée, répétant sa question avec impatience : « Mais qui est-ce, voyons ? Tu sais que nous dînons. J'ai dit à Sofia de servir à 8 h 30. Rollin rentre tôt, il n'aime pas attendre, et moi non plus. Enfin, qui est-ce ? »

Quand il avait donné le nom de Bermont, Marthe avait haussé les épaules : « Ça ne m'étonne pas, ne te laisse pas émouvoir, nous la connaissons, n'est-ce pas ? »

Sertys croisait de temps à autre Anne-Marie Bermont et parfois il prenait l'ascenseur avec elle, n'osant la regarder, intimidé par le regard de cette jeune femme, vif, direct, mélancolique aussi. Il semblait à Sertys qu'elle savait tout ce que Marthe disait d'elle et il était à chaque fois honteux, comme quelqu'un surpris à espionner ou calomnier.

« L'appartement, bien sûr, appartenait à son mari, le gérant me l'a dit, expliquait Marthe ; naturellement, au moment du divorce, elle l'a conservé, que pouvait-il faire ? C'est elle qui a voulu divorcer, un piège bien monté, tu sais bien, il était déjà candidat à ce moment-là, Rivière, Julien Rivière, mais si, socialiste ou je ne sais quoi, gauche, gauche, bien sûr, ces gens-là sont à gauche, on voit le résultat. »

Ces dîners en tête à tête, Marthe et lui, dans la cuisine, durant lesquels elle ne cessait de parler, penchée sur la petite table, devant la fenêtre, un bouquet de fleurs entre eux deux, une petite nappe, une petite entrée, un petit peu de fromage, Louis, un petit dessert, encore un petit peu, « Veux-tu que je t'apporte une petite infusion ? »

Petite.

Il n'aurait jamais imaginé – il y avait… il ne comptait plus, il y avait si longtemps – que Marthe fût si petite. Petite femme, petites pensées.

« Sa fille, mais si, tu sais bien qu'elle a une fille, laisse toujours les portes de l'ascenseur ouvertes. Quand je lui en fais la remarque, j'ai l'impression qu'elle va me gifler. Tout devient possible, n'est-ce pas, même ici, dans cet immeuble. Et… »

Cependant qu'il faisait entrer Anne-Marie Bermont dans son bureau, qu'il lui indiquait le fauteuil – « Je vous en prie, asseyez-vous, détendez-vous, dites-moi : qu'est-ce qui ne va pas ? » –, qu'il s'entendait répétant ces phrases usagées, lisses, qu'il utilisait depuis des décennies, dix, vingt, trente fois, cinquante fois par jour, il se souvenait des propos de Marthe. Elle l'avait vue, disait-elle, mais si, dans l'ascenseur – elle-même descendait à pied, « tu sais que je n'aime pas descendre en ascenseur » –, elle l'avait vue, Mme Bermont, oui, avec un gamin d'une vingtaine d'années, c'est elle qui l'embrassait, collée contre lui, « elle a été surprise, gênée, tu ne peux pas savoir, quand elle m'a vue, j'ai baissé la tête comme si je ne la reconnaissais pas, mais je les ai vus, un Arabe, un Arabe, Louis, oui, un Arabe, comment veux-tu que sa fille, après cela… »

Anne-Marie Bermont s'était assise et avait caché son visage dans ses mains. Sertys avait tourné autour d'elle, murmuré : « Expliquez-moi, qu'est-ce que vous ressentez, qu'est-ce qui se passe ? »

Il avait posé la main sur son épaule, à peine, effleurant le tissu de ce châle qu'elle retirait, le posant sur le bras du fauteuil, se redressant, s'excusant. Sertys entendait, tout en l'observant, la voix de Rollin qui venait du salon, assurée, autoritaire, incroyablement jeune pour un homme de plus de quatre-vingts ans : « Même l'antisémitisme, mais oui, il faut oser aller jusque-là, vous avez raison, Hederlisch, aujourd'hui nous le pouvons, nous le devons, car tout doit être reconsidéré… »

Sertys avait conduit Anne-Marie dans le cabinet d'examen, il avait fermé la porte. Ainsi, on n'entendait plus Rollin. Il s'était appuyé des deux mains au lit surélevé qui, avec deux armoires blanches, occupait presque toute la place. De la rue et du boulevard Raspail tout proches montait le bruit de la circulation.

« Alors ? » dit encore Sertys.

Elle se mit à raconter d'une voix qui maintenant était calme, avec une sorte de fatalisme, s'interrompant parfois pour dire : « Je sentais qu'il devait m'arriver quelque chose. »

« Mais il ne vous est rien arrivé, fit Sertys. Il n'y a pas une chance sur un million pour que vous soyez contaminée par quoi que ce soit. Mais je vais voir. »

Il dit d'une voix plus basse, avant de regagner son bureau : « Déshabillez-vous, il faut que je vous examine, que je voie ça... »

Sertys s'était assis, le châle posé en face de lui. Il entendait à nouveau Rollin : « L'Europe, le Moyen-Orient, la Russie, prenons ces trois sujets. Voyons la situation et jugeons Hitler en fonction de cette situation et non de je ne sais quelle configuration morale. Hederlisch, vous qui êtes historien, avez-vous déjà rencontré la morale, dans l'histoire, autrement que comme prétexte, comme masque ?... »

Depuis quelques mois, Rollin avait comme un regain de jeunesse, une verdeur de pensée étonnante, provocante, inattendue chez un homme de son âge.

Où en serai-je dans vingt ans ? Chaque fois qu'il le voyait, Sertys ne pouvait esquiver cette question.

Il y eut des bruits de chaises au salon. Marthe devait les inviter à passer dans la salle à manger. Elle devait se confondre en excuses et Lucile devait dire, bonne fille : « Maman, papa est médecin. Georges Rollin le sait, Jacques aussi, nous sommes entre nous. Papa nous rejoindra dès qu'il le pourra. »

Hederlisch approuvait sa femme et Rollin continuait à pérorer.

Sertys guetta les bruits qui venaient du cabinet. Anne-Marie toussotait, peut-être pour indiquer qu'elle était prête. Il la rejoignit.

Debout, elle s'appuyait au lit, qui lui arrivait à hauteur des reins, elle avait enlevé sa jupe, ses bottes, et elle était ainsi presque petite, ses jambes prises dans des collants noirs ajourés ; elle avait croisé ses mains devant son pubis dans une attitude naturelle et qui pourtant gêna Sertys. Il n'était jamais à l'aise quand il examinait une femme qu'il connaissait, comme s'il lui fallait toujours du temps pour oublier qui elle était, avant, avant que la maladie ne la transforme en sujet clinique, cette mécanique qu'il lui fallait observer et réparer.

« Vous serez bon clinicien, lui avait souvent répété le professeur Laroche, le vieux Laroche, quand vous oublierez le nom de vos malades et que vous ne les connaîtrez plus que par leurs symptômes, leur maladie. Pour un médecin, c'est ça leur état civil. »

Sertys savait encore qu'Anne-Marie Bermont habitait au premier étage, qu'elle était divorcée, mère d'une fille, et couchait, comme disait Marthe, avec un jeune Arabe.

« Voyons ça », dit-il.

Il la fit allonger sur le ventre, abaissa le collant. L'espace de quelques secondes encore, il pensa qu'elle avait une belle peau brune, et il se souvint d'une femme, rencontrée lors d'un congrès médical à Naples, peut-être dans les années soixante, Marthe n'avait pu l'accompagner, Lucile étant tombée malade, et il avait ainsi été libre, quelques jours, une fenêtre ouverte dans une vie close.

« Voyons », répéta-t-il, et il oublia, pour ne plus voir que ces trois points rapprochés, formant un triangle, des piqûres à peine cutanées, l'épaisseur des vêtements avait empêché l'aiguille de s'enfoncer profondément.

« Rien, dit-il, rien. » Il était tout joyeux. « Vraiment rien. »

Elle ne répondit pas, le visage appuyé sur le bras, les cheveux tombant de part et d'autre, la cachant complètement. De beaux cheveux tirant sur le roux, qu'il effleura, caressa presque : « Vous m'entendez, rien. Je vais désinfecter et, si vous voulez... »

Il frotta vigoureusement les petits points rouges sans qu'elle eût même émis la moindre question.

Quand il lui eut dit de se rhabiller, elle s'assit sur le lit, bras en arrière, si bien que sa poitrine se gonfla. Une belle femme, jeune. Jeune encore. Il la regarda longuement avec une sorte de tendresse qu'elle sentit.

Elle lui sourit, baissa la tête.

« Je vous ai dérangé », murmura-t-elle.

Il fit non.

Si elle voulait, dit-il en lui tournant brusquement le dos comme on s'arrache à un sortilège, elle pouvait se faire vacciner contre l'hépatite virale, et, d'ici trois mois, faire une analyse de sang. « Pour vous rassurer », lança-t-il tout en rédigeant l'ordonnance.

La porte du bureau s'ouvrit. Marthe passa la tête : « Nous t'attendons », dit-elle d'une voix forte.

Elle referma. Le châle glissa sur le tapis.

3

Sofia devait d'abord servir Georges Rollin. Mme Sertys le lui avait répété à trois reprises dans la journée, et une dernière fois au moment où ils passaient à table, « M. Rollin le premier, n'est-ce pas ? Et soyez aimable, je vous en prie, vous êtes si brusque dans vos manières… C'est un homme remarquable, âgé, important, Sofia, très important. »

Il était placé en bout de table, sous ce tableau que Sofia aimait et qui représentait une vue de Paris comme peuvent en peindre des enfants, avec des toits aux couleurs bleutées se chevauchant dans une sorte de chaos qui, pour Sofia, évoquait la mer, avec les dômes du Panthéon et des Invalides, les tours de Notre-Dame et le grand mât de la tour Eiffel comme autant de navires surgis des vagues.

Elle devait ensuite servir Mme Sertys, assise à la droite de Georges Rollin, puis Jacques Hederlisch, le beau-fils, et sa femme Lucile, enfin le docteur Sertys, qui faisait face au tableau.

C'était cette peinture qui avait frappé Sofia la première fois qu'elle était entrée dans l'appartement, il y avait deux ans déjà. Mme Sertys, à pas lents, lui avait fait visiter les différentes pièces. Combien ? Six, sept ? Sofia en oubliait, mais elle découvrait un appartement immense qui occupait tout le quatrième étage de l'immeuble.

« Votre chambre », avait commencé Mme Sertys, puis elle s'était interrompue un instant, comme gênée, mais elle s'était reprise : « Vous serez très bien, indépendante, c'est ce que vous vouliez, n'est-ce pas ? »

La chambre était située au septième étage, au bout d'un

étroit couloir auquel on accédait par un escalier de service aux marches hautes qui coupaient les jambes et le souffle, et aussi par un monte-charge souvent en panne.

« Voilà », dit Mme Sertys en ouvrant la porte ; et elle traversa la petite pièce d'un pas impérieux, invitant Sofia à regarder par la fenêtre : « La vue est tout à fait extraordinaire. »

On dominait en effet Paris, et Sofia avait repensé à ce tableau, en bas, dans la salle à manger de l'appartement du docteur. « Ça vous convient, je pense. » Sofia avait répondu d'un hochement de tête.

Un emploi, un toit, elle ne pouvait exiger davantage. Elle devait être humble. Elle devait accepter. Seulement, elle n'avait pas imaginé, ce premier jour, qu'il lui faudrait aussi servir à table, quand, heureusement pas plus de deux fois par mois, Mme Sertys recevait.

Elle avait cru qu'elle serait d'abord la secrétaire médicale du docteur, et Mme Sertys, au moment de l'engager, avait consulté avec attention les certificats qui prouvaient qu'en Pologne Sofia Kraussman avait occupé ce poste durant près de dix ans à l'hôpital Korschak de Varsovie. « Très bien, très bien », avait commenté Mme Sertys en lisant les traductions. Puis elle avait regardé longuement Sofia, se penchant comme pour l'inspecter de la tête aux pieds, la jauger. « Mais vous m'aiderez un petit peu aussi, j'y compte, cela fait partie de vos obligations. Le docteur ne reçoit chez lui que quelques-uns de ses patients, et je ne peux pas vous payer pour le plaisir. Ici, ma chère Sofia, ce n'est pas comme dans les pays de l'Est, on est payé mais on travaille, vous me comprenez ? Je dis toujours ce que je pense. »

Sofia ne pouvait se permettre le luxe de la franchise. Elle remplissait donc quelques fiches de malades, ouvrait les portes, répondait au téléphone et épluchait les légumes, passait l'aspirateur quand la femme de ménage était absente – souvent –, et servait à table.

C'est cela qu'elle supportait le moins. Elle essayait de ne pas voir les invités, et peut-être d'ailleurs ne la voyaient-ils pas, est-ce qu'on regarde une domestique ?

Ces jours-là, pour se calmer, elle téléphonait à Justine, l'interrogeait longuement sur ses études, et si sa fille s'étonnait, répondait avec mauvaise grâce à ce qu'elle appelait l'inquisition maternelle, Sofia ajoutait d'une voix basse, suppliante : « J'ai besoin que tu me parles de toi, de ce que tu fais, besoin, Justine, parle-moi, parle-moi. » Justine alors s'inquiétait : « Maman, qu'est-ce qu'il y a, tu déprimes chez ces gens, tu veux que je passe te voir ? »

Sofia s'efforçait de rire, rassurait Justine. Elle n'avait pas le droit de peser sur une fille de vingt ans, adulte au regard de la loi, française même, et elle se félicitait d'avoir obtenu cela pour sa fille – mais si frêle encore, imaginait-elle, avec ses études à finir et, plus tard, dans quatre ou cinq ans, quand elle aurait achevé sa maîtrise d'histoire et peut-être un doctorat, un emploi à trouver.

« Et ce n'est facile pour personne, même pour les Français et les diplômés », répétait Mme Sertys avec une emphase sentencieuse et presque de la jubilation.

Elle disait cela à chaque fin de mois, quand, dans la cuisine, elle déposait sur la table le chèque et le bulletin de salaire, et elle était déçue que Sofia ne vérifie pas le montant, se contentant en guise de remerciement d'un hochement de tête, continuant à surveiller la cuisson du riz ou du potage – « Le docteur a un petit appétit », disait aussi Mme Sertys.

« Vous savez que ce n'est qu'une petite partie de ce que je paie pour vous », reprenait-elle.

Elle était debout, bras croisés, très droite, et Sofia admirait chez cette femme de plus de soixante ans la volonté de résister au temps. Elle portait des jupes qui lui couvraient à peine les genoux, laissant voir ses jambes parfaites, sans une varice. « Vous avez montré vos jambes à un médecin ? avait demandé Mme Sertys à Sofia. Quel âge avez-vous ? Vous n'avez pas cinquante ans ? Je me trompe ? »

Elle ne se trompait pas. Sofia, en guise de réponse, faisait mine de rire. Elle avait quarante-cinq ans et des jambes lourdes, marquées ça et là, au milieu des mollets, de nœuds bleus. Quand elle regardait à la dérobée Mme Sertys – les cheveux très blonds, un chemisier blanc serrant sa poitrine, un gilet de velours noir, des mains aux ongles peints, et les yeux faits, un soupçon de bleu sur les paupières, un léger trait noir pour souligner les sourcils –, elle se savait paysanne, barbare, et, une fois, comme l'épouse du docteur lui conseillait de surveiller son poids, elle avait répondu : « Je ne suis qu'une Polonaise, vous savez, une Polonaise. »

Mme Sertys avait secoué la tête comme si la réponse était une explication et, après un instant de silence, elle avait murmuré : « Oui, bien sûr, mais ce n'est quand même pas une raison pour se laisser aller. »

C'étaient ces tête-à-tête qu'avec l'obligation de servir Sofia détestait plus que tout. Mme Sertys lui parlait comme si elle exigeait aussi des réponses, que cela fît partie des devoirs de Sofia. Mais, en même temps, elle surveillait, tatillonne. « Vous avez suffisamment salé le riz ? Encore un petit peu. » Elle parlait en avançant les lèvres, et cela dessinait autour de sa bouche une série de ridules que rien ne pouvait effacer. Sofia savait qu'elle-même avait la peau lisse, fraîche, le visage juvénile et rebondi. Et elle s'efforçait de chantonner, d'être gaie, jouant à celle qui fait les choses avec allant, presque enthousiasme, comme on les accomplit quand on est jeune. Elle passait près de Mme Sertys, vite, ouvrait la porte du réfrigérateur, la refermait, nettoyait l'évier, puis les placards, comme si elle avait été seule, avec une fougue dont elle sentait qu'elle laissait Mme Sertys désarmée, irritée.

« Donc, Sofia, j'ai fait votre chèque, reprenait Mme Sertys, mais il y a le reste, ceci n'est qu'une partie, je paie pour votre retraite, pour le chômage, car nous vous déclarons, nous, c'est tout à fait légal ; même si les lois sont folles, nous les respectons. »

Sofia ouvrait les deux robinets et l'eau, en jaillissant, couvrait la voix de Mme Sertys, qui devait hausser le ton : « Demandez à vos voisins du septième, continuait-elle, si on les a inscrits à la Sécurité sociale. Je suis la seule, j'en suis sûre, vous pensez si Limel déclare sa petite bonne ! Il écrit des articles et sa femme pérore à la télévision, ça donne des leçons de morale, on est de gauche, bien sûr... »

Puis, tout à coup, elle s'interrompait, changeait de voix : « Sofia, je vous l'ai dit, à quoi cela sert-il de faire couler en même temps l'eau chaude et l'eau froide, comme vous le faites ? Nous payons l'eau, nous la payons. Même celle de votre chambre, mais oui, nous payons tout ! »

Elle quittait la cuisine.

Sofia remontait au septième.

Elle parlait peu avec ses voisins. Il y avait Kamoun, un jeune Maghrébin, qui laissait la porte de sa chambre entrouverte et qu'elle apercevait, assis sur son lit, un livre et un cahier sur les genoux. Un couple de Noirs semblait ne revenir loger là qu'en fin de semaine, faisant hurler alors, du vendredi soir au dimanche, un appareil de radio dont la musique envahissait tout l'étage. Sofia avait frappé à leur porte sur laquelle était inscrit « Madeleine Vota et Foulon Mantene, ne jamais déranger ».

Elle avait longuement tambouriné avant qu'on ne lui ouvre. L'homme était couché, nu, un drap cachant son sexe. La jeune femme, grande, les cheveux presque rasés, deux grosses boucles d'oreilles dorées donnant à son visage fin un aspect hiératique, portait un simple pagne, la poitrine nue, des seins pointus, fermes – et Sofia avait été éblouie par la beauté de ce couple, comme si elle était entrée par hasard dans une composition scéniquc. Elle avait souri, montré le long appareil radio, ses deux haut-parleurs. La jeune femme avait dit en secouant la tête « pardon, pardon », et elle avait aussitôt coupé la musique.

Mais la semaine suivante ils avaient recommencé, et Sofia avait renoncé à protester : après tout, il faisait si sombre à Paris, ce couloir était si étroit, les pièces si petites que chacun trouvait sa joie comme il pouvait. Et, à la fin, elle s'était même habituée à cette musique qui brisait les portes et les murs à chaque week-end.

Les autres jours, le septième étage était calme. Sofia lisait près de la fenêtre. Elle avait fait installer dans la chambre, à son nom et à ses frais, un téléphone. Son luxe. Elle appelait Justine chaque soir, moins pour surveiller sa fille – à vingt ans, que peut-on interdire à Paris ? Qui peut-on contrôler ? – que pour entendre sa voix. Alors, quelle qu'eût été sa journée, elle se couchait apaisée. Cela, malgré tout, elle ne l'avait pas raté ! Justine était française, avait une chambre à elle, poursuivait ses études. Sofia avait fait son devoir.

Au milieu de la nuit, quelquefois, elle était réveillée par les pleurs du bébé des Pasquier, ce jeune couple qui occupait deux chambres mitoyennes au bout du couloir, près des toilettes. Le matin, lorsqu'elle descendait chez les Sertys, Sofia croisait Sylvie, qui, son bébé emmitouflé contre elle, le portait à la crèche. Elles échangeaient quelques mots, et la vue du petit enfant ensommeillé, sa tête allant et venant d'une épaule à l'autre de sa mère, émouvait Sofia. Elle disait comme pour se rassurer : « Bientôt Jérôme ira à la maternelle, il sera plus grand. » Sylvie approuvait, caressant la nuque de son fils : « Il est sage, murmurait-elle, il ne vous dérange pas trop ? » Sofia se récriait, haussait les épaules.

Elle regardait Sylvie s'éloigner. Elle n'aurait pas changé sa vie contre la sienne, même si elle y avait gagné vingt ans.

Elle, à l'âge de Sylvie, elle était étudiante en médecine, elle avait des passions, elle imaginait, et elle ne regrettait pas ce moment de sa vie où elle avait cru à quelque chose. L'idée qu'on pouvait changer le monde. Elle avait connu autre chose, c'est grâce à cela qu'elle avait transmis à Justine cette énergie, cette volonté, ce désir d'aller au-delà... Au-delà de quoi ? De ce qu'on est, de ce que la vie vous donne, de la prison où elle vous enferme.

Sylvie, c'était déjà la petite bonne – comme disait Mme Sertys – de Xavier Limel et de Brigitte Georges : lui dont on lisait le nom en première page du *Monde* – et acheter chaque soir ce journal était l'autre luxe de Sofia, elle découpait les articles qui lui paraissaient importants et, chaque semaine, elle les donnait, classés par matière, à Justine –, elle, Brigitte Georges, que Sofia voyait, quand elle se rendait rue de la Pierre-Levée, derrière la place de la République, chez Robert Blumfeld, son ami, son amant parfois, et qu'ils buvaient du thé, assis côte à côte devant la télévision.

Elle était là, Brigitte Georges, au centre de l'écran, la tête un peu penchée, les cheveux courts, les yeux brillants, posant les questions dans un sourire, et l'homme politique qu'elle interviewait répondait d'abord avec assurance, puis, peu à peu, perdait de sa superbe parce que les questions se faisaient plus précises, plus acérées, sans que Brigitte Georges cessât de sourire.

Sofia s'enthousiasmait. Cette femme, une femme enfin ! Brigitte Georges était forte, belle, indépendante. Mais Robert prenait Sofia par l'épaule avec tendresse : « Tu resteras naïve jusqu'au bout », disait-il.

En quelques phrases, avec cet accent de Juif polonais que les nazis, à coups de crosse, n'avaient pas réussi à lui faire perdre, il lui démontrait que les audaces et le courage de Brigitte Georges n'étaient que des simulacres, « pour les gosses comme toi, ma Sofia », qu'en fait Brigitte Georges se tenait à la surface des choses, que tout cela n'était que parodie, jeu de scène. Elle ne déséquilibrait jamais son interlocuteur, elle était avec lui, sur le même fil, celui où ne glissent que les puissants, tous solidaires, tous liés, si l'un tombe tous culbutent, alors ils font, comme les clowns au cirque, semblant de se battre, et le tambour roule, les cymbales tintent, on imagine des coups, mais l'un ne va pas jusqu'au bout et l'autre esquive. « Et il y a toujours un filet pour les recevoir. »

Robert embrassait Sofia sur la joue. « Tu n'as rien appris dans ta Pologne, tu n'as rien appris ici, tu rêves. Tu as un grand défaut, Sofia, tu n'es pas juive, tu ne sais pas ce que sont les coups qui font vraiment mal. »

Sofia laissait parler Robert, elle l'aimait bien, non pas comme elle avait aimé à vingt ou trente ans, à en avoir la tête si douloureuse qu'elle la plaçait sous un robinet d'eau glacée, ou bien – mais personne ne l'aurait cru si elle l'avait raconté – au point de se taper le front contre la cloison (se taper la tête contre les murs, disait-on en français, elle l'avait appris depuis, et c'est ce qu'elle avait fait, à Varsovie, autrefois), mais elle aimait Robert comme on aime quelqu'un de sa famille, une partie de soi dont on sait que seuls l'accident, la mort pourraient vous détacher.

Il avait fui la Pologne en 1939, avait réussi à gagner la France au moment où elle capitulait, et il avait choisi de se battre. « Que pouvais-je faire d'autre ? » disait-il comme pour implorer des excuses. « J'étais juif, étranger, et – il secouait la tête, accablé, ne plaidant même plus, tant sa cause lui paraissait impossible à défendre – communiste. »

Il ajoutait, en riant cette fois, découvrant ses dents trop blanches, la seule partie de son visage que le temps n'avait pas atteinte, et leur perfection était comme un mensonge trop gros, maladroit, auquel on ne veut même pas faire croire : « Vous m'entendez parler ? Vous m'imaginez, moi, dans le métro, en 1943, avec mon accent et ma tête, il valait mieux que je sois clandestin, non ? »

Mais on l'avait pris – « Dénonciation, murmurait-il, tout le monde un jour dénonce quelqu'un, mais quand il y a la guerre, ça peut aller plus loin » –, déporté à Auschwitz – « Ils m'ont ramené en Pologne, un retour gratuit, ça compte, pour un Juif, non ? »

Sofia ne pouvait supporter de l'entendre parler ainsi. Elle lui mettait la main sur la bouche et quand ils étaient seuls elle lui enveloppait la tête de ses bras, la plaçant contre ses seins, et quelquefois il la désirait, s'excusant de l'aimer mal, trop vite, parce qu'il était vieux et qu'elle était encore, disait-il, une si belle femme, si généreuse « de corps et d'âme, Sofia, de corps et d'âme », répétait-il. Il la caressait, il lui disait qu'elle avait la peau blanche comme de la porcelaine. « De la très belle porcelaine », murmurait-il, et comme à chaque fois qu'ils avaient fait l'amour, il pleurait, et, hoquetant, il chuchotait : « Si tu savais, Sofia, comme il était beau, mon fils, et elle si faible, tu comprends, sans défense, et ils les ont pris, eux aussi. » Il sanglotait – et Sofia le serrait encore plus fort contre ses seins – « Deux ans, disait-il, il parlait bien, je lui avais déjà appris presque tout l'alphabet, il reconnaissait les lettres, comment veux-tu, après ça… »

Il avait échappé à la mort, abandonné la Pologne, vécu de petits métiers, comme on dit, installé depuis les années cinquante dans ces deux pièces du premier étage d'un immeuble de la rue de la Pierre-Levée, sombres, mais, ainsi qu'il le répétait, c'était plus qu'il n'avait jamais eu. « Je pourrais t'y loger, si tu… »

Sofia ne répondait pas, comme si elle n'avait pas entendu cette proposition murmurée, Robert lui-même semblant avoir peur qu'elle acceptât, et elle savait qu'il pensait comme elle, qu'ils étaient l'un et l'autre des animaux solitaires aimant retrouver leur coin, le silence, et ne pas se blesser à un autre regard.

Ils se rencontraient le vendredi soir, puis le samedi et le dimanche. Quelquefois, Sofia demandait à Robert de lui accorder l'hospitalité pour une nuit, « pour fuir l'Afrique », disait-elle. C'était les week-ends de musique africaine, rue Boissonade. Ils sortaient. Le quartier, comme celui du boulevard Raspail, avait encore peu changé depuis les années cinquante.

Derrière la place de la République, ils aimaient le grouillement des petites rues et même la tristesse rectiligne de l'avenue Parmentier qu'ils suivaient pour descendre – comme disait Robert – jusqu'à la place.

Ils prenaient un verre et dînaient parfois à la brasserie de l'Hôtel moderne. C'étaient des heures paisibles, non pas joyeuses – la joie n'existait plus pour Sofia qu'au moment où elle entendait la voix de Justine, ou bien quand elle serrait sa fille contre elle, et c'était comme si de la vie jeune, bondissante, entrait dans son corps pour quelques fugaces instants, comme un souvenir des élans de son adolescence à elle que sa fille faisait renaître –, mais du temps arraché à l'amertume, à la tristesse, à la colère, à l'ennui. Et c'était déjà beaucoup.

Le samedi après-midi, Sofia s'installait dans le petit atelier d'encadreur que Robert possédait au bout de la rue de la Pierre-Levée. Elle le regardait couper puis ajuster les éléments des cadres, tailler les plaques de verre, coller. Les lunettes sur le bout de son nez, un crayon posé entre l'oreille droite et la tempe, voûté dans sa blouse grise, il était pour Sofia comme une image rassurante, paternelle, et quand il travaillait ainsi, à gestes précis, avec une attention vigilante, une concentration qui lui faisait oublier que Sofia était là, assise, lisant *Le Monde*, les jambes appuyées sur un tabouret, elle ne pensait plus qu'il était ce survivant toujours blessé que la vue d'un petit enfant courant dans le square du quai de Valmy suffisait à faire pleurer, sans sanglot, sans bruit, les larmes coulant sur ses joues comme il arrive parfois aux vieillards quand ils ont froid.

Sofia avait besoin de le voir, c'était son ami. « Mais vous avec bien des amis ? » lui avait un jour demandé Mme Sertys, et Sofia, malgré elle, avait répondu en bégayant un peu, alors qu'à l'habitude elle éludait les questions : « Oui, j'ai un ami. » Mme Sertys avait alors murmuré : « Je ne vous demande rien, rien, rien, votre vie privée ne me regarde pas, vous êtes adulte, n'est-ce pas. Bien sûr, j'imagine que vous avez un ami, je l'espère pour vous. »

Elle n'avait plus abordé ce sujet que par ricochets, quand elle s'apprêtait à donner un dîner, toujours le vendredi. Elle prévenait Sofia une dizaine de jours à l'avance : « J'ai besoin de vous vendredi en huit, prenez vos dispositions, je vous laisse du temps, tout le monde n'agit pas comme ça, mais je ne tiens pas à perturber votre vie privée. J'imagine que vous voyez votre ami en fin de semaine, eh bien, cette semaine-là... »

« Tout va bien, il n'y a pas de problème », répondait simplement Sofia.

En fait, elle souffrait de cette soirée du vendredi – et il y avait aussi le samedi matin pour ranger la cuisine, remettre le salon et la salle à manger en ordre – qu'on leur prenait, à elle et à Robert. Et elle servait en pensant à lui, au dîner qu'ils manquaient, place de la République, à leur promenade de retour quand ils faisaient un détour, longeant lentement le quai de Jemmapes. Hiver comme été, l'eau avait sa beauté, plaque d'acier les nuits glacées, marquetterie d'écailles brillantes lors des longs crépuscules. La circulation ne les gênait pas, ils marchaient le plus près possible du canal où passait parfois une péniche, et même, l'été, des bateaux de plaisance battant pavillon anglais, de quoi rêver ensemble.

On lui prenait cela, et désormais une soirée, un jour, pour elle comme pour Robert, c'était précieux, rare, de plus en plus compté.

Elle servait donc M. Georges Rollin avec brusquerie, et il devait le sentir car il la regardait d'un air un peu étonné. Puis il se remettait à parler.

« Mon cher Hederlisch, disait-il, reprendre la question des races et de la politique raciale dans son ensemble, et donc de ce qu'Hitler a pensé – ce qu'il a fait, comment il l'a fait, bien sûr c'est autre chose, j'en conviens, mais il faut y voir de plus près, dans le détail : Auschwitz, par exemple, on dit là-dessus beaucoup de contre-vérités, et vous le savez sans doute mieux que moi... »

Sofia, malgré elle, écoutait, mais elle devait regagner la cuisine et elle n'entendait plus que des bribes de phrases, des mots, Hitler encore, juifs, juifs – que Rollin prononçait d'une voix plus aiguë, appuyant sur la dernière voyelle –, et il semblait à Sofia qu'il voulait qu'elle entendît, qu'il lui parlait de Robert Blumfeld, qu'il le désignait, et tout à coup les éclats de voix de Mme Sertys qui poussait la porte : « Sofia, s'il vous plaît, servez une petite entrée au docteur, il est enfin là. »

4

Lucile regardait son père à la dérobée.

« Alors, docteur, l'avez-vous sauvée ou rassurée, votre malade, ce qui est un peu la même chose, il me semble », avait lancé Rollin, cependant que le docteur Sertys s'excusait, commençait à avaler en hâte l'entrée que Sofia venait de lui servir.

« Grave, j'imagine que non, une lubie, cette femme, je vous raconterai, avait dit Mme Sertys, est assez particulière, elle n'a jamais consulté Louis, je crois, et ce soir, de toute urgence, enfin. »

Puis, comme si la curiosité avait été la plus forte, elle avait interrompu Rollin qui, tourné vers Jacques Hederlisch, avait repris son propos d'une voix obstinée : « Je ne nie pas les exactions, Hederlisch, les crimes même, mais c'est à vous historiens de réduire la part de l'imaginaire et du fantasme, du légendaire et, pour tout dire, de la propagande… »

« Louis, voyons, avait interrogé Mme Sertys, nous sommes entre nous : cela justifiait-il qu'elle te dérange chez toi, sans avoir pris rendez-vous ? »

Comme toujours, pensait Lucile, son père était pitoyable, ne sachant pas résister. Elle repérait tous les signes de sa gêne, ce tic qu'il avait, presque imperceptible, mais qui ne la trompait pas, un léger tremblement de la paupière de l'œil gauche, et, brutalement, elle découvrait qu'il avait les sourcils gris, ce qu'elle n'avait jusqu'alors jamais remarqué, et elle s'attardait à reconnaître en lui tous les indices du vieillissement, la courte moustache tout à fait blanche, les cheveux encore plus rares, à peine sur les tempes et le milieu du crâne, les rides nouvelles – « mon Dieu, qu'il est vieux ! » –, il lui paraissait même plus las, plus marqué que Georges Rollin, qui pourtant devait être son aîné d'une vingtaine d'années –, ce tic qu'il tentait de faire cesser en appuyant ses doigts, comme s'il cherchait à chasser de son œil une poussière. Puis il allait – Lucile n'ignorait rien des différentes étapes qui conduisaient son père à la capitulation – réajuster son nœud papillon, et cela durerait plus ou moins longtemps, selon les cas, les scrupules qu'il avait, sa volonté plus ou moins forte de ne pas céder, mais il céderait, il le savait, il s'en donnait déjà les justifications.

« En quoi cela intéresserait-il Georges Rollin, Jacques ou... », commença-t-il, n'achevant pas sa phrase, montrant Lucile comme s'il n'osait la nommer.

Il le savait, elle était celle qu'il ne pouvait tromper, qui devinait, qui lui pardonnait, mais qui ne l'excusait pas. Et il l'implorait du regard, les doigts pinçant toujours les extrémités de son nœud papillon, cet attribut de sa jeunesse – cela se portait dans les milieux hospitaliers, autour des années cinquante, et c'était déjà un héritage des années trente, mais il lui était resté fidèle, malgré toutes les cravates que Lucile lui avait offertes, trouvant elle-même le nœud papillon ridicule. Car s'il avait été peut-être un temps une affirmation de non-conformisme, ce n'était plus qu'une petite fantaisie anodine, une excentricité démodée, une sorte de zézaiement affecté.

« Cela nous intéresse tous, Louis, reprit Mme Sertys, nous t'avons attendu, elle s'est introduite chez nous, cette Mme Bermont.

– Je suis médecin, Marthe », murmura Sertys.

« Laisse papa », dit Lucile

Elle n'avait pas pu s'empêcher de se porter à son secours d'une voix chuchotée, mais cela suffit pour que sa mère la foudroie du regard, crispe la bouche, se lève : « Très bien, très bien. »

Lucile l'entendit qui demandait sèchement à Sofia de desservir, d'apporter les desserts – son père privé de poisson et de fromage –, Lucile en aurait ri si un sentiment d'impuissance et de gâchis n'avait comme une amertume rempli sa bouche. Elle but. Rollin toussota et, au moment où Sofia rentrait, tenant le plateau à dessert, son père commença à parler et Lucile vit sa mère, souveraine, approuver de petits coups de tête qui marquaient sa satisfaction, sa commisération, comme si elle voulait faire comprendre à tous – y compris à son mari – que tout cela n'avait été qu'une comédie inutile, qu'il eût été plus simple, pour tout le monde, qu'il racontât tout de suite.

« Ne violez pas le serment d'Hippocrate pour nous », dit Rollin, levant la main, offrant au docteur Sertys un moyen de se dérober, à moins que l'ironie dans sa voix, le demi-sourire que Lucile remarquait chez cet homme qu'elle n'aimait pas – un diable, pensait-elle parfois, un personnage maléfique, et cela se voyait sur son visage au nez busqué, aux lèvres fortes, au menton saillant, aux yeux presque verts, pénétrants, et aux sourcils touffus, il avait à plus de quatre-vingts ans les sourcils et les cheveux noirs, mais peut-être les teignait-il ? –, ce rappel des obligations du secret médical ne fussent qu'une façon de lancer un défi, d'inciter plus encore le docteur Sertys à parler.

« D'ailleurs, fit ce dernier, il s'agit plutôt d'un fait de société. Sur le plan médical, rien. Mais je comprends Mme Bermont ; à sa place, Lucile, tu aurais agi… j'imagine – il se tourna encore vers elle, la suppliant du regard, puis il baissa la tête –, je crois vraiment, en conscience, qu'il faut raconter cet incident partout, sans citer de nom, bien sûr, mais pour avertir, qu'on prenne des précautions, car cela peut se répandre, ce n'est pas à vous – il désignait Rollin, puis Jacques Hederlisch – que je vais apprendre où nous en sommes ; mais je ne concevais pas qu'à Paris… »

« Enfin, Louis, qu'avait-elle ? » demanda Mme Sertys.

Lucile apercevait Sofia qui était restée derrière la porte entrouverte de la cuisine, écoutant elle aussi son père qui, maintenant qu'il avait cédé, parlait avec l'emphase et l'abondance de détails de ceux qui, après avoir longtemps résisté, s'abandonnent au cours d'un interrogatoire.

« Je n'avais jamais vu cette femme dans cet état, disait-il. Vraiment choquée. J'ai pensé qu'elle faisait un accident cardiaque, j'ai même cru qu'elle allait s'évanouir devant la porte, sur le palier. C'était impressionnant parce que je la croise souvent, c'est une femme qui sait ce qu'elle veut…

– Sûrement », fit Madame Sertys.

Lucile aurait voulu ne pas écouter, ne pas voir leurs visages, surtout. Celui de sa mère, d'abord, avide de savoir, ou plutôt de prendre la vie des autres, de cette Mme Bermont maintenant, comme elle s'était emparée de la vie de son mari, et comme elle avait tenté de dominer la vie de sa fille. N'y était-elle pas parvenue ? Lucile, qui avait longtemps cru échapper à cette puissance maternelle, à cette volonté de la tenir en main – et elle avait dû jusqu'à sa majorité s'y soumettre en tout –, se demandait (se demandait ? En fait, elle en était sûre) si, alors même qu'elle avait cru y échapper, elle n'était pas retombée dans les filets tendus, et si la liberté qu'on lui avait laissée tout à coup, quand elle avait décidé de se marier avec Jacques Hederlisch, n'avait pas été un piège, car Jacques, en somme – et Lucile regardait son mari, assis de l'autre côté de la table à la droite de Mme Sertys –, s'était rangé dans le même camp que sa mère, avec la même volonté d'ordre en toutes choses, le même respect pour l'autorité. Lucile avait cru échapper librement à la servitude et elle n'avait fait que passer d'un maître à l'autre, et tous deux étaient complices contre elle.

« C'est horrible, disait Mme Sertys, impensable ! Mais quelle idée d'aller faire ses courses au Forum des Halles, quelle idée, à moins que... »

Elle hocha la tête, se mit à parler d'Anne-Marie Bermont avec une passion, une violence dans le ton qui achevèrent de mettre Lucile mal à l'aise. Elle se leva, s'excusa d'une inclinaison de tête. Sa mère était trop emportée par son récit pour lui faire la moindre remarque.

« Avec un Arabe, disait Mme Sertys, très jeune, vulgaire comme peuvent l'être les voyous, et nous avons ça ici, dans l'immeuble, et elle consulte Louis ! »

Lucile entra dans la cuisine, se heurta à Sofia qui, tout contre la porte, écoutait, qui rougit d'être surprise et ne répondit pas à Lucile quand celle-ci lui dit d'une voix lente : « Elle a eu raison d'être inquiète, n'est-ce pas ? »

Puis elle demanda à Sofia de servir le café au salon et elle prit le long couloir sombre conduisant à sa chambre.

Elle poussa la porte avec difficulté, alluma et découvrit que sa mère avait transformé la pièce – grande, cependant – en une sorte de débarras. Des meubles s'entassaient : le vieux fauteuil de bureau de son père aux accoudoirs crevés, des lampes, deux tapis roulés. Voilà des années que Lucile n'avait plus pénétré dans sa chambre, et ce n'était plus qu'un lieu sans mémoire où tout ce qui avait servi de cadre à sa vie avait été rejeté, enfoui. Elle traversa la pièce, ouvrit la fenêtre. Il pleuvait et elle reconnut le bruit des gouttes sur les arbres du parc qui s'étendait derrière la maison, une sorte de miracle, des arbres, des fourrés, des pelouses – des prés, plutôt, tant le parc qui appartenait à l'hospice Saint-Vincent-de-Paul était mal entretenu –, un espace devant lequel elle avait rêvé si souvent, la nuit, des nuits semblables à celle-ci, attentive au moindre froissement des feuilles, à l'odeur d'herbe humide, à cette impression de campagne et de liberté que n'effaçait pas la rumeur, qui paraissait lointaine, du boulevard Raspail.

Là, peut-être pour mieux rêver, fuir vraiment, elle avait commencé à dessiner, puis à peindre – besoin, jeu, bientôt passion quotidienne dont sa mère s'était d'abord moquée, puis, quand Lucile avait commencé à vendre des toiles, que Jean Zwingle l'avait prise sous contrat, l'exposant dans sa galerie de la rue du Renard, que le magazine *Elle* lui avait consacré deux reportages, Mme Sertys avait accroché quelques-uns de ses tableaux dans la salle à manger, mais Lucile n'en éprouvait aucun plaisir.

Elle n'avait pas remporté une revanche, mais avait été reprise alors qu'elle avait cru s'évader. Sa mère était la plus forte.

À présent elle était là, derrière elle.

« Lucile, voyons, on a servi le café. »

Lucile ferma la fenêtre, puis suivit sa mère qui revenait sur l'agression subie par Mme Bermont.

« C'est horrible, disait-elle, mais c'est presque comme un châtiment, un boomerang. » L'expression devait lui plaire, elle la répéta plusieurs fois. Et, brusquement, elle s'arrêta, se retourna. « Je m'inquiète pour toi, Lucile, tu es une artiste, c'est vrai – elle soupira comme devant une malédiction qu'il fallait bien accepter –, mais Jacques a besoin d'un enfant, d'un fils. Ton père, ce n'était pas la même chose, mais Jacques, il lui faut un fils Lucile, il est temps, il est temps, tu vas bientôt avoir trente ans, penses-y. »

Un enfant pour qu'il vive comme eux ? Lucile n'en avait pas le courage.

5

Jacques Hederlisch ne retira pas sa main qu'il avait l'habitude de garder sur le levier de vitesse, parce qu'il aimait conduire nerveusement, rétrogradant souvent, jouant de la deuxième et même de la première, ne restant qu'un bref instant en quatrième et presque jamais en cinquième vitesse, n'utilisant la troisième qu'au moment où il s'était lancé à fond en deuxième, indifférent aux sons aigus du moteur.

Il laissa donc sa main, malgré l'irritation que lui causait Georges Rollin, assis près de lui à l'avant de la voiture, et qui, dès qu'ils eurent quitté le parking de Sertys, au troisième sous-sol, avait commencé à lui tapoter le poignet, lui recommandant la prudence. Lucile, assise sur la banquette arrière, avait seulement dit, alors qu'ils empruntaient la dernière rampe, avant la porte qui s'ouvrait automatiquement : « Jacques, fais attention, ils sont peut-être là. »

Il ne répondit pas, car à chaque fois qu'il se garait dans le parking de son beau-père, c'était le même rituel – les recommandations de Lucile, la petite phrase du docteur Sertys : « Oui, Jacques, ne les écrasez pas, nous n'en sortirions pas », et la colère retenue de la belle-mère : « Louis, Louis, Jacques serait dans son droit, s'ils sont couchés au milieu, comment veux-tu qu'il les évite, on le leur a dit, nous avons écrit à la police, tu as écrit, nous avons décidé de placer une grille supplémentaire, que faut-il faire encore ? »

Une fois, une seule fois, Jacques avait répondu : « Les écraser ! Je ne vois que cela, en effet ! » et peut-être parce qu'il lui arrivait vraiment de le penser, ni Lucile ni le docteur Sertys n'avaient cru qu'il plaisantait, et Lucile avait dit avec une détermination qu'il ne lui connaissait pas: « Si tu ne klaxonnes pas avant de sortir, je rentre en taxi. »

Il avait klaxonné. Et, au moment où la porte du parking basculait, il avait vu dans les phares les deux clochards qui se levaient comme des épouvantails enveloppés de hardes, laissant sur la grille d'aération une musette.

Hederlisch avait donné un second coup de klaxon, bref, puis allumé les feux de route, et les deux silhouettes voûtées, le visage qui semblait mangé par la barbe ou bien, peut-être, simplement recouvert d'un bout d'étoffe sale, avaient fait un bond, se plaquant contre le mur.

Il avait accéléré, l'antenne heurtant la porte qui achevait de se soulever, éprouvant une vraie jubilation – là, dans le ventre et la bouche – quand il avait senti le pneu avant gauche écraser la musette, que cela crissait, et il avait veillé à rouler dans l'axe pour que la roue arrière passe à son tour sur l'objet. « Non mais, avait-il murmuré, qu'est-ce que c'est que ce pays ! »

Lucile n'avait fait aucun commentaire et il en avait été déçu, comme s'il avait aussi recherché, par ce petit acte de violence, à la provoquer, à l'atteindre, mais peut-être l'avait-elle compris, et, prudente, lâche comme son père, elle s'était dérobée, évitant l'affrontement, et elle répondrait à sa manière, une guerre couverte, pensait Jacques, comme celle que mènent tous ceux qui ne veulent pas se battre vraiment, qui épuisent l'adversaire par des manœuvres, et Lucile s'y entendait, pouvant rester silencieuse plusieurs jours, tassée sur elle-même, donnant l'impression de ne plus avoir de regard, les yeux comme tournés vers l'intérieur de soi, ne répondant plus, peignant du matin jusqu'au soir dans la chambre qu'elle avait aménagée en atelier, au sixième étage de l'immeuble qu'ils habitaient, rue Saint-Dominique, entre l'avenue Bosquet et le boulevard de La Tour-Maubourg.

Georges Rollin s'était retourné vers Lucile et avait abandonné la main de Hederlisch. Il demandait des explications, mais la porte du parking se soulevait déjà et Jacques ne klaxonna pas, avançant lentement cependant, mettant pleins phares et devinant qu'ils étaient là, incapables de se lever, se faisant seulement rouler sur le côté dans leur sommeil d'ivrognes.

« Deux habitués, presque des pensionnaires, dit-il quand ils eurent atteint le boulevard Raspail. Des clochards dont personne ne peut se débarrasser, j'ai proposé de les écraser, mais on n'accepte pas ma solution, je scandalise ! »

Rollin avait recommencé à tapoter la main de Hederlisch : « Attention au carrefour, murmura-t-il, le feu va être au rouge. »

Jacques accéléra sans changer de vitesse, faisant bondir la voiture, passant alors que les feux du boulevard du Montparnasse étaient encore à l'orange, s'engageant à toute vitesse dans le boulevard Raspail, brûlant le feu suivant, celui de la rue Vavin, et ne s'arrêtant qu'au coin de la rue de Vaugirard. Rollin lui avait tenu le poignet serré et ne le relâchait pas, murmurant entre ses dents : « Vous êtes un provocateur, Hederlisch.

– Croyez-vous, répondit Jacques, avez-vous une solution pour nettoyer Paris de cette tourbe ? Je ne parle pas des banlieues, mais le Forum des Halles, la rue Boissonade, or rien n'y fait : ni copropriété ni police. »

Il roulait maintenant sans à-coups, comme délesté de sa colère accumulée durant toute la soirée : ce dîner qui n'en finissait pas, le beau-père qui se faisait prier pour raconter son fait-divers, la querelle toujours recommencée entre lui et sa femme, et Lucile qui défendait son papa. Jacques humilié, comme s'il avait présenté à Rollin – Rollin qui l'irritait, mais qu'il estimait – un spectacle ridicule auquel il participait malgré lui.

Comment avait-il pu, il y a cinq ans, être dupe ? Séduit, même, par cette famille qu'il imaginait, avec ses yeux de provincial, faisant partie de la grande bourgeoisie parisienne ?

C'est le docteur Sertys qui lui avait présenté Georges Rollin.

« Jacques, puisque vous étudiez la période de l'Occupation, sans fanatisme, en historien, voulez-vous rencontrer Georges Rollin, l'un de mes patients ? Je suis assez intime avec lui, il a joué un rôle, il a été je crois au cœur des choses, c'est un homme remarquable, très droit, très net, je lui parlerai de vous, si vous voulez. »

C'était peu après son mariage avec Lucile, il y avait donc

quatre ans, et, depuis, en effet, il voyait régulièrement Rollin en tête à tête. Un homme prudent, habile, posant plus de questions qu'il ne donnait de réponses, ne confiant à Hederlisch aucune de ses archives, mais lisant avec attention – il en avait commenté chaque conclusion – la thèse que Jacques avait consacrée aux rapports intellectuels entre la France occupée et l'Allemagne nazie. « Intéressant, passionnant, votre travail », avait-il dit à Jacques, la première fois qu'il avait accepté de le recevoir dans son appartement du boulevard Victor-Hugo, non loin de l'Hôpital américain.

C'était à la fin de l'année universitaire, en juillet, ils s'étaient installés sur le balcon, face aux arbres de l'ancien château de Villiers. Le quartier était calme et, en ce début de soirée, au septième étage, les bruits de la circulation étaient assourdis. Georges Rollin, les doigts écartés, comme fasciné par le mouvement de ses mains qu'il séparait et rapprochait, les faisant rebondir l'une sur l'autre, de plus en plus vite, puis les immobilisant, les bouts des doigts joints, avant de recommencer le même mouvement, n'avait jamais regardé Jacques, parlant la tête baissée, jugeant la recherche qu'il menait dépourvue d'*a priori*, et, pour un universitaire qui devait sans doute affronter le climat politisé du corps professoral – « communiste, n'est-ce pas, ou gauchisant, j'imagine, socialiste sûrement, en tout cas antivichyste par conformisme et intérêt » –, c'était courageux. Puis il avait contesté quelques points, apporté des précisions, sans jamais se présenter en témoin, mais en homme informé.

Hederlisch prenait des notes. Si Georges Rollin acceptait de se confier, il disposerait d'un guide qui pourrait le conduire au cœur du fonctionnement de cette France occupée qui le fascinait, peut-être parce qu'il regrettait de ne pas avoir pu participer à cette guerre, être confronté à une si grande épreuve, né trop tard, dix ans en 1962, alors que s'effondraient les dernières possessions de la France impériale, l'Algérie après l'Indochine – et le père de Jacques avait quitté la France à ce moment-là, abandonnant l'armée et sa famille, soldat perdu, comme on avait dit, mercenaire, disparu. Au bout d'une année, il avait fallu abandonner la maison d'Entzeim, s'installer chez les grands-parents à Saverne, le père n'envoyant plus d'argent. Un absent sans acte de décès.

Des années durant, Jacques avait espéré entendre la voix de l'homme dont le souvenir précis peu à peu s'estompait, mais qui n'en prenait que plus d'importance. Il avait voulu faire une carrière militaire, mais il était trop faible en mathématiques pour Polytechnique, trop myope pour Saint-Cyr. Comme un combattant contraint de rester à l'état-major, dans la salle des cartes, il avait donc entrepris des études d'histoire jusqu'à l'agrégation, et il avait soutenu ce doctorat un peu hérétique. Seul le professeur Charvet, d'extrême droite, l'avait, disait-il, défendu, réussissant à constituer un jury de thèse malgré les réticences des uns et des autres.

« Ce Hederlisch, mais il fait l'apologie de la collaboration, non ? Voilà ce qu'on dit », expliquait Charvet à Jacques en lui serrant l'épaule. « J'en ai vu d'autres, mon vieux, je leur réponds : "Contestez un seul fait, un seul, et je renonce !" Ils se taisent – il baissait la voix, riait –, et leur silence a d'abord une raison toute bête, Hederlisch : ils ne lisent pas, ils ne travaillent pas, ils ne savent rien. Il faut leur faire peur. Faites-leur peur, rentrez-leur dans le lard, ils capituleront. Les gens sont démocrates, savez-vous pourquoi ? Parce qu'ils craignent le combat. S'ils défendent les victimes, c'est parce qu'ils savent qu'ils sont eux-mêmes des vaincus. Soyez un combattant et vous serez parmi les vainqueurs, Hederlisch ! »

Le soir, après la soutenance de thèse de Jacques, Charvet avait réuni quelques amis à la brasserie Balzar, située rue des Écoles, à une cinquantaine de mètres de la Sorbonne. Il présidait les quatre tables que les garçons en long tablier blanc, à la manière des serveurs du XIXe siècle, avaient rapprochées au fond de la salle et autour desquelles se serraient les membres du jury – les « fidèles », disait Charvet : Morin, Bergeroux, Rodier et Champagnol –, Lucile et Thomas, l'ami d'enfance qui assistait Jacques dans chacune de ses épreuves. Avec le col ouvert de sa chemise à gros carreaux, son gilet de velours, sa veste de toile bleue, il détonnait dans cette réunion professorale dont les autres participants, dans leur costume sombre, se ressemblaient. Architecte, il jouait les naïfs, souriant, silencieux. Au milieu du dîner, Charvet avait demandé le silence, et, avec emphase, annoncé que le climat changeait dans cette vieille et bonne Sorbonne, que le Paris des années quatre-vingt-dix ne ressemblerait en rien à celui des décennies précédentes, quand un philosophe marxiste pouvait étrangler impunément son épouse.

« Mais il faut que nous restions déterminés, et, si j'osais, je dirais – il avait baissé la voix, enveloppé Hederlisch de son bras droit : Soyons comme une meute de loups au service des nobles idéaux ! »

Charvet étonnait Hederlisch. Cet homme au visage mou, à la voix un peu mielleuse, avait une énergie inépuisable. Il enseignait, il écrivait, il publiait, il siégeait dans d'innombrables commissions, présidait des colloques, intervenait dans la presse. Son bureau, dans l'appartement sombre qu'il occupait, rue de Pontoise, non loin du quai de la Tournelle, était envahi par un indescriptible amoncellement de livres, de classeurs, de journaux et de feuilles manuscrites. Il semblait le plus brouillon des intellectuels, et cependant, avec un réalisme de tacticien politique, il avançait ses pions, plaçait ses hommes, contrôlait les centres de pouvoir universitaire. Jacques lui devait sa carrière, sa nomination à Paris IV, un « morceau » de la vieille Sorbonne, mais Charvet corrigeait, affirmait que Paris IV était la vraie Sorbonne, puisqu'on y défendait plus qu'ailleurs les valeurs traditionnelles de l'Occident et que la Sorbonne, dès sa fondation, c'était cela : « Je ne transige pas avec les valeurs », disait-il, secouant la tête, exprimant par tout son visage la résolution qu'il proclamait. « Trahir, c'est trahir ces valeurs. Tout le reste n'est que propagande, illusion, manipulation. Cela vaut pour la période 40-45, surtout pour cette période-là. »

Quand Jacques avait évoqué la personnalité de Georges Rollin, Charvet l'avait écouté, se passant, comme il en avait l'habitude, la main sur la nuque, repoussant ses cheveux qu'il gardait courts. « Rollin sent le soufre, avait-il dit. Vous le savez, Hederlisch ? Des gens veulent sa peau : Rimberg, l'avocat, j'ai mes informateurs. On l'accuse de dénonciations, police de Vichy, etc., mais – il s'était rejeté en arrière, les bras levés – c'est un témoin, un acteur de bonne foi, et, que je sache, il n'est pas responsable du goulag ! »

Jacques avait ainsi continué de voir Rollin, de le rencontrer quelquefois chez le docteur Sertys, mais Rollin, malgré les avances, gardait pour lui ses archives et ses secrets, laissant parler Jacques ou bien, comme il le faisait ce soir, après que la voiture eut longé les quais de la rive gauche, traversé la place de la Concorde, remontant maintenant les Champs-Élysées, approchant de l'Étoile, il jouait à l'homme détaché, se tournait vers Lucile, s'excusant du détour qu'il leur imposait pour être reconduit chez lui. « Mais je suis un vieux monsieur, vous me pardonnerez, n'est-ce-pas ? » Il riait : « Je suis encore trop vert pour certains, ils préféreraient me savoir mort. » Puis il demanda à Jacques de ralentir, car il ne se lassait pas de cette avenue, de cette trace du génie français dans l'espace. Hederlisch ne l'avait-il pas montré dans sa thèse ? Même les ennemis, ou supposés tels, surtout les ennemis, y étaient sensibles.

« Savez-vous, continua-t-il, qu'Hitler, quand il a visité Paris, a surpris tout son entourage par la connaissance qu'il avait des monuments français ? Il était accompagné de Speer, un architecte pourtant, et lors de la visite de l'Opéra, il s'est arrêté devant une cloison, une cloison qui semblait quelconque, il a alors interrogé Speer, qui ignorait que derrière ce mur – Rollin hochait la tête, tapotait la main de Jacques – se trouvait une salle murée par Garnier quelques jours avant l'inauguration. Extraordinaire, non ? Presque légendaire – qu'en pensez-vous, Hederlisch ? Il y a, osons le dire, une évaluation objective à faire de l'homme d'exception ! Quel conquérant, d'ailleurs, n'a pas connu son enfer ou son purgatoire ? Vous connaissez Charvet, m'avez-vous dit, il a beaucoup écrit sur ces allers et retours entre la damnation et la sanctification. Combien de temps faut-il, mon cher, un demi-siècle, pour réhabiliter un héros méconnu ou abattre une fausse gloire ? L'histoire est souvent si lente... »

Il reposa sa main sur celle de Jacques.

« Mais vous roulez trop vite, mon cher ami, je tiens au dernier morceau de ma vie déjà longue, bien longue, mais ça n'est jamais trop, croyez-moi. »

6

Georges Rollin aimait l'obscurité et le silence qui donnaient à son appartement, quand il y rentrait tard le soir, l'apparence d'une caverne dont il était seul à connaître les odeurs, les contours, les secrets. La porte palière refermée, il s'y adossait comme pour jouir de ce volume. Il était ici le maître.

Il reprenait son souffle, car il s'était astreint à monter à pied les sept étages, question de principe, d'hygiène physique, effort de volonté.

« Si vous le pouvez, lui avait dit le docteur Sertys ; mais, à votre âge, tout défi est dangereux, le moteur doit tourner au ralenti, il peut accélérer encore, mais vous risquez de briser une pièce, et on répare difficilement. »

Cet imbécile de Sertys avait les comparaisons les plus convenues, les certitudes d'un médiocre. Mais il fallait bien avoir un médecin à consulter, « de famille », comme on disait autrefois chez les Rollin. Et Georges Rollin était persuadé qu'il n'existait que deux sortes de maladies : les mortelles, pour lesquelles les médecins sont utiles mais ne peuvent pas grand-chose ; et les autres, qui disparaissent d'elles-mêmes, les médecins n'intervenant que pour accélérer un peu le cours des choses.

Alors, Sertys ou un autre... Celui-ci avait un beau-fils intéressant, n'était pas dangereux et disposait d'un bon réseau de spécialistes qu'il consultait à tout instant, tant la prudence constituait le fond de sa nature.

« Crétin », murmura Rollin à mi-voix, puis il s'avança dans l'appartement.

Il marchait d'un pas mesuré, heureux de trouver au premier geste la poignée de la porte de sa chambre aussi parfaitement que s'il l'avait vue. Les stores n'étaient pas baissés, les rideaux restaient ouverts selon les consignes strictes qu'il donnait à madame Christiane, qui, chaque matin, arrivait de Courbevoie à 9 heures précises pour nettoyer l'appartement et préparer le déjeuner. La chambre, bien qu'il n'allumât pas, était comme tapissée par une lumière diffuse, bleutée, qui collait non seulement aux murs mais à chaque meuble, à chaque objet, ne laissant qu'une plaque sombre sur le plancher.

Ce halo se diffusait à partir des lampadaires du boulevard et de cette voie lactée qui couvrait tout Paris, la nuit, et que, de ce dernier étage, Rollin apercevait, colorant la base des nuages d'une teinte à peine dorée, mêlée d'un bleu brillant.

Il se déshabilla, jetant ses vêtements sur le fauteuil qui se trouvait à droite du lit, et il éprouva un peu plus, avec un sentiment de colère, la difficulté qu'il avait à retirer son pantalon tout en restant debout. Le sol paraissait se dérober, ses jambes fléchir, une fraction de seconde, il pensa qu'il allait tomber, se briser le col du fémur, comme les vieillards, et ce mot qui emplissait sa tête le révolta. Il serra les dents, s'obligea à rester en équilibre sur une seule jambe, puis, ayant réussi, il s'assit sur le bord du lit, en sueur ; ses deux mollets tremblaient, une douleur montait du talon de sa jambe droite jusqu'à la hanche.

Il téléphonerait à Daniel, demain matin.

Il s'allongea en pensant déjà à cette séance de massage, à ce plaisir qu'il éprouvait à se laisser aller, le front posé sur le bras, cependant que Daniel, lentement, pétrissait son dos, ses cuisses, enfonçait ses pouces de chaque côté de la colonne vertébrale, puis de part et d'autre de la nuque. La séance durait exactement une demi-heure, et depuis plus de quinze ans qu'il fréquentait le cabinet de Daniel, au premier étage de l'une des dernières petites maisons de Neuilly, rue Philippe-Le Boucher, à une vingtaine de minutes à pied du boulevard Victor-Hugo, Rollin ne l'avait jamais vu se tromper de plus de deux à trois minutes.

« Voilà, vous vous sentez mieux, j'imagine », disait Daniel tout en se lavant les mains, cependant que Georges se rhabillait, les muscles chauds, le corps détendu.

Souvent, l'effet s'estompait rapidement, mais le bien-être moral durait plus longtemps.

Peut-être Daniel était-il le seul homme à qui Georges Rollin faisait encore confiance. Pourtant, le masseur ne promettait rien. Il parlait peu. « Nous allons voir, essayer, nous ferons ce que nous pourrons », et cette modestie – insupportable chez le docteur Sertys, car elle exprimait l'incertitude – plaisait dans son cas à Rollin. Le silence de Daniel, cependant qu'il massait, lui permettait de parler : « Vous êtes mon confesseur », disait parfois Rollin en redressant un peu la tête. Mais Daniel, d'une pression des doigts, le forçait à garder la position, se contentant de dire : « Ne bougez pas, en tout cas. »

Était-ce l'effet de la détente musculaire, le besoin de communiquer le fond de ses pensées, ce qu'on a du mal à connaître soi-même car cela reste tapi sous les phrases toutes faites, celles qui n'effraient pas ? Rollin disait à Daniel ce qu'il avait coutume de dissimuler. Parfois il se demandait s'il ne se rendait pas chez le masseur autant pour pouvoir se confier que pour effacer une douleur musculaire qu'il sentait grandir, sciatique, ankylose de la nuque, névrite, qui partait de l'épaule gauche et paralysait les trois derniers doigts de sa main.

Daniel massait avec application et rigueur. Il faisait mal. Et ce mal était sain. « Vous me faites souffrir, commentait Rollin, et vous êtes peut-être le seul homme que je ne déteste pas, que je ne méprise pas. »

Daniel se contentait de répondre par une sorte de soupir d'étonnement, un son de gorge qu'il proférait les lèvres fermées, mais il semblait à Rollin qu'il dialoguait avec lui par le bout des doigts, bien plus intensément que s'il eût parlé.

« J'ai vu beaucoup d'hommes, Daniel... », déclarait Rollin, mais il poussait alors un petit cri, Daniel avait appuyé son doigt sur ce qu'il appelait « un point de tension » et lui disait : « Vous êtes très noué, aujourd'hui, monsieur Rollin, très tendu.

– Je rencontre trop d'imbéciles, trop de lâches, reprenait Rollin, les gens veulent garder la tête dans le sable, qui prend ses responsabilités ? Il n'y a plus d'élite, vous comprenez, Daniel, de chefs capables de décider, d'affronter les autres, de prendre des risques ; nous sommes une civilisation décadente, un Empire romain en train de crever, fin des valeurs, fin de l'autorité, on mélange tout, fin des repères, il n'y a même plus de sexes définis. »

Il se redressait, tentant de regarder Daniel, mais celui-ci, d'une pression sur les omoplates, le contraignait à rester allongé : « Ne bougez pas, monsieur Rollin, répétait-il, je vais terminer. »

Les yeux fermés, le nez et les lèvres écrasés sur la serviette-éponge que Daniel posait sur le lit à hauteur du visage, Rollin avait revu mentalement cette scène extravagante, incroyable, qui ne cessait depuis de le hanter comme un cauchemar ou une obsession.

Ce soir-là, bien qu'il hésitât à conduire, y voyant mal la nuit, mais précisément parce qu'il craignait cette épreuve, il s'était rendu en voiture chez son avocat, maître Lemarque. Lemarque était l'un de ces avocats qui tiennent plus du joueur d'échecs ou du chirurgien que du tribun.

Maigre, cet homme d'une cinquantaine d'années aimait, selon sa propre expression, « désosser un dossier », et quand il parlait, Rollin l'imaginait tel un médecin légiste penché sur un cadavre. Mais il ne tenait pas à être l'objet passif de l'autopsie pour la gloire ou le plaisir de maître Lemarque et il ne faisait appel à lui qu'à la dernière extrémité, quand il était nécessaire d'engager une procédure pour bloquer des gêneurs.

Or les *chiens* – c'est ainsi que Rollin nommait ceux qui s'intéressaient à lui, enquêteurs de toutes sortes, historiens, journalistes, charognards qui s'imaginaient pouvoir comprendre, expliquer, raconter et pourquoi pas juger, ces bâtards, comme si un chien avait pu deviner ce que c'est qu'être loup ! –, cette meute recommençait, après des décennies d'oubli, à flairer sa trace.

Un journaliste du *Monde*, Xavier Limel, s'était même officiellement présenté chez lui, expliquant dans l'interphone qu'il souhaitait le rencontrer puisque, expliquait-il, il n'était pas possible d'obtenir son numéro de téléphone, et Rollin n'avait même pas répondu. Maître Benoît Rimberg, ce Juif qu'on honorait comme un saint, avait donné une interview, s'interrogeant sur l'impunité dont avaient joui un certain nombre de personnalités mêlées à la collaboration, Papon, Bousquet – les noms qu'on attendait –, mais, avait-il ajouté comme s'il sortait de son chapeau une surprise extraordinaire, il y avait aussi Georges Rollin, « sur lequel, je vous l'assure, j'apporterai des précisions étonnantes, explosives ».

La meute allait donc aboyer.

« Qu'elle aboie, avait dit Rollin à maître Lemarque, qu'elle jappe, plutôt, mais qu'elle ne s'avise pas de m'approcher, j'ai des crocs, maître, bien acérés, je sais où ça fait mal, et je mordrai si l'on s'en prend vraiment à moi. »

Lemarque poussait son coupe-papier au bord du bureau, disposait une feuille blanche sur l'épaisse plaque d'ébène. Avec des gestes méticuleux, il dévissait le capuchon de son stylo doré.

« Monsieur Rollin, avait-il répondu de sa voix basse, lente, j'exécute vos ordres, mais il me faut connaître vos armes, voir vos crocs – il s'était interrompu, regardant Rollin par-dessus la monture de ses lunettes –, sinon comment voulez-vous que je vous défende ? Me faites-vous confiance ? »

Le bureau de Lemarque était installé dans un immeuble de l'avenue Raymond-Poincaré, non loin de la place du Trocadéro, et en s'approchant de la fenêtre Rollin apercevait ce qu'il appelait l'un des axes magiques de Paris, la tour Eiffel, auquel le nouvel éclairage jaune doré conférait une majesté qu'elle ne lui semblait pas avoir eue jusqu'alors, objet utilitaire, support d'antenne, plutôt, alors qu'elle était maintenant une sorte d'objet de luxe, non plus d'origine, mais comme la copie démesurée, la publicité tapageuse d'un article de Paris.

« Bien sûr, dit Rollin, si je me défiais de vous, maître, serais-je ici ? »

Lemarque inclina la tête en signe de remerciement.

« Que faisons-nous, alors ? » demanda-t-il.

« Rien – Rollin venait de le décider sans y avoir réfléchi –, nous les laissons approcher encore, ils commettront bien quelque faux pas ! Nous les surveillerons, vous, moi ; et quand ce sera le moment... »

Il abaissa son bras droit, la main ouverte comme un couperet. Et son mouvement était si vif qu'il grimaça. Maintenant, son épaule droite aussi le faisait souffrir. Maudit soit le corps.

« Vos crocs, je ne les vois pas », dit Lemarque en le raccompagnant.

« Nous avons décidé de ne pas mordre, pourquoi montrer ses dents ? »

Rollin descendit lentement l'escalier de cet immeuble silencieux. D'un mouvement de tête, il avait refusé que Lemarque, qui l'avait raccompagné, lui appelât l'ascenseur. « Jamais », avait-il dit, et Lemarque avait eu une mimique qui exprimait, à sa manière retenue, discrète, l'admiration.

Lâche, lui aussi, pensa Rollin. Aucune confiance, mais il faut bien.

Il avait repris sa voiture, mais alors qu'il voulait remonter l'avenue Raymond-Poincaré, il renonça à faire le tour de la place du Trocadéro, encombrée, et s'engagea dans l'avenue Georges-Mandel.

Il était près de 20 heures et la circulation était dense. Il appuya sur une des touches de la radio, mais les voix se recouvraient et il fut incapable de trouver France-Musique, s'irritant, maudissant ce désordre, cette pagaille qui envahissait les rues et les ondes, cette société désorganisée, anarchique.

Et ils croyaient peut-être que cela allait durer, comme si l'ordre n'était pas une obligation qui s'imposait nécessairement, comme si la civilisation n'était pas d'abord règles, obligations, sélection des individus et des races ?

Il appuya à nouveau sur les touches, trouva enfin une voix claire qui dissertait sur l'« héritage gaulliste », institutions, bombe atomique, la France, la France…

Il arrêta la radio, et, parce qu'il avait été distrait, il fut contraint de franchir le boulevard Lannes, qu'il voulait prendre vers la porte Maillot afin de rejoindre Neuilly ; place de Colombie, il hésita puis s'engagea sur la gauche dans le bois de Boulogne afin de le traverser, de rejoindre ainsi le boulevard du Commandant-Charcot, l'avenue de Madrid, puis la rue du Château jusqu'au boulevard Victor-Hugo.

C'était même un choix excellent, et, l'espace de quelques minutes, il fut satisfait de cette intuition, de ce hasard qui lui avait fait emprunter un bon itinéraire. Il alluma ses phares et, brusquement, sans qu'il y prît garde, il se trouva au sein d'un embouteillage, étonnant dans ce bois sombre.

Les voitures allaient au pas, donnaient de petits coups de klaxon, s'arrêtaient. Il vit ces silhouettes, ces femmes à demi nues, aux seins énormes, enveloppées dans des manteaux de fourrure qu'elles ouvraient et refermaient, offrant leur corps.

Elles marchaient le long des allées, ou bien se tenaient appuyées à des arbres, la jambe relevée haut ; elles fumaient.

Des centaines de voitures et des centaines, peut-être des milliers de femmes. Georges Rollin se mit à transpirer, la gorge sèche.

Il avait renoncé à tout cela, qui avait été une part si essentielle, peut-être la plus forte de sa vie – le reste n'étant sans doute qu'un prétexte : pouvoir, action politique, argent, des moyens pour prendre des femmes, les séduire, les regarder cependant qu'elles se déshabillaient à gestes faussement maladroits : « Aidez-moi, Georges, vous êtes drôle, ce n'est pas facile » – ou bien parfois : « Quel salaud vous faites », ou encore : « Mais vous êtes pervers, voyeur ! »

Il restait assis, jambes croisées, sentant son sexe prendre sa place, gonfler entre ses cuisses, et il fumait lentement, le menton levé, les yeux mi-clos.

Il avait oublié cela, et cela lui était à présent jeté au visage comme une caricature de sa vie, ces femmes entre les arbres, derrière les fourrés, ces putains – il prononçait le mot à mi-voix – que les phares éclairaient comme si elles défilaient sur une scène, un théâtre dont lui-même était à jamais exclu.

Quelle saleté, lâcha-t-il, quelle pourriture !

Mais il n'aurait su dire de quoi il parlait, de cette vie-là qui l'avait déjà quitté, avant que tout de lui ne s'en allât et qu'il ne fût sorti définitivement du spectacle, ou bien de cette invasion du Bois, de Paris par l'ordure.

Décadence, décadence.

Tout à coup, il devait être à la hauteur des pelouses de Madrid, au cœur du Bois, ayant déjà franchi l'allée de Longchamp, la file des voitures s'immobilisa.

Il vit venir, remontant la colonne, une silhouette aux cheveux roux, un diadème posé sur des mèches relevées en chignon, une démarche balancée, il découvrit les jambes oscillant sur des talons aiguilles, un manteau de fourrure gris perle, au col haut, et quand cette femme fut à la hauteur de sa voiture, elle ouvrit son manteau, et Rollin vit ses seins, protubérances monstrueuses débordant d'un bustier noir, puis il baissa les yeux, comme par instinct, et aperçut un sexe d'homme, long, brun, qui s'échappait d'un slip doré, fendu, soutenant des parties grosses, lourdes.

Il fut troublé comme il ne se rappelait pas l'avoir jamais été.

Un visage se penchait, s'approchait de la vitre, par signes lui demandait de baisser la glace, tirait une langue rouge qui caressait ses lèvres.

Les voitures se remirent en marche, Rollin démarra comme on s'enfuit.

Couché quelques jours plus tard dans le cabinet de Daniel, il revoyait ce corps de travesti, extravagant, incroyable. « Paris est une ville qui a la gangrène », dit-il.

« C'est fini, fit Daniel, vous en aviez besoin, vraiment. »

Rollin tendit les trois billets de cent francs à Daniel qui les glissa dans sa poche en souriant.

« Vous me téléphonerez », ajouta-t-il en se dirigeant vers le lavabo cependant que Rollin se rhabillait.

« Avez-vous des travestis parmi vos patients ? » demanda Rollin sur le pas de la porte.

Daniel se mit à rire, secoua la tête, se contentant de répéter :

« Vous me téléphonez dès que vous le voulez, j'ai toujours une place pour vous. »

Rollin téléphonerait à Daniel dès le lendemain matin.

7

Tôt ce matin-là, il était à peine 9 heures, appuyé aux grilles du parc du château de Villiers, Xavier Limel regardait l'immeuble qu'habitait Georges Rollin.

Il cherchait à se souvenir, comme s'il avait dû reconnaître cette forteresse grise qui s'élevait à l'angle du boulevard Victor-Hugo et de la rue de Chézy.

Autrefois, il y avait vingt ans, plus de vingt ans de cela, c'est devant cet immeuble qu'il passait sans doute lorsque, avec Bory, Verdier, Mérou, Parrain, ils se repliaient – c'était le langage qu'ils employaient alors – sur Neuilly.

Ils venaient de ce qu'ils appelaient le front ouvrier, l'île Seguin, la Régie, ou bien de leur « base arrière », un bistrot de Levallois ou ils rencontraient Kader Malik, un Algérien aux cheveux frisés qui ressemblait à Charlton Heston dans *Ben Hur*.

À Neuilly, ils étaient chez l'ennemi. Ils se taisaient, marchant tous quatre épaule contre épaule, comme s'ils s'apprêtaient à faire face. Mais les bonnes faisaient leurs courses d'un pas pressé et les vieux messieurs promenaient leurs chiens, les gamins se dirigeaient sagement vers leurs institutions privées, et rien de cela ne paraissait avoir changé en vingt ans, c'était la même activité tranquille, assurée, qu'aucune secousse ne pouvait troubler.

Sans doute, dans les années quarante, quand on crevait à Drancy et à Auschwitz, ou bien quand on se battait, en 44, à la gare Montparnasse, Neuilly avait-il gardé le même visage immuable, hors du temps, et tout naturellement Rollin avait choisi d'habiter là, dans cette île que l'Histoire jamais ne semblait balayer.

C'était cela que Limel, il y avait vingt ans, haïssait. Il se souvenait de sa haine, mais ne la retrouvait plus.

L'Histoire ?

Peut-être parce que son père, agent de change, habitait précisément Neuilly, Pierre Bory, le plus déterminé d'entre eux, avait depuis une dizaine d'années déjà repris la charge paternelle et était devenu l'une des figures de proue de ce qu'on appelait le renouveau de la Bourse. Il possédait de grands bureaux, rue Notre-Dame-des-Victoires, qu'il arpentait les mains enfoncées dans les poches de sa veste de tweed. Il avait fait un long séjour à Londres, comme pour se débarrasser de ce passé qui était là, à Levallois, dans les ateliers de la Régie où, durant deux ans, il avait travaillé comme manutentionnaire. À l'époque, Kader Malik le protégeait, l'avertissant des pièges que lui tendaient les agents de maîtrise: « Fais gaffe à toi, disait-il. Ils t'aiment pas. Tu sens pas l'ouvrier, le vrai. Tu comprends, on peut pas imiter. Moi je peux pas faire croire que je suis allemand ! » Il riait silencieusement, montrant ses dents qu'il avait cassées et noires.

Kader, c'est Verdier qui l'avait revu à peine quelques mois auparavant, par hasard. Il tenait un café, une sorte de long couloir qui donnait par une porte étroite sur la rue de la Charbonnière, entre le boulevard de la Chapelle et la rue de la Goutte-d'Or.

« Kader, mais si, Kader... »

Verdier avait dû insister pour que Xavier Limel se souvienne de cette lutte qu'ils avaient menée contre la Régie pour empêcher le licenciement de Bory et de Kader, accusés de vol, une « provocation du patronat ».

Bory avait gagné Londres, oublié le cambouis qui maculait ses mains, et Kader avait abandonné les illusions de la révolution arabe pour l'islam. La boucle s'était refermée.

Verdier, qui quand ils traversaient Neuilly, rayait avec un clou les carrosseries des voitures, les façades, les devantures, lui, l'étudiant en philosophie, petit-fils et fils d'enseignants, était devenu l'un des rédacteurs en chef de l'Agence France-Presse.

Curieux comme ils étaient nombreux dans la presse, les anciens de ces années-là: Verdier à l'Agence, Limel au *Monde*, Roggard à *Libération*, Parrain journaliste indépendant, patron d'une lettre confidentielle, et Mérou, qu'ils appelaient le grand Alexandre, distribuait ses analyses et ses éditoriaux dans les quotidiens de province, à R.T.L. et dans les journaux télévisés.

Ils n'étaient plus entre eux des camarades, comme ils s'appelaient autrefois, mais des complices.

Ils se retrouvaient sur les mêmes pistes. Ils constituaient, affirmait Mérou, une sorte de réseau, une fraternité, et c'est lui qui souvent les rassemblait, chez lui, dans cet immense appartement qu'il possédait – un héritage, comme il allait de soi – rue Simon-Lefranc, presque en face de Beaubourg. Il avait fait tomber toutes les cloisons, reliant ensemble les petites pièces pour constituer une vaste salle qui jouait tous les rôles, avec deux appendices seulement, une cuisine blanche et une grande salle de bains éclairée de lampes bleues. Une longue table de ferme occupait le centre de la pièce, et ils s'asseyaient à leur guise, au fur et à mesure de leur arrivée, Roggard après avoir bouclé ses pages, Verdier quand sa permanence était terminée. Mérou réclamait le silence pour dicter son papier à *Sud-Ouest*. On regardait le dernier journal télévisé, quelquefois le début de l'émission qui suivait et que présentait Brigitte Georges. Mais Limel se levait, éteignait. Il ne supportait pas de voir Brigitte sur l'écran. Pas de commentaires, pas d'ironie : ils étaient des copains.

Et c'est Mérou qui, un soir, au cours de l'un de ces dîners, avait pris à part Limel, l'interrogeant, s'inquiétant de cette lassitude qu'il croyait percevoir. « Tu t'emmerdes au *Monde* ? »

Limel avait fait la moue, répétant qu'on lui laissait la plus grande liberté. « Avec Brigitte, ça va ? » avait encore demandé Mérou, et Xavier n'avait pas répondu, retournant vers la table autour de laquelle bavardaient Roggard, Verdier, Parrain.

Mais Alexandre Mérou l'avait retenu : Xavier devait, disait-il, sortir de son trou, c'était le moment, « sinon tu laisses passer la main, trop tard, après, secoue-toi, secoue ta rédaction en chef ! ». Il suggéra à Xavier d'interroger maître Benoît Rimberg à propos du cas Georges Rollin. « Le nom ne te dit rien ? Moi non plus, mais Rimberg m'en a dit assez pour que j'imagine. Propose une enquête et conduis-la jusqu'au bout. »

Rimberg avait refusé de recevoir Limel, qui s'était présenté en vain à son cabinet, place Dauphine, insistant auprès de la secrétaire, s'obstinant comme jamais il ne le faisait, s'étonnant lui-même de sa détermination. Était-ce le conseil de Mérou, ou bien le flair, le goût de l'enquête, de la découverte, qui lui revenaient ? En quelques heures passées au service de documentation du journal, Limel avait établi le profil de Georges Rollin. Rien qui semblât devoir attirer l'attention. Mais Mérou ne parlait jamais au hasard. Et la vie de Rollin était presque trop linéaire pour un ancien haut fonctionnaire du gouvernement de Vichy qui avait échappé à toutes les condamnations et présidé durant plus de vingt ans le Consortium de rénovation urbaine, à l'origine de la transformation de tant de quartiers de Paris et l'un des maîtres d'œuvre de la Défense.

À la retraite depuis 1986, Rollin était encore chargé des relations extérieures du Consortium. Cela sentait l'argent, le pouvoir d'influence, et rien pourtant – pas même l'un de ces ragots que la presse rapporte – ne venait ternir l'image officielle d'un fonctionnaire qui s'était mué en grand entrepreneur. Ce vide, cette façade lisse attiraient Limel, et puis l'enquête, acceptée par Garini, le rédacteur en chef, était un moyen d'échapper aux tâches quotidiennes du journal, de sortir des bureaux, de traîner dans cet ouest de Paris où Limel avait vécu près de trois années quand, avec Mérou, Parrain, Bory, Verdier, Roggard, la bande des copains qui se prenait pour un parti, ils avaient cru pouvoir changer la société, comme tant d'autres avant eux.

Alors qu'ils n'avaient pas même laissé une éraflure sur les murs.

Rollin n'avait pas répondu à Limel lorsque celui-ci l'avait appelé par l'interphone de son immeuble désespérant de l'obtenir au siège du Consortium. Silence pendant que Limel expliquait : l'enquête du *Monde*, les années quarante, l'après-guerre, son témoignage, essentiel. Un déclic. Rollin avait raccroché.

Tout en s'éloignant du boulevard Victor-Hugo et en marchant vers la Seine, Limel retrouvait le plaisir de la traque, car le silence de Rollin était un début de preuve, une faute, et Limel savait qu'il reviendrait, qu'il le harcèlerait.

Il reprit sa voiture, traversa la Seine, chercha à situer cet Hôtel de l'Industrie où il avait logé durant plus d'une année. Dans les couloirs étroits, on se frôlait, et par les portes entrebâillées se répandait une odeur d'oignon, de viande grillée, mais aussi d'urine et de lessive.

La rue avait disparu. Esplanade, rampes d'accès, tours, immeubles aux façades en miroirs, et l'Arche, comme un arc de triomphe démesuré : Limel contourna lentement la Défense, perdu comme aux limites d'un océan sans repères.

Il se trompa de voie, s'emporta, coincé dans un embouteillage, s'éloigna de Paris malgré lui.

Était-il trop vieux déjà pour ce Paris-là qu'il trouvait inhumain ? Peut-être serait-ce – était-ce – le Paris de son fils, mais il ne conduisait jamais David à la Défense, préférant l'accompagner au parc de jeux du jardin du Luxembourg, là où il avait lui-même joué, puis lu, les pieds sur un fauteuil, dans l'après-midi fragile de l'automne, le dos contre le mur ensoleillé de l'Orangerie. C'est là qu'il avait rêvé de parler pour la première fois à des femmes.

Pourquoi quitter ces lieux qu'il aimait si l'Histoire n'était qu'un leurre ?

Brigitte l'accusait d'être englué dans le passé. « Tu n'en sors pas de tes souvenirs », disait-elle. Et c'était si souvent qu'elle l'admonestait ainsi que Xavier pensait qu'il n'était plus pour elle qu'un passé dont elle souhaitait se dégager, ne sachant trop comment y parvenir : il y avait David, elle aimait cet enfant et craignait qu'une séparation ne le fît souffrir – et peut-être, elle-même, n'avait-elle pas le temps d'organiser son départ.

Elle courait des studios des Buttes-Chaumont jusqu'à la petite société de production qu'elle avait montée et dont les bureaux étaient rue de Châteaudun, dans ce quartier que Xavier détestait, un creux de Paris où s'accumulait la circulation avec tout ce qu'il ne haïssait plus mais voulait continuer de mépriser ou d'ignorer : les banques, les assurances – il avait même hésité à entrer au *Monde* parce que le journal était alors installé à proximité de ce quartier-là. Heureusement, la rue des Italiens ne donnait pas seulement sur le boulevard Haussmann, mais aussi sur l'autre versant, les Grands Boulevards, ce fleuve où tout se mêlait et où, en fin de matinée, il aimait à traîner parmi ce peuple d'employés qui déjeunait d'un sandwich, ou bien prenait un café pour faire quelques pas hors des bureaux, échapper à l'air conditionné et à la cantine d'entreprise.

Mais Limel avait de la chance, puisque *Le Monde* emménageait rue Falguière, à moins d'une demi-heure de la rue Boissonade.

Brigitte avait ricané : « Tu ne sortiras plus de ton village. Et tu as la prétention de comprendre et d'expliquer le monde ! » Qu'eût-elle voulu, qu'ils s'installent dans une tour de la Défense, dans des bureaux de l'Arche, ou peut-être du côté de la Villette, où souvent, le samedi après-midi, Brigitte conduisait David, parce qu'elle trouvait la Cité des sciences extraordinaire ?

Ces après-midi-là, Limel restait seul dans l'appartement, classant ses livres, ses fiches, téléphonant à Verdier ou à Parrain avec l'inquiétude qui couvait en lui comme une grippe.

Qu'est-ce qu'il faisait de sa vie ?

Il se mettait à la fenêtre, fumant lentement son cigare – avec Verdier et Parrain, ils avaient naturellement fait le voyage à Cuba en 1968, il avait alors dix-huit ans, et, chaque fois qu'il fumait, il se souvenait de cette femme, sûrement une putain, rencontrée dans le hall de l'hôtel, les épaules larges, le cou très long, des seins fermes sous le chemisier blanc, et après l'amour, d'une petite sacoche de cuir noir qu'elle gardait accrochée à son ceinturon (elle portait un pantalon d'uniforme vert olive, comme il se doit) elle avait sorti un cigare qu'elle lui avait tendu : « Tu mérites ça, camarade, tu m'as fait jouir. »

Il en était encore bouleversé, de ce passé-là, si riche, si douloureux aussi, car cet élan, cet enthousiasme, ce plaisir qui lui avait été donnés, cette sorte de sacre au seuil de l'âge adulte, il savait que c'était une grâce que la vie lui avait faite, mais que toute cette joie à vivre qu'il éprouvait alors avait disparu.

David était seul capable de lui rappeler ces quelques instants miraculeux, quand, autour d'eux – le fils debout sur une poutrelle du parc de jeux du Luxembourg, le père les bras tendus, prêt à le recevoir s'il trébuchait, et David se laissant tomber pour s'accrocher au cou de Xavier, savoir qu'il était protégé –, tout était aboli, plus rien n'existait que leurs rapports, tout s'organisait autour de cet axe, tout.

C'était cela, vivre vraiment, et c'était cela qu'il avait aimé – cherché – dans cette folle idée de révolution, quand Paris tel qu'il était n'existait plus pour eux, qu'ils le reconstruisaient autour de leurs illusions, de leurs utopies dangereuses – au point, ailleurs, d'être devenues criminelles.

Mais ils étaient les « nouveaux partisans ». Neuilly était le territoire ennemi. Ils animaient la Nouvelle Résistance Populaire.

Puis l'un deux était mort, Pierre Overney, et ç'avait été le grand cortège, la révolte et le désespoir qui faisaient renaître, le temps d'un enterrement, un Paris rouge, celui de leurs rêves, et la foule, sur ces boulevards du nord et de l'est de la capitale, avait les cheveux et les vêtements en désordre, cependant qu'oscillait sur les épaules des camarades le cercueil de Pierre.

Ce Paris-là, vingt ans plus tard, qu'était-il devenu ?

Brigitte rentrait. David courait vers Xavier. Il racontait les ordinateurs, le mur d'une maison qu'il avait construit dans un chantier pour enfants de la Cité des sciences, la Géode : « Tu viendras, papa, tu viendras ? » Il irait. Il écrasait le bout de son cigare. Brigitte lançait : « Tu t'occupes de lui. Il faut que je sois à 7 heures aux Buttes-Chaumont. J'ai un direct. »

Que peut-on répondre à cela ?

Il était bien le passé, la presse écrite, et il avait eu beaucoup de mal à s'adapter à un Macintosh, un *Mac*, comme on appelait ces ordinateurs au journal. Chez lui, Xavier continuait d'écrire à la machine. « Tu n'as même pas une électrique, je parie », lui avait demandé Bory. « Même pas. » Seulement une vieille *bécane*, comme disaient, désignant leur machine, les ouvriers de la Régie ou bien ceux du Livre. Et ce mot lui était resté dans la tête. Un petit grain de vocabulaire, voilà ce qui subsistait des années d'illusion.

Mais trop encore pour Brigitte.

Il semblait à Xavier qu'elle le guettait, cherchant à surprendre chez lui une nostalgie, une idée d'autrefois, une faiblesse qu'elle ne lui pardonnerait pas. Quand il partait pour le jardin du Luxembourg avec David, elle protestait. Ne pouvait-il pas avoir un peu plus d'imagination ? Il existait des parcs de loisirs autour de Paris, la Cité des sciences, bien sûr, les piscines, le tennis, l'équitation. Voulait-il que David connaisse seulement le Paris qui ne bougeait pas, un Paris-musée où Xavier recherchait sa propre enfance ? Elle l'humiliait devant David, ce petit gosse qui ne comprenait pas, qui refusait à présent de sortir, criant qu'il détestait le Luxembourg.

Elle prenait leurs amis à témoin, parlant de Xavier comme s'il avait été un étranger, presque un absent.

Un soir, Bory était passé, peu après la naissance de David, et Xavier avait découvert à cette occasion que la venue de cet enfant avait mis fin sinon à l'amour – est-ce qu'elle l'avait jamais aimé ? –, du moins à la bienveillance, à la tolérance de Brigitte, comme si, maintenant, il était temps pour elle d'en finir avec une période de sa vie.

Elle avait accablé Xavier et il avait assisté à sa condamnation en spectateur impuissant.

« Il n'est pas comme toi, Pierre, disait-elle à Bory. Tu prends le monde tel qu'il est devenu. Lui – c'était de Xavier qu'elle parlait sans le regarder, lui, assis non loin d'elle, en retrait, tenant son verre à deux mains –, c'est un ancien combattant, jamais sorti de ces deux ou trois années de conneries que vous avez faites ensemble. Il ne quitte même plus le quartier, ricanait-elle. Maintenant que *Le Monde* s'installe rue Falguière, il ne bougera plus. »

Bory défendait ce qu'il appelait « leurs années héroïques et altruistes ». Il ajoutait, tapant sur le genou de Xavier : « Il y a plusieurs Paris dans Paris, il aime le sien. Il a toujours été le plus conservateur d'entre nous. »

Brigitte se levait. Blue-jeans, bottillons noirs, les mains dans les poches, presque masculine, n'étaient les cheveux flous encadrant son visage, les lèvres peintes d'un rouge vif, de longues boucles d'oreilles brillant entre les mèches.

« Mais il n'a rien à craindre, reprenait-elle. *Le Monde*, c'est l'institution, le journal immobile, ils changent de maquette tous les vingt ans, c'est ce qu'il fallait à Xavier. Il sera à la retraite avant la prochaine. »

Puis elle allait et venait dans l'appartement. Ailleurs, lançait-elle, à la télé, les jeunes auraient poussé Xavier dehors. 68, c'était comme la guerre de 14, même plus un souvenir. Ceux qui ne bougeaient pas étaient balayés. « C'est d'ailleurs bien comme ça, répétait-elle. Il faut rester en phase. »

Bory les avait laissés, donnant à Xavier l'accolade comme autrefois. Et Xavier n'avait plus invité ses vieux camarades, les copains, rue Boissonade.

8

C'était une longue et difficile partie, et Benoît Rimberg savait qu'il avait commis une faute.

Il était assis devant la fenêtre de son bureau et faisait tourner lentement son fauteuil de manière à décrire du regard le décor qu'il s'était composé – son paysage, disait-il.

D'abord le tableau de Marcelli, immense surface bleu et noir dont il aimait la puissance et la sauvagerie – « c'est barbare », avait dit Beck, son assistant, et Béatrice Lesgarre, sa secrétaire, baissait les yeux chaque fois qu'elle se trouvait face à ce tableau, à cette femme nue, jambes écartées, qui venait d'arracher de son ventre un nouveau-né, forme maigre et noire, peut-être un enfant mort, déjà guetté par les molosses qui se tenaient de part et d'autre de la mère, prêts à bondir, ce tableau si provocant que la plupart des visiteurs qui entraient dans le bureau étaient saisis, n'osant interroger Rimberg, cherchant à oublier cette scène qui leur faisait face et à laquelle, pourtant, ils revenaient, comme fascinés par le sexe féminin, cette fente profonde qui formait l'axe de la toile fixée à la cloison, derrière le bureau.

Puis les deux fenêtres, et les toits, les tours, la colonnade du Louvre, le Pont-Neuf, la Seine, toute l'éternelle majesté de Paris qui comblait Rimberg – « Je ne suis qu'un fils de petit Juif qui ne parlait que yiddish, n'est-ce pas, disait-il, et pourtant je suis là. »

Il montrait le quai de l'Horloge que la façade de l'immeuble dominait, le fleuve. « Je suis une provocation antisémite », concluait-il en riant.

Devant la dernière fenêtre, la plus éloignée de la cloison, il avait installé ce fauteuil tournant, cette table sur laquelle était posé un ordinateur de petite taille avec lequel il jouait aux échecs. L'écran était toujours allumé, la partie pouvait durer plusieurs jours. Parfois, Rimberg ne jouait qu'un seul coup, ne regardant même pas la réponse qui s'inscrivait sur l'échiquier placé au centre de l'écran. Mais ce jeu ouvert était un élément de son décor, peut-être aussi de la mise en scène dont il aimait entourer ses actes.

La deuxième cloison, perpendiculaire à la façade, était couverte d'une bibliothèque de bois massif dans laquelle s'entassaient les recueils de jurisprudence et les dossiers en cours. Et face aux fenêtres, sur les deux pans de mur qui encadraient la porte, étaient accrochées, de part et d'autre des battants, deux photographies jaunies sous le verre.

La première représentait un couple, elle et lui épaule contre épaule : elle, grosse, joufflue, des cheveux bouclés, une robe noire au grand col de dentelle blanche, des socquettes et des souliers plats ; lui, une casquette sur une tête osseuse, et une veste trop longue dont les manches couvraient presque ses mains. Devant eux, un petit garçon de cinq à six ans au visage rond, aux yeux enfoncés.

L'autre photographie, placée à la même hauteur que la première, aucun de ceux qui sortaient ne pouvait l'ignorer. On y voyait, au fond d'une fosse, des centaines de corps squelettiques amoncelés, enchevêtrés, et, debout sur ces corps, des hommes à la tenue de déportés, le crâne rasé.

Personne ne posait de questions, mais chaque visiteur marquait un temps d'hésitation et Rimberg, d'une voix glaciale, disait, montrant la première photo : « Mes parents et moi », puis, désignant la seconde : « Peut-être sont-ils là, tous les deux ? Qui sait, n'est-ce pas ? »

C'était macabre, insupportable même, et il le savait. Mais une seule personne avait osé s'emporter, s'indigner, l'accusant de n'être qu'un exhibitionniste, un malade indécent qui utilisait la mort des siens comme un maître chanteur, et il n'avait pu que ricaner, hausser les épaules, puis se défaire peu à peu de sa liaison avec cette femme, Anne-Marie Bermont, qu'il estimait au fond, indépendante, forte, mais pouvait-il se permettre d'user son énergie dans une lutte avec une femme ?

Il y avait mieux à faire.

Elle était aussi une des rares à avoir avoué qu'elle détestait ce tableau, que l'accouchement n'était pas cet acte bleu et noir, cette tragédie, mais bien un éclat de lumière. « La vie, Benoît, la vie ! » avait-elle même crié. Et il l'avait laissée se calmer, décidé à rompre avec elle, ce qu'ils avaient fait – c'était il y a combien : peut-être cinq ou six ans, dix ans, qui sait ? – après un voyage de quelques jours à Rome où l'un et l'autre, sans aveu, avaient compris qu'ils ne se supportaient plus.

Depuis, il n'y avait plus eu que des femmes silencieuses autour de Rimberg. Elles ne posaient pas de questions, regardaient autour d'elles sans même oser voir, de crainte de déplaire, et Rimberg leur expliquait, en montrant le tableau de Marcelli, qu'il représentait la naissance de la vérité, si difficile.

Elles s'extasiaient, et les plus serviles disaient à Rimberg : « Grâce à vous, souvent, maître, elle surgit, vous êtes un extraordinaire accoucheur de vérité. »

Les femmes, cela faisait plus de quarante ans maintenant qu'il les pratiquait, si lâches – la première qu'il avait aimée, dans les années cinquante, au fond d'un atelier de confection, il l'avait couchée sur un lit de vestes et de pull-overs et il se souvenait encore de l'odeur de laine et de tissu, mais il avait oublié le visage et jusqu'au nom de cette femme, une ouvrière brune, petite, plus vieille que lui, croyait-il, tant d'années après, mais quelle importance ?

Il avait alors dix-huit ans, était chauve déjà, mais il avait transformé ce qu'il avait d'abord ressenti comme une malédiction en avantage, se faisant méticuleusement raser le crâne et les tempes, gardant une moustache épaisse, jouant de cette apparence pour affirmer qu'il avait près de trente ans et laisser entendre qu'il était avocat, déjà, bien qu'il ne fît alors que commencer ses études de droit. Au demeurant, ce que voulaient ses clients, ce n'était pas qu'il plaidât, mais qu'il leur conseillât des moyens de tourner les lois et règlements.

Il avait fait imprimer des cartes de visite au nom de « *Benoît Rimberg, expert international en droit des affaires* », et il les déposait auprès des petits artisans qui, autour de la place de la République, dans les rues du quartier du Sentier, non loin des Grands Boulevards et des Halles, dans le IXe arrondissement du côté de la rue Cadet et de la rue du Faubourg-Montmartre, ne respectaient aucune législation, ni celle du travail ni celle du fisc.

Ces années-là, Rimberg les appelait celles de ses « travaux pratiques », qui valaient bien ceux de la faculté.

On le payait avec des liasses de billets retenus par un élastique ou un trombone, et il acheta ainsi son premier appartement, rue du Faubourg-Poissonnière, dans un immeuble vétuste où l'escalier n'était qu'un puits obscur aux marches usées. Avant de le revendre avec bénéfice, deux ans plus tard.

Maintenant il possédait deux étages place Dauphine, du côté du quai de l'Horloge, à quelques mètres du Palais de justice, où on le saluait avec respect : maître Benoît Rimberg, un personnage qu'on disait mystérieux – et instinctivement, sans y réfléchir, il avait bâti pas à pas sa légende.

Avocat éclatant des justes causes, défendant dans les années soixante les Algériens, nationalistes ou syndicalistes – ainsi ce Kader Malik qui avait gagné son procès, un exploit, contre la régie Renault ! –, il avait aussi plaidé pour les intellectuels, les écrivains, les éditeurs qui osaient publier des textes que le ministère de l'Intérieur voulait interdire. Et il réussissait, sans jamais élever la voix, à faire passer l'émotion. « Monsieur le président, permettez-moi une notation personnelle [long silence, très long], je sais ce que porte dans ses flancs tout régime qui étouffe la liberté d'expression, je le sais, mon père et ma mère ont été arrêtés, ici, par des policiers français… – Maître, je vous interdis ! lançait le président, tentant de l'interrompre. – Vous ne m'interdirez pas de dire, murmurait calmement Rimberg, qu'ils sont morts à Auschwitz et que c'est en leur nom aussi que je plaide ici, pour le droit à la vérité ! »

Il avait défendu les Éditions du Seuil, permis à Christian Elsen de faire paraître des témoignages sur la torture. C'est chez Elsen qu'il avait connu Anne-Marie Bermont, peut-être la seule femme qu'il avait aimée.

Mais aime-t-on jamais, et qui vous aime ?

On avait commencé à le craindre, on publiait sa photographie et des caricatures le représentant sous la forme d'une boule qui s'en va renverser toutes les quilles, ministres, procureurs. Car il avait une tête étonnamment ronde que barraient les trois larges traits noirs de sa moustache et de ses sourcils.

On lui avait confié des affaires difficiles et discrètes, et, peu à peu, parce que aussi il vieillissait et n'avait plus besoin de construire une réputation, il s'était tourné vers les contentieux financiers, engageant un fiscaliste, Robert Beck, traitant les successions délicates, celles des artistes en renom, et on le rémunérait en lui offrant des tableaux – ainsi ce Marcelli accroché dans son bureau.

Mais, ces dernières années, parce qu'il commençait à s'ennuyer – tout lui paraissait facile – et que les souvenirs d'enfance revenaient, plus obsédants chaque année, qu'il lui arrivait de rêver à cette nuit de 1942, quand il n'avait échappé à l'arrestation – il avait onze ans – qu'en sautant dans la cour depuis le deuxième étage de l'immeuble où il se cachait avec ses parents, impasse du Mont-Tonnerre, non loin de la gare Montparnasse – son père l'avait tenu dans le vide à bout de bras : « Saute, mon fils, saute, va-t'en, vis, vis, souviens-toi de nous », et il entendait les cris de sa mère qui tentait d'empêcher les policiers d'entrer –, il avait commencé à s'intéresser à ceux qui, dans la France de ces années-là, avaient été responsables de ce tas de corps décharnés, bras et jambes mêlés, dont il avait accroché la photographie symétriquement à celle de ses parents.

Ce qui n'avait été qu'un geste de provocation – Anne-Marie Bermont n'avait pas eu tort de l'en accuser – avait ainsi peu à peu pris un autre sens. Un jour, il avait pensé : c'est mon devoir. Mais le mot le gênait. Et il avait conclu que se venger était son « luxe ». Il préférait voir les choses ainsi. Il n'avait pu jouer les premiers rôles dans les affaires Papon, Legay, Touvier, Bousquet, mais, avec le cas de Georges Rollin, oublié de tous (parce que l'homme était malin, discret, qu'il avait, après la guerre, aidé – Rimberg en était sûr – des groupes politiques influents), Rimberg tenait enfin sa partie. Longue, difficile.

Il avait agi prudemment, accumulant les pièces, et il approchait du moment où il allait pouvoir lancer son attaque. Il fallait un échec et mat. Mais, regardant l'échiquier sur l'écran de l'ordinateur, Rimberg devait reconnaître qu'il avait commis un faux pas. Il s'était confié, peut-être par impatience, à Alexandre Mérou, qui n'était finalement qu'un journaliste bavard.

La confidence s'était transformée dans la dépêche en déclaration explicite, faisant dire à Rimberg qu'il détenait des charges explosives contre Rollin. Et celui-ci devait être à présent sur ses gardes, la presse alertée, flairant une affaire scandaleuse qui ferait quelques gros titres. Rimberg avait tenté de se reprendre, refusant de recevoir un journaliste du *Monde*, essayant d'apaiser le jeu. Mais il allait gagner quand même, malgré son erreur, parce qu'il avait toujours remporté la victoire quand il l'avait vraiment voulu. Et il le voulait. C'était si rare, maintenant, qu'il eût encore un vrai désir.

Il appuya sur les touches du clavier et se leva sans attendre que l'ordinateur eût répondu au coup qu'il venait de jouer.

9

Anne-Marie Bermont avait vu Rimberg dès qu'elle était entrée dans le restaurant.

Il était assis au fond de la salle, et bien qu'il lui tournât le dos elle l'avait immédaitement reconnu. Cette nuque lisse, ces tempes rasées, cette raideur dans l'attitude ne pouvaient la tromper. Ce ne pouvait être que Rimberg.

Elle s'était assise loin de lui, renonçant à sa table habituelle, trop proche de la sienne, afin de pouvoir l'observer. Elle le voyait de profil. Elle mesurait le temps qui avait passé entre eux à ces rides, à ces plis de peau qui striaient le cou, prenaient le menton, qu'il avait eu pointu, dans une gangue qui rendait, imaginait-elle – car elle ne l'avait pas encore vu de face –, l'expression un peu molle, le visage peut-être encore plus parfaitement rond qu'autrefois. Il était seul, un dossier ouvert sur son assiette, et elle eut la tentation de se lever, d'aller lui raconter.

Ce n'était pas la première fois depuis l'agression qu'elle avait subie aux Halles qu'elle pensait à lui téléphoner, à lui demander conseil. Devait-elle déposer plainte, décrire l'homme à la police ? Julien Rivière l'y avait incitée, mais avec de ces arguments pesants qui l'empêchaient toujours de convaincre Anne-Marie.

« C'est ton devoir, avait-il répété. Il faut empêcher ce type de nuire. »

Il suffisait qu'il parlât pour qu'elle fût tentée d'agir à l'opposé de ce qu'il conseillait. Et ç'avait été ainsi, avec Julien, tout au long de leur mariage. Le divorce avait rompu un lien qui n'avait jamais existé, hormis dans les registres officiels. Et souvent, quand le comportement de sa fille inquiétait et surprenait Anne-Marie, elle se disait qu'Isabelle devait être incapable de rassembler en elle les pulsions, les traits si contradictoires qui lui venaient de ses parents. Le divorce n'avait pu qu'accuser cette fracture.

Mais peut-être personne n'était-il unifié et chacun balançait-il d'une extrémité à l'autre d'un moi qui n'avait de consistance que vu du dehors, qui ne prenait de réalité que par les actes qu'on accomplissait, chacun d'eux, quels que fussent les hésitations et les hasards qui l'avaient précédé ou provoqué, devenant, quoi qu'on pût se dire, une image de soi. Après, ce qu'on avait rêvé, ce qu'on aurait voulu ou dû faire, quelle importance ?

Julien avait une expression qui déplaisait à Anne-Marie, mais qu'elle répétait souvent malgré elle, et elle se reprochait alors d'avoir été influencée par lui qu'elle accusait de n'être qu'un cynique, semblable à n'importe quel autre homme politique – mais la phrase revenait : « Tout le reste, avait l'habitude de dire Julien, l'Histoire s'en fout. » Le reste – et il l'avait expliqué tant de fois à Anne-Marie qu'elle entendait encore sa voix un peu dédaigneuse, assurée, celle du professeur qu'il avait été avant son élection comme député du XIVe arrondissement –, le reste, c'étaient les scrupules, les remords, les bons sentiments, les nobles intentions, tout ce qui était dans la tête et ne devenait pas acte.

Il ajoutait avec une sorte d'amertume, les joues creusées de part et d'autre de la bouche : « Et dans le reste, il y a les vaincus, Anne-Marie, les pauvre types, les braves types, les victimes, en somme. »

Il enflait sa voix : « Tous ceux-là, l'Histoire s'en fout. » Ce n'était pas l'antilope qui régnait sur les animaux, mais le lion, qui dévorait l'antilope et qu'on trouvait beau.

Comment aurait-elle pu vivre plus longtemps avec lui ? Et cependant, Julien avait semé en elle des idées perverses, inacceptables. Peut-être même exactes. Mais est-ce qu'on devait se soumettre à la réalité telle qu'elle était ?

Une jeune femme s'était assise en face de Rimberg. Anne-Marie la connaissait. Elle ne regarda plus dans leur direction, se cachant presque derrière la *New York Review of Books*, qu'elle lisait de-ci de-là, quand elle réussissait à arracher un peu de temps à cette machine quotidienne qui tournait de plus en plus vite, dont elle découvrait avec effroi qu'elle ne maîtrisait plus les mécanismes : les rendez-vous avec les auteurs ou les traducteurs, la lecture des manuscrits, la correction des traductions, les réunions, les déjeuners, les déplacements à l'étranger, Isabelle dont il fallait suivre le travail, qu'il fallait écouter, à laquelle elle devait parler chaque soir pour ne pas perdre le contact avec elle... Que lui restait-il pour elle, alors que le fil des ans glissait entre ses doigts et qu'elle en devinait le bout, bientôt – ce moment où on ne la désirerait plus et où elle ne connaîtrait plus ce flot d'émotion et d'angoisse chaque fois qu'elle verrait Sélim Naïr ?

Heureusement – même si cela la désespérait encore – elle ne le voyait presque plus, comme si, depuis ce qu'elle appelait l'« agression », elle s'était imposée d'être sage.

Sage. Elle détestait ce mot. Et elle regardait Rimberg malgré elle, dévisageant cette jeune femme, Catherine Mora.

Belle ? Le mot n'avait plus de sens aujourd'hui. Qui ne pouvait être belle ? Il suffisait de temps, d'argent, d'un peu d'intelligence et de beaucoup de volonté. Cette Catherine Mora avait tout cela. Journaliste, auteur d'un petit roman qui se voulait provocant et scandaleux, les cheveux blonds coupés court, avec une longue mèche qui lui tombait devant les yeux et qu'elle rejetait gracieusement du bout de ses doigts ou d'un léger mouvement de tête, comme une figure de danse, une manière d'invite. On l'avait vue déjeuner plusieurs fois à intervalles rapprochés avec Christian Elsen, ce qui ne trompait jamais ; son roman avait donc été publié et Elsen en avait vanté les qualités – « Un livre très grand public », avait-il dit en comité de lecture, puis devant l'équipe de vente.

Le livre avait été bien accueilli par la presse, comment aurait-il pu en être autrement ? Les chroniqueurs n'avaient d'ailleurs pas parlé du livre, mais de l'auteur, brossant le portrait d'une brillante consœur, vive, sympathique, sensible, etc., et ils avaient tenté de mettre des noms sur les personnages qui se succédaient dans le lit de l'héroïne.

Convenu, attendu, dérisoire.

N'empêche : maintenant c'était le tour de Rimberg, qui ne

pouvait fréquenter ce restaurant d'auteurs, d'éditeurs et de journalistes qu'avec des intentions précises – Anne-Marie savait qu'il préférait, après, les salons cossus et discrets.

Rimberg n'avait donc pas changé – qui change ? Les traits s'affaissent ou se durcissent, et chacun demeure ce qu'il était, mais on peut moins, on fait moins, on est autre. Tout le reste – l'immuable, l'histoire –, les gens s'en moquent.

Il était toujours hommes à femmes – et les mimiques de Catherine Mora persuadaient Anne-Marie qu'il était bien resté semblable à lui-même –, mais moins pour séduire que pour être séduit, puis pour conquérir, vite, abandonnant aussitôt – pas le temps, pas l'énergie pour la durée. Peut-être avait-elle été l'une des rares à l'avoir quitté, alors que c'était lui, elle le savait, qui toujours rompait. Il ne voulait personne autour de lui, elle l'avait compris. Il était comme une tour qu'un fossé protège et qui se dresse, seule, inaccessible.

Elle avait cru, peu de temps, qu'elle réussirait à franchir l'obstacle. Elle l'avait aimé. Elle avait osé l'affronter, lui dire ce qu'elle pensait de lui. Elle se souvenait de la première fois qu'elle était entrée dans son bureau, place Dauphine, et de la colère qui l'avait emportée quand elle avait vu ce tableau représentant l'accouchement d'une femme, et cette photo sinistre de camp de la mort, cette mise en scène insupportable qu'il avait composée avec l'image de sa famille. Sans doute ce jour-là avait-il décidé de rompre avec elle. Et elle-même avait compris qu'elle ne pourrait vivre avec lui. Trop morbide, malsain, inquiétant.

Quand il lui faisait l'amour, longuement, habilement, elle ne pouvait se laisser aller, restant sur ses gardes, retenant son plaisir, parce qu'elle se savait guettée et qu'il demeurait, même alors qu'il jouissait, distant, semblant ne pouvoir connaître qu'une satisfaction de solitaire dont il ne voulait – ne pouvait – rien partager. La femme n'était pour lui qu'un instrument, une chose vivante qu'il observait, qu'il collectionnait, mais dont il se lassait vite, avec qui il ne désirait pas vivre, trop occupé de lui-même, n'ayant finalement confiance qu'en lui.

À l'époque où elle l'avait connu, elle avait encore l'illusion de pouvoir obtenir ce qu'elle voulait, de faire ce qu'elle décidait. Ne venait-elle pas de se séparer de Julien Rivière, bien qu'elle eût un enfant de lui et alors qu'il était prêt à accepter, comme il disait, « tous les arrangements qu'elle voulait », puisque ce divorce pouvait, pensait-il, gêner sa carrière politique ? Raison de plus pour quitter Julien, un homme qui pense d'abord à sa carrière n'était pas un homme digne d'elle.

À présent elle attendait Gilles Duprez, qu'elle connaissait depuis trois ou quatre ans, qu'elle écartait d'elle autant qu'elle le pouvait, mais qu'elle devait voir puisqu'il était un auteur d'Elsen, qu'elle était chargée de l'édition de ses manuscrits ; elle devait lui parler et donc déjeuner avec lui, puisque telle est l'habitude du milieu et que personne n'aurait compris – ni Elsen ni Gilles – qu'elle se dérobât. Ou alors il lui fallait changer de profession. Gilles qu'elle ne détestait pas, cependant, emporté, grossier même quand la colère le saisissait, mais d'une générosité qui lui faisait prendre des risques, écrire des livres que nul autre n'osait entreprendre et qu'il conduisait jusqu'au bout, malgré les procès, les menaces –, un ami en somme, bien qu'elle ne crût guère à l'amitié entre un homme et la femme qu'il désirait. Or Gilles l'avait désirée. Aujourd'hui, elle ne savait plus, cela faisait peut-être un an qu'elle ne l'avait revu. Mais qui sait ? Elle se recoiffa.

À ce moment précis, Rimberg se retourna, lui fit un signe, s'excusa auprès de Catherine Mora, se leva, vint vers Anne-Marie, s'appuya des deux paumes à sa table.

« Ce que tu deviens, je ne sais pas, dit-il, mais tu es belle. »

Il avait une manière de rendre futile ce qu'il disait en souriant ironiquement, en parlant d'une voix indifférente, et alors que, le voyant s'approcher de sa table, elle avait pensé : « Je vais lui raconter, lui dire l'agression, le type des Halles, il va me conseiller », ce fut plus fort qu'elle, elle répondit en souriant comme lui : « Je sais ce que tu deviens, les journaux en parlent ; la beauté, ce n'est pas ton problème, n'est-ce pas ? »

Il rit. Il avait envie de la voir, dit-il. « Toujours chez Elsen ? » Elle répondit d'une inclinaison de tête. Il l'appellerait, ajouta-t-il en posant sa main sur le poignet d'Anne-Marie. Elle soutint son regard et il lui fallut pour cela résister à l'envie de se soumettre, d'abdiquer devant lui, si impérieux.

Elle y parvint, comme elle avait réussi autrefois, refusant de céder.

« Très bien, très bien », fit-il à mi-voix.

Comme il hésitait à s'éloigner, elle montra Gilles Duprez qui se tenait debout derrière lui.

Il était plus grand que Rimberg, arborant le visage un peu rougeaud des campagnards – il vivait le plus souvent dans sa propriété de Seine-et-Marne, au bord de la Seine –, des vêtements de laine frustes, amples, à l'allure militaire. Il connaissait Rimberg, qui l'avait autrefois défendu – « Bien loin, tout ça », dit Gilles – puis, en se penchant, appuyant familièrement de sa main sur l'épaule de Rimberg, le forçant à s'incliner vers Anne-Marie, il reprit : « On dit que vous mettez votre nez dans les affaires de collaboration, Georges Rollin et compagnie. Ça m'intéresse, maître. »

Rimberg fit la moue. « Rien, dit-il, des bavardages. »

Il rejoignit sa table où Catherine Mora, le menton posé sur les poings, sa longue mèche cachant la moitié de son visage, les observait.

« Vous connaissez donc Rimberg, bien sûr ? » dit Gilles Duprez en s'asseyant en face d'Anne-Marie.

Elle se sentait rassurée d'avoir cet homme vigoureux devant elle. Tout le visage de Gilles souriait et de petites rides paraissaient rayonner à partir de ses yeux.

« Je suis heureux », dit-il en secouant la tête.

Elle n'aimait pas qu'il jouât, comme il faisait à chaque fois qu'il la voyait, au soupirant émerveillé. C'était comme s'il se moquait d'elle. Sans doute comprit-il, à la manière dont elle le regardait, puis baissait la tête avec irritation, qu'il se trompait d'attitude.

Ils se turent l'un et l'autre, faisant mine de lire le menu.

Quand elle le reposa sur la table, elle vit que Gilles la dévisageait. Il avait une expression grave, presque douloureuse, les traits crispés. Anne-Marie hésita, l'observa longuement en silence, puis, comme il ne bougeait pas, dit : « Il faut que je vous raconte, Gilles. »

10

Julien Rivière avait oublié qu'Anne-Marie et Isabelle se ressemblaient tant.

Il les voyait s'avancer vers lui et c'était comme si le boulevard Edgar-Quinet s'était vidé de tout ce qui entourait cette mère et cette fille qui marchaient épaule contre épaule, du même pas, avec le même balancement du haut du corps, Anne-Marie les cheveux mi-longs, Isabelle les mèches nouées comme pour affirmer sa différence, mais cela ne faisait au contraire qu'accentuer la similitude de leurs traits, comme si le visage de la fille n'était ainsi, dégagé, qu'une façon de montrer celui de la mère que ses cheveux flous cachaient.

Anne-Marie serrait sur sa poitrine, comme on porte un enfant, un gros bouquet de fleurs blanches, sans doute des marguerites, accompagnées de fleurs rouges et jaunes, et Rivière se souvenait que jamais Anne-Marie ne laissait une pièce de l'appartement sans bouquet. Chacun d'eux était différent : deux ou trois fleurs seulement dans le bureau de Julien, un bouquet de fleurs séchées dans la cuisine, et, dans le salon, l'agencement somptueux, multicolore, de corolles différentes qu'elle ne cessait d'arranger, les réagençant dans le vase chaque fois qu'elle passait, l'air de tout oublier de ce qui l'entourait, seulement soucieuse de ces fleurs. Julien l'observait avec étonnement : comment pouvait-on consacrer autant d'attention à ce qui n'était qu'un détail, une réalité si éphémère ? Et il s'était souvent moqué, avait tourné en dérision cette passion, prétendant qu'il préférait les fleurs artificielles, qu'avec elles l'effet était identique et la durée assurée.

À présent il voyait Anne-Marie et Isabelle s'approcher, et ces fleurs que la mère serrait contre elle étaient comme la vie qu'il avait connue, qui s'était interrompue, alors qu'elles deux, celle qui avait été son épouse et celle qui était leur fille, continuaient de la vivre, que lui-même était ailleurs, sur un autre continent, à quelques pas d'elles deux, pourtant, qui ne le voyaient pas encore. Elles qui lui paraissaient seules désormais – les étals du marché Edgar-Quinet, la foule des acheteurs avaient disparu – comme s'ils n'étaient plus qu'eux trois dans l'allée, elles et lui.

Il ne pouvait les quitter des yeux malgré Bernard, son assistant, qui lui parlait, lui présentait un vieux couple de retraités qui voulaient lui serrer la main, parler avec leur député de leurs difficultés. Bernard chuchotait, expliquait qu'il s'agissait de la menace de destruction de tout un groupe de petits immeubles, dans la rue Olivier-Noyer, sous prétexte d'agrandir un square. Bernard insistait : Julien devait se souvenir, il avait reçu le dossier.

La foule, les marchands forains réapparaissaient peu à peu, entouraient et dissimulaient Anne-Marie et Isabelle, que Julien n'apercevait plus que de temps à autre – les fleurs, d'abord –, et il lui semblait que c'était cela qui lui manquait, la nature dans sa beauté – comment n'en prenait-il conscience qu'aujourd'hui ? –, depuis qu'il avait quitté Anne-Marie, l'appartement de la rue Boissonade, sa maison.

Il se tourna vers Bernard, serra la main du couple de vieux, les écouta en hochant la tête, les rassura de ce ton sentencieux et protecteur qu'il lui fallait prendre et qu'il avait de plus en plus de mal à retrouver, comme un acteur qui perd le fil et ne réussit même plus à entendre les mots du souffleur.

Cependant, chaque dimanche matin, il devait interpréter ce rôle, pièce obligée du répertoire dont il lui semblait, semaine après semaine, qu'elle devenait pour lui – et peut-être pour tous – un rituel incompréhensible, ridicule et vain.

Mais il devait, à 10 heures, quitter l'appartement qu'il occupait au cœur de sa circonscription, en face de la mairie du XIVe arrondissement, rue Mouton-Duvernet. Karine était encore couchée, le plus souvent endormie ou bien assise dans le lit, les cheveux défaits tombant sur ses épaules, jeune, belle, et Julien, quand il la regardait, employait à dessein ces mots-là, les plus simples, mais au lieu de sentir, en se penchant pour embrasser Karine, un élan, du désir, une satisfaction au moins – elle était sa jeune femme, sur laquelle on se retournait, et on enviait Julien : ce Rivière, disait-on, il ne s'ennuie pas, cela faisait partie de sa petite légende –, il se sentait accablé, las.

Il devait aussi assumer ce rôle, il l'avait voulu. Mais il n'était plus ce jeune premier plein d'enthousiasme, tout au plus un vieil acteur grimé qui doit se teindre les cheveux. Et il s'était posé vraiment la question, un dimanche matin, précisément, lorsqu'une électrice, une vieille femme, pensait-il, les cheveux gris, la démarche lente, lui avait dit en prenant le tract qu'il lui tendait : « Monsieur Rivière, vous aussi, vous êtes tout blanc, le temps passe pour tout le monde ; on est bons, tous les deux, vous avez bien la soixantaine, non ? »

Il avait ri.

En ce temps-là, près de dix ans encore le séparaient de ce cap. Seulement cinq aujourd'hui. Cinq : il savait que c'était à peine le temps de se retourner. Mais il avait renoncé à se teindre les cheveux. Karine l'avait rassuré à sa manière, qui accablait Julien : « Habille-toi jeune, c'est tout, mon chéri, c'est cela qui compte. »

Elle lui achetait des cravates trop claires, des pull-overs bleu ciel ou violets, qui lui semblaient toujours trop étroits parce qu'ils moulaient son torse, son estomac. Et il sentait que son corps s'alourdissait, qu'il n'y pouvait rien : trop d'efforts à faire, de rôles à tenir.

« Tu devrais prendre modèle sur Jack Lang, disait Karine, il se permet tout et il plaît, regarde les sondages. »

Il n'était pas Lang mais Julien Rivière, député d'une circonscription de Paris qui couvrait le XIVe arrondissement, le quartier où il était né, dont il connaissait presque chaque rue, où il s'était marié, dans cette salle de la mairie dont il apercevait les fenêtres depuis chez lui.

Les commerçants le saluaient, l'interpellaient lorsque, le dimanche matin, il commençait vers 10 heures sa tournée des marchés. Bernard l'attendait sur la place Ferdinand-Brunot. « Les camarades sont là, disait-il, on commence par la rue Boulard, si tu veux. »

Bernard, long, maigre, la quarantaine, professionnel de la

politique, suppléant de Julien Rivière, demain peut-être député à sa place, déjà conseiller d'arrondissement avec lui, maître de la section du quartier de Plaisance, la plus nombreuse, le point d'appui de Julien. Là étaient les camarades qui votaient pour lui depuis 1977, alors qu'il n'était encore qu'un militant parmi d'autres, mais plus déterminé, plus dévoué. Professeur, on l'avait choisi comme candidat ; battu d'abord, il avait été élu député en 1981, par surprise – le tournant de sa vie, même s'il avait déjà divorcé quelques années auparavant, quand la politique avait commencé d'envahir toutes ses pensées.

Il lui avait fallu quitter la rue Boissonade, s'enfoncer plus encore dans les activités politiques, les responsabilités au sein du Parti socialiste – comité directeur, secrétariat national, commissions parlementaires, etc. Karine, de vingt ans plus jeune que lui, il l'avait épousée dans la même salle où, plus de dix ans auparavant, il s'était marié avec Anne-Marie. Les camarades les avaient félicités, le maire – un adversaire – lui avait remis un cadeau du conseil d'arrondissement, et Karine lui avait chuchoté qu'elle était heureuse, qu'elle allait le soutenir de toute son énergie : « On va aller loin, très loin, mon chéri. »

Il avait souri, il souriait aux passants sur le marché Boulard. « Bonjour, ça va ? » lançait-il. Il se penchait au-dessus des étalages, serrait les mains. Parfois les commerçants bougonnaient : « Non, ça ne va pas, mais pas du tout, monsieur le député. » Bernard prenait des notes, disait : « On va arranger ça », cependant que Julien hochait la tête.

Ces contacts du dimanche matin l'accablaient. Il ne pouvait plus, se répétait-il. Et pourtant, il était à 10 heures précises au rendez-vous. Et, après le marché Boulard, Bernard le conduisait au marché du boulevard Brune. Des camarades les attendaient – Martine, Dominique, Lucienne, qui avait, comme elle disait, cinquante ans de parti. Ils tendaient des tracts aux passants, qui, le plus souvent, les ignoraient.

« Ça va ? »

Julien restait quelques instants. Puis c'était le marché de la rue d'Alésia, au coin de la rue de Gergovie et de la rue Didot, et celui de la rue Daguerre. Il avait les jambes lourdes, les joues figées dans un sourire. Il se persuadait qu'il ne pouvait plus lever le bras, tendre l'un de ces feuillets où étaient écrites des phrases auxquelles il ne croyait plus. Mais qui y croyait encore ? Qui, à part ceux qui, comme Bernard, étaient, par métier, contraints d'y croire, ou cette poignée de militants qui refusaient de renoncer à ce qui avait, parfois durant des décennies, comme pour Lucienne, constitué le sens de leur vie : ces idées, ces petits gestes autour desquels ils avaient rassemblé ces miettes que sont les existences sans passion ?

Maintenant ils ne voulaient pas, ils ne pouvaient plus abandonner sans être brisés, sans s'avouer qu'ils avaient été dupes, qu'ils s'étaient fourvoyés.

Parfois, sur le marché du boulevard Brune, Julien croisait les alliés d'hier, des communistes, eux aussi obstinés, accrochés à leur vie. Et, plus loin, un autre groupe, ceux que Bernard et Martine appelaient les « fascistes », qui lançaient, quand ils apercevaient Julien : « Les Français d'abord, préférence nationale ! »

Souvent des visages se détournaient, des gens s'écartaient, Maghrébins, Africains, et pour quelques instants Julien recouvrait un regain d'énergie. Il prenait un paquet de tracts, s'avançait au devant des passants, discutait, souriant, convaincant.

« Tu es le meilleur », lui disait Bernard.

Mais la lassitude revenait. Julien était comme un naufragé qui tente de continuer à nager alors que l'océan s'étend autour de lui à perte de vue : tous ces visages, ces vies poursuivies obstinément, comment les fédérer, leur donner un sens commun alors qu'il ne restait rien, presque rien de ce en quoi ils avaient cru, de ce qu'on leur avait promis ?

Il avait à nouveau le sentiment que son corps se paralysait, qu'il était dans l'impossibilité de lever le bras, de tendre la main, de prononcer un mot de plus. Bernard l'entraînait vers le dernier marché, celui du boulevard Edgar-Quinet, si proche de la rue Boissonade.

Parmi les trois camarades qui l'attendaient à la sortie du métro, il reconnaissait cet étudiant maghrébin, Kamoun, qui occupait l'une des chambres de bonne de l'immeuble qu'habitaient Anne-Marie et Isabelle. À chaque fois, Julien parlait longuement avec lui, comme si, peu importait le sujet abordé, il pouvait de cette manière renouer avec ce passé qui le troublait en revenant vers lui – alors que, durant des années, dans la période la plus brûlante de sa vie, ce début de septennat, quand il avait découvert l'Assemblée nationale, le pouvoir, et que les convictions encore vives se mêlaient à la certitude de disposer enfin des moyens de les mettre en œuvre, il avait cru rompre définitivement avec son existence ancienne.

Mais ces années réapparaissaient comme des vestiges surgissant au moment de la décrue, et voici que, sur ce boulevard Edgar-Quinet, il voyait s'avancer vers lui Anne-Marie et Isabelle, la mère portant des fleurs blanches, rouges, jaunes, comme elle avait porté naguère Isabelle qui lui ressemblait tant.

« Je m'en vais », dit Julien Rivière, et il traversa le boulevard en direction de l'avenue du Maine, sans laisser à Bernard le temps de lui répondre.

11

Isabelle avait d'abord cru que son père ne les avait pas aperçues.

Il leur tournait le dos, immobile, à l'entrée du métro Edgar-Quinet, au centre d'un petit groupe au sein duquel Isabelle reconnut Bernard, son assistant, puis cet étudiant, ce « beur » qu'elle croisait parfois dans l'entrée de l'immeuble de la rue Boissonade et qui détournait la tête, se tenait à plusieurs pas d'elle, la laissait prendre seule l'ascenseur comme s'il avait craint de la regarder, de la côtoyer, ou bien qu'elle s'adressât à lui – et, pour le gêner, par défi, Isabelle le dévisageait, tenait longuement la porte de l'ascenseur ouverte, lui proposant de monter tandis qu'il bégayait des refus, des excuses.

Un jour, Mme Sertys, l'horrible, l'abominable Mme Sertys était passée entre eux deux, disant sèchement que les gens du septième étage devaient prendre l'escalier de service et n'avaient pas droit à l'ascenseur, « c'est nous qui payons les charges ».

Isabelle avait haussé les épaules et elle était montée à pied, plus vite que la cabine, et, parvenue au premier étage, elle avait tenté d'ouvrir la porte palière pour que l'ascenseur s'arrête, mais elle n'y était pas parvenue. Elle avait vu dans la cabine Mme Sertys qui semblait parler seule, le visage courroucé, remuant les lèvres, et Isabelle s'était mise à siffler, à chanter très fort, puis elle avait claqué la porte de l'appartement, heureuse d'entendre Mme Sertys, cette connasse, qui, arrivée au quatrième étage, répétait : « Mais taisez-vous, taisez-vous, où vous croyez-vous ? Quelle éducation, quel scandale ! »

Ce n'était pas la première fois qu'elle remarquait ce « beur » en conversation avec son père, mais, ce dimanche matin, elle ne voulait les rencontrer ni l'un ni l'autre.

Naturellement, sa mère ne voyait rien, occupée à choisir ses fleurs, lente, lente, hésitante, se tournant vers Isabelle, lui demandant ce qu'il valait mieux, associer du bleu et du blanc, ou du jaune et du rouge, interrogeant la marchande, secouant les bottes pleines de gouttelettes. Pour une fois, Isabelle ne la pressait pas, espérant que son père se serait éloigné avant qu'elles ne fussent parvenues à la hauteur du métro.

Elle faisait donc mine de s'intéresser au bouquet, répondant à Anne-Marie, suggérant une autre composition, ces fougères-là, et sa mère s'étonnait, essayait, haussait les épaules : « Tu dis n'importe quoi », concluait-elle enfin, payant, entraînant sa fille vers cette partie du marché où Julien Rivière se trouvait, dépassant la foule de la tête, ses cheveux gris – trop longs, pensait Isabelle – emmêlés comme à l'habitude.

Elle éprouvait un brusque élan de tendresse, se rappelant que, parfois, quand elle allait le voir chez lui, rue Mouton-Duvernet, ou bien à sa permanence, rue Pernety, ce petit local aux murs recouverts des affiches de sa campagne électorale, elle était émue, presque désespérée. Les affiches qui le représentaient en juin 1981 montraient un candidat encore juvénile, aux cheveux noirs frisés ; en 1988, sur les dernières affiches, il n'était plus qu'un homme sans âge, cinquante, soixante ans, le visage empâté, les cheveux presque blancs, un sourire de circonstance ôtant à l'expression toute vérité, un masque, le même que ceux qu'on voyait dans les autres quartiers de Paris sur les panneaux électoraux, aux portes des mairies.

Isabelle s'approchait de lui : « Coiffe-toi, papa », disait-elle, et elle démêlait ses cheveux avec ses doigts, ni elle ni lui n'ayant de peigne sur soi.

Mais c'était un geste qu'elle n'avait plus depuis qu'un soir, alors qu'elle couchait chez lui, elle avait vu Karine lui caresser la tête afin de tirer ses cheveux en arrière, et, tournée vers Isabelle, elle avait dit : « Tu ne trouves pas que Julien a un visage plus noble quand son front est dégagé ? Il doit se coiffer comme cela, il faut qu'il se choisisse un visage et qu'il s'y tienne. »

Isabelle n'avait pas répondu, disant qu'elle allait se

coucher, éprouvant un sentiment de dégoût et de honte qui l'avait empêchée de lire ou de dormir.

Elle avait entendu Karine rire aux éclats – et jamais, lui avait-il semblé, elle n'avait entendu un tel rire, accompagné de gloussements, de paroles chuchotées –, puis elle avait deviné qu'ils passaient dans le couloir, qu'ils ouvraient et refermaient la porte de leur chambre.

Elle ne voulait rien imaginer, mais les images venaient malgré elle, comme lorsque, appuyant au hasard sur la télécommande, quand elle était seule rue Boissonade, Anne-Marie sortie, elle voyait surgir devant elle, imprécises et grises d'abord, puis tout à coup nettes, violemment colorées, ces scènes qui la dégoûtaient et la fascinaient, ces hommes et ces femmes nus, ces bouches, ces sexes, et c'était comme si tout son corps rougissait, brûlant.

Elle changeait de chaîne, vite, puis, pianotant, elle retrouvait les corps, toujours là, la femme allongée, jambes écartées, et le visage de l'homme entre ses cuisses, bouche contre sexe, et elle éteignait, s'enfuyait dans sa chambre, craignant que sa mère ne la surprît, ne se remît à parler de « ça », ce qu'elle cherchait souvent à faire, en toute occasion, essayant de lui prodiguer des conseils. À chaque fois, Isabelle se dérobait, répondait qu'elle savait tout cela, qu'elle n'avait besoin de rien, qu'elle avait d'autres préoccupations, et, quand elle voulait faire taire sa mère, l'obliger à abandonner ce sujet, il suffisait de la surprendre, de lui dire d'un ton tranquille qu'elles allaient souvent, avec des camarades de sa classe – « Christine, Sandra, tu les connais, maman ? » – au Forum des Halles, qu'elles s'étaient payé un life-show dans un sex-shop, pour voir, et que c'était aussi bien qu'à la télévision, aussi con.

Le seul problème, ajoutait Isabelle, c'était que le distributeur de préservatifs du lycée était toujours vide, « trop de demandes ».

Sa mère la regardait alors silencieusement, hochait la tête, tentait de sourire, balbutiait « Ah bon », puis quittait la pièce ou parlait littérature.

Mais sans doute téléphonait-elle à Julien pour lui faire part de ses inquiétudes, et lorsqu'ils déjeunaient tous trois à La Coupole, leur lieu de rencontre, une fois par mois, son père la regardait avec une anxiété qu'elle ne supportait pas.

C'était pour Isabelle deux heures de malaise, comme si elle était serrée dans un étau, obligée de disparaître pour que l'un ou l'autre de ses parents ne la vît pas telle qu'elle se montrait quand elle était seule avec l'un d'eux, et elle avait envie de s'enfuir, de s'évanouir, comme on dit, de mourir pour qu'ils cessent de la guetter, de la questionner, de la prendre comme arme l'un contre l'autre, de parler d'elle comme si elle n'était pas là.

« Tu es folle, disait Julien à Anne-Marie, tu es irresponsable de tolérer ça, mais tout le monde sait ce qui se passe aux Halles, la décomposition d'une ville, la drogue, un égout comme au Moyen Age, c'est le lieu où la violence et l'illégalité convergent, il en faut un, et tu la laisses, je t'interdis, Isabelle… »

Que pouvait-il interdire ? Est-ce qu'il était là pour surveiller ce qu'elle faisait, ce à quoi elle rêvait ?

Elle l'entendait, chez lui, quand elle ne réussissait pas à dormir, haleter dans la chambre voisine, elle le voyait, certains matins, prendre Karine par la taille ou bien, imaginant qu'Isabelle ne l'observait pas, glisser la main dans l'entrebâillement du pyjama et, tout en lui caressant les seins, embrasser sa femme dans le cou puis sous l'oreille – et Isabelle quittait alors précipitamment la cuisine.

Après, il pouvait décider, juger, condamner, faire son cours tout au long de ce déjeuner mensuel, Isabelle ne l'entendait même pas. D'ailleurs, elle n'était plus pour lui qu'un prétexte à règlements de comptes.

Anne-Marie prenait sa défense : « Elle est raisonnable, je suis la seule à pouvoir savoir, je vis avec elle, moi. Si tu n'as pas confiance, trouve une autre solution, n'est-ce pas ? »

C'était à la fin du déjeuner que la tension approchait du point de rupture, comme si, à chaque fois, il fallait qu'ils se quittent sur une opposition violente pour que le divorce fût à nouveau consommé, qu'il n'y eût pas d'illusions après ces deux heures passées tous trois côte à côte.

Et quand elle le pouvait, Isabelle partait avant, prétextant un cours de rattrapage, un contrôle de maths ou de latin qu'on avait placé là, à 14 h 30.

Elle était déjà debout, encore entre eux deux qui se taisaient tout à coup.

« Qu'est-ce que c'est que cette histoire ? » murmurait Julien.

Mais que pouvait-il, que savait-il ?

Isabelle le fixait et elle n'était pas fière de le voir se troubler, gêné, fuir son regard, « Travaille bien, mon cœur », disait-il.

Elle se penchait, elle se laissait embrasser.

Anne-Marie au moins ne disait rien, se contentant de regarder Isabelle, de lui faire comprendre qu'elle n'était pas dupe, mais qu'elle laissait sa fille partir. Elle lui prenait la main, la lui serrait, complice, et Isabelle l'embrassait.

Elle ne se sentait en sécurité qu'au moment où elle retrouvait le boulevard du Montparnasse, et elle rentrait souvent directement rue Boissonade, parce qu'elle aimait rester seule dans l'appartement.

Elle travaillait, allongée sur le ventre. Quelquefois, elle enfouissait son visage dans l'oreiller jusqu'à ce que la respiration lui manquât ; elle aimait cette impression d'étouffement. Ou bien elle ouvrait la fenêtre et, les jours de soleil, elle enlevait son pull et lisait, se laissant envahir par cette chaleur qui la rendait un peu dolente ; elle aimait aussi cette sensation, ce léger malaise.

Bientôt elle se levait et s'enfermait dans la salle de bains, dénouait ses cheveux, les coiffait longuement, puis elle ôtait son soutien-gorge, caressait, écrasait ses seins, prenait une douche brûlante, savonnant longuement son sexe. Sa mère la retrouvait paisible, et elle s'inquiétait de cette sorte d'indifférence dont Isabelle paraissait s'entourer, qui la rendait inaccessible, comme si elle ne cherchait qu'à se protéger et à échapper aux regards, vêtue d'un pull et de pantalons trop larges, d'un blouson aux manches si longues qu'elles lui couvraient les mains.

Presque chaque jour, Isabelle devait résister aux tentatives de sa mère qui voulait l'habiller autrement, qui, quand elles quittaient ensemble la rue Boissonade, l'entraînait rue Vavin, l'obligeait à s'arrêter devant les boutiques, lui proposait d'acheter une jupe, des chaussures, un chemisier. « Je voudrais tant... », commençait Anne-Marie. « Que je sois comme toi ? » coupait Isabelle.

Elle faisait quelque pas pour marquer qu'elle se séparait, qu'elle refusait qu'on la modèle, puis elle revenait, émue par la tristesse de sa mère, ce désespoir qu'elle lisait dans ses yeux: « Laisse-moi vivre, maman, laisse-moi comme ça, je t'en prie. »

Et Anne-Marie cédait, n'achetant finalement qu'un nouveau pull-over, qu'Isabelle acceptait à condition qu'il fût large, très large, ne permettant de deviner aucune forme.

C'est d'abord la forme de ces seins qu'avait touchée Laurent en glissant ses mains sous le blouson, puis, comme elle ne bougeait pas, qu'elle s'était raidie, il avait passé les doigts sous le pull ; ce jour-là, elle ne portait pas de chemise, et du bout des ongles, cependant que l'ascenseur montait, une cabine où ils tenaient tout juste à deux, serrés l'un contre l'autre, il avait pincé la pointe de ses seins ; elle avait eu envie de crier, mais elle s'était mordu les lèvres, désirant qu'il lui fît encore plus mal. Elle ne baissait pas les yeux et il la fixait aussi, silencieux depuis qu'ils étaient entrés dans cet immeuble de la rue Saint-Jacques où elle l'avait suivi, traversant le jardin du Luxembourg où il l'avait attendue, assis devant le verger. Pour le rejoindre, en sortant du lycée Montaigne, elle avait préféré remonter la rue Auguste-Comte vers le boulevard Saint-Michel, de crainte que Christine ou Sandra ne voulût l'accompagner, désirant se débarrasser d'elles sans leur dire – sans leur dire encore – qu'elle allait le retrouver, lui.

Elle ne savait comment l'appeler. Ce n'était pas un garçon, parce qu'il était plus vieux que Jonathan ou Rémi, que Romain ou Gabriel, les garçons de première qu'elle côtoyait chaque jour. Ce n'était pas un homme non plus, parce qu'il ne ressemblait ni à son père ni à ces hommes qu'elle croisait dans les rues, ou dans l'immeuble de la rue Boissonade, le docteur Sertys ou Xavier Limel, le journaliste du *Monde* qui habitait au deuxième étage. Et il ne ressemblait pas non plus à ceux qu'avec Christine et Sandra elles nommaient les *types*, qui les abordaient autour de la Fontaine des Innocents, aux Halles, ou sur le parvis de Beaubourg, et qu'elles craignaient parce qu'ils étaient entreprenants, agressifs parfois, inquiétants avec leurs mains passées dans leur ceinture, à plat sur le ventre, et le balancement chaloupé de leur corps.

Elle pensait donc, depuis qu'il l'avait abordée – un jour qu'elle entrait dans le jardin du Luxembourg, après avoir quitté La Coupole et ses parents, et qu'elle se sentait enfin libre, libérée d'eux –, qu'il était *lui*, seulement lui. Et elle n'avait pas su quoi lui répondre, parce que c'était la première fois qu'on s'adressait à elle ainsi, avec respect, une sorte d'attention, et qu'en même temps, pour la première fois, on insistait, continuant de parler bien qu'elle ne répondît pas, qu'elle ne tournât pas la tête. Et c'est elle qui avait eu peur du ridicule, ne sachant trop comment se comporter, ayant vu tant de fois, quand elle sortait du lycée en compagnie de Sandra et qu'elles traînaient au Luxembourg, des étudiantes abordées, suivies, le plus souvent par ceux qu'elles appelaient des « blacks » ou des « beurs », les seuls à oser vraiment, et qui lui paraissaient si ridicules.

Là, c'est elle qui se sentait mal à l'aise, empruntée ; lui, habillé d'un pantalon de toile blanche, d'une chemise bleue au col ouvert et d'un blouson de cuir, mince, les cheveux coupés très court, disait qu'il l'avait déjà vue sortir du lycée Montaigne et qu'il l'avait remarquée, mais que, cet après-midi, c'était par hasard qu'il l'avait suivie depuis La Coupole où il avait lui aussi déjeuné.

Il habitait de l'autre côté du jardin, rue Saint-Jacques, et il était écrivain ; il aimait faire ainsi des rencontres, susciter des événements ; il ne la forçait pas à lui répondre, bien au contraire, il aimait cet air buté de jeune fille, elle n'avait pas plus de seize ans, n'est-ce pas ? Au-delà, disait-il, l'âme souvent se fanait, pas le corps, mais l'âme. Il voulait toujours saisir ce moment de la mue, quand une enfant devient femme ; lui-même était une sorte de passeur qui conduisait d'une rive à l'autre, et elle devait comprendre cela, parce qu'elle était sensible, cela se voyait à son visage, à sa bouche – qui lui avait déjà touché les lèvres comme il avait envie de le faire, comme il le ferait si elle acceptait ! –, et elle était aussi intelligente, cela, son regard le disait.

On n'avait jamais parlé ainsi à Isabelle et il avait ajouté, cette première fois, comme ils longeaient l'allée parallèle à la rue Auguste-Comte : « Je serai là, sur ce banc, devant le verger, ces fruits sont extraordinaires, des fruits pour Arcimboldo, vous connaissez, je serai là, je vous attendrai le temps qu'il faudra, aux heures de sortie du lycée, et un jour vous passerez, vous vous assoirez près de moi, si vous le voulez, et nous parlerons, et peut-être nous traverserons le fleuve, je vous guiderai d'une rive à l'autre. Je m'appelle Laurent Dimet. »

Elle n'avait pas voulu se souvenir de son nom et elle avait cru y parvenir, retrouvant Christine, Sandra, et Jonathan dont elles se moquaient, qui cherchait vainement à les entraîner chez lui, le bousculant comme un vieux copain qu'elles côtoyaient depuis la classe de sixième et qui n'avait aucune chance, ce qu'elles s'échinaient à lui répéter.

Trois jours passèrent. Le quatrième, comme elle rentrait seule, marchant lentement, remontant la rue Vavin, elle s'arrêta devant la librairie qui se trouve presque à l'angle de la rue d'Assas.

Les livres paraissaient briller dans une lumière vive que la peinture bleue des boiseries rendait plus éclatante encore. Son livre était là, et ce fut d'abord le titre qui l'attira, comme si elle ne voyait pas le nom de l'auteur, un seul mot: *Arborescence*, et elle lut ensuite ce mot composé, imprimé en rouge: *roman-journal*, et enfin, seulement, après avoir relu le titre, son nom, en noir: Laurent Dimet. Elle sut alors qu'elle n'avait pas oublié, qu'il l'avait gravé en elle de sa voix précise et aiguë.

12

Après, Laurent Dimet n'avait qu'une hâte, c'était de se retrouver seul.

Il savait comment s'y prendre. Il quittait la chambre où l'autre restait, allongé sur le lit, nu, parfois le visage caché par un bras replié, tentant de dissimuler son corps sous les draps. Laurent se rhabillait, s'asseyait dans l'autre pièce, se mettait à écrire. Il lui fallait noter tout de suite ce qui était neuf, ce qu'il allait rester de cette rencontre, une odeur, un mouvement de timidité, une résistance, la forme particulière d'un sein, l'audace d'un geste ou la naïveté d'une question, la peur – c'était cela qu'il aimait le plus, cette angoisse qui les saisissait, qui les faisait se rétracter comme de petits animaux craintifs devant le prédateur, et il était ce carnassier implacable et tranquille.

Il écrivait vite dans un carnet à couverture de cuir qu'il achetait rue Vavin, de l'autre côté du jardin du Luxembourg, l'un de ses terrains de chasse. Date, heure, sexe, parfois prénom, mais pas toujours, quelle importance, l'état civil ? Il voulait plus tard les retrouver et les confondre, comme les jeunes arbres d'une forêt qu'il traversait, laissant derrière lui ces formes grêles et lisses, ployées, mais elles allaient se redresser et elles garderaient sa marque, son souvenir, longtemps après qu'il les eut oubliées, n'étant plus pour lui que ces quelques phrases qu'il traçait, son rituel d'après, et c'est toutes ensemble, confondues, que ces formes constituaient ce qu'il appelait l'arborescence de la vie.

Quand il avait terminé d'écrire, et si l'autre n'était pas venu, entrant timidement dans la pièce, n'osant approcher, habillé déjà, c'est lui qui s'en retournait dans la chambre. Il n'éprouvait plus rien. Il était vide et aimait cette sensation passagère qui lui donnait l'impression d'être une sorte d'automate indifférent, enregistrant avec la précision d'un appareil d'optique tous les détails de ce qui n'était plus qu'un objet, ce corps qui attendait un geste de tendresse qu'il ne voulait ni ne pouvait accorder. Il posait les vêtements de l'autre sur le lit, il savait que son visage n'exprimait aucun sentiment, ni colère ni affection, il disait d'une voix égale : « Tu dois partir, et vite. »

Et il quittait à nouveau la chambre.

Souvent, durant les quelques minutes qu'il partageait encore avec l'autre, il faisait quelques exercices, tractions au sol, vingt, trente, cinquante, sans ressentir la moindre fatigue. Quand il se redressait, l'autre était sur le seuil, décontenancé par son comportement, espérant encore un mot qui les lierait, qui serait l'alibi nécessaire pour se justifier, se lover dans une histoire sentimentale, sirupeuse, évanescente.

Mais Laurent Dimet ne disait rien, il ouvrait la porte, et l'escalier était ce gouffre sombre où l'autre devait sauter. Il se retournait. Parfois – les jeunes filles, presque toujours – l'autre commençait une phrase, mais Laurent avait appuyé sur le bouton, l'ascenseur était déjà là. Il ouvrait la porte, poussait fermement l'autre. Enfin il était seul.

Fenêtres grandes ouvertes quel que fût le temps, il aérait l'appartement, reprenait son carnet, ajoutait quelques détails qui lui revenaient, se lavait avec soin, méticuleusement quand il s'agissait de jeunes prostitués qu'il invitait certains soirs à venir chez lui.

C'était quand sa chasse quotidienne dans les rues, aux abords des lycées, place de la Sorbonne ou bien dans le jardin du Luxembourg, avait été vaine. Or il voulait, par besoin, par défi, serrer chaque jour un corps jeune contre lui.

À certains périodes de sa vie, le désir avait été si fort, la curiosité si grande qu'il avait quitté Paris pour ces pays où les enfants, pour quelques billets, se soumettent dans une grâce, une joie, un élan qui l'avaient ravi.

Aucun remords, aucun de ces scrupules qu'ont les belles âmes parisiennes et qu'on lui avait lancés au visage quand il avait publié le récit minutieux de ses voyages et de ses rencontres. Il s'était trouvé un soir confronté, lors d'une émission d'« Apostrophes », avec deux auteurs qui avaient exprimé leur dégoût et leur mépris : l'un, Gilles Duprez, connu pour ses éclats, promettant de le corriger à coups de poing dès la fin de l'émission, et se levant de son siège, prêt, semblait-il, à le frapper sur le plateau même ; l'autre, un historien, l'avait qualifié de cosmopolite décadent, « vivant symbole des manifestations obscènes et de la gangrène qui rongent la civilisation occidentale, la France », et il avait été facile à Laurent Dimet de les confondre l'un et l'autre, l'extrême gauche et l'extrême droite, Duprez et Hederlisch, les deux faces du même puritanisme qui voulaient limiter le plaisir et la jouissance et qui avaient produit l'holocauste et le goulag, ces barbaries nées de la frustration.

Soirée animée dont, des années plus tard, il se souvenait encore, mais sans plaisir, comme d'un moment inutile et vain où, finalement, il avait joué un rôle sans l'éprouver vraiment.

Il ne vivait que dans la chasse, l'affût, le désir de son assouvissement, tout le reste n'était que chute d'existence, débris de l'essentiel, de cette vie qu'il fallait sculpter avec rigueur et qui n'était, pour Laurent Dimet, que le corps de l'autre et l'écriture de ce corps, en fait une seule et même expression de la jouissance et du désir de vivre, de la recherche, de la sensation aiguë d'exister.

Quand, la nuit tombée, il se trouvait seul au terme d'une journée vide – pas un corps caressé, pas une ligne écrite –, il était nerveux, impatient. Ces soirs-là, il avait besoin de repousser autrement ces parois qui tout à coup lui semblaient enfermer sa vie.

Il téléphonait à Richard Berthier, qui souvent ne se trouvait plus chez lui, emporté par ses mondanités : présentations de mode, expositions, concerts, dîners. Il l'imaginait entouré de ses jeunes amis – Caselli, Barillon, Taverny et Colette Sicre – qui composaient aussi la rédaction de *L'Universel*, ce mensuel que Berthier avait fondé, qu'il dirigeait – un luxe, un plaisir de plus, une façade qui lui permettait d'autres audaces, à l'abri de ce petit pouvoir d'influence qu'il avait acquis ainsi, grâce à *L'Universel*, sur le monde politique, celui des arts et des médias, par l'excès même des articles qu'il tolérait et que, chaque mois, il demandait à Laurent Dimet d'écrire, si bien que Laurent était devenu – comme disait Berthier – le préposé à l'insolence, ou bien encore Laurent le Scandaleux, celui qui fait scandale et par qui le scandale arrive.

Laurent téléphonait ici et là, au portier du Rayon noir, l'une des boîtes qui, au fond du XIXe arrondissement, était devenue vers le milieu de la nuit l'un des endroits où Berthier aimait aller. Rock, jeunes gens vêtus de cuir, violence pour esthètes désireux de se donner des frissons sans risquer de coups. Richard Berthier était de ceux-là.

« Passe, Laurent, passe, tu nous manques, viens chez moi, nous y allons, viens », disait Berthier quand Laurent était parvenu à le joindre.

Berthier habitait rue Daru, presque en face de l'église orthodoxe, et Laurent, à moto, par les quais déserts, réussissait à arriver avant la bande, se faisant ouvrir par le gardien de ce petit hôtel particulier qui était à la fois le domicile de Berthier – au troisième et dernier étage – et le siège de la rédaction de *L'Universel*.

Berthier, ces soirs– là, et tous les autres avec lui, était comme fou. Il se maquillait, revenait au salon en se dandinant sur des talons aiguilles, les jambes gainées de soie noire, une minijupe de cuir lui arrivant à mi-cuisses. Il riait, rajeuni, les traits féminins sous sa perruque, et avec des pudeurs, des mimiques effarouchées, il s'offrait, ou bien tendait à sa bande cette petite boîte d'ivoire remplie de drogue que tous se passaient avec des lenteurs religieuses – Colette s'agenouillait, Caselli refusait toujours, mais Taverny et Barillon, les yeux déjà fixes, le souffle plus saccadé, la respiraient, narines frémissantes, et Laurent tentait de se retenir, mais son corps tremblait et il cédait souvent, sortant enfin de cette caisse étroite dans laquelle il lui semblait être enfermé depuis la fin du jour.

Sil ne réussissait pas à joindre Richard Berthier – mais il essayait partout, parfois même en téléphonant chez un ministre dont il avait trouvé le numéro en feuilletant le carnet d'adresses laissé par Berthier dans le bureau qu'il occupait à la rédaction de *L'Universel*, Laurent sillonnait Paris à moto.

Il traversait des vallées oubliées, rues vides, gelées, que n'éclairaient avec vivacité, par intermittence, que les feux de signalisation, puis il entrait dans une étendue de lumière, de bruits, de métal, d'odeurs et de corps, et il ralentissait, longeant les trottoirs, rue Saint-Denis, place de Clichy, il tournait autour de la gare Saint-Lazare où, dans les rues en pente, des femmes se tenaient adossées aux façades, puis il s'enfonçait à nouveau dans les longs passages sombres, ou bien dans des espaces larges comme des plaines, grandes avenues où il s'engouffrait, roulant vite jusqu'au bois de Boulogne où il évoluait entre les voitures qui avançaient au pas. Il s'y arrêtait parfois, laissant des silhouettes s'approcher de lui. Le visage dissimulé par son casque, les mains protégés par des gants de cuir, toutes les fermetures de son blouson tirées, il les regardait, trop peintes, trop vieilles, trop assurées et provocantes, sans cette angoisse ou cette incertitude qu'il aimait tant chez les jeunes gens ou les jeunes filles, même quand ils étaient déjà des experts roués, petits prostitués dont Laurent connaissait par cœur les habitudes, les besoins et les vices.

Il quittait le Bois, roulait le long des quais de la rive droite, jusqu'au Pont-Neuf, puis, par la rue des Saints-Pères, il gagnait le boulevard Saint-Germain et s'arrêtait non loin de la place, parfois rue de Rennes, là où la lumière du Drugstore ne se répand plus, éclairant le trottoir. Il calait la moto sur sa béquille, enlevait son casque, et il restait là, appuyé à la selle, sachant qu'ils allaient venir, passer lentement ; quand ils avaient senti qu'il les attendait, ils approchaient, touchaient la moto, mimaient la timidité ou l'effronterie, mais ils ne jouaient pas ce désespoir, cette solitude que Dimet percevait et qui étaient pour lui comme la preuve de leur fragilité, ce qui restait de leur jeunesse alors qu'ils avaient déjà basculé dans la perversion et que de leur virginité – c'est cela que recherchait d'abord Dimet – ne subsistait que cette angoisse de jeune animal traqué qui, malgré sa peur, est contraint de lécher la main que lui tend celui qui va devenir son maître.

Laurent remettait son casque. Il n'avait pas prononcé un mot. D'un mouvement de tête, il donnait l'ordre de monter à celui qu'il avait choisi. L'autre lui entourait la taille de ses bras. Laurent empruntait les petites rues afin d'éviter les patrouilles de police qui eussent pu les arrêter, l'autre étant sans casque.

Le trajet était court jusqu'au coin de la rue Saint-Jacques

et de la rue Cujas. Laurent rentrait la moto dans la cour, puis dans le garage, fermant avec soin les cadenas, les portes : il veillait à ce que l'autre, resté sur le trottoir, ignorât tout des lieux. Car il se méfiait de ces petits fauves dont il imaginait qu'ils pouvaient, certains soirs, tuer pour une dose, un billet de cent francs. D'être sur ses gardes faisait aussi partie des plaisirs de Dimet. Il se savait le plus fort.

Il avait, à plus de trente-cinq ans, le corps mince d'un adolescent, mais, sous la peau, les muscles noués d'un homme qui chaque jour s'astreignait à des exercices, surveillait son poids, voulait avoir le profil aussi affûté qu'une lame. L'autre, quand ils étaient nus, debout devant le lit, découvrait cette force et ne pouvait plus que se soumettre, non plus seulement par des gestes vendus, un corps cédé pour de l'argent, ce billet que Laurent lui avait déjà donné, mais parce que en lui il reconnaissait la supériorité de Dimet, qui parfois se laissait aller à murmurer, cependant que l'autre s'agenouillait devant lui, resté debout : « Je suis ton maître »

Puis il le renvoyait et l'autre disait avec un clin d'œil qui se voulait une invite : « On peut se revoir, si tu veux, un type comme toi », un sourire appuyant la flatterie à laquelle Laurent Dimet, bien qu'il ne fût pas dupe, était sensible. Mais il ne répondait pas. Il poussait l'autre dehors.

Il préférait les corps graciles et innocents, ces jeunes filles qui sentaient le savon parfumé, qui portaient encore, dans leur sac à dos, des livres de classe, et pour lesquelles il était le « passeur », ou encore le premier homme à exprimer des exigences auxquelles elles se soumettaient, terrorisées et fascinées – ainsi la dernière qu'il avait reçue, cette fille qui, à la fin, était venue s'asseoir près de lui, sur le banc, devant le verger du jardin du Luxembourg, en face du lycée Montaigne.

Et comme à chaque fois qu'il avait ainsi réussi, sans concession à la sentimentalité, à attirer une jeune fille ou un jeune garçon, Laurent Dimet était envahi par un sentiment d'orgueil que devaient éprouver tous ceux qui savaient soumettre les autres sans autre pouvoir que celui qui émanait d'eux-mêmes.

Il se sentait l'égal de ces maîtres pour qui des disciples s'immolaient. Et c'était bien un sacrifice rituel, celui de leur jeunesse, qu'ils faisaient en l'accompagnant jusqu'ici, en s'allongeant, puis en attendant qu'il accomplisse sur eux l'acte – et, en les pénétrant, Dimet poussait un cri rauque, de guerre et de victoire.

Une fois, une fois seulement il avait été humilié, vaincu, et il n'avait jamais osé publier le récit de cet épisode, le relisant parfois dans ce qu'il appelait son *Carnet secret*, sentant encore la peur qui avait couvert son corps d'une sueur glacée, la honte qu'il avait éprouvée après coup. Depuis, il avait pris soin de ne conduire chez lui que de très jeunes gens, qu'il pouvait maîtriser, à moins – mais c'était le risque – qu'ils ne fussent armés.

Il avait rencontré cet homme qu'il avait senti de taille à l'affronter, qui devait avoir entre vingt et trente ans, chez Berthier, rue Daru, au bout d'une nuit où ils étaient passés en bande d'un lieu à l'autre ; celui qu'on appelait Jonas les y avait suivis, et personne ne savait où ni comment il était monté dans la voiture. Dans le grand salon de Berthier, il était resté assis près de Laurent. Il portait un anneau à l'oreille gauche et ses cheveux étaient noués sur la nuque. Il souriait, montrant de petites dents blanches écartées. Il se tenait jambes allongées, vêtu de pantalons serrés noirs, d'une veste de daim qui lui battait les cuisses.

Il regardait Laurent, enlevant ses lunettes rondes, montrant des yeux bleus, vifs, dans un visage osseux au front large, à la peau tannée.

Quand Caselli eut dit qu'il partait, que Laurent eut exprimé le souhait de rentrer avec lui, puisque Caselli passait par la rue Saint-Jacques, vers Montsouris, l'homme s'était levé, disant qu'il venait lui aussi, et il était descendu de la voiture avec Laurent, au coin de la rue Cujas. Il l'avait suivi jusque devant l'entrée de l'immeuble, et comme Laurent hésitait à ouvrir, il s'était plaqué contre lui, sa main gauche lui empoignant le sexe, lui serrant les parties, sa main droite lui enfonçant ce que Laurent imaginait être un couteau sous les côtes.

« Ouvre, beauté », avait murmuré l'homme, et comme Laurent avait hésité encore, l'homme lui avait donné un coup de tête sur les lèvres, s'écartant un peu pour le frapper à nouveau, et cela avait permis à Laurent de se dégager, de s'enfuir vers la rue Soufflot, et il avait entendu l'homme qui le poursuivait, puis, tout à coup, le bruit de la course avait cessé et Laurent avait, en se retournant, aperçu une voiture de police.

Il s'était précipité vers elle. Les policiers descendaient. Laurent, essoufflé, expliqua l'agression. Au moment où il entrait chez lui, dit-il, un homme avait surgi de la rue Cujas. À la question qu'on lui posait, il répondit qu'un ami l'avait déposé et que l'homme devait guetter dans la rue. Il ne le connaissait pas, « un rôdeur, un drogué en manque ». On lui avait conseillé de rentrer et la voiture, en marche arrière, dans les rues désertes, l'avait accompagné, attendant pour repartir qu'il eût ouvert la porte.

Laurent avait eu peur, plusieurs jours, imaginant que l'homme allait revenir, puis il avait oublié l'épisode et il ne le retrouvait avec la même peur que lorsqu'il relisait son *Carnet secret*, celui dont il réservait la publication pour plus tard, parce qu'il ne pouvait encore avancer nu, sans masque ni bouclier, et c'est pourquoi il appelait les textes qu'il publiait *roman-journal*, précisant ainsi que tout n'y était pas dit, même s'il ne modifiait le réel que par omission. Mais un écrivain, pour lui-même, ne devait rien cacher, il lui fallait tout consigner, ce qu'il faisait dans ce *Carnet secret* où il oubliait toute pudeur, toute prudence.

Et où, après avoir renvoyé Isabelle Rivière, il avait noté : « Corps limpide, arbre nu, j'approche des limites, en l'aimant je la tue. »

13

Cependant que le gardien, un Africain élancé, le torse moulé dans un pull-over blanc – ça, ce ne pouvait qu'être une idée de Richard Berthier –, ouvrait le portail de l'hôtel particulier de la rue Daru, avec des gestes lents qui le faisaient ressembler – tant ses bras, ses jambes paraissaient longs, fins, son cou étiré – à une sorte de végétal qui se serait ployé sous le poids d'un oiseau, oscillant à droite puis à gauche, poussant un battant, puis l'autre, Brigitte Georges se mirait furtivement dans le rétroviseur. Et comme s'il s'était agi d'une séquence sur un plateau de télévision, elle se prit à sourire. Instinctivement, comme lorsqu'elle se faisait projeter les images d'une émission, elle apercevait ses défauts dès le premier coup d'œil ; un peu de sueur, là, qui collait les mèches sur ses tempes, et ce maquillage des yeux, incertain, parce qu'elle l'avait bâclé, debout, chez elle, tout en répondant à Xavier qui, une fois de plus, l'irritait.

Il lui déconseillait d'écrire dans *L'Universel*, parce que Richard Berthier avait une réputation détestable d'homme d'intrigue, de courtier des puissants, d'affairiste, que Laurent Dimet était méprisable, un obsédé sexuel qui étalait ses vices avec complaisance, que ce n'était pas une publication digne d'elle.

Elle avait répliqué qu'elle préférait les obsédés sexuels, de *L'Universel* – qui vivaient, eux, qui avaient le courage de leurs passions – aux hypocrites moralistes du *Monde*.

Les bras levés devant la voiture, l'Africain lui montrait la place qui était encore libre, au fond de la cour, puis, dans un léger saut, il se plaça sur le côté, se penchant pour la regarder, et Brigitte continua de sourire tout en avançant lentement.

Elle sentait sur elle, sur chaque détail de son visage, le regard de cet homme qui la comparait au souvenir qu'il avait d'elle, telle qu'il la voyait en gros plan, ou bien assise, les jambes croisées haut, au centre du plateau, avec autour d'elle les trois ou quatre invités de l'émission qu'elle animait, *Le Dernier Mot*, un talk-show qu'elle avait réussi à imposer à Quentin, le directeur des programmes, et qui, en quelques mois, était devenu une référence, l'une de ces émissions que l'on commente et à laquelle, si l'on compte, il faut avoir participé.

Brigitte n'avait même pas tenté d'expliquer à Xavier les raisons de son succès.

À quoi bon ?

Elle commençait à mépriser Xavier depuis qu'elle s'était convaincue qu'il n'était pas capable d'être parmi les premiers, ceux dont le nom résonne, et qu'il masquait son impuissance derrière ce qu'il appelait la « déontologie du métier », la « morale de la profession », alors qu'il s'agissait, selon Brigitte, de pure incapacité à comprendre ce qu'était devenu le journalisme : une mise en scène médiatique, un spectacle, parce que l'événement était d'abord vu, que l'on se servait d'abord de son émotion et de sa sensibilité pour exprimer, saisir, et qu'était peut-être venu dans ce métier le temps des femmes, ou celui des hommes sensibles, féminins par certains côtés, et non plus de ces raisonneurs seulement capables d'écrire des éditoriaux et toujours prêts à préférer leurs idées ressassées en vase clos, au réel et au direct.

Débat inutile avec Xavier, parce qu'il vivait avec elle et que la jalousie le rendait amer, aigre. Parce que en deux ou trois ans elle était devenue Brigitte Georges, et non plus l'épouse de Xavier Limel, journaliste au *Monde*.

Quand, de plus en plus rarement, ils sortaient ensemble à un dîner, une réception, c'était lui qui n'était plus que le mari de Brigitte Georges, et c'était autour d'elle qu'on s'agglutinait, un verre à la main, pour la voir, essayer d'obtenir un regard, d'accrocher son attention, parce qu'on voulait être vu par elle, comme si c'était déjà un premier pas vers le plateau de l'émission, et qu'on pouvait ainsi, quand on vivait de la notoriété – qui n'en vit pas ? –, espérer un jour être celui auquel – c'était le principe de l'émission – elle laisserait *Le Dernier Mot*.

Mais ce que cela avait exigé d'attention, d'obstination, de stratégie, d'habileté, peut-être aussi de chance – mais Brigitte pensait que la chance, on la sollicite, on la provoque –, Xavier ne l'avait pas compris.

Quand elle s'attardait devant son miroir, deux heures parfois le matin, il prenait pour de la coquetterie ce qui n'était d'abord qu'exigence professionnelle.

Bien sûr, depuis l'enfance elle avait aimé se regarder, se parer, changer de coiffure, jouer avec son image, mais, maintenant, elle *était image*. L'écran de télévision était une sorte de miroir magique qui transformait tous ceux dont le métier était d'y paraître.

Quand, dans la rue, Brigitte croisait des passants, elle était pour eux d'abord cela, cette image, et elle ne pouvait plus être que cela, veillant à chaque instant à y ressembler, s'imitant elle-même, ne laissant jamais d'écart, de flou, de marge entre ce qu'elle était hors écran et sur l'écran.

Ce métier-là, elle avait tenté une fois, une seule fois, de l'expliquer à Xavier et aux amis qu'il traînait après lui depuis 68, petite bande insupportable, prétentieuse, fière de ce qu'elle imaginait avoir fait, et où seuls Alexandre Mérou, parce qu'il faisait aussi de la télévision, et Pierre Bory, parce que Brigitte sentait bien qu'elle le fascinait, qu'il la trouvait à son goût – cet homme ne lui déplaisait pas non plus, une belle réussite, elle pensait à l'inviter au *Dernier Mot* –, la comprenaient.

Le journalisme de télévision, avait-elle dit – et les autres, Parrain, Verdier, qu'elle se promettait de ne plus accepter rue Boissonade, l'écoutaient avec une distraction condescendante –, ce journalisme, tel qu'elle le vivait, exigeait une rigueur et une perfection que, dans la presse écrite qui se prétendait sérieuse, ils n'imaginaient même pas.

L'un des clochards qui couchaient devant l'entrée du parking de la rue Boissonade eût pu écrire un article pour *Le Monde* et se voir publier dans la page « Débats ». Jamais il n'aurait pu paraître sur un écran, exprimer une idée, parce que ce qu'il avait fait de son apparence, de son corps, le condamnait. Et le public avait raison de ne rien pardonner, d'obliger à la perfection, à l'unité du moi.

« Le corps, le visage sont des aveux, des moyens d'expression », avait-elle dit.

Ils s'étaient moqués d'elle.

« La télévision, c'est le fascisme *soft* », avait lancé Verdier en riant, et, par dérision pour lui-même, il avait ajouté : « Le langage est fasciste, nous sommes donc tous fascistes ! »

Mais Xavier lui en voulait trop pour accepter de sourire. Il avait ajouté qu'il comprenait enfin pourquoi Brigitte collaborait à *L'Universel*, et il s'était mis à ricaner. Berthier, Dimet et Catherine Mora, en voilà qui se préoccupaient de leur corps, qui écrivaient avec lui, grâce à lui !

Quand il exprimait ainsi sa hargne, sa petitesse, ses frustrations, elle le méprisait plus encore et elle savait qu'il lui faudrait se séparer de lui, malgré la présence de David, la souffrance que cela représenterait pour cet enfant. Mais le fossé entre elle et Xavier était à présent trop large.

C'est vrai qu'elle aimait l'élégance un peu voyante de Richard Berthier, complet violet, chemise jaune, qu'elle était sensible à l'attention que Dimet prêtait à son corps et qu'on devinait à la manière dont il se tenait, très droit – et lorsque Brigitte lui avait dit qu'elle pensait en le voyant à un samouraï, il avait répondu qu'elle ne pouvait lui faire plus merveilleux compliment.

Elle s'irritait un peu de Catherine Mora, ambitieuse sans mesure, des vêtements et des poses trop étudiés, elle aurait à l'écran une image détestable, et malgré la cour que Catherine lui faisait, Brigitte savait qu'elle ne l'inviterait pas à son émission, ou alors qu'elle n'y aurait jamais le dernier mot, et cela, cela... Brigitte y pensait parfois avec délectation : pourquoi pas ? Si Catherine Mora sortait vivante de l'arène, tant mieux pour elle !

C'est le public qui, à la télévision, lève ou baisse le pouce. Peut-être, peut-être une émission à monter, sur la séduction, les collectionneurs et les collectionneuses, Laurent Dimet contre Catherine Mora, le don juan et la don juane. Pourquoi pas ?

Brigitte imaginait le dialogue entre eux deux, l'émission à venir, le troisième invité étant peut-être Christian Elsen, l'éditeur de Catherine Mora, dont chacun savait à Paris qu'il avait été son amant, avant même de publier son livre, et ce serait pittoresque de les mettre face à face, de demander à Elsen s'il se reconnaissait dans l'un des personnages – on pouvait compter sur Laurent Dimet pour provoquer, démasquer, dénoncer...

À ce point prise par ce projet qu'elle restait dans sa voiture, Brigitte ne se rendait pas compte que le gardien lui avait ouvert la portière, et que, pour l'inciter à descendre, il lui disait qu'il y avait aujourd'hui beaucoup de monde à la conférence de rédaction.

« Les autres n'auront plus de place », ajouta-t-il en montrant la cour pleine de voitures.

Brigitte lui sourit, se demandant comment Berthier avait pu trouver un Africain si racé. Peut-être y avait-il là aussi un sujet de reportage amusant : le caractère et la personnalité des gens révélés par ceux qui les servent, domestiques, secrétaires particulières, chauffeurs ? On pouvait faire un sujet de cinquante-deux minutes, et elle le montait déjà dans sa tête, elle le proposerait à Quentin, petit budget, sujet très *people*. Il ne faudrait pas oublier les gardes du corps.

L'Africain l'accompagna jusqu'à l'entrée, courbé parce qu'il était grand et qu'il semblait vouloir ne pas cesser de la regarder, lui parlant d'une voix un peu zézayante, expliquant que, malheureusement, elle arrivait trop tard, le ministre venait de partir, il avait déjeuné avec Monsieur Berthier.

« Le ministre », répéta l'Africain avec onction.

Brigitte en voulut encore davantage à Xavier, qui l'avait retardée.

C'était idiot. Elle souhaitait inviter le ministre à l'une de ses toutes prochaines émissions, et le rencontrer par hasard ici, chez Berthier, c'était une occasion inespérée, perdue.

Xavier n'avait pas compris cela non plus, que le journalisme à Paris, aujourd'hui, et peut-être toutes les professions qui comptent, était une sorte de ping-pong permanent, mieux, une partie de *flipper*. Une fois la petite bille lancée, il fallait rester dans le jeu, rebondir sur celui-ci pour aller vers celui-là, donc connaître ceux qui étaient capables de vous relancer.

Xavier, dans son journal-monastère, ne lui avait été d'aucune utilité. Rien. Il ne lui avait donné aucun élan. Pis, il voulait qu'elle sorte du jeu, qu'elle tombe dans un trou semblable au sien, au nom de la dignité d'une profession qu'il ne connaissait plus, où il ne réussissait pas.

Lorsqu'elle présentait ses invités sur le plateau du *Dernier Mot*, six à sept millions de téléspectateurs la regardaient, et il y en avait encore cinq millions une heure et demie plus tard, à 23 heures !

Combien étaient-ils à lire les papiers de Xavier : trois cent mille ? Cinq cent mille ? Comment pouvait-il lui faire la leçon ?

Mais elle devait livrer une bataille permanente, un défi de chaque instant. Pas seulement sur le plateau, mais avant, devant son miroir, dans la salle de bains, rue Boissonade, ici à *L'Universel*, où, chaque mois, elle publiait une longue interview d'une personnalité de premier plan avec qui elle nouait ainsi un premier contact.

Berthier connaissait tous ceux dont on parlait. On ne résistait pas à l'homme qui était présent dans le capital de plusieurs des plus grandes entreprises françaises et qui pouvait se permettre de financer, pour son plaisir, des spectacles, des expositions, et ce mensuel grâce auquel lui aussi rebondissait dans sa partie de *flipper*. Trois pages d'interview pour le ministre, et on attribuait à l'une des entreprises que contrôlait Berthier l'aide à l'exportation qu'il désirait. Brigitte était chargée de l'interview. Et telle était sa règle professionnelle, expliquait-elle, qu'elle n'assassinait pas, elle ne cherchait pas à mettre en difficulté : « Ce n'est pas mon style. Je choisis de mettre en avant les côtés positifs de celui que je présente, je ne suis pas pour une presse qui se complaît dans l'aigreur, le sordide, le mesquin. Ces personnalités sont éminentes, elles ont leurs défauts. Mais leurs qualités sont plus importantes, à l'évidence. Pourquoi ne leur permettrait-on pas de les montrer ? C'est ma morale. »

Xavier avait une fois de plus ricané quand il avait entendu cette interview que la chaîne avait diffusée au journal de 20 heures, le jour où elle avait obtenu pour *Le Dernier Mot* un entretien exclusif avec le président de la République. Belle partie de *flipper* ! Magistrale ! Elle s'en délectait encore, et quand, parfois, la déprime s'emparait d'elle – surtout après l'émission, quand elle devait se démaquiller, sortir, se retrouver seule dans la cour, prendre sa voiture, et quelquefois Quentin, oui, Quentin lui proposait alors de prendre un verre, mais elle était si connue qu'ils ne pouvaient se montrer ensemble, au milieu de la nuit, sans faire naître des échos dont ils ne voulaient ni l'un ni l'autre, et ils allaient chez lui, en toute amitié, mais il fallait après qu'elle rentre seule rue Boissonade, où la déprime la guettait encore –, elle se remémorait cette partie-là.

Richard Berthier lui avait proposé d'interviewer le ministre: «Tu poses les questions que tu veux, bien sûr, mais il nous donne cette interview par amitié pour moi, et il a confiance en toi, en ton honnêteté.»

Enchanté des trois pages, le ministre l'avait invitée à déjeuner au ministère, déjeuner intime, sept convives, dont l'un des principaux conseillers du président, avec Richard Berthier, bien sûr. En aparté, au café, elle avait sollicité du conseiller un entretien avec le président, appelé Berthier pour qu'il l'appuie, et le ministre avait surenchéri: «Je lui parlerai aussi», avait-il dit. Le rendez-vous avait tardé, mais à *L'Universel* Brigitte rencontrait à chaque conférence de rédaction Pierre-Yves Lavignat, l'essayiste, le romancier, qui déjeunait parfois avec le président ou tel ou tel de ses conseillers, et Brigitte lui avait demandé à son tour de la soutenir.

«Le président, seul invité du *Dernier Mot*, disait-elle, un impact extraordinaire dans une émission autre que politique. Quentin est d'accord pour la programmer après le journal, à 20 h 40.»

Elle n'avait pas encore prévenu Quentin, mais elle savait qu'elle obtiendrait cela de lui.

La bille était allée ainsi de l'un à l'autre, jusqu'à ce jour où le secrétariat personnel du président lui avait proposé un rendez-vous: 15 h 30, à l'Élysée.

Elle s'était préparée comme pour entrer sur le plateau, fond de teint, maquillage, coiffeur à 13 heures, rue Boissonade, maquilleuse qui venait aussi par amitié, une voiture de la chaîne qui l'attendait au coin du boulevard Raspail à 14 h 45, parce que Brigitte ne voulait pas être distraite ou irritée par le trajet, puis le salon-bibliothèque, le président ne la recevant pas dans son bureau, et ce regard sur elle, le même que celui des passants, il reconnaissait chaque détail de *l'image* – elle était l'image.

Il souriait, un peu bienveillant, un peu ironique, comme un souverain qui n'a pas à séduire mais à être séduit et qui attend qu'on lui montre ce qu'on sait faire.

Elle avait su.

« Nous verrons ça, pour votre émission, mais vous avez de bons arguments », avait-il dit en la raccompagnant. Puis, en lui tenant un peu la main, il avait ajouté : « Nous discuterons encore de tout cela, en déjeunant, par exemple, on vous préviendra. »

Une semaine plus tard, le secrétariat particulier avait demandé à Brigitte de se trouver à 13 h 15 dans un bistrot à la mode, situé dans une rue proche des Champs-Élysées.

Elle avait traversé la salle où elle reconnaissait dc nombreux confrères – Parrain d'abord, toujours à l'affût, qu'elle essayait de circonvenir d'un sourire, d'un regard appuyé –, des députés, un secrétaire d'État, et elle ne comprenait pas, s'étonnant que le président eût choisi un lieu aussi exposé, à moins que, peut-être, il n'eût recherché précisément à faire savoir qu'il pouvait déjeuner comme n'importe qui, là où bon lui semblait, avec qui il décidait d'inviter.

Il était là, avec l'un de ses conseillers, dans un salon du fond de la salle, monarque amusé. « Vous pouvez vous vanter, dit-il en l'accueillant, vous m'avez fait attendre, ça ne m'arrive plus, ça m'a rajeuni. » Humeur charmante, rillettes de poisson, saumon grillé, tarte au chocolat, un bordeaux blanc, champagne, il la fit parler de télévision, l'interrogea sur *L'Universel*, qu'il trouvait provocant, intéressant, Laurent Dimet, excessif, mais la presse veut ça, le public aime ça.

Il ne parlait plus de l'émission, et, en partant, il dit : « Je suis d'accord pour *Le Dernier Mot*, voyez avec mon chef de cabinet pour la date. »

Pari gagné. Quentin enthousiaste. Et la bille continuait de rebondir. On l'interviewa au journal de 20 heures pour annoncer l'émission, elle expliqua sa conception de l'interview. Des retombées de presse innombrables, et *Le Monde* qui commentait l'entretien à la une !

Xavier, lui, n'avait fait aucun commentaire et n'avait même pas eu le courage de persifler.

Berthier lui avait demandé de raconter dans *L'Universel* les à-côtés de la rencontre, sa vision de l'homme-président, ce déjeuner. « Mais si, mais si, vous pouvez, et vous devez, c'est de l'histoire, je connais bien le président, il ne vous en voudra pas, il faut simplement raconter avec élégance, et qui peut le faire mieux que vous, Brigitte ? »

La bille ne s'arrêtait plus, chaque jour Brigitte gagnait de nouveaux points. Sans effort, par le simple effet que chaque rebond produisait, en suscitant spontanément de nouveaux. Pierre-Yves Lavignat l'avait invitée à dîner, et elle avait apprécié sa vivacité, son intelligence de l'époque. « La télévision, c'est le battement de cœur de notre fin de siècle ; c'est là que ça vibre », lui avait-il dit, et, plus tard, il avait ajouté à mi-voix en la fixant : « Si nous bâtissions un projet ensemble ? »

Elle l'écoutait. Elle aimait son visage encore juvénile, son front large sous les cheveux bouclés noirs, sa petite bouche, ses doigts très longs, ses poignets fins.

Il avait, dans ce bar de l'hôtel du Pont-Royal où ils prenaient encore un verre, après le dîner, ôté sa veste, retroussé les manches de sa chemise, désinvolte, et cependant elle restait sur ses gardes. Elle n'était pas prête à partager ses propres gains. Donnant donnant. Elle avait appris à se méfier.

« Pourquoi pas », avait-elle répondu. Il devinait sa prudence. « On en reparle », s'était-il borné à ajouter en la raccompagnant à sa voiture. Il l'avait prise par la taille, en ami, elle s'était laissé faire, il l'avait embrassée au coin des lèvres. « Si ça marchait, formidable, ce pourrait être un événement. »

Elle l'avait écouté, attentive, amicale, complice, mais l'avait finalement écarté.

Il était là, aujourd'hui, dans la salle de rédaction de *L'Universel*, assis entre Laurent Dimet et Catherine Mora. Berthier présidait, entouré de Caselli et de Barillon. Elle identifia Jean Zwingle, le propriétaire de la galerie de peinture, un ami de Berthier, d'autres dont elle ignorait les noms mais dont elle savait, quand ils se retournèrent pour la regarder entrer, que tous la reconnaissaient. Personne ici ne la voyait pour la première fois. Et quel que fût le lieu où elle entrait, la rue où elle marchait, il y avait toujours un regard fixé sur elle, qui la dévisageait, qui la jugeait, qui la comparait, et cette curiosité qu'on lui témoignait était comme un supplément de vie qu'on lui donnait. « Voilà notre star », dit Richard Berthier en se levant pour l'accueillir.

14

Tango, c'était le nom qu'ils avaient donné à Foulon Mantene quand ils l'avaient rencontré pour la première fois devant le portail de l'hôtel particulier de Berthier.

Il attendait que la benne qui remontait lentement la rue Daru arrive à sa hauteur et il avait déjà poussé les chariots à poubelles sur la chaussée, détournant la tête, bras tendus, corps rejeté en arrière, se tenant le plus loin possible de ces couvercles mal fermés, parce qu'il ne s'était jamais habitué à ces odeurs douceâtres et aigres, comme celles qui montent des eaux d'un marigot quand un corps y pourrit, et il regardait les façades éclairées par le girophare jaune de la benne.

Brusquement, sans qu'il les eût vu arriver, deux voitures s'étaient arrêtées devant lui. Leurs radios hurlaient, emplissant la rue de musique, les portières s'ouvrirent et cinq ou six hommes, deux ou trois femmes descendirent, titubant, esquissant des pas de danse, cependant que, le corps penché hors de sa cabine, Marcel Pasquier, qui conduisait la benne, criait qu'il fallait dégager la rue, que les voitures étaient en sens interdit, qu'il allait avancer quand même, mais les autres paraissaient ne pas l'entendre. Ils ouvrirent le portail tandis que ceux qui restaient sur la chaussée frappaient dans leurs mains, au rythme de la musique, et bientôt l'un d'eux enlaça Foulon, l'obligeant à tourner avec lui au milieu de la rue pendant que les autres criaient : « Tango, Tango, Tango ! »

C'est ainsi que Foulon Mantene, employé du service de la voirie de Paris, avait perdu son nom, rue Daru.

Pasquier, descendu de la benne, s'était approché, les insultant, prenant Foulon par la manche, le secouant, l'entraînant hors du cercle, lui demandant de l'aider, et il claquait les portières des voitures, et les autres le suivaient, frappant toujours dans leurs mains, criant : « Tango, Tango, reste avec nous ! »

Et le plus vieux – celui qu'après il appellerait Monsieur Berthier – avait dit : « Je t'emploie, laisse tout ça. »

Et ils avaient commencé à dépouiller Foulon Mantene de sa combinaison verte, détachant son baudrier et sa ceinture jaune, son gilet orange, les lançant de l'autre côté de la rue, où ils étaient restés accrochés aux carrosseries des voitures comme des taches fluorescentes.

« Tu es fou », disait Pasquier tandis que Foulon Mantene tournait sur lui-même, obéissant à ces mains qui l'agrippaient, déboutonnaient sa combinaison, à ces voix qui criaient : « Black-le-magnifique ! », « On le veut ! »

Quand, brutalement, Foulon se dégagea, il avait déjà perdu sa tenue de travail, il était redevenu ce grand noir efflanqué au torse maigre serré dans un pull-over aux coudes troués, au pantalon de toile trop court qui lui arrivait au-dessus des chevilles, et cette vision semblait les avoir dégrisés.

Ils rentrèrent les voitures dans la cour de l'hôtel et Foulon ramassa sa combinaison, traversa la rue pour chercher le baudrier, sa ceinture et son gilet, accompagné par Pasquier qui répétait : « Les cons, les petits cons, il va falloir qu'ils paient, on va leur demander cinq cents balles ! »

Foulon approuvait, sautillant, car la musique qu'on entendait toujours était une force qui soulève, comme une vague qui porte loin, s'enfonce, s'élève, revient, et cependant il approuvait Pasquier, Pasquier, l'ami qui leur avait trouvé cette chambre, au septième étage, rue Boissonade, où Foulon et Madeleine Vota se retrouvaient quand ils le pouvaient, souvent pour les fins de semaines. Et c'était alors le grand coup de vent dans la tête et le corps, Foulon pouvait rester deux jours couché, Madeleine près de lui, et, posée contre leurs oreilles, la musique les recouvrait, les enveloppait.

Ils ne reprenaient conscience qu'au moment où quelqu'un, jamais Sylvie ou Marcel Pasquier, mais celle qu'ils avaient appelée la femme du Nord, qui parlait elle aussi comme eux, en écrasant les mots français dans sa bouche, en les mâchant – cela faisait rire Foulon : elle était la femme du Nord et elle avait l'accent d'une Africaine ! –, leur demandait de baisser, d'arrêter, ce que Madeleine faisait.

Alors Foulon s'endormait, puis, au réveil, au bout d'une heure ou deux, il remettait la musique qui envahissait la chambre et débordait dans le couloir, et la femme du Nord ne venait plus l'interrompre.

Cette chambre de la rue Boissonade, c'était comme un morceau de leur pays, leur territoire sacré. Il y faisait toujours chaud, et, à l'exception de la femme du Nord, ne logeaient à ce septième étage que des amis. Il y avait d'abord Sylvie et Marcel Pasquier, et leur bébé, que Madeleine gardait parfois, tout blanc contre elle ; Foulon ne se lassait pas de voir ses petites mains roses entre les seins noirs. Un peu à l'écart, au-delà de la chambre des Pasquier, se trouvait la pièce où habitait Kamoun, l'Arabe, si silencieux, si discret qu'on oubliait qu'il était là, à lire assis sur son lit, la porte entrouverte, pourtant, comme s'il avait voulu savoir ce qui se passait autour de lui dans le couloir, sa distraction. Foulon le saluait d'un geste lent du bras, main haut au-dessus de la tête, d'un mouvement semblant entraîner tout son corps dans une oscillation qui le faisait avancer, s'éloigner de Kamoun, lequel avait répondu d'un hochement de tête, le buste raide, les mains posées sur le lit.

La chambre de la femme du Nord, Sofia Kraussman, était située au bout du couloir, mais Foulon n'allait jamais jusque-là, s'enfermant chez lui avec Madeleine, profitant de ces deux jours de voyage avec elle dans cet habitacle, cette boule de rythme où ils entraient pour oublier.

Elle, Madeleine, ce qu'elle affrontait chaque jour – les chambres de l'hôpital Saint-Antoine, ces vieux qu'il fallait parfois porter jusqu'au fauteuil en leur criant de ne pas bouger pendant qu'elle faisait leur lit.

Lui, Foulon, ce qu'il avait vécu voilà cinq ans, quand il était arrivé du Zaïre, entrant en France par la Belgique à bord d'une camionnette bâchée, se terrant entre la porte de Clignancourt et la porte de Saint-Ouen dans ces petites rues parallèles qui, en oblique, vont de la rue Leibniz au boulevard Ney.

Il s'était réfugié dans des caves de petites maisons en ruines dont on avait enlevé le toit pour être sûr que personne ne viendrait y loger. Mais, cité de la Moskowa, passage du

Poteau, les immeubles grouillaient de clandestins, de familles africaines qui se regroupaient là, faisant sécher leur linge dans les jardins abandonnés, allumant des feux pour se chauffer ou faire bouillir l'eau dans de grandes bassines où l'on jetait des sacs entiers de riz et des piments.

Foulon avait vendu des petits bibelots, des sacs, des peintures, des colliers à la porte de Saint-Ouen, dans les couloirs du métro, sur le boulevard de Rochechouart.

Deux fois les policiers l'avaient pris. Il avait passé trois mois à la prison de Fresnes, puis on l'avait reconduit à la frontière belge, et il était à chaque fois rentré, fêté passage du Poteau où, autour d'un feu de bois, dans un jardin, il avait rencontré Madeleine Vota, qui venait du Sénégal, qui avait les papiers qu'il fallait, qui travaillait à l'hôpital Saint-Antoine, à qui on donnait chaque mois une feuille de paie.

Elle avait dit à Foulon : « Si tu travailles, je reste avec toi. Si tu es décidé, j'arrange tout. »

Ça n'avait pas été l'affaire de Foulon Mantene. Il avait seulement dit oui. Après, elle s'était arrangée. La mère de Sylvie Pasquier, hospitalisée à Saint-Antoine, était grabataire. Si douces avaient été les mains de Madeleine Vota quand elles caressaient les cheveux gris de la vieille femme que Sylvie, voulant la remercier, parla de Foulon à son mari, conducteur d'un camion-benne de la Ville de Paris, et bientôt ce fut une embauche pour Foulon, et enfin ces papiers, son nom sur le permis de séjour, Foulon Mantene, et Madeleine y avait fait inscrire né à Dakar, parce qu'elle pensait que cela valait mieux, et elle s'était arrangée là-bas pour obtenir un certificat à son nom.

Mais elle lui avait dit aussi qu'elle continuerait à aider sa famille, les trois frères Vota, la mère, qui habitaient toujours passage du Poteau, et ils ne se retrouvaient donc rue Boissonade que deux ou trois nuits par semaine.

Au début, cela gênait Foulon de ne pas avoir Madeleine chaque soir, comme une grande fête, car son corps était comme une musique qu'on ne peut enfermer, qu'on ne peut étreindre mais qui vous enveloppe, et on ne savait comment le prendre, le serrer, quoi retenir, puis, quand Foulon eut commencé à travailler pour Monsieur Berthier, rue Daru, il avait bien fallu qu'il accepte de dormir là-bas, n'obtenant sa liberté qu'une ou deux nuits par semaine, celles qu'il passait rue Boissonade, où il redevenait Foulon Mantene. Quant à Marcel Pasquier, il ne l'avait jamais interrogé sur ce qu'il faisait là-bas, dans cette rue Daru où lui-même continuait de passer chaque matin, vers 5 h 30, avec son camion-benne.

Il avait pourtant été témoin de la scène – ou peut-être à cause de cela ne voulait-il pas en parler, se souvenir, comme s'il craignait de gêner Foulon Mantene, et il devinait juste, car Foulon, quand il était rue Boissonade, cherchait à oublier qu'on le nommait Tango, rue Daru, ou que, parfois, comme ce premier matin, Laurent Dimet l'appelait Black-le-Magnifique.

Mais c'était lui, Foulon Mantene, qui avait accepté, comme ça. Alors qu'il ramassait sa ceinture, son gilet, qu'il s'apprêtait à remettre sa combinaison, et tandis que Pasquier réclamait à ces gens cinq cents francs, parce que la benne avait pris du retard, qu'ils allaient écoper d'une sanction, Berthier avait sorti deux billets qu'il avait tendu à Pasquier, lui ordonnant de s'éloigner. Puis il avait pris Foulon par le bras, expliquant qu'il ne plaisantait pas, qu'il avait besoin d'un gardien, là – et il avait montré l'hôtel particulier de trois étages, le portail de la cour encore ouvert : « Tu surveilles, tu nettoies, j'ai besoin de quelqu'un comme toi. »

Autour de Foulon et de Berthier, les autres riaient : « Bien sûr, Richard, nous avons besoin de lui, nous aussi ! »

Foulon s'était présenté comme convenu, à la fin de la matinée, et une secrétaire l'avait reçu, exigeant son permis de séjour, ses feuilles de salaire ; il gagnerait mille cinq cents francs de plus qu'à la mairie. « Mais vous n'avez pas d'horaires fixes, vous devez être là. »

Elle lui avait montré une chambre au rez-de-chaussée, donnant sur la cour, où il logerait. Car il devait dormir sur place, sauf les jours de congé, deux par semaine.

Il n'avait jamais disposé pour lui d'une pièce aussi grande, aussi claire, aussi propre. Passage du Poteau, ils dormaient parfois à quinze dans une cave au sol de terre battue, et il fallait protéger les enfants des morsures des rats.

Quand la secrétaire l'eut quitté, le laissant seul dans la pièce, Foulon se mit à sauter, frappant ses talons de ses mains, se contractant, rebondissant, et c'est ainsi que Richard Berthier l'avait surpris, en pleine détente. Il avait croisé les bras et dit: « Tango, Tango, quelle souplesse ! » Puis il était parti, revenant quelques minutes plus tard avec un paquet de vêtements. « Je veux voir », avait-il lancé, invitant d'un geste Tango à les essayer. Assis sur le lit, la tête penchée, Berthier n'avait pas quitté des yeux le corps de Tango, se levant pour effleurer son torse, dire : « Le blanc te va, bien sûr, tu porteras ça », puis, main ouverte, doigts tendus, il avait touché les cuisses de Tango : « En pantalon, il te faut autre chose, plus serré, plus long », et il s'était agenouillé, tirant sur le bas du pantalon, tandis que Tango restait debout, oscillant un peu, se laissant caresser, plier.

Il était devenu Tango. Parfois il se disait que c'était un nom qu'on eût pu donner à un chien, et (peut-être était-ce Laurent Dimet, qu'il n'aimait pas, qu'il fuyait dès qu'il l'apercevait) quelqu'un avait même dit, comme il entrait à la fin de la réunion dans la salle de rédaction pour ramasser les tasses et les cendriers, remettre de l'ordre, vider les corbeilles : « Voilà Tango, notre beau lévrier noir. »

Foulon avait souri, il souriait toujours, puis il s'était baissé, parce qu'il ne voulait pas leur montrer plus longtemps son visage, car il n'était pas sûr de pouvoir continuer à sourire, et, courbé, rassemblant les feuilles froissées qu'ils avaient jetées à même le sol, il pensait à ces nuits, passage du Poteau, quand, pour endormir les enfants, les adultes, hommes et femmes, se mettaient à chanter ensemble en se balançant épaule contre épaule, battant lentement des mains ou bien frappant la terre du talon, ce qui accompagnait la mélopée d'un grondement sourd.

15

Souvent, à l'entrée du passage du Poteau, Sélim Naïr s'arrêtait comme si un obstacle se dressait devant lui.

Il habitait une chambre dans la dernière maison, au bout du passage, et il lui fallait, pour y parvenir, longer les jardins où, quand il ne pleuvait pas, se tenaient ceux que Naïr appelait les Zoulous, ou bien les Blacks, ou encore, quand la rage lui faisait serrer les poings, les Singes.

Il s'était battu un soir avec l'un des frères Vota, l'aîné, celui qui prétendait commander à toute la rue.

Ils s'étaient l'un et l'autre frappés durement au visage, bondissant sur les pavés disjoints, se poussant contre les palissades, et à la fin Sélim Naïr, comme on le lui avait appris dès l'enfance, sous les galeries de la cité, à Drancy, s'était jeté tête en avant, comme si le visage de Vota n'avait été qu'un ballon qu'il fallait projeter loin – des années durant, Sélim avait rêvé de lancer ainsi un ballon dans les filets, et il s'était toujours battu comme cela, à coups de tête. Vota était tombé sur les genoux, se tenant le visage à deux mains, le sang qui coulait de son nez et de sa bouche tachant ses doigts, et les femmes étaient sorties des jardins, leurs corps enveloppés de ces étoffes bariolées qui enserraient leurs formes lourdes, et elles avaient maudit Sélim, qui s'était éloigné à reculons.

Depuis, il craignait le guet-apens, et il savait qu'il avait tort de continuer d'habiter là, dans ce passage où les Zoulous faisaient la loi, où leurs chants, leur odeur envahissaient tout.

C'était cela qui arrêtait Sélim, plus que la peur.

Il avait marché vite depuis la station de métro Porte de Clignancourt, comme s'il avait eu besoin de prendre son élan, et, au moment de s'engager dans le passage, il avait marqué un instant d'hésitation, tel un sauteur qui ne sait sur quel pied prendre appel pour franchir la barre.

À la fin, il s'élançait pourtant, le corps trop raide, les mains dans les poches de son blouson de toile, cherchant à ne pas trébucher sur les pavés ronds, gluants d'eau de vaisselle, enjambant les flaques, aux aguets quand il passait devant une sorte de hangar, une ancienne salle de bal, disait-on, du temps où ce quartier de Paris était celui des Apaches – ils venaient danser là où se réunissaient maintenant, autour des trois frères Vota, les Zoulous du passage et ceux qui habitaient de l'autre côté du boulevard Ney, voire parfois même à Saint-Ouen.

Sélim n'avait plus que quelques bonds à faire – des bonds, puisque la chaussée et les trottoirs étaient défoncés, que l'eau grasse couvrait une bonne partie de la rue – pour se trouver devant l'entrée de la maison où il logeait, au troisième et dernier étage. Pour y parvenir, il devait se glisser entre les poutres qui soutenaient les plafonds et étayaient l'escalier ; souvent des rats filaient, sautant de marche en marche. Il se souvenait alors de l'histoire que racontaient les gens de la cité, à Drancy – les femmes surtout la répétaient ; quand on avait commencé les travaux du R. E. R., des rats énormes qui, expliquait-on, venaient de Paris avaient envahi par bandes de trente à quarante les immeubles de la cité, traversant, comme une armée avec leur chef, le square qui se trouvait au centre des bâtiments. Les enfants leur lançaient des pierres, mais les rats ne fuyaient pas, s'immobilisant, faisant entendre – avait-on raconté à Sélim, peut-être pour l'effrayer – un sifflement aigu. Et ils avaient durant plusieurs jours occupé, sans qu'on pût les chasser, les caves de La Pizza des Amis, le petit restaurant – le seul – qui se trouvait dans la cité. Puis ils avaient disparu, peut-être regagné Paris ou poussé plus loin, accompagnant le percement des tunnels vers Le Blanc-Mesnil, Aulnay, Sevran, Villepinte, retrouvant peut-être la campagne, au-delà, enfin.

Une nuit, la seule qu'il eût passée tout entière dans l'appartement d'Anne-Marie Bermont, rue Boissonade, alors qu'il se tenait devant la fenêtre ouverte, regardant le parc – un vaste parc qu'on imaginait dans l'aube naissante comme un grand lac paisible –, Sélim avait dit en tendant le bras : « Des rats, je vois des rats ! » – et il s'étonnait de cette phrase qu'il avait prononcée sans réfléchir, peut-être parce qu'il se souvenait alors du square de Drancy aux arbres morts qu'avait traversé l'armée des rats. Anne-Marie avait poussé un cri, s'était dressée d'un bond, s'enveloppant d'un drap. Elle avait hurlé, demandé qu'il ferme aussitôt la fenêtre, et elle avait couru dans la salle de bains, le laissant seul dans cette chambre dont il faisait le tour, passant la main à plat sur les cloisons, les meubles, comme pour s'assurer qu'il n'était pas victime d'un mirage, qu'une pièce comme cela existait, que l'eau ne suintait pas sur les murs.

Quand Anne-Marie avait entrouvert la porte – « Tu les vois encore ? » avait-elle demandé –, il n'avait pas répondu, s'habillant vite, et elle s'était avancée vers lui, étonnée : « Tu pars, qu'est-ce que tu as ? »

Puis elle ne l'avait plus interrogé, l'accompagnant jusqu'à la porte, essayant de l'embrasser, debout sur la pointe des pieds, mais il lui tournait déjà le dos, dévalant l'escalier, ne retenant pas la porte d'entrée, la laissant claquer comme une détonation qui résonnait dans la rue vide.

Il avait marché vite le long du boulevard Raspail, rasant les façades, et, malgré cela, une voiture de police avait ralenti, s'était rapprochée du bord du trottoir, mais Sélim n'avait pas changé de pas, n'avait pas tourné la tête, et la voiture s'était éloignée, accélérant pour passer le feu de la rue de Vaugirard, cependant qu'il descendait dans la station de métro Saint-Placide, dont on ouvrait les grilles.

Cette ligne Porte d'Orléans-Porte de Clignancourt, c'était celle qu'il prenait chaque jour, et quand il remontait vers le nord, venant de Saint-Sulpice, il avait le sentiment de s'enfoncer, station après station, dans une autre ville que celle qu'il venait de quitter. Il rentrait chez lui.

Dès la station Châtelet, il reconnaissait les visages, les odeurs qui annonçaient celles du passage du Poteau. Parfois, quand il voulait se rendre chez son père et ses frères, cité de la Muette, à Drancy, il descendait à Gare du Nord. Dans les longs couloirs et sur les quais de la gare souterraine du R.E.R., il était entouré de gens qui lui ressemblaient, qui n'avaient pas besoin de se regarder, qui baissaient la tête ou les yeux pour ne pas voir leur double.

Souvent encore, il quittait le métro à la station d'après, Barbès-Rochechouart, et c'était la même foule, la même impression de poussière et presque de crasse, qui ne le gênait pas, qu'il retrouvait même avec une sorte de plaisir, le sentiment d'être enfin parmi les siens.

Pourtant, depuis qu'il travaillait chez Elsen, qu'il passait ses journées dans le quartier de Saint-Sulpice, et qu'il avait couché – presque une nuit entière – dans le lit d'Anne-Marie Bermont, il avait appris à mesurer la différence, et il remarquait sur les passants ce qu'il n'avait su voir durant ces vingt premières années de sa vie, la pauvreté des vêtements, les cols de chemise sales et usés, les cheveux trop gras, les visages mal rasés; les sacs n'étaient jamais en cuir, mais en matière plastique, et les femmes étaient trop maquillées, avaient des jupes trop courtes ou trop longues, et sous la poudre qui couvrait leurs joues, leur pull-over trop étroit, leurs vêtements mal ajustés, il savait à présent imaginer leur misère, les éviers ou les petites salles d'eau où elles se lavaient, mal, vite, et comment elles se maquillaient, debout sous un tube de lumière fluorescente, leur visage prisonnier d'un mauvais miroir où jamais elles ne se voyaient entières.

Il savait cela parce que les auteurs qu'il côtoyait chez Elsen et qui souvent lui signaient un livre avec une sorte de timidité, une politesse qu'il n'avait jamais connue, les femmes – et d'abord Anne-Marie Bermont – lui avaient fait découvrir les vestes de tweed, les chemises de sport en toile d'Oxford, ou bien cette minutie, cette perfection dans l'élégance qui demandaient non seulement de l'argent, mais aussi de l'espace, du temps.

Chez Anne-Marie Bermont, la première fois qu'elle l'avait invité à la rejoindre chez elle – il avait hésité longtemps, craignant un piège, car il avait appris à se méfier de tout et d'abord à ne pas se rendre dans un lieu qu'il n'avait pas préalablement repéré, dont il ne connaissait pas les issues –, il s'était, après avoir fait l'amour, assis sur le bord de la baignoire, stupéfait de la taille des deux lavabos, du nombre de flacons qui, sous l'immense miroir, s'entassaient.

Sans bouger, il avait évalué du regard les dimensions de la pièce, cinq à six pas de long, autant de large, peut-être plus. Cette salle de bains lui semblait plus grande que le deux-pièces que son père et ses deux frères habitaient, cité de la Muette, à Drancy. Et sa chambre à lui, passage du Poteau, avec pour tout confort un évier grand comme deux paumes, aurait à peine occupé l'espace qui, ici, recouvert de dalles de granit noir, séparait la baignoire et le pied des lavabos.

Depuis qu'il avait vu cela, Sélim, à chaque instant de sa vie, comparait.

Il empruntait la rue de la Charbonnière, où se trouvait le café de Kader Malik, où il se rendait pour retrouver son père – il lui fallait alors descendre au métro Barbès-Rochechouart –, alors qu'il venait de quitter la rue des Canettes, la rue Garancière ou bien la rue Férou, qu'il parcourait dix, vingt, trente fois par jour, allant d'un éditeur à l'autre, les bras chargés de livres. Rues calmes et villageoises avec, au bout, le jardin du Luxembourg ou bien la place Saint-Sulpice.

Il s'accoudait au café de la Mairie, sur la place, et on le saluait : « Ça va, Sélim, aujourd'hui ? Un petit noir ? »

Les femmes le regardaient et il pouvait les dévisager ; les gens qui le croisaient, qui consommaient près de lui, semblaient ne pas voir qu'il avait le teint mat, les cheveux bouclés d'un noir brillant, et parfois il les fixait avec morgue, comme pour leur dire : « Je suis un Arabe, un fils d'Algérien. Mon père, en octobre 1961, les flics d'ici l'ont jeté dans un canal et on a tiré sur lui pour le tuer, pour qu'il se noie, et des centaines de nos frères, cette nuit-là, en octobre, ont été assassinés, et moi je suis vivant, et moi je baise, j'encule une femme d'ici, et je vous casse la gueule si vous m'emmerdez. »

Mais personne autour de lui ne devinait ce qu'il voulait leur dire. On le poussait un peu pour approcher du comptoir, et il s'écartait avec mauvaise grâce, l'air menaçant, mais on lui disait simplement : « Vous permettez ? Merci. » Et lorsqu'il quittait le café, le garçon lançait : « À la prochaine, Sélim. » Il hochait la tête, ne pouvant s'empêcher de faire un geste de la main.

Moins d'une demi-heure plus tard, il entrait dans le café de Kader Malik, rue de la Charbonnière, une sorte de couloir à peine plus large que sa chambre du passage du Poteau, et il aimait l'odeur de café, les fumées, la pauvreté, les rides creusées dans les visages, le silence des hommes aux yeux fixes, et la musique lancinante qui ne cessait jamais. Parfois, seule voix forte, Kader Malik, les mains appuyées au comptoir, lançait : « Akim, ton fils », et Sélim devinait au fond de la salle, derrière tous ces corps qu'il lui fallait écarter pour avancer, son père, assis devant la seule petite table du café, une tasse vide posée devant lui, les bras croisés, le visage figé, et il lui semblait que jamais il n'avait vu autrement le visage de son père, comme si toute expression, sourire ou colère, en avait été chassée, peut-être depuis que la mère était morte, ou bien avant, au cours de ces années soixante, quand la guerre de là-bas se menait ici aussi, dans les ateliers, dans les rues – Kader Malik avait été l'un des héros d'alors, mais il ne parlait jamais de ces combats-là.

C'est le père de Sélim qui avait raconté, sans que son visage s'animât, sans que sa voix se chargeât de colère, les arrestations, les coups, et cette nuit du 16 octobre 1961 où l'on avait tué tant de frères, dans ces rues où l'on passe aujourd'hui et où personne ne se souvient. Le père avait fait aussi le récit du procès de Kader Malik, qu'il avait gagné contre la Régie, et c'est comme ça que Kader avait acheté le café de la rue de la Charbonnière, mais lui, Akim Naïr, n'avait pas eu maître Rimberg pour le défendre, pas de procès, et il n'avait rien obtenu, seulement trois mois de préavis, on s'était vengé sur lui parce que Kader leur avait pris la grosse somme.

« Mais j'étais content de sa victoire, et votre mère aussi », avait dit le père. Et ç'avait été ses derniers mots, cette nuit-là, chez eux, cité de la Muette, à Drancy ; la mère venait de mourir à l'hôpital, on l'enterrerait le lendemain et le père avait fait le repas pour ses trois fils, Sélim, Nasser et Izzi, puis il s'était mis à raconter, comme s'il avait voulu que ses fils se souviennent à jamais de cette nuit-là où la mère était morte, et parce que c'était tout ce qu'il pouvait dire d'elle à ses fils : qu'elle avait partagé avec lui la joie de la victoire de Kader Malik, dont ils allaient payer le prix.

Car Akim Naïr n'avait plus retrouvé d'emploi fixe, trop vieux déjà, et il avait commencé à travailler sur les chantiers de construction, tout au long de cette ligne du R.E.R. qui, partant de la gare du Nord, allait par Aubervilliers, Drancy,

Villeparisis, jusqu'à Roissy et Mitry-Claye, au plein mitan de la Plaine de France.

On le payait de la main à la main et on lui disait en pointant le doigt vers lui : « Si tu as un accident, on te connaît pas, on t'a jamais vu, tu entends, tu comprends ? » Et lui répétait : « On me connaît pas, on m'a jamais vu, je comprends. »

Cela, il ne le racontait pas à ses fils, mais Sélim l'imaginait, parce qu'il lisait les journaux qu'il distribuait dans les bureaux, chez Elsen, et que c'est lui, l'aîné, qui remplissait les formulaires pour le chômage ; il savait bien que son père n'avait jamais autant travaillé.

Mais la vie était comme ça, à deux faces : la salle de bains de l'appartement d'Anne-Marie Bermont, rue Boissonade, et sa chambre passage du Poteau, le café de la Mairie, place Saint-Sulpice, et le café de Kader Malik, rue de la Charbonnière. Et lui, Sélim, connaissait les deux faces, et il ne voulait pas renoncer à l'une pour l'autre.

Il avait été heureux de quitter la cité de la Muette, la chambre où il couchait avec Nasser et Izzi, le père dormant seul dans l'autre pièce, mais, chaque semaine, il retournait là-bas. Il fallait que Nasser et Izzi ouvrent leurs cahiers, lui montrent leurs livres, et le père se tenait assis dans un coin, immobile, les mains posées sur les genoux, et quand Nasser, qui était presque aussi fort que Sélim, protestait, Sélim levait les bras, menaçait, et parfois, de toute sa force, il frappait, un coup de poing dans l'épaule, là, sur le nerf où il savait que ça fait mal, et à Izzi qui criait « Salaud ! » il donnait une gifle du revers de la main.

Puis il se tournait vers son père, cependant que ses deux frères grondaient comme des chiens qu'on dresse. Akim Naïr n'avait pas bougé, mais à la manière dont il regardait ses deux plus jeunes fils, ceux-ci se taisaient, rentraient leurs cahiers.

« Connards, leur lançait Sélim, pauvres connards, vous voulez crever ici ? »

Il tendait la main, désignait les trois bâtiments de la cité, qui formaient un U ouvert au sud, vers Paris, les façades grises dont les plaques d'aggloméré se fendillaient, se déboitaient, au-dessus d'une galerie aux poutrelles de métal malingres comme les arbres du square qui mouraient lentement entre les bâtiments.

Des gosses étaient assis à même le sol, se tenant serrés, jambes repliées, tête enfoncée dans les épaules, et c'était ce qu'il n'avait pas voulu être, lui, Sélim, et qu'il ne voulait pas que ses frères deviennent. Et il écoutait Kader Malik qui, d'une voix lente, dans son café de la rue de la Charbonnière, disait, ne cherchant même pas à savoir si ceux auxquels il parlait l'entendaient: «Seul l'enseignement du Prophète peut nous sauver aujourd'hui de ce qui nous pourrit, de ce qui ronge nos fils.» Et Sélim disait à ses frères: «Vous êtes musulmans, vous devez être fiers, les premiers.» Et il frappait du poing sur la table. Puis il posait quelques billets, deux cents francs, parfois cinq cents, qu'il lissait de la paume: «Je reviens», murmurait-il.

Il partait vite, les laissant là. Et il avait honte, il aurait dû les protéger davantage. Il craignait tout pour eux, les chiens des vigiles, la drogue, les coups, les barres de fer et les pistolets à grenaille des Zoulous, les flics – eux, ses frères, disaient les *keufs* –, la prison. Et il avait surtout peur qu'ils ne deviennent enragés et qu'à la fin ils ne se jettent contre un mur pour en sortir, n'importe comment, comme on s'évade d'une cellule en se pendant à ses barreaux.

Mais il ne se retournait pas, il avançait dans la galerie, croisant des femmes en saris, jetant à peine un regard à ces adolescents accroupis qui peut-être se partageaient un peu de drogue, leurs têtes l'une contre l'autre, formant comme une boule, dont on ne voyait que le dos et les cheveux, et qui ne bougeaient même pas quand Sélim passait près d'eux, mais lui se méfiait et se mettait à progresser à reculons sur plusieurs dizaines de mètres pour les surveiller, se mettant à courir, parce qu'il avait hâte, comme à chaque fois, de quitter la cité, de regagner le passage du Poteau, c'était un lieu pourri, mais c'était déjà un arrondissement de Paris – et il disait à ceux qui l'interrogeaient: «J'habite dans le XVIIIe, près du boulevard Ney», c'était en deçà du boulevard périphérique, cette frontière qu'il avait réussi à franchir.

Courant, il ne remarquait même plus ce monument, peut-être du granit rose, et ce wagon de marchandises fermé, posé sur un bout de voie, placés là côte à côte à l'entrée de la cité de la Muette, qu'il avait toujours vus, témoins l'un et l'autre de quelque chose qu'il ne connaissait pas, qui s'était déroulé là, mais qui n'appartenait pas à la mémoire des habitants du lieu ; quand Sélim Naïr pensait à la cité, à Drancy, ce n'était jamais de cela qu'il se souvenait, indifférent à ces vestiges inutiles, mais de ces rats énormes venus de Paris, affirmait-on, qu'il n'avait jamais vus de ses yeux, pourtant, mais dont il était sûr qu'ils avaient traversé le square en bande, leurs sifflements faisant fuir les enfants.

16

Benoît Rimberg avait vu le groupe qui l'observait depuis la galerie, sous les immeubles.

Il avait arrêté sa voiture à l'entrée de la cité, devant ce monument qu'il n'avait pas imaginé ainsi, peut-être à cause de la couleur rose de la pierre, mais il était fasciné par ce wagon de marchandises repeint à neuf, incongru sur ces deux morceaux de rail, comme un cauchemar prêt à recommencer, le train pouvant s'ébranler à nouveau – *« Chevaux 8, hommes 40 »*, était-il écrit en lettres blanches calligraphiées sur le flanc, à hauteur d'homme. Et Rimberg savait – il y avait songé tout au long du trajet, tandis qu'il cherchait, ayant quitté le boulevard périphérique à la porte de Clignancourt, Drancy, la cité de la Muette – qu'on avait chargé dans ces wagons cent, deux cents enfants, et qu'il aurait dû être l'un d'eux, de ces gosses que la peur rendait fous et que les gendarmes étaient contraints de porter, les prenant sous le bras, comme des animaux, cependant qu'ils se débattaient en hurlant, ici, entre ces immeubles qui existaient déjà, qu'on avait entourés de palissades et de barbelés en 1940 et qui avaient constitué le camp de Drancy.

Et c'était là qu'avaient sans doute vécu quelques jours son père et sa mère avant de partir, dans ces wagons, vers Auschwitz, Maïdanek ou Sobibor, un homme et une femme, deux parmi les 73 853 personnes qui avaient connu cette cité, dont 2 190 seulement étaient revenues.

Rimberg était resté dans sa voiture, découvrant la laideur du lieu, ces façades de plaques d'aggloméré, ces fenêtres étroites dont on devinait qu'elles fermaient mal, le cadre faussé parce que les murs travaillaient, que les armatures cédaient, que les immeubles se tassaient comme ces vieux perclus qui en ont trop vu et qui doivent encore faire face, affronter le plus difficile, ce qu'ils ne concevaient même pas, et qui ont peur.

Rimberg voyait, imaginait. Là où se dressait le monument, les autorités du camp avaient construit un baraquement de planches, le bloc sanitaire, que les prisonniers appelaient le Château rouge, et peut-être en choisissant cette pierre rose avait-on voulu l'évoquer, mais le résultat était si dérisoire qu'il en devenait scandaleux, et Rimberg était surpris, humilié de ce sentiment de colère et de dégoût qui l'emportait malgré lui, qui lui faisait perdre cette maîtrise de soi dont il avait fait une règle de vie mais qu'il sentait céder chaque jour davantage, depuis qu'il s'était plongé dans cette affaire Georges Rollin, comme si le passé était une houle furieuse qui l'ébranlait, à laquelle il ne pouvait résister.

Il avait découvert Drancy par hasard, en feuilletant un livre de François Maspero qui était posé sur le bureau de Béatrice Lesgarre.

« Vous lisez ça ? » avait-il demandé, ironique, et elle lui expliqua qu'elle prenait chaque jour le R. E. R. et que ce livre racontait un voyage, celui des *Passagers du Roissy-Express*, qui vont en R.E.R. de Saint-Rémy-lès-Chevreuse à Roissy : elle-même habitait sur la ligne, au parc de Sceaux – il savait bien.

Autrefois, il y avait des années, dans les jours qui avaient suivi l'entrée de Béatrice à son cabinet, il l'avait reconduite là-bas, à Sceaux, dans cet immeuble bas, de trois ou quatre étages, dont les fenêtres donnaient sur le parc, et il n'était reparti que passé minuit ; dès le lendemain matin, ils avaient l'un et l'autre oublié.

Elle lui avait dit de sa voix posée : « Maître, vous plaidez à 15 heures devant la première chambre », et lui : « Merci, Béatrice. » Et rien depuis, entre eux, hormis cet acte qu'ils avaient accompli en silence, comme une manière de se connaître jusqu'au bout, puisqu'ils devaient avoir confiance l'un en l'autre et que c'était un pacte qu'ils avaient scellé.

« Oui », avait-il dit. Il savait qu'elle habitait à la lisière du parc de Sceaux ; il avait levé les yeux pour la regarder et elle n'avait pas baissé les siens. « Maspero… », avait-il repris. Il avait tant de fois – « c'était avant vous, Béatrice, avant » – défendu des auteurs publiés par Maspero. Mais le temps avaient changé, Maspero avait abandonné l'édition, il avait écrit *Les Passagers du Roissy-Express*, et avant de reposer le livre sur le bureau de Béatrice Lesgarre, Rimberg l'avait encore feuilleté. Sous ses yeux, les mots « *camp de Drancy* », puis les pages qu'il avait lues debout devant Béatrice, où il avait appris que le camp de transit vers Auschwitz, ce camp que Georges Rollin avait administré lorsqu'il était l'adjoint, en 1940, de l'amiral Bart, préfet de police de la Seine, existait encore, puisque la cité de la Muette lui avait servi de cadre, que les trois immeubles en U entouraient déjà, en 1940, cette esplanade où les milliers de Juifs raflés se pressaient, sales, affamés, terrorisés, achetant aux gardes mobiles qui les surveillaient un peu de nourriture, 150 francs les 200 grammes de pain, 7 francs le morceau de sucre. Près de sept mille détenus s'entassaient dans ces bâtiments où vivaient aujourd'hui, sur les mêmes lieux, écrivait Maspero, quatre cents personnes.

Rimberg avait refermé le livre et Béatrice Lesgarre s'était étonnée de le voir quitter le cabinet. Elle avait essayé de l'interroger, lui rappelant ses rendez-vous, mais Rimberg lui avait lancé d'une voix plus sourde qu'à l'habitude : « Débrouillez-vous, je ne suis plus là jusqu'à demain. »

Et, pris dans les embouteillages du boulevard périphérique, ne pouvant, maintenant qu'il l'avait emprunté, qu'aller jusqu'au bout, jusqu'à ce camp de Drancy qu'il voulait voir, il s'étonnait de son comportement, de cette impulsivité qu'il avait mise un demi-siècle à contrôler, et qui revenait, comme si une part indomptable de lui-même, par lui-même oubliée, s'échappait enfin, avait décidé de se libérer à tout prix.

Il avait pourtant comme règle de refuser de se rendre sur les lieux d'une affaire qu'il avait à plaider, laissant ses collaborateurs assister aux reconstitutions, les écoutant, les yeux mi-clos, décrire les gestes de l'inculpé, le décor ; et Rimberg les interrompait : « Tout cela est déjà dans le dossier. » Ils tentaient alors de prouver à Rimberg que, d'avoir vu, de leurs yeux vu, ils avaient mieux compris les mobiles, les circonstances, à quoi Rimberg répondait, ironique : – « Mais oui, mais oui, écrivez-moi cela » – et parfois, d'un ton las, il leur répétait que tout était abstraction, que le réel était d'abord de la pensée, que tout se réduisait à des signes ou à des mots, que les objets, les actes, même les hommes n'étaient que prétextes à faire naître ou incarner des signes.

Il montrait l'échiquier sur l'écran de l'ordinateur, disait – et Béatrice Lesgarre ou Robert Beck ne savaient s'il plaisantait : « Voilà le monde réel, le seul univers, le reste est accessoire. »

À présent il roulait au pas vers la porte de Clignancourt, il se perdait dans Aubervilliers, se retrouvait à Aulnay, trop loin, découvrant cette banlieue qu'il n'avait jamais traversée, un autre monde que celui dans lequel il vivait, et il se sentait honteux de la platitude, de l'évidence de cette pensée, incapable cependant d'en formuler une autre, sinon que l'inégalité était l'essence même du monde et qu'il était heureusement installé du bon côté de la faille.

Il avait pu franchir le pont.

Mais si tel était le principe universel, celui qui liait les hommes à sa loi et modelait les choses, qu'avait-il à reprocher à Georges Rollin, adjoint de l'amiral Bart, conduisant habilement, dans les circonstances difficiles de l'Occupation, sa carrière de haut fonctionnaire, exécutant donc le décret du 17 novembre 1940 signé à Vichy par Philippe Pétain, maréchal de France, chef de l'État français, dont l'article premier déclarait : « À dater du 1er novembre 1940, le ministère de l'Intérieur assurera la surveillance des camps établis sur le territoire métropolitain pour la garde des Français et des étrangers groupés par mesure administrative » ?

Georges Rollin avait appliqué cette directive avec zèle, signé des circulaires, suggéré, rencontré le général S.S. Dannecker, il s'était porté garant de l'efficacité des gendarmes français qui surveillaient le camp et des deux mille quatre cents policiers français qui, dans Paris, procéderaient bientôt à de nouvelles rafles.

Et, un jour, quelques-uns d'entre eux avaient frappé à la porte de l'appartement qu'occupaient les Rimberg, impasse du Mont-Tonnerre, et Benoît Rimberg, que son père lâchait dans la cour, après l'avoir tenu à bout de bras, avait échappé à l'arrestation, et le principe universel d'inégalité joua ainsi en sa faveur.

Il voyait la Seine et la colonnade du Louvre de la fenêtre de son bureau, cependant qu'ici, à Aulnay, au Blanc-Mesnil, à Drancy, tant de gens croupissaient dans leurs cages !

Mais il n'avait pas pitié.

Qui peut se permettre la pitié à la guerre ?

Il s'était arrêté plusieurs fois pour chercher la route qui conduisait à la cité de la Muette, mais ceux auxquels il s'adressait – un pompiste, un épicier, puis une femme seule qui tenait dans ses bras un enfant, elle avait fait un bond en arrière quand il lui avait parlé, comme si elle avait craint qu'il ne l'assaille – l'avaient écouté comme s'il parlait une langue étrangère, ou plutôt comme s'ils avaient perdu l'habitude de tout langage, et il n'avait pas attendu leur réponse, roulant lentement dans des rues défoncées, empruntant parfois des avenues plus larges bordées de terrains vagues, où des camions lancés à toute vitesse le dépassaient, l'enveloppant de fracas et de fumée.

Lui-même conduisait au pas, mais dans un état de tension, d'exaspération tel qu'il lui arrivait de hurler à tue-tête des injures, comme s'il avait besoin de se défaire de toute cette violence – une partie de lui-même observant cependant froidement le comportement de l'autre, l'accusant même de se laisser aller à dessein, avec duplicité, comme lors de ces fausses indignations qu'il savait simuler à la barre, dans un mouvement apparemment spontané, mais qu'il avait longuement préparées.

Tout à coup, comme il allait s'engager sur un pont qui franchissait un carrefour, il avait vu le poteau indicateur, les panneaux fléchés *« Cité de la Muette », « Square de la Libération », « Gendarmerie mobile »*. Car les gendarmes continuaient de résider là, immuables, et c'était cela la France, ce qu'il haïssait en elle, cette permanence insolente et satisfaite de l'autorité qui un jour décidait de déporter les Juifs indésirables, puis un autre de faire défiler les gardes mobiles – ceux-là mêmes qui avaient surveillé depuis les miradors le camp de Drancy – pour célébrer la Libération.

Lui revenaient ainsi, alors qu'il roulait encore plus lentement, les indignations et la rage – c'était bien le mot qui convenait – de ses vingt ans, quand il accusait ce pays d'être celui des dénonciateurs anonymes : par dizaines de milliers, les lettres parvenues à la Gestapo !

En qui pouvait-il avoir confiance aujourd'hui ? Béatrice Lesgarre ? Peut-être, peut-être...

Il s'était arrêté un peu plus loin sous un autre panneau, et, tête levée, il avait lu :

Ici, l'OD HLM réhabilite la cité de la Muette
369 logements
Travaux financés par le concours du Conseil général
de l'État de la Région
Ici l'État investit pour votre avenir

Et Rimberg se souvint que le Consortium de rénovation urbaine qu'avait dirigé Georges Rollin, dont il était encore administrateur, chargé des relations extérieures, avait participé à toutes les réhabilitations de Paris et de sa banlieue, car Rollin avait dû garder des liens avec ses anciens collègues de la préfecture et avait dû être habile à en tisser d'autres avec les hommes politiques. Et ainsi, lui qui avait administré le camp de Drancy – ce qui lui avait valu une promotion exceptionnelle –, avait-il sans doute encore tiré profit de ce lieu que Rimberg, baissant les yeux, découvrait à présent, roulant le long du square, regardant ces murs écaillés, apercevant enfin le monument et le wagon. Placés à l'entrée de cette cité qui exsudait encore la désolation, ils paraissaient en fin de compte à Rimberg exprimer davantage le mépris que l'émotion, comme un geste qu'on n'avait pu éviter de faire, parce que enfin 73 853 personnes raflées par des Français, gardées par des Français, enfournées dans des wagons par des Français, avaient transité là – un geste pareil à celui qu'on a quand on veut se débarrasser d'un gêneur auquel on jette, assez loin pour qu'il s'occupe et qu'on n'entende plus parler de lui, rien, une illusion, et on lui dit :

« Tiens, prends ça », et il court, et il cherche, et il ne trouve pas, puisqu'on ne lui a rien jeté.

Rimberg était descendu, claquant la portière, s'approchant du monument, et le groupe sous la galerie avait commencé d'avancer vers lui. Tout à coup, il avait marché à leur rencontre, d'un pas décidé, comme s'il trouvait enfin un exutoire à sa colère, à cette révolte, à cette amertume, à ce trouble qu'il portait en lui depuis qu'il avait ouvert le livre de Maspero, dans le bureau de Béatrice, place Dauphine, et il lui semblait que c'était il y avait des années, qu'il ne retournerait plus là-bas, dans ce cœur de Paris, ce cœur de la France, et qu'il n'y avait jamais séjourné qu'en étranger, comme un ennemi contraint de se dissimuler, d'attendre l'occasion propice pour frapper, et il avait donc dû donner le change, grand avocat, vedette du barreau, avocat d'affaires, avocat à la mode, mais le moment était venu, il allait lancer l'accusation contre Rollin comme une grenade qui ferait exploser ce centre de Paris où il n'aurait finalement vécu qu'un simulacre, comme un de ces Juifs qui ne portaient pas l'étoile jaune et qu'un jour on arrêtait, qu'on forçait à se déculotter dans un commissariat pour montrer le bout de leur sexe, et leur respectabilité tenait à ce morceau de peau qui manquait. On les conduisait ici, à Drancy, sous cette galerie, dans ces immeubles vers lesquels Rimberg marchait et où il distinguait trois plaques de marbre, réussissant déjà à lire sur la plus grande :

En ce lieu
qui fut camp de concentration
de 1941 à 1944
Cent mille hommes, femmes et enfants
de religion ou d'ascendance juive
ont été internés par l'occupant hitlérien
puis déportés
dans les camps d'extermination nazis
où l'immense majorité
a trouvé la mort

Mais, entre cette plaque et lui, il y avait ce groupe maintenant arrêté, et Rimberg dévisageait ces adolescents aux cheveux bruns, il les comptait, quatre, cinq, malingres, essayant de prendre des airs féroces, se serrant autour d'un homme réellement menaçant, grand, au visage émacié, les yeux enfoncés derrière de petites lunettes rondes à monture métallique, la peau tannée, les cheveux tirés en arrière, sans doute noués – Rimberg notait chaque détail, comme pour une identification.

Il voyait l'anneau doré que l'homme portait à l'oreille gauche, sa veste de daim, longue, battant ses cuisses, et il se dit : il faut le prendre de vitesse. Il s'approcha d'un pas, et l'autre, surpris, lança :

« Qu'est-ce que tu fous ici ? Qu'est-ce que tu veux, bourge ? Tu sais pas que t'as pas le droit, ici ? »

Et l'un des adolescents cria : « Écrase-le, Jonas, écrase-la, cette merde ! »

L'homme tourna la tête : « Ferme-la, Nasser ! Tu la fermes ! »

Il avait donc, le temps de cette phrase, cessé de regarder Rimberg, quatre ou cinq secondes, peut-être, et cela suffit à ce dernier. Il avait besoin de frapper, peut-être depuis cinquante ans, depuis que son père l'avait laissé tomber dans la cour en lui criant : « Saute, fils, saute, va-t'en, vis, souviens-toi de nous. »

Et il lui sembla que c'était seulement aujourd'hui qu'il se souvenait vraiment, au milieu de ces trois immeubles gris, en face de cette plaque, avec, à l'entrée du square, ce monument et ce wagon – *chevaux 8, hommes 40*, mais combien, dans celui qui avait emporté son père et sa mère, d'enfants étouffés avant que les portes ne s'ouvrent ? Combien de temps allaient-ils survivre, ceux qui étaient encore vivants et qu'on poussait, dès le quai, vers les chambres à gaz d'Auschwitz, de Maïdanek et de Sobibor ?

Rimberg avait lancé sa jambe en avant de toutes ses forces, lui qui n'avait que des gestes lents, étudiés, précieux, et la pointe de son pied avait écrasé les parties de celui qu'ils appelaient Jonas, lequel poussa un hurlement, s'écroula à genoux, tandis que les adolescents s'enfuyaient, leurs pas résonnant dans la galerie.

17

Depuis qu'Anne-Marie Bermont le lui avait décrit, avec ses cheveux noués sur la nuque, ce visage émacié, beau – elle s'était interrompue, puis, comme Gilles Duprez insistait, elle avait repris comme à regret : « Oui, beau, presque beau », d'une voix lasse, affaiblie –, Gilles Duprez recherchait cet homme-là.

Durant tout le repas, il avait fallu qu'il la questionne, la rassure, se penchant vers elle qui répétait : « Je me sens sale à l'intérieur, c'est comme s'il m'avait souillée, laissé quelque chose – un viol, oui, comme s'il m'avait violée. »

Pour garder la confiance qu'elle lui témoignait – « Car je n'ai rien dit, rien, seulement à un médecin qui habite le même immeuble, et je le regrette, mais il me fallait tout de suite voir quelqu'un, vous comprenez, Gilles ? » –, il devait à la fois partager son indignation, donner à cet incident toute l'importance qu'il avait pris pour elle, et, en même temps, le traiter par la dérision.

L'homme n'avait voulu que l'effrayer, disait-il, et le médecin le lui avait confirmé, n'est-ce pas, elle ne risquait rien, les examens sanguins le prouveraient, qu'elle s'y soumette, puis qu'elle oublie.

« C'est comme un viol, murmurait-elle encore, et surtout cette haine, cette envie de tuer dans le regard… »

Alors Gilles avait posé des questions précises, obtenu qu'elle se souvienne, et c'est comme si elle s'y refusait, ne gardant de l'incident que le sens qu'elle lui attribuait, ce désir de meurtre et de viol, cette vengeance agressive, homicide, que cet homme avait proclamée, l'insultant, brandissant cette seringue au bout de son poing comme un poignard, un glaive.

Gilles lui prenait la main, elle la lui abandonnait, et il ne pouvait retenir sa joie, il devait baisser la tête pour dissimuler le sourire qui naissait malgré lui, ce plaisir qu'il éprouvait à la toucher, elle qu'il avait toujours voulu séduire et qui, par ce détour, venait à lui. Mais il ne fallait pas qu'elle devine cette jubilation qui s'emparait de lui, ce désir de possession. Il était persuadé que, cette fois, enfin, il la tenait, et il se reprochait cette pensée égoïste qu'il enfouissait au fond de lui, redressant la tête, cependant qu'elle devait croire, sans doute, qu'il partageait son inquiétude, son émotion, alors qu'il avait envie de lui dire qu'il était prêt à lui faire l'amour, comme ça, sans précaution, pour lui prouver qu'il ne craignait rien, qu'il était sûr que cet homme-là ne lui avait transmis ni hépatite ni sida – mais il hésitait, c'était peut-être encore trop tôt. Il recommençait alors à l'interroger, et elle finissait par fournir des détails.

Au fur et à mesure qu'elle se confiait, Gilles voyait surgir la silhouette maigre de cet homme au teint mat – « Mais c'était un Européen, précisait-elle, sûrement une peau de montagnard ou de marin » –, et Gilles haussait les épaules : un teint de vagabond, de clochard, commentait-il.

Mais elle secouait la tête. Il avait un visage – oui, avec ces lunettes rondes à monture métallique, enfoncées dans les orbites – un visage d'intellectuel : « Quelque chose de sardonique, de maléfique, de pervers. »

Il devait à nouveau la rassurer, et cette complicité entre eux deux – elle qui revivait sa peur, disait son angoisse, lui qui l'écoutait comme son confesseur et son vengeur – le comblait.

Quand maître Rimberg passa près d'eux, les salua, laissant Catherine Mora sortir la première du restaurant, disant à Anne-Marie : « On se téléphone, n'est-ce pas, je t'appelle chez Elsen, on déjeune ensemble, cela fait si longtemps », Gilles avait l'assurance, la condescendance de celui qui ne craint plus rien, et il lui lança : « Salut, maître, je vous appelle aussi, je veux savoir ce que vous préparez à propos de Rollin, une belle affaire, non ? »

Puis, lorsqu'ils furent seuls dans le restaurant, à l'exception d'un couple, au fond de la salle, Gilles s'assit près d'Anne-Marie, sur la banquette, et elle ne s'écarta pas, se laissant même aller contre lui.

Il murmura : « Je le trouverai, c'est un petit maniaque, rien. » D'un bras il enveloppa ses épaules : « Un jour, je le dépose là – il montrait le sol, devant Anne-Marie – et vous me direz ce que je dois en faire. »

Elle souriait un peu, elle ne bougeait pas, mais elle se tourna vers lui, son visage si proche qu'il semblait à Gilles qu'il n'allait pas pouvoir résister, qu'il allait poser ses lèvres sur les siennes, parce que c'était le geste le plus naturel, il aurait simplement saisi sa tête entre ses paumes, mais, comme si elle l'avait pressenti, elle se leva, dit qu'elle avait vu cet homme de si près qu'elle gardait encore le souvenir du grain de sa peau, et c'est pourquoi elle parlait de viol, il s'était appuyé contre elle et elle avait eu envie après coup de jeter son manteau, elle l'avait fait nettoyer.

Ils sortirent. La rue Servandoni, en pente, étroite comme une rivière à sec. Gilles lui prit le bras, elle se laissa faire, tout à ses souvenirs maintenant, racontant une nouvelle fois la scène, l'argent que l'homme lui avait demandé, comment il l'avait suivie, et cette longue veste de daim qu'il portait, l'anneau d'or suspendu au lobe de son oreille gauche.

Devant la porte des Éditions Christian Elsen, Gilles lui dit : « Je règle ça. » Mais elle fit signe que non, elle ne voulait pas, il ne fallait plus lui en reparler, elle semblait prise par une pensée qui la saisissait d'effroi : « Il se vengera encore, il me tuera s'il sait qui je suis, si je dois témoigner. »

Gilles l'avait serrée aux épaules, appuyant fort ses mains pour lui faire comprendre ce qu'il ressentait pour elle, l'assurance qu'il lui donnait de la protéger, et, tout à coup, dans un mouvement instinctif, il l'avait tirée contre lui – ses cheveux, son front effleuraient ses lèvres, il sentait ses seins sur sa poitrine, ce jour-là elle portait un pull moulant, vert pâle, il l'avait retenue, elle s'était raidie sans résister, mais il n'avait osé l'embrasser là, dans la rue, et il l'avait laissée brusquement, s'éloignant sans se retourner, remontant la rue vers le jardin du Luxembourg qui était comme un horizon, une libre étendue de lumière et de ciel.

Depuis, il avait imaginé cet homme, d'abord en ne pensant qu'à Anne-Marie, utilisant l'événement dans sa stratégie de conquête, téléphonant, demandant un nouveau détail : où se tenait-il quand elle l'avait vu pour la première fois, était-il plus petit ou plus grand que lui ?

Elle hésitait toujours à répondre, parfois elle le suppliait de ne plus appeler, d'abandonner, mais elle se reprenait comme si elle aussi tenait par ce moyen à sortir d'une solitude que Gilles mesurait, d'une inquiétude que l'agression avait comme matérialisée, mais qui était déjà présente avant, qui demeurait malgré le temps qui aurait dû l'effacer peu à peu, et qui avait donc d'autres causes.

Un jour qu'il l'appelait à nouveau, elle l'avait aussitôt questionné : connaissait-il personnellement Laurent Dimet ? Dimet agissait-il comme il le prétendait dans ses livres ?

Elle avait parlé d'une voix anxieuse, et il avait d'abord plaisanté, dit que Dimet n'était pas assez fou pour agresser des passantes, mais elle l'interrompit. C'était sérieux, et il exposa alors ce qu'il pensait de Dimet, comment il avait menacé de le corriger, sur le plateau d'« Apostrophes » : « Un salaud auquel, ajouta-t-il, la notoriété, les relations avec les gens en place servent de bouclier. »

Il était l'ami de Richard Berthier, il fréquentait le petit monde qui faisait la mode intellectuelle, « il écrit chaque mois dans *L'Universel*, c'est le grand polémiste en toc, l'insolence avec préservatif », dit Gilles en s'emportant. Dimet dînait chez certains ministres. « Voilà l'homme. »

Il lui sembla entendre la respiration d'Anne-Marie, et comme il l'interrogeait, elle refusa d'abord de répondre, puis avoua qu'elle avait trouvé le dernier livre de Dimet, *Arborescence*, dédicacé à Isabelle : « Ma fille, oui, ma fille, une enfant de quinze ans. »

Seul, le téléphone coincé entre la joue et l'épaule, allumant un cigare, Gilles s'était tu, puis n'avait pu que dire : « Tirez-la de ses pattes, c'est un vrai salaud, pire que votre cinglé des Halles. »

Il crut entendre un gémissement vite étouffé et elle lui dit d'une voix rapide : « Merci, je raccroche, j'ai du travail, Elsen veut me voir. À bientôt, Gilles. »

Quand la colère l'emportait chez Gilles, il marchait et pouvait ainsi traverser tout Paris.

Il aimait la ville, l'hiver, quand la nuit était tombée, qu'il faisait froid, humide, qu'elle prenait un visage menaçant, presque sauvage, toujours imprécis, ambigu ; il l'aimait autant que les paysages désolés de sa propriété des bords de Seine, en aval de Samois, à quelques kilomètres de Fontainebleau, dans une grande boucle du fleuve, où, dès l'automne, il arpentait ce qui avait été les chemins de halage, s'asseyant souvent, le cigare serré entre les dents, les mains dans les poches de son duffle-coat, parfois le capuchon relevé, pour voir se déchirer ou s'amonceler, suivant les sautes de vent, les nappes de brouillard, ces vapeurs cotonneuses où se perdaient dans un bruit d'eau fouettée les vols de canards.

Mais, depuis qu'il avait déjeuné avec Anne-Marie, il avait abandonné sa maison, tout en laissant le chauffage assez haut pour que les pièces demeurent tièdes – peut-être réussirait-il à y conduire un jour Anne-Marie, qui sait ? – et en ne fermant pas les volets des fenêtres du premier étage qui, par-dessus l'allée de tilleuls, permettaient de voir l'île, la rive opposée et, en amont, une falaise, l'anse concave d'une autre boucle de la vallée dans laquelle le fleuve semblait mourir.

C'était encore vers celui-ci qu'il se dirigeait, ce soir-là, au cœur de Paris, descendant la rue du Cardinal-Lemoine en direction des quais, ayant quitté l'atelier qu'il possédait au haut de la rue, non loin de la place de la Contrescarpe, dans une cour intérieure pavée.

C'est là qu'il s'installait lorsqu'il résidait à Paris, quatre à cinq mois par an, par courtes périodes de quelques jours, quand il en était encore à rassembler les témoignages, informations ou documents qui allaient nourrir le livre qu'il projetait d'écrire. Ce travail terminé, il regagnait Samois, plaçait sa machine à écrire sur la table, devant la fenêtre d'angle du premier étage, et il commençait, allant d'un seul élan, d'un bout à l'autre de son récit, ne lui échappant que pour marcher le long du fleuve, ne pensant à rien, et c'était, après la tension de l'enquête, comme la coulée de l'eau quand, après les tumultes des gorges et des cascades, elle atteint la plaine et va, sûre d'elle, vers l'embouchure.

Tout naturellement, donc, il avait marché vers les quais, quai de la Tournelle, quai de Montebello, longeant les boîtes vertes des bouquinistes, couvercles rabattus, cadenassés, comme des embarcations bâchées pour l'hiver, et il éprouvait comme à chaque fois un sentiment de surprise à se trouver presque seul, comme si la foule avait peur de la nuit, se rassemblait en quelques rues, en quelques points, dans les souterrains du métro que Gilles n'empruntait jamais, préférant des heures de marche – ou les embouteillages – à cet enfouissement.

Pour éviter les lieux où, tout à coup, dans la lumière des vitrines, les passants s'agglutinaient, il avait des itinéraires désertés qui souvent longeaient les monuments, comme si la masse sombre des façades, leur démesure, même lorsque des projecteurs les éclairaient d'une lumière froide, inquiétaient la foule.

Il évita ainsi le quai Saint-Michel, passant dans l'île de la Cité, et il se souvint alors d'un poème écrit peut-être en 68 – il n'avait pas trente ans, il allait alors d'un bout à l'autre de Paris, un magnétophone pendu à son cou, si lourd qu'il avait souffert durant des mois d'une douleur à la nuque, lourd comme le souvenir dolent de ces mois-là.

Un mois de mai rouge et noir, avait écrit l'un de ceux qu'il avait connus alors et dont il ne savait plus s'il s'agissait de Roggard, de Bory ou de Parrain, de Verdier ou de Mérou, peut-être de Xavier Limel, de ceux qui reconstruisaient le monde, aujourd'hui dispersés, et qu'à l'occasion de la préparation ou de la sortie d'un de ses livres il voyait parfois, recherchant leur appui dans les journaux où ils travaillaient.

Il déjeunait alors au champagne avec Parrain qui, poussé par une passion morbide, un plaisir amer – cela se voyait sur son visage maigre, pâle, aux rides creusées –, enquêtait pour la *Lettre confidentielle* qu'il avait créée, recueillant ragots, indiscrétions, rédigeant de petits échos venimeux qui frappaient toujours juste.

Parrain qui, lorsque Gilles lui reprochait d'employer son talent et son flair à cette besogne d'égoutier, répondait, sans qu'un pli de son visage bougeât : « Si tu n'as pas compris que n'existe que ce qui est au-dessous de la ceinture, tu es un con, Duprez, un vrai con. Et ça ne m'étonne pas de toi. »

Puis, sans qu'on s'y attendît, Parrain éclatait d'un rire juvénile, inextinguible, comme s'il voulait faire savoir que même le propos qu'il venait de tenir était dérisoire.

Et les vers que Gilles lui-même avait écrits – quand ? C'était bien en 68, il avait cinq ou six ans de plus, peut-être huit, que ceux de cette bande qu'il avait décidé de suivre avec leur accord, puis ç'avait été, en 70, son premier livre, succès, contrats, un style qu'il affinait peu à peu, des livres-enquêtes, de ceux que personne n'ose entreprendre, parce que tout le monde préfère descendre dans le métro, ça va plus vite, il y fait chaud, alors que lui, Gilles, aimait le vent, les rues, les quais –, ce poème en marchant, lui revenait :

Les maisons de la Cité
Ont des têtes de rentières
Elles provoquent Robespierre
Et parlent du Paris
En habit rouge
De Vallès et de Blanqui
Bras dessus dessous et sans orientation
Il pleut pour s'enlacer
Les arbres ont des odeurs de champs mouillés.

Con, disait Parrain à Gilles. Naïf, don Quichotte, ajoutait Alexandre Mérou. Pas assez de rigueur et un peu trop de talent d'écriture, commentait Verdier, et Bory, agent de change – retrouvé alors que Gilles préparait un livre sur les délits boursiers, l'argent gagné par ceux qui sont informés avant les autres, les initiés –, se souvenant de leurs vingt ans, avait dit : « Tu es le seul, peut-être avec Xavier Limel, le seul artiste, naïf. Ou des convictions encore ? Mais qu'est-ce que les convictions, aujourd'hui, sinon une forme de naïveté ? »

Bory avait fait visiter à Gilles sa salle des cotations, rue Notre-Dame-des-Victoires, les écrans d'ordinateurs, la vingtaine de courtiers en bras de chemise, manches retroussées, une main sur le clavier, la gauche tenant le téléphone, puis, entraînant Gilles dans son bureau, il avait ajouté, fermant la porte : « Initiés ? Tu n'écriras pas ton livre, impossible. »

Lorsque Gilles sortit un cigare de son long étui de cuir, Bory avait siffloté, comme un rappel des temps anciens, de ce qu'il avait appelé « notre malicieuse jeunesse » : « Cigare quand même, un peu corrompu, donc », avait-il dit, et il avait ri. Gilles, secouant la tête, avait répliqué : « Castro, Guevara ? Vous, pas moi. »

Et c'était vrai que, dans les cortèges de 68, il n'avait d'abord été qu'un journaliste de radio, fraternel, mais se tenant à distance, regardant avec sympathie mais un peu de dédain pourtant ses cadets dont les parents habitaient Neuilly

– n'est-ce pas, Bory ? – monter, pour brûler leur jeunesse, une grande pièce révolutionnaire, non sans talent ni sincérité.

« Malicieuse jeunesse », répétait-il à Bory, plus de vingt ans après, et Bory, en le raccompagnant, lui avait chuchoté : « Tu ne feras pas ton livre, impossible. Tu vises trop au cœur, mais pense – et je ne te dis rien, je ne sais rien – à Richard Berthier, aux relations qu'il a, peut-être. Il connaît tout Paris, Berthier, non ? »

Ces vers qu'il retrouvait, mauvais, mais bien à lui, peut-être parce qu'il pleuvait tandis qu'il longeait à nouveau les quais déserts, la pluie diffractant les lumières qui s'émiettaient sur le sol, ces vers lui revenaient, obsédants, pas si mauvais peut-être :

Les maisons de la Cité
Ont des têtes de rentières
Elles provoquent Robespierre…

Paris qui ne changeait plus. Ou plutôt la corruption, la pourriture même qui résistait à tous les changements – Berthier, Laurent Dimet, toujours l'argent, la spéculation, l'affairisme, comme au temps de Vallès et de Blanqui, là, stagnant dans Paris. Gilles prit le Pont-Neuf, blanc dans une lumière crue, vive, mais désert, comme si le vent qui le balayait avait emporté les passants et que Gilles fût le seul à oser l'affronter, marchant vers les Halles, parce que l'homme aux cheveux noués sur la nuque devait errer par là-bas, entre le parvis de Beaubourg et la Fontaine des Innocents, petit revendeur de drogue sans doute, petit voleur, petit mendiant, petit maniaque, petit squale de ruisseau, qu'un jour on retrouverait mort d'une overdose ou d'un mauvais coup, ou bien qui crèverait dans une infirmerie de prison, cependant que Laurent Dimet continuerait de parader sur les plateaux de télévision, qu'il signerait un article brillant, chaque mois, dans les colonnes de *L'Universel*, propriété de M. Richard Berthier, mécène, personnalité parisienne, Berthier dont, plusieurs fois par semaine, le nom apparaissait dans les échos mondains, visite d'exposition aux côtés du ministre, inauguration de la galerie Monde XXI, avec Jean Zwingle, participation avec Pierre-Yves Lavignat, Laurent Dimet et Christian Elsen à l'émission de Brigitte Georges, « Le dernier mot », sur le thème *Paris fait-il encore scandale ?*

Comme toujours au début d'une enquête dont il ne savait jamais si elle déboucherait sur un livre, Gilles se sentait emporté par une révolte, la volonté de dévoiler, et c'était cela son ressort, une voix intérieure qui lui faisait dire – ces mots lui venaient aux lèvres alors qu'il traversait le square des Innocents à la recherche de l'homme aux cheveux noués – « ce n'est pas possible », et il était heureux de cette fébrilité, de cette passion furieuse qu'il retrouvait et qu'il écoutait gronder, aux aguets de lui-même, tel un primitif – il n'était rien d'autre – qui attend des signes du Ciel pour se mettre en marche.

La naissance d'un livre relevait toujours d'une alchimie à laquelle Gilles se soumettait sans vouloir en percer le mystère. Comme à chaque fois, une femme en était à l'origine, et c'était un bon présage : ainsi Anne-Marie, dont il allait retrouver l'agresseur – mais ce n'était là que le début, le bout d'un fil qu'il allait tirer, et tout Paris viendrait, Berthier, Dimet, d'autres encore, terrés au fond de leurs repaires, qu'il allait débusquer.

Le trou de l'homme aux cheveux noués, c'était ici, dans ce quartier, et il devait se mêler à ces groupes assis sur les marches.

Gilles passa près d'eux, dévisagea ces hommes et ces femmes dont la vieillesse s'était déjà emparée, quel que fût leur âge.

Mépris et pitié pour eux, les vaincus de ce champ de bataille qu'était la ville. Si seuls qu'ils ne savaient même plus demander de l'aide ou se révolter, si désespérés que la haine était leur ultime langage.

Gilles se détourna, il n'était pas encore prêt à affronter, à reconnaître l'homme qu'il recherchait. Le moment viendrait, plus tard, et, abandonnant les rues, il s'engagea sur l'esplanade déserte, déclamant ces vers écrits il y avait plus de vingt ans, mauvais poème, certes, mais quand même le souvenir de ce qu'il avait pensé, vécu, et qu'il était encore capable d'éprouver avec la même maladresse, les mêmes illusions :

Il pleut pour se rebeller
Il pleut pour s'embrasser
Dans l'île de la Cité, dans Paris révolté
On a planté les tours de Notre-Dame
Pour nous regarder nous aimer.

18

Parrain arrivait toujours tôt, traversant lentement la terrasse du Fouquet's afin d'être sûr de ne pas manquer un tête à tête inattendu qui constituerait un premier repère, le début d'une piste, l'indice que quelque chose se tramait, la confirmation qu'une manœuvre était en train de se déployer.

Il avait vu ainsi, leurs têtes penchées, se touchant presque, leurs mains posées à plat sur la table, comme pour s'assurer l'un l'autre qu'ils ne trichaient pas, Richard Berthier et Georges Rollin, et il était passé plusieurs fois près d'eux afin que Berthier le remarque, sache qu'il l'avait aperçu, qu'il savait désormais, et Berthier avait paru un instant désemparé, puis il avait souri, hoché la tête dans un grand mouvement d'amitié et de salut.

L'après-midi même, Parrain avait téléphoné rue Daru, demandant à parler à Berthier qu'on lui avait passé aussitôt : « Alors, avait commencé Parrain, il faudrait que nous déjeunions ensemble, un de ces jours, au Fouquet's, pourquoi pas ? » Et Berthier avait ri, disant : « J'y déjeune, mon cher », puis, comme s'il se souvenait : « Mais je vous ai vu, quand, tout à l'heure, non ? » Et Parrain n'avait pas répondu, égrenant des dates possibles pour leur propre déjeuner : « Proche, plus proche, si vous voulez », disait Berthier. Et c'était aujourd'hui.

Quand Parrain ne remarquait rien de surprenant, il s'attardait, passant entre les tables, saluant les garçons d'un clin d'œil, veillant à ne pas oublier de regarder, vers l'avenue George-V, la partie de la terrasse que les touristes dédaignaient, préférant s'installer face aux Champs-Élysées, puis il inspectait le bar, la salle du rez-de-chaussée, serrait la main du maître d'hôtel.

Il aimait ce décor cossu, ce bois blond qui couvrait les murs, son intimité avec ces lieux, cette euphorie qu'il ressentait avant un déjeuner qu'il allait conduire comme un duel feutré, forçant l'autre à parler, le poussant par petites touches à se découvrir : « Voyons, monsieur Berthier, vous savez bien qui est Georges Rollin, vous le connaissez depuis longtemps ! »

Parrain imaginait déjà la mimique qui voulait exprimer l'incertitude, l'oubli, l'inatité de la question.

« On me dit, reprenait Parrain, je ne cite pas ma source, que vous êtes en affaires avec lui depuis 1958, est-ce possible ? Si c'est vrai, vous seriez parmi les fondateurs du Consortium de rénovation urbaine, dont vous êtes toujours actionnaire ? »

C'était utile d'avoir des amis partout, de vieux complices, comme Pierre Bory, qui lâchait un renseignement à Duprez, et Duprez le confiait à Parrain, et Verdier, le moment venu, rédigerait, si besoin était, une dépêche A. F. P. qui reprendrait l'essentiel de l'écho que Parrain publierait dans la *Lettre confidentielle* qu'il animait, vendant en outre l'information à tel ou tel hebdomadaire, et Alexandre Mérou, de sa voix calme, dicterait un éditorial résumant les faits. Voilà comment pouvait naître une affaire.

Et tout cela pour quoi ?

Parrain ne s'interrogeait plus, mais quand Duprez – et qui pouvait poser encore ce genre de questions ? Duprez, Limel, ceux que Parrain appelait les « attardés » – le faisait à sa place, il serrait la ceinture de son trench-coat, en relevait le col, allumait une cigarette et la plaçait au coin de sa bouche, puis, les mains enfoncées dans les poches, il faisait quelques pas et disait : « Boggart, je suis Boggart, un privé. »

Et quelquefois, quand il décidait qu'il était de bonne stratégie de faire attendre son convive, il se jouait pour lui seul la comédie, fronçant les sourcils, entrant dans un bar des Champs-Élysées, commandant un whisky – « sans glace », précisait-il d'une voix de gorge –, et il repérait les deux ou trois putes assises, hiératiques, au premier rang de la terrasse, un petit parapluie – souvent à fleurs – posé sur la chaise vide, le regard seul mobile, et les connards qui passaient devant elles, n'osant pas les regarder, s'arrêter, l'un d'eux pourtant s'approchant, faisant mine de chercher une place – et alors elles enlevaient leur parapluie d'un geste naturel, élégant, et l'homme s'asseyait. Connard.

Parrain avait cessé de rire, il jeta sa cigarette et se dirigea vers le Fouquet's.

Il avait sa table au premier étage, près des baies vitrées, isolée, afin de surveiller la salle sans qu'on pût entendre ce qu'il disait. Et dans tous les restaurants, les brasseries, les bistrots qu'il fréquentait, chez Lipp, chez Edgar, chez Pierre, une dizaine, ses terrains de chasse, il connaissait la géographie des lieux, et quand il téléphonait pour réserver, il indiquait avec précision qu'il voulait par exemple la table ronde près du salon, au fond.

Il avait vu ainsi un jour, dans l'un de ces bistrots, passer le président, arrivé tôt avec l'un de ses conseillers, et Parrain s'était levé, le président s'arrêtant pour lui serrer la main, dévoilant ses dents dans un large sourire : « Vous êtes bien renseigné, vous saviez, je vais lire votre écho, monsieur Parrain », puis il avait vu entrer dans le salon Brigitte Georges, mais parce qu'il fallait, parfois, ne pas ferrer, il n'avait rien rapporté, se contentant de téléphoner à Brigitte Georges : voulait-elle garder le secret de l'émission qu'elle préparait ?

Il savait donc, il était terrible, lui dit-elle, mais comment avait-il appris ? « On a ses sources », répondit-il modestement. Elle supplia : « Pas encore, pas encore, ça peut tout faire capoter. » Il promit. Et, d'elle-même, après l'avoir remercié, elle ajouta qu'elle lui raconterait, qu'elle n'était pas mal placée pour savoir des choses – « Mais ne dites rien à Xavier, je vous en prie, vous le connaissez… »

En l'écoutant, il avait eu un rictus de dégoût et de mépris pour elle, pour lui qui était le copain de Xavier depuis vingt ans, lui qui laissait entendre qu'il pouvait le trahir.

Dans ces moments-là, Parrain avait envie de quitter tout ça, Paris-pourri, Paris-connerie, et la tentation le reprenait de s'installer en province, et, parce qu'un copain l'avait fait, d'épouser une pharmacienne et d'écrire des livres, comme Dashiell Hammet.

Mais le copain n'avait rien écrit et s'était tué. Il suffisait peut-être de prendre un whisky de plus, sans glace, bien sûr.

Et de se laisser aller au plaisir d'observer, de suivre la partie multiple qui se jouait autour des tables, alors que virevoltaient les garçons et qu'entre deux confidences l'ébauche d'une alliance ou d'un contrat, les convives regardaient autour d'eux, se saluant, s'ignorant et se voyant cependant.

Depuis qu'il avait commencé, en 1972, près de vingt ans déjà, ce travail d'échotier – de fouille-merde, corrigeait Parrain –, quand, avec précaution, un ami, Verdier ou Duprez, regrettait qu'il se livrât, lui qui avait tant de talent, qui aurait pu être le Braudel des années 90 s'il avait poursuivi ses études d'histoire, terminé sa thèse, à ce travail d'égoutier, disait Duprez – « fouille-merde », répétait Parrain – et qu'ils se taisaient, gênés, depuis donc qu'il démêlait les fils des intrigues qui se montaient et se défaisaient sans fin, Parrain s'était convaincu que le plus secret, le plus intime, ce que l'on aurait dû dissimuler, qu'on prétendait cacher, était là, exposé dans ces salles de restaurant aux yeux de tous, là où les prétendus amis, les soi-disant adversaires, les députés de la majorité et ceux de l'opposition, les ministres anciens et nouveaux, les éditorialistes et les stars, les producteurs et les polémistes, les banquiers et les écrivains à la mode, les corrompus cyniques et les pervers honteux, Laurent Dimet et Pierre-Yves Lavignat, Catherine Mora et Brigitte Georges, et tous les autres, se retrouvaient.

Ils parlaient la bouche pleine de flan d'aubergines au coulis de tomates et basilic, et l'émincé de turbot à la nage légère avec sa julienne de légumes ou le pavé de foie de veau au miel d'acacia et aux oignons confits avaient beaucoup de succès, accompagnés d'un côte-du-lubéron fruité, un vin jeune, frais, ensoleillé.

Tous les secrets, toutes les stratégies devenaient, sur ces scènes, spectacles.

Parrain avait compris que rien ne pouvait demeurer dissimulé. Qu'au fond personne ne le voulait, que le secret suppose une gravité, un sérieux, des projets qui vont au-delà du plaisir de jouir, qui méritent qu'on y sacrifie le goût de la comédie et du bavardage, la satisfaction d'être vu.

Rien n'était secret parce que, au fond, ceux qui étaient là savaient que rien de ce qu'ils tramaient, dont ils disaient en chuchotant : « Ceci entre nous, si vous en parlez ne me citez pas, ça doit rester *off*, personne n'est au courant jusqu'à aujourd'hui, vous me promettez, Parrain ? », rien de ce qu'ils confiaient ne valait qu'ils l'enfouissent loin des regards.

Ils voulaient seulement être vus, être cités ; la critique, même la plus dure, valait mieux que le silence.

Ils étaient donc à la merci de Parrain.

Ils savaient tous qui il était, lui-même ne l'avait jamais dissimulé. Mais les ministres le recevaient dans leur ministère, et chacun critiquait ses collègues à mi-voix, sans en avoir l'air, solidarité gouvernementale oblige, n'est-ce pas ? Et Parrain avait développé encore, en les écoutant, cette mémoire qui étonnait déjà ses instituteurs, puis ses maîtres de la Sorbonne, naguère, avant 1968. Il ne prenait jamais de notes, il écoutait, il lisait, il savait. Cependant, rentré chez lui, il tenait jour après jour, avec ce souci de la chronologie qui lui restait de ses études d'histoire, le journal de ses rencontres, se souvenant au mot près de ce qu'on lui avait dit, et ses registres cartonnés, pareils à ceux des comptables d'autrefois – couverture toilée noire, tranche rouge –, remplis de sa petite écriture, lui permettaient, des années plus tard, de faire une citation, un rapprochement, d'établir des correspondances.

Il était devenu l'entomologiste redouté de cette espèce particulière qui se croisait dans ce qu'elle nommait elle-même le polygone d'or de Paris, rue du Faubourg-Saint-Honoré, avenue Montaigne, avenue Marigny, Champs-Élysées, Étoile, le périmètre d'observation de Parrain.

Il se déroulait là un étrange cycle naturel qui ne cessait jamais, semblable à celui qui s'était mis en place dans le Nordeste, au Brésil, mais que Parrain, un jour, un des rares jours où il se laissait encore aller, devant Duprez et Limel, ses copains, à parler autrement que pour évoquer des intrigues ou rapporter des perversions, des stratégies, avait transformé en légende :

« Ce polygone, disait-il, c'est un marécage, chacun à son tour y est homme et crabe. L'homme se nourrit des crabes, qui ne prospèrent que parce qu'ils vivent en dévorant le corps des hommes morts, et cela ne cesse jamais, les crabes sont énormes, les hommes faméliques, le crabe sait, l'homme sait, ils sont l'un, ils deviendront l'autre, ça grouille, ça se bouffe et ça bouffe, c'est un beau spectacle. »

« Et toi ? » avait demandé Duprez.

Lui ? Parrain ? Il ricanait, fronçait les sourcils, barre noire sur une peau blanchâtre, un teint presque maladif, des cernes sous les yeux, les traits tirés d'un insomniaque.

« Moi, disait-il, j'observe et je favorise l'accélération du cycle. »

19

Ce moment-là, celui où il se retrouverait seul dans la chambre du troisième étage de son hôtel particulier de la rue Daru, les rideaux de velours bleu tirés, avec pour seule présence ces silhouettes sur l'écran du téléviseur, ces voix qu'il n'écoutait pas, mais qui formaient cependant une sorte de pépiement rassurant, un fond de vie – comme on dit un fond de teint –, Richard Berthier tentait chaque jour de le retarder, d'empêcher même qu'il ne survienne.

C'était comme si, dès la fin de la matinée, quand il s'installait dans son bureau du deuxième étage, il n'agissait que dans ce but, convoquant Marianne, sa secrétaire, ou bien Caselli, le rédacteur en chef, ou encore ne cessant de téléphoner, accumulant les rendez-vous, les obligations, s'engageant à assister à toutes les réceptions, invitant à un dîner, ici, chez lui, après l'inauguration ou le spectacle, la générale ou le concert, Pierre-Yves Lavignat, Brigitte Georges, Catherine Mora, et bien sûr Laurent Dimet, et, s'il acceptait, le ministre, avec ceux qui voudraient l'accompagner. Ils étaient tous les bienvenus.

Le buffet était dressé au troisième étage, dans le vaste salon-salle à manger qui occupait toute une aile de l'hôtel et dont les fenêtres donnaient sur la rue Daru, le dôme et les bulbes de l'église russe. Richard Berthier veillait en personne à la mise en place de la table, vérifiait la qualité des vins, convoquait Tango afin qu'il aille sur l'heure chez le fleuriste du boulevard de Courcelles, qui, comme à l'habitude, tardait à livrer.

Mais parfois, tout à coup, la lassitude, une lourdeur douloureuse dans les jambes et sur la nuque s'emparaient de lui. Il s'enfermait dans son bureau, ne répondait plus aux appels de Marianne, et c'était comme si l'instant redouté était là, ayant tourné toutes les défenses que Berthier avait dressées devant lui, et qu'il arrivait par une autre route, avant l'heure. Croyant l'avoir fui, éloigné, Berthier avait au contraire devancé le rendez-vous.

Il avait suffi d'un mot, d'un nom, pour qu'il soit ainsi pris au piège. « Vérifiez, avait-il dit à Marianne, si Laurent Dimet a bien reçu notre invitation ; il me téléphone, d'habitude. Il vous a appelée ? »

La réponse négative de Marianne ouvrait la brèche.

« Appelez-le », reprenait-il, puis il retenait Marianne : « Je vais l'appeler, je l'appelle. »

Il donnait un prétexte, l'article de Dimet dont il fallait revoir la chute, « molle, n'est-ce pas, Caselli, vous ne trouvez pas ? » – Caselli, le prudent, hochait la tête, faisait la moue. « Vous, vous, bien sûr... », s'emportait Berthier en claquant la porte de son bureau.

Il connaissait par cœur le numéro de Laurent. Mais Laurent, « coureur de rues », n'était jamais chez lui, et l'irritation, la colère s'emparaient de Richard Berthier.

Laurent devenait le petit salaud, le petit égoïste que lui, Berthier, avait fait, fait vraiment, comme avec de la glaise on modèle une statue. Il avait accepté de publier les premiers textes de Laurent dans *L'Universel*, il l'avait installé ici, rue Daru, où il avait pu connaître tout le monde, Elsen, Lavignat, et au bout de quelques mois, plus personne ne se souvenait que Laurent avait été ce jeune homme timide, une vraie jeune fille, et que Berthier s'était affiché avec lui, téléphonant pour qu'on n'oublie pas de rendre compte du premier livre de cet écrivain qu'il avait découvert.

« Vous ne pouvez pas laisser passer ça, disait à l'époque Berthier, c'est un tournant, Dimet annonce quelque chose, vous verrez, c'en est fini de la dictature des idées, c'est le temps du style, du plaisir, du corps et des sens qui revient, toute une esthétique dont l'individu et non plus la masse est le ressort, la source et le but. »

Il était éloquent, on cédait à Berthier. Puis, un soir, Laurent avait simplement dit qu'il ne pouvait plus habiter ici, rue Daru. Il l'avait expliqué si calmement, avec tant d'émotion et de retenue, de manière si déterminée, que Berthier n'avait pu qu'approuver, s'engageant à trouver quelque chose, un lieu.

« Tu ne peux pas t'installer n'importe où, Laurent, je ne l'accepterai pas, tu ne le dois pas, pour toi-même, pour ce que tu es, ce que tu représentes, tu comprends ? »

Il avait pris ce départ en main. « Ce n'est pas une rupture, répétait Laurent, mais une bifurcation, un déplacement nécessaire dans ma vie, je le sens très fort », et c'était comme si, de cette manière, Berthier avait lui-même décidé.

Il était tard, ce soir-là, mais il avait préféré ne pas attendre, il avait appelé Georges Rollin, qui dirigeait le Consortium de rénovation urbaine dont Berthier était administrateur. « Dès demain, il mettra quelqu'un là-dessus, et dans quarante-huit heures tu pourras choisir. » Puis, posant la main sur le genou de Laurent : « Laisse-moi m'occuper de ça, je t'en prie. »

Rollin, efficace, bref, ironique – mais Berthier avait détesté le ton presque méprisant qu'il avait employé, comme s'il avait été un souverain qu'on dérangeait pour un détail d'intendance : « Bien sûr, on vous trouvera ça, Berthier, j'ai compris, jeune et artiste – la voix était devenue moqueuse –, mais pas la bohème » – ah, ce mot d'un autre âge, ce mot de vieillard qu'il répétait, puis : « C'est tout, Berthier ? Excusez-moi, je suis occupé. » Odieux.

Se souvenant de cette soirée alors qu'il cherchait en vain à joindre Laurent Dimet, qu'il s'affolait d'être seul déjà, Richard Berthier mesurait la maladresse qu'il avait commise alors en appelant Rollin, comme si celui-ci, encore patron cette année-là du Consortium, l'une des plus importantes sociétés immobilières de France, n'avait été qu'un courtier en appartements.

Mais cet impair était un effet du désarroi qu'il avait ressenti, qu'il éprouvait encore, car les deux années que Dimet avait passées ici, rue Daru, constituaient dans le souvenir de Berthier une sorte de durée miraculeuse, quand les choses, toutes les choses prennent naturellement leur place et que la vie est un puzzle réussi, enfin résolu, et on ne peut même pas, entre les différents éléments assemblés, distinguer les fines rainures, les lignes de faiblesse qui rappellent que tout peut à nouveau se défaire, se fragmenter.

Dimet avait donné à Berthier, au cours de ces années-là, une assurance, la certitude qu'il ne pouvait que réussir tout ce qu'il entreprenait.

De revue trimestrielle et presque confidentielle qu'il était, Berthier avait transformé *L'Universel* en mensuel provocant, pour Dimet, mais ç'avait été une réussite, un moyen de tisser des liens avec ceux qui arrivaient au pouvoir, qui cherchaient des amitiés dans un milieu qu'ils connaissaient mal, parmi des gens qui les craignaient, imaginant qu'ils voulaient faire boire les chevaux cosaques dans les fontaines de la place de la Concorde.

Lors de la première réception qu'il avait organisée chez lui, rue Daru, avec ce monde des affaires hostile, celui des arts, plus curieux que conquis, Berthier avait rassemblé ses invités devant les fenêtres, le ministre souriant près de lui, il avait pris le bras de ce dernier et, montrant l'église orthodoxe, il avait dit en se moquant des articles alarmistes: « Les cosaques, ils ne sont pas place de la Concorde, ils sont déjà ici ! »

Georges Rollin était même passé ce soir-là, chuchotant à Berthier qu'il voulait voir la tête de ces braves gens, savoir si elle avait déjà changé depuis qu'ils étaient au pouvoir – Rollin qui ne s'était pas attardé, et qui, dans la cour, où Berthier l'avait raccompagné, avait ajouté en confidence: « J'aime mieux ceux-là que les gaullistes, ils dureront moins; et puis, ils n'ont jamais accepté de Gaulle, et moi non plus. »

Deux années un peu folles, pour Berthier. Il avait, porté par cette confiance, investi alors que les prudents et les inquiets se retiraient, filaient en Suisse ou aux États-Unis. Le ministre l'aidait. À le côtoyer, Berthier était définitivement rassuré: des hommes tels que ceux-là n'avaient pas pour ambition de changer l'ordre du monde – à supposer que cela fût possible, ce que lui-même n'avait jamais cru.

Il avait donc acquis de nouvelles parts dans le Consortium de rénovation urbaine, acheté plusieurs boutiques de mode et d'objets de luxe avenue Montaigne, avenue George-V, passé des accords avec des sociétés japonaises dont il était devenu l'allié privilégié à Paris.

Grâce au Consortium, il servait d'intermédiaire, ouvrait des boutiques pour Japonais avenue de l'Opéra, s'associait avec eux pour la construction d'immeubles sur le front de Seine, et Rollin, qui participait, un peu en retrait, à ces opérations, disait parfois : « Vous êtes le collaborateur des nouveaux occupants, mon cher Berthier ! »

Un peu plus tard – Dimet l'avait déjà quitté, mais Berthier ne l'aurait-il plus voulu, plus recherché, le succès venait seul –, il avait ainsi parié sur un renouveau du marché des actions, confiant ses intérêts à Pierre Bory, dont les bureaux d'agent de change se trouvaient rue Notre-Dame-des-Victoires, non loin des boutiques de mode que, sur la place, Berthier avait achetées. « J'ai misé, avait-il déclaré au cours d'une émission – l'une des premières que Brigitte Georges avait présentées – sur le luxe, la beauté, l'attrait que la France exerce, exercera toujours ; c'était un pari sur l'intelligence de ceux qui nous gouvernent, ils ne m'ont pas déçu ; un pari sur celle des Français, ils ne m'ont pas surpris ; un pari sur le goût des étrangers : comment en aurais-je douté, puisque la France est mon pays ? »

En dépit de cette réussite, il y avait cette peur, depuis que Laurent l'avait quitté, même s'il revenait souvent pour les conférences de rédaction, acceptant presque toujours les invitations à dîner, amical, tendre même, mais ce n'était plus le Laurent d'autrefois.

Sa beauté, aux yeux de Berthier, était presque insupportable, parce que exprimée avec violence jusque dans son port de tête dédaigneux. Naturellement, il séduisait qui et comme il voulait, ses livres étaient des carnets de chasse que Berthier ne voulait plus ouvrir.

Jalousie ? Berthier n'avait pas le temps d'analyser ses propres sentiments, il n'aimait pas cela.

Mais la peur était là, il la sentait, elle le saisissait par surprise. Et il lui fallait alors des présences autour de lui, ou bien il devait agir.

Berthier descendait au premier étage, au secrétariat de rédaction, il exigeait qu'on changeât la mise en page, convoquait tout le monde, parce que la photo de couverture et le titre étaient, lançait-il, « odieux, stupides ».

Puis la peur reculait, Laurent avait téléphoné. Il venait ce soir, bien sûr. On se retrouverait d'abord au Rayon noir. Pourquoi pas ? Bonne idée !

Et les journées passaient, certaines plus éprouvantes que d'autres ; les stratagèmes de la peur et de la solitude étaient plus difficiles à déjouer quand Berthier se retrouvait avec sa bande, Lavignat, Brigitte Georges, Caselli, Taverny, Barillon, dont les attitudes, les visages étaient trop familiers, les réactions trop attendues pour le distraire, lui permettre d'oublier qu'il lui faudrait rester seul, qu'il l'était déjà.

Alors c'est lui qui les surprenait, pris par une sorte de folie, et Tango l'aidait à se maquiller, à se vêtir, nouant le bustier, aidant Richard à enfiler ses bas noirs, et Tango riait, se reculait, le corps penché en arrière, dans une figure presque acrobatique, comme s'il voulait se contorsionner tout à fait, applaudissant, ouvrant la porte, et Berthier apparaissait au salon, et les cris de joie des convives emplissaient sa tête.

Lors des réceptions, des inaugurations, le temps passait plus vite, plus simplement.

Dans sa galerie, Jean Zwingle prenait Berthier par le bras, l'entraînait près du ministre qui souriait, courtois, avec une élégance tendre et lasse : « Cher Berthier, heureux que vous soyez venu. »

Zwingle montrait les tableaux, expliquait, attirait l'attention du ministre et de ses invités sur l'œuvre de cette jeune femme qu'il exposait pour la deuxième fois déjà et que les Américains avaient remarquée. « Lucile Hederlisch, elle n'a pas trente ans, précisait-il. Rigueur et sensibilité, la première femme peut-être qui ose mêler naïveté et abstraction dure, spontanéité et réflexion sans concession. »

Elle souriait, timide, entourée, Zwingle continuant à parler pour elle, puis entraînant le ministre, murmurant qu'elle était l'épouse d'un historien, Jacques Hederlisch, que le ministre peut-être n'aimerait pas : « Droite, droite extrême, je crois, mais sur le terrain des idées, seulement des idées ; des livres discutés, mais rigoureux, dit-on. »

Le ministre hochait la tête :

« Le débat doit être libre, disait-il, dès lors qu'il est respectueux des impératifs de la recherche et des règles de la démocratie, n'est-ce pas ? »

On approuvait, le ministre conviait quelques amis, Zwingle,

Berthier, et, tendant la main vers Lucile Hederlisch : « Naturellement, si vous voulez nous faire l'honneur... » –, elle acceptait, le mouvement rapide de ses paupières disant seul son trouble, un reste d'hésitation.

Après, bien sûr, Berthier se retrouvait seul, parce que la solitude était toujours au bout. Tango, qui lui servait de chauffeur, rangeait la voiture, et Berthier s'attardait dans la cour, rôdant autour de Tango, hésitant cependant que celui-ci faisait mine de ne pas le voir, poussant le portail. Quelquefois, quand il imaginait que le sommeil allait venir, qu'il lui suffirait de quelques cachets de plus pour s'engloutir dans l'oubli tiède, Berthier montait seul. Mais, le plus souvent, il s'approchait de Tango, levait la tête, cherchant le regard de l'Africain, lui disant d'une voix plaintive : « Tu es bien ici, Tango, n'est-ce pas, je suis content de toi, tu sais. Toi aussi, tu es bien ? » Tango comprenait, ouvrait lui-même la porte de la chambre.

Berthier réussissait ainsi, comme un navigateur habile, à franchir les récifs, utilisant le moindre souffle pour s'éloigner de ce gouffre, la nuit, quand il se voyait nu dans le grand miroir qui occupait toute une cloison de la salle de bains attenante à la chambre, qu'il ne pouvait, même en évitant de se regarder, ignorer les déformations de son corps, cet estomac, ce ventre qu'il essayait de rentrer, se redressant, dégageant les épaules, puis se relâchant dans un mouvement de détresse, de capitulation, de renoncement.

C'est alors qu'il se droguait. Un peu, disait-il, à la manière des créateurs, comme le font tous ceux qui comptent à New York.

Mais, il le savait, le réveil serait plus pénible encore, et il lui faudrait user de nouveaux subterfuges.

Chaque matin, Marianne lui déposait dans l'ordre chronologique les invitations qu'il recevait. Il acceptait toujours. Et, en raison, il se justifiait : c'était nécessaire, étant donné qui il était, avec ses intérêts, ceux du journal, il devait être présent parmi l'élite de Paris, qui est celle de la France, et un peu du monde, non ?

Il fut ainsi du cortège qui, derrière le président, avait inauguré la Pyramide du Louvre. Il avait retrouvé là Zwingle,

Dimet, Lavignat, et même Georges Rollin, Brigitte Georges et Xavier Limel, ce mari qu'elle ne montrait pas et dont, dans le cortège, elle s'était vite détachée, le laissant parmi le groupe de journalistes qui se tenaient un peu à l'écart, Verdier, Mérou, et bien sûr Lucien Parrain.

Berthier détestait ce personnage qu'il trouvait gluant et que, parfois, à la lecture d'un écho paru dans un hebdomadaire dont il était sûr que Parrain l'avait transmis, il appelait « le ver solitaire ».

On le croisait partout, dans les réceptions, dans les salons d'attente des ministères, et même, une fois, dans celui du président, à l'Élysée. Il était naturellement de la garden-party du 14 juillet, de la réception du Premier ministre, et il déjeunait et dînait là où Berthier invitait, au Fouquet's, chez Lipp ou chez Edgar. Une ou deux fois l'an, Berthier était contraint de déjeuner avec lui, car mieux valait faire face, tenter d'allumer des contre-feux, faire des confidences, essayer ainsi – mais Berthier n'y croyait guère – de détourner la curiosité de Parrain vers d'autres, vers cet Hederlisch, par exemple : « Un professeur, mon cher Parrain, un nazi, me dit Zwingle, vous imaginez, vous devriez, vous qui êtes un journaliste d'investigation, voir ça de près, non ? »

Mais Parrain continuait de le fixer : « Parlez-moi donc de Rollin, disait-il, votre ami, n'est-ce pas, votre associé du Consortium de rénovation urbaine. Vous en êtes toujours actionnaire, il a financé un peu tout le monde, non ? »

Berthier haussait les épaules, Rollin n'était qu'un vieillard à la retraite, plus de quatre-vingts ans, « laissez-le tranquille, Parrain. Il n'intéresse plus personne ».

Parrain, dont le visage restait inexpressif, faisait « non » en secouant la main. Berthier devait en mesurer les conséquences, Georges Rollin revenait à la mode, allez savoir pourquoi, nombreux étaient ceux qui s'y intéressaient en ce moment, comme Xavier Limel – « Parlez-en à Brigitte Georges, votre collaboratrice à *L'Universel*, elle ne doit pas ignorer ce que fait son mari » –, puis Parrain s'interrompait, portait son verre à ses lèvres, mais ne buvait pas, comme si le bouquet du vin lui suffisait – « Maître Rimberg aussi, me dit-on. »

On avait beaucoup vu l'avocat aux archives, au Centre de documentation juive.

« Il vous a défendu quelquefois, n'est-ce pas ? »

Et Parrain rappelait l'affaire en quelques mots, montrant qu'il n'ignorait rien de cette inculpation pour délits d'initié, un jeu de Bourse un peu risqué.

« Je sais, je sais, ajoutait Parrain avant que Berthier n'eût pu répondre, vous avez été acquitté, mais Paris est un village, tout le monde se retrouve toujours. »

Irritant, déplaisant, insupportable Parrain, inquiétant même. Berthier était moins sensible à ce qu'il disait qu'au ton qu'il employait, sarcastique, insidieux. Il ne terminait pas ses phrases, laissant entendre que rien ne lui échappait, qu'il savait tout de chacun : les habitudes et les profits, les écarts et les projets, les complicités et les amitiés, le plus lointain passé et même les intentions. Il s'interrompait souvent, comme pour inciter Berthier à compléter, à nier ou à avouer. Il procédait par allusions, distant, jouant à celui qui n'est dupe de rien, qui est à l'abri de toutes les pressions et de presque toutes les passions, sauf que, témoin des turpitudes, il prenait plaisir à savoir, enquêteur qui pouvait à tout instant déclencher une machinerie sans jamais se mêler de l'exécution, laissant à d'autres le soin de tuer.

Après ces déjeuners avec Parrain, Berthier s'emportait, sa journée comme empoisonnée par ce ton, ces demi-vérités, ces longs silences chargés de sous entendus.

Il rentrait rue Daru, parcourait les bureaux de la rédaction, prenait les uns et les autres à témoin.

Il fallait écraser ce parasite, ce ver, disait-il, l'arracher tout entier, le frapper à la tête. Il en parlerait peut-être au ministre.

Puis, ne rencontrant le plus souvent que le silence, celui de Caselli, de Barillon, il se calmait, se raisonnait.

Que risquait-il à laisser dire, à laisser écrire ? On pouvait aujourd'hui tout raconter. Rien, jamais, sinon la vie, n'allait jusqu'à son terme ultime. Quand on disposait d'un journal, d'amitiés partout, de bons placements, de pouvoir sur les choses et les hommes, que craignait-on ?

Parfois, cependant, l'inquiétude persistait, faisait renaître le souvenir de cet incident que Parrain semblait ignorer, mais son silence à ce sujet donnait tout à coup à l'événement une réalité plus menaçante encore d'être dissimulée comme un ultime secret. Peut-être Parrain connaissait-il cet homme qui s'était, une nuit, associé à leur bande, qu'ils avaient ramené ici, rue Daru, qui avait, plus tard, menacé Dimet, puis était revenu deux ou trois fois, éconduit par Tango, mais qui avait promis de retrouver Berthier, de le faire payer, avait-il dit, ou de dévoiler aux journaux ce qu'il avait vu.

La peur s'installait alors et Berthier la fuyait en téléphonant, en donnant encore plus de démesure à la fête qu'il organisait.

Et, ces nuits-là, il se permettait et acceptait tout parce qu'il voulait oublier Parrain, Laurent Dimet, son corps, la peur, la solitude qui venait, inéluctable. Il dansait, chantait parfois au milieu du salon, maquillé, travesti, sa voix aiguë emplissant toute sa tête, en bannissant toute pensée.

20

Souvent, de plus en plus souvent, alors qu'elle était devant sa toile, dans la petite pièce qu'elle avait aménagée en atelier, chez elle, rue Saint-Dominique, Lucile Hederlisch se sentait incapable de continuer et même de commencer, comme si son bras était retenu, ne réussissait plus à atteindre la toile, comme si elle n'y voyait plus, liée, aveuglée, et elle s'asseyait, se voûtait, les coudes sur les cuisses, le menton dans ses mains, les cheveux lui retombant sur le visage.

Elle se souvenait de cet élan joyeux, violent, qui l'avait tant de fois jetée en avant, quand elle se laissait porter par cette fureur qu'elle réussissait à maîtriser, la décomposant en surfaces sécantes, en touches de couleur, et Zwingle avait compris qu'il ne s'agissait pas là de façades, de toits, de rues, de paysages de Paris, mais bien de ce qu'elle voyait en elle, des questions qu'elle se posait, de ce chaos qu'étaient ses sentiments et ses pensées, et cela, presque sans qu'elle le sût, sans qu'elle l'eût prémédité vraiment, devenait un tableau – le dernier, une perspective du Champ-de-Mars, cette longue barre grise de l'École militaire coupant à angle droit un plan jaune et un plan bleu.

Mais quand Zwingle, dans sa galerie Monde XXI, rue du Renard, avait dit devant le ministre – et Lucile écoutait comme si l'on parlait de quelque chose qui ne lui appartenait pas, ou d'une autre femme – qu'elle mêlait avec assurance et rigueur l'abstraction dure et la naïveté, elle ne s'était pas reconnue.

Il avait répété ces propos dans la salle à manger du ministère, et le ministre et les convives avaient interrogé Lucile, se félicitant de l'intérêt que sa peinture suscitait déjà aux États-Unis.

« Ils sont encore les grands acheteurs », disait Zwingle, puis, tourné vers cet homme un peu gras, vêtu avec recherche – une pochette bleue, un costume gris, un foulard bouffant autour du cou, comme pour dissimuler les rides de la peau –, il avait ajouté : « Cher Berthier, organisez-nous quelque chose, avec vos Japonais, cette peinture est faite pour eux, vous le sentez bien, et ce sont eux maintenant qui ont l'argent. »

Berthier avait répondu en levant les bras :

« C'est Paris qu'ils achètent, les rues, les murs, tout Paris bientôt, si nous laissons faire, et bien sûr ils achèteront les tableaux qui représentent ce qui devient leur bien. »

Il promit de servir d'intermédiaire, il proposa à Lucile Hederlisch une longue interview dans *L'Universel*.

Il comptait, précisa-t-il, ouvrir son mensuel à l'art, beaucoup plus qu'il ne l'avait fait jusqu'alors, car l'art, martelait-il, la création, la liberté individuelle en somme, remplaçaient aujourd'hui l'idéologie.

Le ministre approuva : « Vous avez fait beaucoup, Berthier, pour faire prendre conscience de cette mutation, car c'est une mutation. En littérature, en musique, partout, ce besoin d'expression…

– De vérité absolue, de sincérité, coupa Berthier. J'ai révélé Laurent Dimet dans *L'Universel*, voyez quel a été son écho. Le succès ne tient pas au hasard, il naît d'une rencontre, n'est-ce pas ? »

Et Zwingle à nouveau s'était mis à parler des tableaux de Lucile, du dépassement qu'ils représentaient, art naïf, art abstrait, notions vieillies. Il y avait là la sensibilité savante d'une femme.

« Et il fallait peut-être que ce soit une femme, renchérit le ministre, peut-être est-ce que cela ne pouvait naître que d'une jeune femme. »

Il souriait, bienveillant, dévisageant Lucile avec une sorte de tendresse veloutée.

« Votre mari, ajouta-t-il sans cesser de la regarder, est historien, universitaire, me dit-on. Homme de passion, aussi, n'est-ce pas ? »

Elle ne pouvait parler ni de Jacques ni de sa peinture,

comme maintenant le ministre l'y invitait, n'ayant pas attendu qu'elle répondît à sa question pour poursuivre.

« Comment faites-vous, où puisez-vous cette force, car vos toiles expriment une énergie qu'on ne soupçonne pas chez vous en vous voyant – il inclinait la tête, tout en continuant de sourire –, si fragile, si féminine, mais les peintres me surprennent toujours. »

Elle se taisait, puis, comme ils insistaient tous – Zwingle, Berthier, les autres convives –, elle dit qu'elle se mettait devant sa toile, chez elle, après avoir marché des jours et des jours dans Paris, au hasard, et que, tout à coup, cela se déclenchait, qu'elle subissait, oubliant tout ce qu'elle avait vu.

« Je suis ma main et mon œil est dans ma main, vous comprenez, je vais, je vais, je vois où cela me conduit. »

Berthier s'était exclamé, enthousiaste, disant qu'il avait le titre de sa couverture, lorsqu'il publierait l'interview : *Lucile Hederlisch : mon œil est dans ma main* – « formule extraordinaire, n'est-ce pas ? » répétait-il.

Le ministre s'était excusé en se levant, il regrettait, des obligations, il avait serré longuement la main de Lucile : « Vous êtes dans la vraie vie », murmura-t-il.

Elle avait voulu s'éloigner vite, elle étouffait sous les mots, elle refusait que Zwingle la raccompagnât, mais il la retenait, l'obligeant à rester là, sur le trottoir, avec Berthier qui s'était appuyé à sa voiture, et, tout en les écoutant – « C'est une consécration », disait Zwingle –, il lui prenait le bras, le lui serrait au-dessus du coude, amical : « Et vous n'avez pas trente ans, est-ce que vous vous rendez compte ? » Et Berthier secouait la tête : « Mais non, disait-il, elle ne sait pas, elle ne comprend pas encore », puis, d'un geste paternel, il lui tapotait la joue : « Je vous téléphone, pour l'interview, je vais organiser votre sacre. » Il riait – et elle détourna le regard. Ce visage un peu enflé, ces lèvres minces, comme aspirées vers l'intérieur, cette ligne des sourcils qui paraissaient épilés, tout lui déplaisait chez Berthier, et elle dévisagea aussi ce Noir aux traits fins, aux bras longs, au corps comme étiré, qui, ouvrant la portière de la voiture, jeta un coup d'œil à Lucile, avant, en deux longues enjambées, de contourner le véhicule et de paraître se glisser à l'intérieur, tirant la portière sur lui comme sur un ressort qu'on enferme.

Enfin elle était seule, fatiguée, sans regard, décidant par habitude plus que par désir de rentrer à pied, rue Saint-Dominique, parce que c'était sa manière de travailler, de voler à la ville ses perspectives, au ciel ses couleurs, mais elle avait le sentiment qu'ils avaient recouvert d'un voile uniforme les façades, les espaces qu'elle longeait et qui l'avaient tant de fois exaltée, comme si elle y lisait une accumulation de signes, de couleurs entassées, une épaisseur de matière qui était sens – et elle s'affolait : qu'avaient-ils donc tué en elle, dans les choses, dans cette ville, pour qu'elle n'y sentît plus rien ?

Elle s'arrêta longuement sur l'esplanade des Invalides, assise sur la pelouse, seule dans ce vaste rectangle vert, cherchant à retrouver l'élan qui lui ferait saisir d'emblée l'ordre intime de cette marquetterie, ce qu'après elle tenterait d'exprimer. Mais elle ne sentait en elle qu'angoisse.

Elle serra ses jambes repliées entre ses bras, la joue sur la toile de son pantalon, le long imperméable faisant autour d'elle comme une corolle blanche.

Ce vide, en elle, elle n'en prenait conscience qu'à cet instant, mais elle savait bien qu'il se creusait depuis des semaines déjà, longue sape, et ces rencontres d'aujourd'hui n'avaient été que le dernier coup, quand la paroi s'effondre au bout du tunnel, et ce n'est pas le jour qu'on voit, mais un gouffre. Et c'est pour cela qu'elle ne pouvait plus peindre, le bras trop lourd, la main emprisonnant l'œil, l'écrasant entre des doigts gourds.

Lorsqu'elle était assise, impuissante, devant la toile, elle murmurait : « Mais qu'est-ce qui m'arrive, que vais-je devenir ? »

Elle se souvenait de l'une des lectures de son enfance, dix, vingt fois recommencée peut-être, quand l'un des prisonniers du château d'If, l'abbé Faria, après avoir creusé toute sa vie le tunnel qui devait lui permettre d'atteindre l'air libre, débouchait dans une autre cellule et comprenait qu'il ne s'évaderait jamais.

Depuis l'adolescence, elle avait peint pour fuir. La rue Boissonade, son père, sa mère, entre lesquels elle était assise, serrée : « C'est Mlle Sertys, la fille du docteur Sertys », disait-on.

Elle avait cru s'échapper plus vite en se laissant convaincre d'épouser Jacques Hederlisch, mais, comme l'abbé Faria, elle avait découvert qu'elle n'avait fait que s'enfermer dans une autre prison, et elle avait avec plus de folie encore continué de peindre, chaque toile comme un coup creusé dans ce mur autour d'elle, et voici que l'élan se brisait – cette « consécration » dont lui parlait Zwingle, le sacre que Berthier voulait organiser l'accablaient, la vidaient de tout désir, l'enfermaient.

Elle n'avait plus d'issue et sa main se paralysait, écrasant son œil. Morte. Et il lui semblait qu'elle allait ainsi devenir comme eux, puisqu'elle les voyait morts, se déplaçant pareils à de macabres silhouettes dans une ville qu'ils transformaient en cimetière.

Tombe de la rue Boissonade où elle devait descendre, une fois par semaine, puisque sa mère lui téléphonait : « Je ne te vois plus, Lucile, qu'est-ce qui se passe, tu t'amuses toujours avec tes toiles ? Et cet enfant, c'est pour quand ? »

Tombe de la rue Saint-Dominique, des dîners qu'elle devait organiser, subir, Georges Rollin assis à sa droite, le professeur Charvet en face d'elle. Heureusement, elle se levait souvent pour servir et desservir.

« Excusez-nous, avait prévenu Jacques, nous n'avons pas de personne de service, bien sûr. »

Charvet pérorait. L'histoire, avec l'effondrement des sociétés communistes, était entrée dans une phase bouillonnante, et il faudrait bientôt redécouvrir les vérités élémentaires, la question raciale, ou, si l'on veut employer un autre mot, la question ethnique, disait-il. « Elle a été posée dans les années trente avec une vigueur prémonitoire par les mouvements nazis, par Hitler, mais oui, par Hitler, quelle que soit sa démence ultérieure, ou plutôt sa mégalomanie. »

Lucile écoutait, elle apportait le vin, le fromage.

« C'est la revanche de ceux qu'on a accusés parce qu'ils étaient tout simplement vaincus et donc calomniés », disait Rollin.

Elle savait qu'il allait, comme à chaque fois, lui jeter un coup d'œil soupçonneux, interrogatif, qui ne s'attardait pas, comme une question qu'il se posait à son propos, plein de méfiance.

« J'ai commencé un cours sur Hitler, disait Jacques, une analyse d'Hitler comme penseur du contemporain ; je l'intitule : "Hitler idéologue", les étudiants sont fascinés.

– Je vous l'ai dit, commentait Charvet, nous n'avons rien en face, des ruines, du mou, des pleutres ou des désemparés. Il faut occuper le terrain. »

Il frappait du poing, s'emportant :

« C'est la survie de notre civilisation qui est en question », répétait-il.

Lucile ne voulait pas entendre. Mais il la prenait à témoin. N'était-elle jamais insultée dans la rue ? Dans le métro ?

Jacques racontait l'agression dont avait été victime, aux Halles, l'une des patientes de son beau-père, l'ancienne épouse d'un député socialiste, Julien Rivière.

« Boomerang », lança Rollin.

Charvet parlait des petites rues autour de la place Maubert, à quelques pas de l'église Saint-Nicolas-du-Chardonnet, envahies par les Chinois, leurs boutiques, l'odeur de leurs produits, leurs restaurants, et quand ce ne sont pas les Asiatiques, ce sont les Maghrébins.

« Voilà, c'est ce qu'est devenu le cœur de Paris, le ve arrondissement, le quartier des écoles.

– Et le boulevard Saint-Michel transformé en souk, ajoutait Jacques, les librairies disparues, remplacées par des magasins de fripes, comme si, de place en place, la gangrène, le bazar gagnaient peu à peu. »

Charvet était intarissable. Le ve arrondissement était son quartier, celui de la rue d'Ulm, l'École normale où il enseignait encore.

« Le quartier des écoles ! s'exclamait-il. Allons donc, vous l'avez dit, Hederlisch : fringues et frites ! »

Au bas de la rue Soufflot, deux fast-foods se faisaient désormais face. « Fast-food, répétait-il, il faut parler comme cela pour être compris, mon cher », concluait-il, tourné vers Hederlisch.

Et Rollin, benoîtement, ajoutait qu'il y avait, dans le ve, la rue de Bièvre – la demeure du président –, « bien gardée je pense ».

« Rue barrée, interdite à la circulation automobile ! » s'écriait Charvet, haussant les épaules, faisant une grimace de mépris.

Il l'empruntait à chaque fois, précisait-il, par esprit de protestation, pour inquiéter les policiers – « Bien débonnaires, j'imagine, disait Rollin. Croyez-vous qu'ils n'auraient pas mieux à faire ? Vraiment ? »

Ils partaient enfin après avoir parlé de leurs projets de livres, Jacques d'une voix posée où Lucile décelait la tension, l'inquiétude quand il sollicitait l'accord de Georges Rollin.

« Biographie, allons, allons, disait Rollin, ce n'est pas sérieux, mais... »

C'était à cela que voulait en venir Jacques : qu'il lui promît des documents sur Vichy, sur l'après-guerre.

« J'ai connu tout le monde, murmurait Rollin, et le Consortium de rénovation urbaine a aidé de-ci de-là, pesé ici et là. Si ça vous intéresse, pourquoi pas, je vais réfléchir. »

Lucile devinait alors la déception de Jacques. Rollin se dérobait encore, puis, comme Charvet insistait, appuyant Jacques, il répétait : « Je vais étudier mes dossiers, sortir ce qui peut l'être. Vous verrez bien. » Il jetait un nouveau coup d'œil à Lucile : « Une histoire souterraine du demi-siècle, pourquoi pas ? »

La porte enfin refermée, Lucile gagnait son atelier, mais n'allumait pas, assise dans le noir, la toile devant elle, légèrement éclairée par les lampadaires de la rue, toile blanche dont elle devinait la trame et qu'elle caressait parfois du plat de la main, et ce contact avec la matière la calmait un peu.

Mais Jacques ouvrait la porte, allumait. Elle était bien là, commençait-il par constater. « Cette fois, je crois que Rollin va se décider, tu ne penses pas ? » interrogeait-il.

Puis il s'étonnait du silence de Lucile, de son immobilité. Il s'irritait. Que faisait-elle dans l'obscurité ? Il ricanait : peignait-elle dans le noir ? Tout était possible aujourd'hui, surtout l'absurde et le ridicule.

Elle ne bougeait toujours pas, attendant avec anxiété la question rituelle : « Tu te couches, j'espère ? » Et les derniers mots, d'une voix qui vibrait de colère : « Je t'attends. »

Ils avaient enfoui, défiguré la ville sous leurs phrases, leurs ambitions, leurs haines. Que pouvait-elle peindre encore ? Où trouverait-elle l'élan ? Ils l'avaient dépossédée pour mieux la posséder. Jusque dans son corps.

Jacques avait laissé la porte ouverte, la lumière allumée. Lucile Hederlisch se leva pour le rejoindre.

21

Cette difficulté qu'il avait chaque matin à pousser la lourde porte à poignée de cuivre qui fermait le hall de l'immeuble, comme si, en face de lui, de l'autre côté de la vitre, quelqu'un résistait, suffisait à mettre Georges Rollin hors de lui.

Il s'irritait, se trompait, tirait au lieu de pousser, avec la sensation de glisser sur le sol de marbre noir.

Il s'arc-boutait, incrédule. Était-ce possible qu'il fût à ce point faible, avec cette douleur dans les bras que Daniel, malgré ses massages, ne réussissait pas à effacer ?

Il s'essoufflait, haletant, craignant de tomber, s'accrochant à la poignée, et même si cela ne durait que quelques secondes, il avait l'impression qu'il livrait là un ultime combat contre cette force qui voulait l'empêcher de vivre encore une journée, le repoussant vers l'intérieur de l'immeuble, ce hall où la minuterie venait de s'éteindre, ce trou sombre qui l'aspirait, dont il tentait de se dégager afin de gagner le boulevard Victor-Hugo.

Parfois, le concierge se précipitait, et l'aisance avec laquelle, du bout des doigts, il ouvrait les deux battants, s'effaçant cérémonieusement pour laisser passer Rollin, était humiliante.

Rollin ne remerciait pas, traversant le trottoir, se glissant entre les pare-chocs pour rejoindre la voiture qui l'attendait en double file, le gaz d'échappement du moteur formant au-dessus de la carrosserie bleu-noir une traînée grise qui s'accrochait aux antennes du radiotéléphone.

Mais, le plus souvent, c'étaient l'indignation et la fureur qui donnaient à Rollin un sursaut d'énergie, la force de pousser la porte, de sortir enfin.

Il s'arrêtait, saisi par le froid, regardant ce chauffeur qui, dans la voiture, lisait des journaux posés sur le volant, indifférent, ne jetant même pas un coup d'œil vers l'immeuble, et c'était cela qui révoltait Rollin, lui faisant rejoindre la voiture d'un pas rapide, le dos raide, oubliant même ses douleurs et la peur qu'il avait toujours de trébucher, souhaitant atteindre la voiture avant que le chauffeur ne le vît.

Il ouvrait la portière, et l'homme se soulevait à peine, pliait lentement les journaux, murmurait un « bonjour monsieur » du bout des lèvres, posant la liasse des quotidiens sur la banquette, près de Rollin qui avait laissé la portière ouverte et qui lançait : « Fermez-moi ça. »

Le chauffeur sortait lentement, faisait paisiblement le tour de la voiture, claquait la portière, le bras tendu, comme pour économiser un pas de plus, puis revenait s'asseoir, ne démarrait pas, comme pour exaspérer et défier Rollin qui répétait : « Qu'est-ce que vous attendez ? »

Et l'autre répondait qu'il ne voulait pas imposer un itinéraire, que Monsieur avait sans doute fait son choix.

Chaque mot était une provocation, la mesure, pour Rollin, du pouvoir perdu depuis qu'il n'était plus président du Consortium de rénovation urbaine, mais un retraité que l'on gardait par respect, puisqu'il était le fondateur de la société, par prudence, car il conservait une part notable d'actions.

Chacun, pourtant, jusqu'aux femmes de ménage et à ce chauffeur, savait qu'il avait passé la main, qu'il n'était dans son bureau qu'un vieillard auquel on avait laissé les apparences d'une activité et une voiture mise à sa disposition, chaque jour, pour se rendre de son domicile au siège du Consortium, tour Manhattan, à la Défense.

Mais les chauffeurs changeaient plusieurs fois par semaine, et c'était pour lui comme la preuve qu'on le traitait avec désinvolture. Encore plus irrité par le filet d'air froid qui glissait jusqu'à son cou – « Remontez votre glace », ordonnait-il, et le chauffeur haussait les épaules, prenait son temps avant d'exécuter l'ordre –, il pensait avec un mélange de haine et de mépris au nouveau patron du Consortium, Doriman, que le conseil d'administration avait élu, dont lui-même avait dû approuver le choix.

À l'énoncé du résultat du scrutin – l'unanimité – et alors que l'on applaudissait, Doriman avait embrassé Rollin, qui était resté impassible, cependant que le nouveau président, petit, fluet, le visage ridé, les cheveux noirs tirés en arrière et soigneusement peignés, l'entraînait vers la baie vitrée, montrait la perspective, disait : « Percée impériale, et vous avez prolongé ça, Rollin, jusqu'ici, à la Défense, personne n'oubliera, le Consortium de rénovation urbaine, c'est vous qui l'avez conçu, conduit, je le sais, je le sais. »

Rollin n'avait plus écouté. Il lui semblait qu'il était devant un tableau de cette Lucile Hederlisch dont il se méfiait, trop distante, hostile même, mais qui avait saisi, il le reconnaissait face au paysage, cet entassement ordonné qui, de part et d'autre de la longue avenue, s'organisait, succession de plans enchevêtrés, blancs, gris, bleus, en une étendue fascinante, comme une mer dont on imaginait la profondeur.

« C'est vous », répétait Doriman, et Rollin avait alors réalisé qu'il n'était plus président du Consortium, que la route qui s'ouvrait devant lui s'enfonçait inéluctablement, qu'il ne pourrait plus la remonter, et il avait pris conscience à cet instant qu'il était le plus vieux, qu'autour de lui les hommes et les femmes avaient rarement plus de cinquante ans, le plus souvent à peine la quarantaine, comme ce Doriman au corps nerveux, aux gestes vifs, qui passait sa main à plat sur ses tempes, lissant ses cheveux, disant à Rollin qu'il avait publié un essai *La Civilisation parisienne* – « J'ai signé hier votre exemplaire, j'y parle de votre action, de la rénovation urbaine comme impératif humain » –, et qu'il était l'un des prochains invités de l'émission de Brigitte Georges, « Le dernier mot ».

La lassitude enveloppait Rollin, une sorte d'étonnement aussi alors que rien dans cette succession naturelle des générations n'aurait dû l'étonner, et cependant il avait écouté Doriman, et c'est avec surprise qu'il regardait à présent, descendant de la voiture dans le parking de la tour Manhattan, ces foules d'employés, de secrétaires, toutes ces vies jeunes.

Ainsi, d'autres – il l'avait toujours su, mais maintenant il l'éprouvait – lui succédaient. D'autres – ces jeunes femmes alertes, bavardes, courant vers les ascenseurs, faisant claquer leurs talons sur le ciment – avaient en eux cette énergie, cette vivacité qui désormais le quittaient, lui, si bien qu'il ne pouvait même plus pousser la porte du hall.

Cette découverte – il se répétait : « C'est normal, c'est normal, je vieillis », mais sans que cela l'apaisât – le laissait un instant désemparé, accablé même, avec l'envie de s'affaisser pour que ses muscles trouvent enfin le repos, que la douleur cesse, parce qu'il aurait abandonné la lutte, renoncé à l'effort de se tenir raide, droit, de monter les escaliers, et même parfois, tour Manhattan, de courir avec les autres vers l'ascenseur, comme s'il était encore aussi leste que ces jeunes femmes.

Et puis, était-ce une phrase de trop de Doriman, la vanité de ce petit énarque qui pérorait – « Aujourd'hui, un chef d'entreprise doit être aussi un homme de réflexion générale, un intellectuel, il faut que les cloisons tombent entre la réflexion et l'action, c'est pourquoi, constructeur de ville, rénovateur des banlieues et des quartiers, je publie un essai général sur la civilisation parisienne » –, ou bien un mouvement instinctif de refus contre sa propre mise à l'écart ? Rollin se révoltait.

« Vous, disait-il alors au chauffeur d'une voix sifflante, croyez-moi, vous n'allez plus venir souvent me chercher, ça, je vous l'assure. »

La peur de l'homme quand il était contraint de décliner son nom, de présenter ses excuses, la manière dont il se courbait en ouvrant la portière, apportaient à Rollin une bouffée d'énergie, comme un souvenir de jeunesse tout à coup ranimé.

Il lui semblait être encore celui qu'on craignait : les gardes mobiles au garde-à-vous quand il les inspectait en 1942, devant les baraquements du camp de Drancy ; ce député aux abois qui quémandait un appui financier, « sinon je suis foutu, monsieur le président, vous le savez bien » ; et ces entrepreneurs qui s'emportaient d'abord, puis pleurnichaient : « Mais vous nous étranglez, monsieur Rollin, comment voulez-vous qu'on survive » – et sèchement il leur répondait : « Vendez, mettez la clé sous la porte, mon vieux, je rachète même les morts, surtout les morts. »

Ainsi avait-il bâti sa vie, et il ne reniait rien, au contraire.

Il s'arrêtait au milieu de la foule des employés, de toutes

ces secrétaires pressées, et il se sentait comme une sorte de récif dominant ce grouillement, ce flux de corps jeunes qui s'écartait devant lui, sortant de la station du R.E.R., courant vers les ascenseurs et les escaliers mécaniques, craignant les quelques minutes de retard qui allaient s'inscrire sur leur fiche de présence.

Jeunes ?

Il leur laissait toute cette vie qu'ils avaient devant eux, il n'eût même pas échangé le dernier jour de son existence pour l'éternité de leur dérisoire futur. Il se souvenait de cette masse sombre, tassée au fond de l'esplanade, cité de la Muette, à Drancy, et il éprouvait à ce souvenir une sorte de jouissance. Il vivait encore, lui. Il avait eu raison. Il ne regrettait rien.

Combien s'étaient révoltés ? Combien avaient cherché à fuir ? Soumis, résignés comme ceux-là, qui se précipitaient vers leurs bureaux ou qui, comme le chauffeur, s'inclinaient dès qu'on les menaçait.

Petites vies, mortes alors qu'il était vivant, auxquelles on devait tout imposer puisqu'elles acceptaient de tout subir.

Quand la foule avait été absorbée par les tours – et il pensait à l'eau qui coule, à l'égout qui la recueille –, il avançait, seul, fier, dévisageant l'hôtesse avec tant de hargne qu'elle se levait, murmurait : « Bonjour, monsieur le président. »

Et qu'on lui donnât encore ce titre l'irritait davantage, le persuadait de la lâcheté, de la bassesse de ces êtres communs, de cette masse. Il se sentait en accord avec lui-même, il avait eu raison d'agir comme il avait agi. Il oubliait même l'âge et les douleurs qui le rongeaient comme si le mépris qu'il ressentait pour les autres l'éloignait et le protégeait du désarroi et de l'angoisse.

Il marchait lentement, et sa secrétaire, à l'étage de direction, se précipitait, lui ouvrait la porte de son bureau, et il ne répondait pas à ses questions, surprenant parfois la mimique qu'elle adressait à la secrétaire de Doriman, s'amusant de la frayeur qu'elle exprimait. Il aimait qu'elle balbutiât :

« Vous déjeunez aujourd'hui avec M. le président.

– Quel président ? » lançait-il.

Alors elle se troublait, répétait : « M. Doriman. »

Ce déjeuner était l'un des rites qu'avait imposés Doriman, et Rollin, chargé des relations extérieures du Consortium – ce titre comme un hochet qu'on lui avait donné, parce qu'il fallait bien justifier sa présence à la direction de l'entreprise –, ne pouvait se dérober.

Doriman, dressé sur la pointe des pieds afin de paraître plus grand, pérorait dans la salle à manger devant les baies vitrées, expliquant à son invité du jour ce qu'il appelait « la philosophie urbaine du Consortium ».

Rollin se tenait à l'écart, déplaçait son carton afin de se trouver le plus loin possible de Doriman, qui présidait, présentant aux cadres de l'entreprise « l'éminente personnalité qui nous fait l'honneur… »

Il avait ainsi reçu Brigitte Georges, Pierre-Yves Lavignat : « Vous êtes des communicateurs, disait-il, un chef d'entreprise est un homme public, il a donc besoin de vous, et vous avez besoin de nous connaître, car nous bâtissons » – et, dans un geste ridicule, tant il avait les bras courts, il montrait le paysage, l'Arche de la Défense.

Plus tard, croisant Rollin, devinant sans doute son scepticisme, il l'entraînait dans son bureau : « Nous avons un problème d'image, disait-il, ce n'est pas une critique, Rollin, mais à Paris, aujourd'hui, c'est essentiel. Brigitte Georges, Lavignat font les réputations, il faut le comprendre. »

Rollin ne hochait même pas la tête, il faisait la moue.

« Vous en doutez ? » interrogeait Doriman.

« Vous les payez combien ? » murmurait Rollin en sortant sans attendre de réponse.

Paris, il le connaissait.

Problème d'image ?

Il ricanait, seul dans son bureau, se souvenant de ces opérations immobilières qu'il avait conduites dans les années soixante, quand il fallait chasser des taudis et des hôtels meublés des locataires têtus. On coupait l'eau et le gaz, on défonçait les plafonds et les toits, on démolissait les escaliers. Il y avait des équipes qui savaient faire comprendre aux plus réticents qu'ils devaient déguerpir.

C'est ainsi que le Consortium avait agi dans le quartier des Halles : toujours, à la fin, c'était la force qui imposait sa loi, et avec ses sourires, ses discours, ses livres, Doriman n'était qu'un hypocrite, qu'un habile et un lâche. Peut-être tout cela à la fois.

Ils avaient même reçu, pour mettre en route un projet dans le XIVe arrondissement – classique achat de terrain, expulsion, changement de statut de la zone grâce à la modification du plan d'occupation des sols, puis construction de deux immeubles de luxe –, le député socialiste de la circonscription, Rivière, auquel Rollin avait réussi à ne pas serrer la main, observant avec curiosité ce bonhomme disert qui mangeait vite, buvait de l'eau, parlait de logements sociaux, de la nécessité de garder dans les quartiers de Paris une population mêlée où tous les groupes soient représentés, afin qu'il y ait un échange d'expériences, des contacts entre les professions.

Doriman approuvait cette « orientation humaniste de la ville » qui faisait précisément, il en convenait, l'originalité de Paris, de ses quartiers historiques.

« Je développe ce point de vue dans mon essai », avait-il conclu.

Et Rollin, du bout de la table, avait lancé : « Vous connaissez le prix du mètre carré dans le XIVe arrondissement, vous croyez qu'on peut s'y loger avec six mille cinq cents francs par mois ? »

Ils avaient tous tourné la tête vers lui.

« Il y a en effet des contraintes du marché que nous ne pouvons nier, avait dit sur un ton conciliant Doriman, mais qui les nie ? Le président de la République a lui-même admis... »

Rollin n'écoutait plus. Hypocrisie ou inconscience, ou simplement habileté, souci de plaire tout en laissant les autres agir. À Doriman l'image honorable, aux soutiers de l'entreprise les coups de poing et les coups de pelle, les expulsions...

Ça, une nouvelle époque ?

Voilà vingt ou trente ans – il avait tant de fois procédé ainsi ! –, Rollin eût pris Rivière à part, exposant sèchement ce qu'il nommait « les données du problème », puis ajoutant sur le même ton : « Il y a les à-côtés de l'opération, et ils ne sont pas désagréables pour vous. » L'affaire était conclue.

Maintenant il fallait faire des phrases, des livres, des émissions de télévision, des articles.

Rentré dans son bureau, Rollin se tenait bras croisés, un peu voûté, parce que ainsi la douleur qu'il ressentait à nouveau s'atténuait. Mais l'accalmie ne durait pas. Il lui semblait que chacun de ses muscles se durcissait, bientôt tendu jusqu'à se rompre, qu'il allait se briser, comme certaines vitres, parfois, tout à coup, et il s'insurgeait à nouveau contre cette tension de son corps, cette menace qu'il avait oubliée, et la colère montait contre ces forces de destruction à l'œuvre en lui, contre cette époque à laquelle il n'appartenait plus, et il était pris du désir de la faire exploser.

Qu'avec lui d'autres meurent, que leurs vies soient détruites elles aussi !

Il se dirigeait vers son coffre scellé dans le mur, il formait la combinaison, cherchait la clé dans son trousseau. Ce seul geste des doigts lui était pénible, presque impossible, et il devait s'y reprendre plusieurs fois, à deux mains.

Il réussissait enfin, ouvrant le coffre, et la vue des dossiers entassés – certains d'entre eux ne comprenant qu'un feuillet sur lequel était écrit un nom, un chiffre, une date – le rassérénait.

Avant…

Il n'osait même pas penser : avant de mourir.

Il refermait le coffre. L'effort que ce mouvement lui demandait déclenchait une douleur fulgurante dans son bras et sa nuque.

Ce mal, il avait les moyens de le propager. Donc il vivait, il vivait encore.

22

Si Sofia Kraussman avait su, si elle avait imaginé que celui qu'elle appelait le petit Arabe dont elle disait : « Il laisse toujours la porte entrouverte, il travaille assis sur son lit ; souvent, quand je le vois, j'ai envie d'entrer, de lui parler, il est si seul, je pense à toi, Justine, il doit avoir ton âge » –, que ce Kamoun, son voisin du septième étage, au bout du couloir, rue Boissonade, était l'amant, l'amour de sa fille, sans doute se serait-elle allongée sur le lit et aurait-elle sangloté, le corps secoué de tremblements.

Si elle avait appris que c'était elle, par ses propos, qui avait avivé la curiosité de Justine, elle se serait maudite. Et d'autant plus que la rencontre entre Justine et Kamoun s'était produite, rue Boissonade, un jour que Mme Sertys l'avait retenue, lui montrant combien les placards étaient sales, exigeant qu'ils fussent vidés, rangés, et elles allaient le faire tout de suite, disait-elle, ensemble, et Mme Sertys croisait les bras, donnant les ordres : « D'abord ici, la vaisselle, vous voyez, Sofia, vous voyez, c'est plein de miettes, c'est dégoûtant » – et Sofia subissait, sachant que Justine l'attendait, en haut, dans le couloir devant sa chambre.

Et comme le temps passait, Justine s'était approchée de cette porte entrouverte, elle avait vu Kamoun, voûté, les avant-bras sur les genoux, et au moment où elle allait reculer il s'était redressé, il l'avait vue et s'était levé, si grand – pourquoi sa mère parlait-elle du petit Arabe ? –, les cheveux bouclés, un visage d'un ovale parfait, des yeux d'un brun foncé, une voix grave quand il disait : « Vous êtes la fille de Mme Kraussman, je vous ai vue ici, et puis au cours de Hederlisch, escalier C, troisième étage, salle 8... »

Elle était restée là, appuyée au mur, dans ce couloir sombre, et la porte maintenant ouverte de Kamoun dessinait un volume de lumière dans lequel ils étaient tous deux face à face, lui tenant de son long bras le haut de la porte, le corps plié, elle les jambes tendues, obliques. Et à trois reprises elle avait dû se redresser, parce qu'une jeune femme passait, un bébé dans les bras, s'excusant, leur souriant, complice.

Justine n'avait pas eu envie de partir, elle se sentait bien en face de Kamoun, oubliant ce couloir, ce septième étage où, d'habitude, elle ne pouvait rester plus de quelques minutes, les odeurs de cuisine, de sueur, d'urine la prenant à la gorge, lui donnant envie de vomir.

Elle entraînait alors sa mère à Montparnasse, où elles commandaient un thé, au Select ou au Dôme. Et c'était Justine qui payait.

Mais, cette fois-là, rien ne l'avait gênée, ni le bruit de chasse d'eau et la jeune femme qui était repassée, disant d'une petite voix « Excusez-moi », ni, tout à coup, la musique qui explosait, déflagration violente, couvrant les voix – mais ils n'en avaient pas moins continué de parler du cours de Hederlisch.

« Ce type est raciste, dit Kamoun, nazi même, vous ne trouvez pas ? »

Justine fit la moue. Si elle avait choisi Hederlisch, c'est que peu d'étudiants suivaient son séminaire ; Hederlisch était intransigeant sur la présence au cours, répétant qu'il ne tolérait pas les amateurs, les dilettantes, et lui-même refusait la solution commode des exposés d'étudiants, donnant un vrai cours qu'il dictait presque, immobile, debout à la chaire, les mains appuyées à plat sur le bureau, ses notes étalées devant lui, et chacun savait qu'il suffisait de répéter ce qu'il disait pour obtenir son unité de valeur.

Et puis il avait de la passion, une conviction qu'il retenait, on le sentait bien, car il s'interrompait parfois comme s'il ne voulait pas se laisser entraîner hors des limites qu'il s'était fixées pour ce cours sur Hitler idéologue, se justifiant même parfois comme s'il avait craint des contradicteurs.

« Comprendre, n'est-ce pas, disait-il, tout comprendre. Voilà notre but ici, je n'en ai pas d'autres. Et, après un demi-siècle,

Hitler doit être un objet d'étude froid. Or trop de points de vue partisans, de sentiments peut-être légitimes, encombrent la recherche, empêchent d'atteindre à la vérité. Même si les sentiments sont légitimes, l'historien doit les écarter, rétablir les faits, et, à propos d'Hitler et du nazisme, c'est de cela qu'il s'agit maintenant... »

Kamoun haussait la voix pour se faire entendre, répétait : « Ce type est un raciste, un révisionniste. Vous savez ce que c'est ? C'est Charvet qui a réussi à le faire nommer, vous connaissez Charvet ? »

Elle écoutait, indifférente à ce que Kamoun disait, mais sensible à sa voix, à ce visage expressif où s'inscrivaient l'émotion, l'indignation.

Elle le voyait mal, pourtant, parce qu'il se tenait dans l'encadrement de la porte, le dos à la lumière, et qu'il restait ainsi dans l'ombre, cependant qu'elle était éclairée, elle qui n'aimait pas être vue sans voir ; puis, comme s'il avait deviné le malaise qu'elle ressentait, il lui avait proposé d'entrer, et c'est elle qui avait refermé la porte, se souvenant de ce que sa mère avait dit, de la tentation qu'elle aurait pu éprouver d'entrer dans la chambre de Kamoun, et Justine ne voulait pas que Sofia Kraussman la trouvât là.

Elle aurait aussitôt imaginé ce qui était le pire pour elle, lancé ses malédictions et ses prières en polonais, la respiration saccadée, ses mains cachant son visage, sa bouche, la voix haletante, et à la fin elle aurait serré Justine contre elle en disant : « Ma fille, ma petite fille, je n'ai que toi, tu le sais, ne me torture pas, je t'en supplie, protège-toi. »

Justine en ces instants souhaitait mourir, et cependant elle provoquait sa mère.

Elle lui avait ainsi avoué un jour, ici, sachant ce qui allait suivre, qu'elle avait couché avec un homme, enfin, parce qu'elle avait eu envie de devenir une vraie femme.

Et maintenant, elle était assise près de Kamoun, au bord du lit, leurs épaules et leurs cuisses se frôlant, et elle ne faisait rien pour s'écarter, au contraire, elle s'appuyait, elle se sentait affaiblie comme si elle avait eu soudain la fièvre, et elle toussotait comme pour se rassurer, approchant sa tête de la sienne pour lire ce qu'il lui montrait, cet article écrit par

Hederlisch – et Kamoun lisait ces phrases, agitait la revue sous les yeux de Justine : « Un révisionniste habile, retors, raciste. »

Puis il tournait son visage vers elle, et elle le voyait enfin en pleine lumière : « Hederlisch est un salaud intelligent, reprenait-il, j'ai voulu savoir ce qu'il raconte, vous comprenez ? »

Elle avait envie de lui toucher les cheveux, de lui parler de sa seule expérience amoureuse, de lui dire qu'elle avait fait ça sans plaisir – elle avait même dit à sa mère effrayée : « C'est comme passer le permis de conduire, il faut le faire un jour » –, dans sa chambre, à la Cité universitaire.

Ce détail-là, Justine n'avait pas osé l'avouer.

Sofia Kraussman était si fière que sa fille habite boulevard Jourdan, dans la « ville des étudiants », comme elle disait ! Pour obtenir cette chambre, elle avait usé de tous les stratagèmes, de l'obstination, de l'audace, de l'insensée confiance en soi dont sont capables les Polonais.

Elle ne voulait pas que Justine habite rue Boissonade. Elle en aurait été humiliée.

Elle avait donc, c'était son expression, « secoué les montagnes » : le directeur de la Bibliothèque polonaise, qu'elle prétendait connaître, et surtout elle avait demandé à Robert Blumfeld de l'aider.

« Avec ce que tu as souffert ici, ils peuvent, ils doivent te donner ça », lui avait-elle répété. Et quand elle avait su que maître Benoît Rimberg avait sollicité le témoignage de Robert sur la période de l'Occupation, du camp de Drancy, sur les Français qu'il y avait vus, elle avait senti qu'elle tenait enfin sa chance.

« Il doit t'obtenir cela, avait-elle dit, demande-le lui. »

Robert avait cédé, osé demander, donné à Rimberg la petite fiche que Sofia avait préparée sur sa fille. Et elle avait gagné, sûre que Justine était à l'abri de toutes les tentations, alors qu'à la Cité, en vérité, le sentiment d'être entre soi favorisait au contraire les rencontres.

Justine y était restée longtemps indifférente, jusqu'au soir où elle avait décidé qu'il lui fallait obtenir ce « permis de vivre ».

Elle venait de parler longuement avec sa mère, qui l'appelait plusieurs fois par jour, et c'était la succession des questions ridicules: «Où étais-tu? Je t'ai téléphoné il y a une heure...» Il y avait tant d'angoisse dans cette voix que Justine en était blessée; elle essaya de savoir si Mme Sertys avait encore, comme elle le faisait souvent, humilié sa mère, mais celle-ci se reprit: «Tout va bien, Justine, tout va bien», d'un ton maintenant si artificiel que Justine ne pouvait plus échapper à son inquiétude, qu'elle sortit de sa chambre, marcha sans les voir entre les bâtiments de la Cité, se rendant ce soir-là au Club des débats, qui recevait Pierre-Yves Lavignat.

Et quand l'écrivain, sa conférence terminée, le dernier groupe des étudiants parti, avait regagné seul sa voiture, elle était allée vers lui, découvrant alors qu'elle n'avait tout au long de la soirée pensé qu'à cela – des images furtives venaient voiler ses yeux, elle oubliait jusqu'à la salle où elle était, elle vivait des scènes, elle se penchait vers Lavignat qui souriait, passant sa main dans ses cheveux...

Ils avaient bavardé, assis dans la voiture, elle ne sachant rien de lui, sinon qu'elle l'avait vu quelquefois à la télévision. Il lui avait raconté son prochain livre, puis demandé: «Vous logez ici, à la Cité?» Et elle avait dit: «Venez»

Elle repensait à cela dans la chambre de Kamoun, reconnaissant le pas lourd de sa mère qu'elle entendit parler dans un creux de silence.

«Votre mère n'aime pas cette musique, dit Kamoun, ce sont des Africains sympathiques mais bruyants, ils vont recommencer, ils ne peuvent pas vivre autrement – il haussait les épaules –, il faut accepter ou partir.»

«Je m'en vais», dit Justine.

Ce n'était pas la musique qu'elle fuyait, mais sa mère.

Elle ouvrit la porte avec précaution, fit un geste, et la musique se répandit à nouveau, donnant l'impression que les cloisons tremblaient.

Justine n'entendit pas les mots que Kamoun lui adressait et elle se précipita dans l'escalier étroit, en colimaçon, sautant les marches, s'éloignant vers le boulevard Raspail, craignant que sa mère ne l'eût aperçue, ne tentât de la rejoindre.

Mais ç'avait été Kamoun qui s'était élancé derrière elle, qui lui avait mis la main sur l'épaule, la forçant à ralentir, et elle obéit à la pression de ses doigts.

En descendant la rue de Rennes, en entrant à la Fnac, en feuilletant les livres, puis en prenant un café place de l'Odéon avant de choisir un film – et ils s'appuyaient l'un contre l'autre, dans la file d'attente, entre les barrières métalliques, sans rien dire, comme s'ils ne se connaissaient pas encore assez pour parler, ou au contraire comme si les mots entre eux étaient déjà inutiles et que leurs corps suffisaient –, elle découvrait combien tout cela, qu'elle faisait plusieurs fois par semaine, seule ou avec une amie, devenait différent parce qu'il était là, ce grand type aux cheveux bouclés noirs dont le col du blouson relevé masquait la nuque, le menton, les pointes du col, en se rejoignant, cachant même les lèvres.

Plus tard, dans la nuit, quand il avait cherché quelque chose à manger dans la chambre de Justine, à la Cité, qu'il s'était assis, faisant craquer entre ses mâchoires du pain rassis, devant la bibliothèque, et qu'il avait regardé les quelques livres qu'elle possédait, elle n'avait pas répondu quand il avait dit, feuilletant les deux livres que Pierre-Yves Lavignat lui avait envoyés avec des dédicaces qui, sans équivoque, dévoilaient ce qu'il avait été, ce qu'il voulait être encore pour Justine : « Lavignat ? Rien, un article de Paris. »

Il s'était tourné vers elle, guettant sa réaction, heureux de sa formule, la répétant, lançant les livres avec mépris sur la table : « Débarrasse-toi de ça », murmura-t-il.

Puis, s'allongeant près d'elle, les mains croisées sous la nuque – il semblait à Justine qu'elle vivait une scène de film, quand l'homme toujours est ainsi, bavard, un peu affecté, un peu prétentieux, trop sûr de lui –, il lui avait conseillé de lire plutôt Gilles Duprez, un écrivain, un enquêteur courageux.

Et, se levant à son tour, elle avait répondu qu'il fallait pour cela que Duprez lui envoyât ses livres, et donc qu'elle couchât avec lui. Elle avait parlé d'un ton tranquille, et le silence de Kamoun, l'étonnement qu'elle lisait sur son visage l'enchantaient. Elle avait du mal à réprimer un fou rire, elle chantonnait, toute joyeuse.

23

Duprez avait d'abord reconnu l'odeur en lui, comme si elle avait pénétré son corps, imprégné sa peau, les muqueuses au fond de sa gorge et de son nez, et il avait été soulevé par des nausées, essayant ainsi d'échapper à cette sensation, cette senteur aigre dans laquelle il était plongé jusqu'au plus intime, puis, faisant un effort qui l'épuisait, il identifia les effluves mêlés de désinfectant, d'alcool, de lessive, de drap humide, les relents de soupe et de lait caillé, et parfois des bouffées plus âpres, odeurs d'urine et de déjections.

Puis – tentant de coordonner, sans y parvenir, ses impressions, rattachant un bruit à une odeur –, il avait entendu des claquements de porte et de talons dans un couloir, des rumeurs de voix qui s'interpellaient dans une pièce éloignée, des sonneries de temps à autre, le plus souvent des coups brefs, mais aussi, quelquefois, un appel prolongé qui déclenchait une vague de nouveaux bruits, des voix, des pas qui se rapprochaient, le choc de récipients métalliques qu'on heurtait, un grincement de roues, et, par-derrière – c'était comme un bruit de fond, presque imaginaire –, le ronronnement d'un moteur d'ascenseur et le frottement doux de portes qui s'ouvraient et se refermaient.

Tout à coup, comme si ses perceptions s'étaient condensées en une certitude, Duprez avait pensé : « Ils m'ont gardé à l'hôpital. »

Et il sombra dans une sorte de désespoir nauséeux. Ses souvenirs se superposaient comme s'il avait passé toute sa vie dans une chambre de malade, sa mère près de lui, murmurant : « Prie, Gilles, prie, tu te sentiras mieux » – et il avait récité le *Notre Père*, le *Je vous salue Marie, pleine de grâces, le Seigneur est avec vous, vous êtes bénie entre toutes les femmes* –, mais plus tard, même si c'était, lui semblait-il, dans la même chambre, avec les mêmes odeurs, et il s'était instinctivement remis à prier, découvrant qu'il avait les lèvres closes, la langue gonflée, qu'il ressentait une brûlure au fond de sa gorge et qu'essayant d'ouvrir les yeux il n'y parvenait pas, les paupières collées, si pesantes qu'elles écrasaient les globes oculaires, qu'il avait mal comme si deux pouces s'enfonçaient dans ses orbites.

Il retrouva un cauchemar de son enfance, quand il imaginait que la Gestapo le torturait, lui crevait les yeux, et il hurlait, tentait de leur échapper, mais cherchant à se soulever, il découvrit qu'il avait les bras liés, il bougea encore et éprouva une vive douleur au flanc gauche, sous les côtes, et un mot lui revint, flamboyant : *couteau*.

Brusquement, le temps se recomposa, les souvenirs s'ordonnèrent, se séparèrent en séquences : l'appendicite enfantine, puis sa blessure en 1962, quand il avait failli être écrasé, dans les escaliers du métro Charonne, lorsque les policiers lançaient sur les manifestants agglutinés, levant leurs bras pour protéger leurs têtes, les plaques de fonte qui entourent la base des platanes, et qu'ils frappaient à coups de longues matraques plombées, et Gilles avait eu la cage thoracique enfoncée – son dernier long séjour à l'hôpital, jusqu'à celui-ci qui commençait, après ce coup de couteau.

Il chercha à étendre le bras afin de trouver la sonnette.

Il avait si soif, les tubes dans le nez et la gorge le blessaient. Il fallait qu'il appelle.

Il réussit enfin à soulever un peu ses paupières, découvrant une veilleuse bleutée, sans doute au-dessus de la porte, un goutte-à-goutte à la droite du lit. L'effort qu'il avait fait l'épuisa et il fut repris par la même torpeur dolente, avec l'envie de geindre à cause de ce mal lancinant au flanc, la tête envahie par le murmure des prières qui montaient en lui comme d'une enfance souterraine, oubliée, mais qui resurgissait par la faille ouverte dans ce corps blessé par le *couteau*. Et le mot fulgurant vint frapper Gilles d'une pointe aiguë, douleur inattendue qui le fit crier, se dresser sur les coudes, ouvrir enfin les yeux, voir toute la chambre, le fauteuil près du lit, la nuit dehors.

Il se laissa retomber, mais ce n'était déjà plus le même abattement. Il était comme un sauteur qui vient de manquer son premier essai. Il allait recommencer. Il allait franchir la haie, retrouver le type qui l'avait eu, et Gilles fut pris par une brusque colère contre lui-même, si naïf, si con, si surpris quand l'homme aux cheveux noués avait lancé son poing en avant ; Gilles avait vu la lame, tenté de bondir en arrière, mais trop tard.

Il grimaça, trouva la sonnette au bout de son bras gauche, presque sous sa main, posée sur le lit. Il appuya, entendit un tintement dans le couloir, des bruits de pas. La porte s'ouvrit et un coin de lumière s'enfonça dans la chambre, une silhouette s'approcha, se pencha.

« On se réveille ? Ça va bien ? Tout s'est bien passé. Vous pouvez même boire. Vous avez soif ? »

On retira les tuyaux de sa bouche, de son nez.

Il aimait ce contact d'une peau fraîche sur sa nuque appuyée au creux d'un bras ; sa joue frôlait un sein.

On porta un verre à ses lèvres, on lui soutenait la tête.

« Vous allez bien, murmurait-on, vous êtes à l'hôpital Saint-Antoine, on vous a opéré dans la matinée, il faut dormir, allons, voilà. »

On s'inclina, on posa sa tête sur l'oreiller, puis le bras se dégagea, et il avait envie de retenir cette présence, d'entendre encore cette voix qui prononçait les mots comme après les avoir longuement gardés entre les dents et les lèvres.

Gilles dit, et ce fut son premier mot : « Sénégal ? » Le rire qui lui répondit était aigu, la voix s'éleva d'un ton : « Oui, oui, Sénégal, vous allez très bien. »

Il distingua, au moment où l'infirmière passait dans le triangle de lumière, son visage long aux traits réguliers comme ceux des Peuhls, les cheveux coupés court, de grosses boucles dorées tranchant sur la peau noire. Si belle femme, pensa-t-il, et il se rendormit.

Plus tard, alors que la chambre était encore dans la pénombre – était-ce l'aube ou le début d'une autre nuit ? –, l'infirmière était à nouveau là, grande, la taille serrée dans sa blouse blanche largement échancrée, si bien que Gilles imagina qu'on devait voir ses seins, et il en fut tout joyeux, essayant de soulever son bras droit, imaginant qu'il allait frôler la poitrine de cette femme lorsqu'elle s'approcherait, et que cela valait la peine de vivre. Mais sa main était trop lourde, liée par le poignet au goutte-à-goutte, et l'infirmière s'éloigna du lit ; il pensa qu'elle avait une blouse si courte qu'on voyait ses cuisses. Il se mit à rire, imaginant la surprise qu'elle éprouverait s'il lui touchait le sexe ; il grimaça de douleur, mais son rire se prolongea, et, comme il le souhaitait, l'infirmière se retourna, lui faisant signe, comme à un enfant espiègle, de rester calme, murmurant que les médecins l'avaient vu alors qu'il dormait, que tout allait parfaitement bien.

Il bougea afin qu'elle s'approchât, et quand elle fut près de lui, de l'épaule il réussit à s'appuyer sur ses seins et elle ne se déroba pas, se penchant au contraire comme si elle avait voulu le satisfaire, remontant l'oreiller. Les yeux fermés, il avait maintenant le visage tout contre sa poitrine, apaisé.

« Ça va ? » demanda-t-elle.

Il semblait à Gilles qu'elle n'était pas dupe. Ironique, complice, revenant sur ses pas, elle expliqua qu'un inspecteur s'était présenté, qu'il repasserait le lendemain matin.

Elle avait refermé la porte, laissant l'obscurité envahir la chambre, percée seulement par le point bleu de la veilleuse et les rectangles jaunes qui signalaient un bâtiment, à gauche de la fenêtre, loin dehors, et Gilles se souvint alors de ces vitrines illuminées, dans la rue Pierre-Lescot ; c'était déjà l'avant-dernière nuit.

Il se tenait dans l'embrasure d'une porte, immobile, gêné que les passants le dévisagent avec insistance, comme s'il avait attendu une proposition, et parfois il remontait la rue, quelques pas à peine, car il craignait que l'homme ne quitte sa place.

Cela faisait plusieurs semaines que Gilles, méthodiquement, chaque jour, parcourait le quartier, du parvis de Beaubourg à la Bourse du commerce, au bout de l'esplanade des Halles, à sa recherche. Et il connaissait déjà les habitudes de ceux qu'il appelait les traînards, à peine une trentaine, qu'il avait repérés, par groupes de trois ou quatre, installés dans un lieu qu'ils avaient dû conquérir, baliser.

Ils étaient assis sur les marches autour de la Fontaine des Innocents, ou bien accroupis à l'entrée du Centre Beaubourg ou de la station de métro des Halles. Ils mendiaient devant les escaliers mécaniques et se dispersaient lentement quand la patrouille de police s'approchait, paraissant ne rien voir, puis, dès qu'elle avait franchi quelques dizaines de mètres, ils revenaient.

Et il y avait plus de deux jours maintenant, Gilles l'avait vu qui se tenait à l'écart, les franges de sa veste de daim battant ses cuisses, ses cheveux noués, le bras tendu vers les passants, seul, très droit, au coin du square des Innocents et de la rue Pierre-Lescot.

Gilles s'était approché, silhouette parmi les autres, ralentissant à la hauteur de l'homme qui, tout à coup, le dévisagea, le fixa de ses yeux enfoncés derrière les lunettes, cherchant le regard de Gilles, souriant, montrant de petites dents blanches écartées, la main ouverte, et Gilles fouilla dans sa poche, posa deux pièces que l'homme prit sans un mot, tournant la tête, montrant l'anneau accroché à son oreille gauche.

Gilles s'éloigna en se reprochant de n'avoir pas bondi sur l'autre, mais la curiosité et la prudence l'avaient emporté, l'étonnement peut-être aussi. Anne-Marie Bermont avait eu raison de dire qu'il était beau, avec ce front large, ces joues creusées, ces cheveux tirés en arrière, dégageant les tempes, ce regard, et Gilles avait pensé – il éprouvait le même saisissement dans ce lit d'hôpital qu'alors, rue Pierre-Lescot, quand il s'était retourné, décidant de rester là, à observer, à suivre cet homme : « Le regard d'un tueur. »

Pour l'avoir souvent croisé au cours de ses enquêtes, il connaissait ce regard fait d'indifférence et de violence, dont on sentait que rien ne l'arrêtait, qu'il transperçait les corps, que rien ne pouvait le faire dévier, sinon une force semblable, pas les mots, la tendresse, mais un coup, car ce regard était celui d'un homme qui ne reconnaissait que sa propre loi, qui avait réduit tout ce qui vivait à l'état d'objets, de choses dont on pouvait user, et à la manière dont il tendait la main vers les passants Gilles mesurait l'orgueil de cet homme, la menace qu'il représentait.

Il pensa au personnage du film de John Huston, *Asphalt Jungle*, comme un fauve dans la ville, et il avait décidé, comme un chasseur obstiné, de repérer sa tanière, d'attendre pour l'abattre de tout savoir de lui.

Quand l'homme aux cheveux noués – c'est ainsi que Gilles l'avait nommé – s'était mis en marche, quittant le square des Innocents, traversant l'esplanade, Gilles avait pris sa trace, restant à une centaine de pas derrière lui qui balançait le corps légèrement d'avant en arrière, les jambes fléchies, comme quelqu'un qui s'apprête à prendre son élan, et Gilles, craignant qu'il ne se mît tout à coup à courir, resta sur ses gardes. Mais l'homme était descendu dans le métro à la station Louvre et Gilles s'était glissé dans le même wagon, s'asseyant cependant qu'il restait debout, appuyé à une portière, le regard fixe, semblant ne voir personne, les bras le long du corps. Puis il se tourna, dos à la foule, le visage vers l'autre voie, et Gilles découvrit ce fil tressé de cuir fauve qui serrait la courte mèche sur sa nuque.

L'homme s'était rapproché de la porte à la station Charles-de-Gaulle-Étoile, et Gilles se leva, sortit par une autre issue, le suivit le long des couloirs de correspondance. Il dominait de la tête la foule, avançant plus vite qu'elle, se creusant un passage que Gilles ouvrit à son tour, courant lorsque l'homme, arrivé sur le quai, prit le métro direction Nation ; Gilles réussit à monter dans le wagon, essayant de ne pas être trop proche de l'homme, mais il fut poussé vers lui, heurta son épaule, et leurs visages se retrouvèrent à la même hauteur. L'autre se retourna lentement, et Gilles baissa les yeux de crainte qu'il ne le reconnût, car, comme tous les tueurs, cet homme devait retenir tout ce qu'il voyait, et Gilles resta tête penchée, sentant – mais peut-être l'imaginait-il – ce regard peser sur lui.

Puis leurs épaules s'étaient écartées, l'homme descendit à la station Courcelles, et Gilles le laissa prendre de l'avance, car il lui semblait qu'en sortant du wagon, l'autre s'était à nouveau retourné, comme s'il cherchait à remettre son visage. Il avait dû monter les escaliers de la station en courant, car Gilles l'avait perdu de vue. Celui-ci s'élança sur le boulevard, recevant la pluie de face, cherchant sur les trottoirs déserts une silhouette, traversant le boulevard, s'engageant dans la rue de Courcelles.

Quartiers assoupis à cette heure: des voitures seulement dans les voies principales, le boulevard, un Paris repu et paisible, à l'aise dans ses rues, ses immeubles massifs, comme dans des pantoufles fourrées; peu de fenêtres éclairées, comme si chacun s'était retiré au plus profond des grands appartements dont les couloirs étroits conduisaient à des pièces sur cour où l'on était entre soi.

Et, tout à coup, des éclats de voix dans la rue oblique, deux hommes qui se faisaient face dans un rectangle de lumière éclairant la rue, la façade de l'église orthodoxe, et Gilles se mit à courir au milieu de la chaussée, ayant reconnu l'homme aux cheveux noués, se demandant tout en courant vers lui dans quelle rue il se trouvait, puis, brusquement, une expression toute faite, une évidence, et il se reprocha cette distraction: l'église russe de la rue Daru, disait-on toujours.

Il était donc rue Daru, et, tout en s'approchant, alors que l'altercation se poursuivait, qu'il voyait un homme d'une taille presque anormale, long, maigre, tenir à distance, en battant l'air de ses bras qui paraissaient démesurés, l'homme aux cheveux noués, Gilles pensait: rue Daru, rue Daru, et il finit par trouver, au moment précis où l'homme aux cheveux noués était repoussé par son adversaire, un Africain qui regarda Gilles avec inquiétude, un instant, avant de refermer la porte sur laquelle Gilles devina ces mots qui confirmaient l'exactitude de son souvenir: *L'Universel, rédaction-administration* – mais il n'eut que le temps de penser à Laurent Dimet, à la fille d'Anne-Marie Bermont, d'éprouver une sorte de jubilation à l'idée que les fils se rejoignaient, se nouaient là, à *L'Universel*, chez Richard Berthier, dans ce mensuel dont Parrain disait qu'il lui faisait penser à la phrase de Napoléon qualifiant Talleyrand de merde enveloppée dans un bas de soie – mais, ajoutait Parrain, les temps ont changé, ce n'est ici que du papier glacé.

Gilles avait-il été distrait, quelques secondes à peine, par l'étonnement qu'il éprouvait à se retrouver rue Daru, devant l'hôtel particulier de Berthier où, tout au début de la publication de *L'Universel*, il s'était rendu pour participer à un débat – Dimet, Lavignat, Mérou autour de la table, mais lui-même n'avait prononcé que quelques mots, se maudissant d'avoir accepté l'invitation, se jurant de rompre définitivement avec ce Paris mondain qui se prétendait intellectuel, se retenant pour ne pas prendre Dimet au collet, et il en aurait encore la tentation quelques mois plus tard, sur le plateau d'« Apostrophes » ? L'attention voilée par sa surprise, ses souvenirs, Gilles n'avait pas réalisé qu'il était seul face à l'homme aux cheveux noués, dans cette rue redevenue sombre, maintenant que la porte avait été refermée par l'Africain. Porté par son élan, il s'était trouvé projeté en avant contre l'homme, n'avait pas pris le soin de choisir la défensive, et il comprit que l'autre l'avait reconnu, qu'il avait remis son visage déjà aperçu rue Pierre-Lescot, puis dans le métro, et maintenant ici, rue Daru.

Les yeux de l'homme se chargeaient d'une indifférence telle qu'elle en devenait de la haine, c'était bien cela : ils exprimaient la froideur d'un objet pour un objet, et Gilles, surpris, pressentit le coup, imaginant ou voyant déjà la lame brandie au bout du poing fermé.

Il fit un bond en arrière, mais l'autre avait le bras tendu, et le choc au-dessous des côtes, à gauche, creva le corps de Gilles, lui coupant le souffle. Il essaya de courir derrière son agresseur qui s'enfuyait par la petite rue face à l'église orthodoxe.

« Mais comment s'appelle-t-elle ? » se demandait Gilles qui cherchait à avancer encore, à crier, tout en battant des bras, et comme il s'effondrait, un liquide chaud baignant son ventre, son sexe, il pensait rue Pierre-le-Grand, et des images de livres de classe lui revenaient, un immense tsar, hache à la main, coupant des têtes dont le sang giclait.

24

Milner était resté quelques minutes immobile devant la porte de la chambre de Gilles Duprez qu'il venait de refermer. Il reconnaissait le couloir dallé, sale, ces murs jaunes dont la peinture s'écaillait, ces fauteuils dans la petite salle d'attente, en face des ascenseurs, leurs accoudoirs usés, le faux cuir fendillé laissant échapper des touffes de crin gris.

C'était comme un envers du décor, une pièce de la machinerie de la ville, et il éprouvait, à en être l'un des soutiers, une sorte de satisfaction intellectuelle, un sentiment fait de jubilation et de douleur dont il ne parlait jamais, même à Hélène, quand elle s'étonnait – cela revenait comme le leitmotiv dans leurs disputes, leurs conversations même – qu'il eût choisi d'entrer dans la police, lui, François, qui terminait, quand elle l'avait rencontré, une licence de philosophie.

Il répondait en baissant les yeux, comme pour admettre sa lâcheté, qu'il s'était toujours su incapable d'aller plus loin, de réussir l'agrégation, d'être à sa hauteur à elle, qui avait donc le droit d'enseigner aux autres, dans la noblesse des lieux – lycée Montaigne, Sorbonne –, tandis que lui restait dans les cales à colmater les brèches, à huiler les bielles, soutier donc.

Hélène se laissait prendre à chaque fois et il était déçu de sa crédulité, de sa petite vanité qu'elle tentait de dissimuler en disant qu'enseigner l'allemand et diriger quelques travaux pratiques de civilisation germanique, ce n'était pas si glorieux que cela ; de son côté, François, dans les bons jours, quand il voulait obtenir d'elle quelque chose, un pardon, un oubli, ou bien le droit de l'aimer comme il voulait, ajoutait qu'elle terminait une thèse, qu'étudier les rapports entre Hitler, le nazisme et la littérature allemande, ce n'était pas rien, qu'il l'admirait.

Elle minaudait un peu, semblait d'abord ne pas avoir entendu, évoquait les lieux, les salles de classes du lycée Montaigne, sordides: « Ça ne vaut pas mieux que tes commissariats. » Quant à la Sorbonne, elle n'était plus qu'une apparence, rongée, vétuste, et Milner n'avait pas vu, ajoutait-elle, les amphithéâtres de Tolbiac. Hederlisch, le directeur de thèse d'Hélène, refusait même d'y faire cours. « Mais Hederlisch... »

Elle y revenait ainsi, parlant de sa thèse avec une emphase qui n'irritait pas François. Il gardait les yeux baissés, modeste, ou bien il restait assis par terre, jouant avec Gabriel, lui expliquant à voix basse comment on construisait un fort, montant un mur de cubes là, ouvrant une porte ici, dressant une tour de garde à chaque angle.

« Tu m'écoutes ? » questionnait Hélène.

Il savait tout de Hederlisch, et même plus qu'Hélène n'imaginait. Carré, qui venait d'être muté des Renseignements généraux au Quai des Orfèvres, lui avait appris qu'on soupçonnait Hederlisch d'entretenir des rapports avec des groupes néonazis, donnant des conférences lors des universités d'été qu'ils tenaient en Flandre, en Bavière, dans le Tyrol.

Mais pourquoi raconter cela à Hélène ? Comment lui faire comprendre qu'il aimait son métier, qu'il ne pouvait en imaginer un autre, qu'il avait commencé des études de philosophie parce qu'il avait cru, ainsi, pouvoir pénétrer dans l'arrière-scène, découvrir ce qui faisait penser, agir, et il avait été tenté, un moment, par la psychologie, la psychanalyse, tout ce qui, imaginait-il, permettait de dévoiler, de crever la carapace – puis, brusquement, à la fin de sa licence, une affiche lue dans un commissariat, annonçant un concours de recrutement, et il n'avait pas hésité, comme si cette vocation avait toujours existé en lui.

Il n'avait avoué à Hélène sa décision qu'après qu'il eut été admis – ils vivaient déjà ensemble, il savait qu'elle ne le quitterait pas – et il plaidait déjà, quand elle s'indignait, la médiocrité de ses propres qualités intellectuelles, son souci d'obtenir rapidement un emploi sûr à Paris.

Il continuerait, expliquait-il, à lire, comme ça, pour le plaisir, des philosophes – et c'est vrai qu'il lisait et relisait Nietzsche. Mais à peine une ou deux pages par jour – il fallait néanmoins qu'il dissimule ce point à Hélène –, parce que son métier le comblait, lui faisait éprouver presque à chaque instant des sentiments extrêmes, contradictoires, comme ceux que procure une passion, peut-être un vice.

Et puis, comme il l'avait voulu, il crevait la carapace, il savait ce qu'il y avait derrière le décor : ça, ce couloir d'hôpital qui se préparait à appareiller pour la nuit.

Toujours immobile, Milner regardait les visiteurs quitter les lieux, se penchant encore vers les chambres dont les portes demeuraient entrouvertes, les infirmières affairées poussant les chariots de soins ; l'une d'elle, une grande fille noire aux boucles dorées, s'était arrêtée devant lui.

Il lut sur le badge qu'elle portait à gauche – elle devait avoir les seins hauts, elle devait être nue sous sa blouse, la peau si noire et cependant brillante – son nom en lettres rouges : *Madeleine Vota.*

« Vous avez fini avec M. Duprez ? », avait-elle demandé, et Milner s'écarta, la laissant ouvrir la porte, il se tourna afin d'entr'apercevoir Duprez qui lui faisait de la main un petit salut, puis il s'éloigna aussitôt, ne voyant plus rien de ce qui l'entourait, la tête pleine des silences et des esquives de Duprez, qui n'avait répondu à aucune de ses questions, se dérobant avec ironie.

« Ce que je faisais rue Daru ? Mais je me baladais, il n'est pas encore interdit de se promener dans Paris ? »

Tout au long de la conversation – pouvait-on appeler cela une déposition ? –, Milner avait conservé son calme, se contentant de montrer qu'il n'était pas dupe.

Si la victime, avait-il dit, ne voulait pas contribuer à l'identification de son agresseur, la police ne pouvait qu'être impuissante, n'est-ce pas ? Si la victime refusait de collaborer..., avait repris Milner, Duprez ne répondant toujours pas – mais, à ce mot, Duprez avait levé la main, l'interrompant, disant : « Je ne me range pas du côté des collaborateurs, mais de la résistance ; la police, je sais, a toujours préféré les premiers. »

Milner avait lentement refermé son carnet, repoussé le

fauteuil dans un coin de la chambre, avec l'envie de lancer une réponse cinglante à cette repartie stupide et agressive, mais il s'était dominé, s'obligeant à des gestes encore plus lents, boutonnant minutieusement son imperméable, tout en souriant à Duprez, répétant : « Je vois, je vois », puis remerciant : « Votre collaboration m'a été cependant précieuse » – et, la main sur la poignée de la porte, il avait ajouté : « Les écrivains ont été pour la plupart d'excellents collaborateurs de toutes les polices, n'est-ce pas ? »

Puis il avait refermé la porte avec précaution, s'immobilisant quelques minutes pour se calmer, savourer ce qu'il avait dit, s'imprégner de ces lieux.

C'est dehors, dans l'allée, marchant vers la rumeur du faubourg Saint-Antoine, vers cette traînée de lumière qui éclairait les bâtiments de l'hôpital comme un orage qui s'annonce à l'horizon, avec ses roulements et ses lueurs, que Milner avait ressenti une fatigue si intense qu'il avait eu l'impression que son corps se couvrait de sueur, que ses jambes refusaient de le porter, d'avancer, et il avait regardé autour de lui, cherchant un endroit où s'asseoir, ne trouvant que le rebord d'un trottoir, s'accroupissant, bras croisés, le menton sur la poitrine, et cette phrase lui revenait : « Mais qu'est-ce que je fous, qu'est-ce que je fous ? »

Il cherchait, comme quelqu'un qui tâtonne, des raisons à ce brusque accès de désespoir, d'épuisement : la faim, d'abord, parce qu'il fallait commencer par les choses simples, ou peut-être avait-il au contraire déjeuné trop copieusement à la cantine avec Carré ?

Tout au long du repas, celui-ci lui avait parlé de Duprez, un type dangereux qui cherchait le scandale, qui choisissait toujours des sujets d'enquête compromettant le maximum de gens, une sorte d'anarchiste, même si le mot, aujourd'hui, ne signifiait plus rien, un marginal de luxe, intouchable en tout cas. « Il a les médias avec lui. »

Et c'était peut-être cela, ce sentiment d'impuissance face à Duprez, qui provoquait en lui cet abattement, cette angoisse, cette lourdeur dans tout son corps.

Mais peut-être était-ce simplement la fatigue, la nuit passée à interroger, Quai des Orfèvres, des jeunes de la banlieue nord, Drancy, Le Blanc-Mesnil, qu'on avait raflés à la station de métro

Strasbourg-Saint-Denis avec des petits sachets de drogue ; Milner, qui n'était pas affecté à la brigade des stupéfiants, avait assisté à l'interrogatoire, fasciné, comme à chaque fois, par la jeunesse, la morgue ou l'indifférence de ces délinquants – mais le mot même de délinquant ne leur convenait pas.

Qu'est-ce que c'était, la loi, pour eux ? Rien. Même pas un mot. Comment pouvaient-ils la violer ?

À 2 heures du matin, rentré chez lui, rue du Chemin-Vert, à quelques centaines de mètres du cimetière du Père-Lachaise, où il allait parfois se promener avec Gabriel – « Tu as de drôles de distractions ! » disait Hélène, mais c'était si calme, si beau, cet ordre apaisé, qu'il ne renonçait pas, et Gabriel courait entre les tombes, apprenant peut-être de la sorte que la vie et la mort sont toujours mêlées –, il n'avait pu s'endormir, entrant à plusieurs reprises dans la chambre de Gabriel, se penchant sur son lit, l'embrassant, le couvrant, s'éloignant à regret, allumant la télévision, le son coupé, car l'appartement était exigu, les cloisons minces, et Hélène dormait, le visage éclairé par la lampe de chevet, les copies qu'elle avait corrigées jusque très tard, sûrement, étalées au bord du lit à côté du stylo rouge ouvert dont Milner avait remis le capuchon.

Et c'est là, oui, à ce moment-là, qu'il avait eu ce premier accès de désespoir. Tout était si précaire, avec toutes ces menaces qui grouillaient sous chaque pas et qu'il se sentait impuissant à écraser.

Dans la matinée, ils avaient fait, avec Carré, une descente près de la gare de l'Est, rue du Faubourg-Saint-Denis, chez un Turc qu'on soupçonnait de trafic d'armes. Les cartons vides, les ordures s'entassaient dans la rue.

« Tu vois, dit Carré, ici c'est Istamboul. »

Et il raconta à Milner que certaines lignes de métro étaient rebaptisées, pont de Sèvres-Montreuil-Alger-Bamako. Milner s'était emporté. Il sentait aussi monter ce racisme insidieux, cette incompréhension, cette tension dans les quartiers.

Dans l'immeuble qu'il habitait, quand le propriétaire avait installé comme concierge un couple de Zaïrois, une vieille voisine l'avait interpellé : « Vous qui êtes dans la police, vous laissez faire ça ? »

Cette ville qu'il avait habitée depuis son enfance – une chance que ses parents eussent acheté cet appartement, comment auraient-ils pu éviter – eux, deux fonctionnaires de cadre A, pourtant –, de partir en banlieue ? Or ni lui ni Hélène ne voulaient en entendre parler ; Paris, c'est dans les murs que cela se vivait – changeait, pis, se décomposait comme un organisme qui mue, et il faudrait du temps pour qu'elle retrouve une nouvelle apparence, peut-être même allait-elle vraiment pourrir çà et là ?

Que pouvait-il empêcher ?

Il avait voulu pénétrer dans l'arrière-salle, afin de savoir.

Il savait.

Ça grouillait. Ça se droguait. Ça se tuait. Ça rackettait partout. Comme partout. Moins que dans le Bronx, mais un peu plus qu'à Oslo.

La maladie se diffusait. Il le sentait, il le voyait. Jusqu'à ces murs des bâtiments de l'hôpital, devant lui, couverts de graffiti, de sinuosités rouges et noires, comme l'expression d'une force grimpante qui voulait autre chose, un lierre puissant qui couvrait peu à peu tous les murs, les surfaces, qu'on retrouvait dans les couloirs du métro, les façades, les trottoirs – qu'y pouvait-on faire ?

Il eut envie de remonter dans le bâtiment, d'ouvrir la porte de la chambre de Duprez, de l'interroger comme on le faisait avec ceux qu'on ne ménageait pas.

« Qu'est-ce que tu faisais, rue Daru, c'est pas ton quartier, tu vas nous raconter tout ça, et vite ! »

Mais ce n'était même pas une intention, à peine un mouvement d'humeur.

La pluie avait recommencé, comme si l'orage était enfin parvenu à éclater, s'apaisant ainsi, et Milner se leva. Coup de pompe, comme on disait.

C'était un métier où il fallait avoir les nerfs solides, on craque ou on passe, avait-on dit à Milner quand il avait été reçu. Et le commissaire qui l'avait félicité pour son rang de sortie avait ajouté : « Vous avez fait des études de philosophie ? Oubliez les livres, Milner. Vous allez lire dans la vie. On apprend vite. »

Qu'avait-il appris ?

25

Parfois, alors qu'elle marchait entre les tables, lentement, s'arrêtant pour regarder par-dessus l'épaule d'une élève tout en continuant à dicter ce texte de Gœthe ou ces vers de Schiller, Hélène Milner aurait aimé s'interrompre, fermer le livre qu'elle tenait entre ses mains comme un missel, sans qu'elle eût besoin de suivre les mots, connaissant ces passages par cœur, ne gardant l'ouvrage à la main que pour se rassurer, se calmer – sinon, qu'eût-elle fait de ses bras, de ses doigts ? Elle les aurait, qui sait, levés au-dessus de sa tête, et elle aurait peut-être lancé : « Écoutez-moi, écoutez-moi ! »

Elle imaginait la surprise de ses élèves, dont elle sentait qu'ils la jugeaient comme l'un de ces professeurs rigoureux, maîtres d'eux-mêmes, et elle était émue quand elle percevait dans les yeux d'une de ces adolescentes – ainsi, hier, Isabelle Rivière – l'admiration qu'on éprouvait pour elle.

Il lui fallait donc donner l'apparence du calme, rassurer ces élèves qu'elle devinait fragiles, inquiets souvent, prêts, lui semblait-il, à trébucher, à basculer vers on ne savait quoi, l'indifférence, le repliement sur soi, la drogue, pire encore.

François, quand elle lui faisait part de ses craintes, prétendait qu'elle exagérait, que l'adolescence était toujours un passage difficile, ne se souvenait-elle pas de sa jeunesse à elle ?

Mais précisément, il suffisait de si peu : une rencontre, une incompréhension, une main qui ne se tendait pas – elle l'avait vécu, elle, autour de ses dix-sept ans, et elle avait l'impression qu'elle avait échappé par miracle au pire, le suicide qui l'avait tentée.

« À dix-sept ans, répondait François, tout le monde a pensé à se tuer. »

Il haussait les épaules, et elle ne pouvait lui parler de cette Isabelle Rivière, bonne élève dont l'évolution l'inquiétait, qu'elle voyait se transformer sous ses yeux.

Elle avait coupé ses cheveux, les portant très court maintenant, cessant d'être cette enfant attentive, spontanée, pour devenir une trop jeune femme, rêveuse, presque abattue, qui écoutait distraitement le cours, sursautait quand Hélène l'interrogeait, ne remettait plus ses devoirs et écoutait avec passivité les reproches, ne réagissant pas aux mauvaises notes – transformation si rapide qu'Hélène en était fascinée, qu'elle se proposait de convoquer le père ou la mère, divorcés naturellement, mais elle hésitait encore.

M. Rivière, député, la mère Anne-Marie Bermont, éditeur, que leur dirait-elle, à eux qui n'avaient aucune excuse, sinon l'égoïsme, pour ne pas savoir ce qui arrivait à leur fille ?

Elle avait aperçu Isabelle à la sortie du lycée, tenant par la taille cet homme qu'elle reconnaissait pour l'avoir vu quelquefois participer à des émissions de télévision, Laurent Dimet, dont elle n'avait pas lu les livres, mais qui affichait, proclamait ses mœurs scandaleuses, et pour lequel elle éprouvait un mépris instinctif.

Mais devait-elle intervenir ? Avertir Julien Rivière ?

Évoluant entre les rangées de tables, s'approchant de l'estrade, répétant les phrases difficiles, Hélène Milner guettait Isabelle, qui mordillait son stylo. Elle n'osait même pas l'interpeller, lui demander de relire sa copie, si inutiles se révélaient ces admonestations, pires parfois que le silence qui permettrait peut-être à la crise de se résorber naturellement, comme cela avait été le cas pour Hélène.

À moins que les temps aujourd'hui ne fussent si différents, et c'est cette hypothèse qui la hantait, qu'elle taisait, qu'elle s'accusait même de formuler – et pourtant, quand elle travaillait à sa thèse, seule chez elle ou bien dans le petit bureau qu'elle avait conquis de haute lutte, à l'École pratique, boulevard Raspail, cette inquiétude la reprenait.

Elle avait le sentiment que, comme au début du siècle, quand Hitler, désemparé, hagard, errait dans les rues de Vienne ou de Munich, une époque se terminait. Et qu'ils allaient vivre, qu'ils avaient déjà commencé à vivre – eux tous, Isabelle, ces adolescents, elle, et son fils, « Gabriel mon amour », l'appelait-elle –, des temps troublés, peut-être une époque de terreur.

Laurent Dimet lui rappelait ces auteurs berlinois des années vingt, impudents, amoraux, faisant de leur corruption une règle de vie, et elle s'effrayait d'autant plus que François, si discret qu'il fût, si silencieux qu'ils s'appliquât à être, si soucieux de la rassurer, était inquiet comme elle.

Le mari d'Hélène ne laissait que rarement deviner ce qu'il pensait. Mais il avait une manière de serrer Gabriel contre lui, tout à coup, de lui caresser les cheveux, le visage empreint de tristesse, qui ne la trompait pas. Lui, il savait.

Il disait parfois : « J'ai les mains et les pieds dans la boue », puis il se reprenait, souriait : « J'exagère, comme toujours », murmurait-il.

Elle l'interrogeait, voulait qu'il lui racontât ces affaires auxquelles il était mêlé.

« Rien, bougonnait-il, rien, ce que tu peux lire dans les journaux. »

Elle lui en voulait, elle lui reprochait ce métier qu'il avait choisi, et quand, rarement, elle voyait, accrochées dans l'armoire, près de l'entrée, la ceinture, la sacoche de son arme, la crosse qui dépassait, elle ne pouvait réprimer un mouvement de répulsion.

Il lui semblait que ce revolver la menaçait, elle, qu'il était dirigé contre Gabriel, et, dans ces moments-là, elle avait envie de prendre son fils dans ses bras, de quitter l'appartement, de partir loin de Paris, et, l'espace de quelques instants, elle s'imaginait enseignant dans une petite ville des Alpes, Gap, Barcelonnette, Nyons.

Mais elle était raisonnable, elle l'avait toujours trop été, et elle se contentait de dire à François : « Tu sais que je ne veux pas voir ça, tu le sais. »

Il s'excusait et elle lui pardonnait aussitôt, car elle avait besoin de lui, de la force qu'il représentait pour elle, et, au fil des années, ils avaient ainsi établi un équilibre qu'elle ne souhaitait pas rompre.

Quelquefois, pourtant, il disait à voix basse, comme s'il craignait que Gabriel entendît, que Paris devenait une ville difficile à vivre, et quand il rentrait au cours de la nuit, il rôdait dans l'appartement, comme si la tension en lui était trop forte pour qu'il pût se coucher aussitôt et dormir.

Elle fermait les yeux, elle ne voulait pas savoir vraiment ce qu'il vivait, mais c'était pis, parce qu'elle l'imaginait.

Quand, le matin, elle retrouvait ses élèves, c'est à Gabriel qu'elle pensait, cherchant à deviner ce qu'il serait à dix-sept ans. Ressemblerait-il à Jonathan, cet adolescent trop grand ? Aimerait-il une fille telle qu'Isabelle et souffrirait-il de la voir enlacée par un homme qu'il jugerait vieux, un Laurent Dimet ? De quelle violence serait-il capable ? De quels élans ?

Que lui transmettrait-elle ?

De quoi était-elle sûre encore ?

Elle n'avait plus que des questions en elle, ou des angoisses.

Il lui semblait que Paris était un grand chaudron bouillonnant dans lequel on précipitait ces enfants – « Gabriel mon amour », tous ces adolescents –, et elle craignait de manquer de courage pour affronter cet avenir, celui de son fils.

Alors elle travaillait.

On disait d'elle – les amies, les collègues, le proviseur, les inspecteurs généraux, et peut-être François le pensait-il aussi – qu'elle était ambitieuse, qu'elle voulait faire une brillante carrière, alors qu'elle ne s'enfermait dans son bureau avec ses livres, ses photocopies de documents, que pour ne plus affronter la rue, la ville, cette décomposition dont il lui semblait partout reconnaître les signes.

Naguère, il y avait moins d'un an, elle avait pris l'habitude de s'imposer, une ou deux fois par semaine, ce qu'elle nommait « ses obligations culturelles ». Elle n'hésitait pas alors à sortir seule le soir, François gardant Gabriel. Elle appelait un taxi, l'attendait au bas de chez elle, rue du Chemin-Vert, ou bien elle prenait le métro afin de se rendre au théâtre, et parfois elle gagnait ainsi l'une de ces salles de banlieues : Bobigny, Aubervilliers.

On l'invitait à des vernissages dans les galeries, rue de Seine, rue du Renard.

Elle visitait les expositions à Beaubourg.

Et puis, peu à peu, une peur diffuse, irraisonnée, l'avait envahie. Il lui semblait que dans les rues, les couloirs du métro, on la regardait avec haine. Les gens au visage hagard lui paraissaient de plus en plus nombreux, la laideur l'agressait.

Elle se sentait menacée, elle était aux aguets, évitant désormais certains quartiers, inquiète quand elle voyait venir à sa rencontre, sur le parvis de Beaubourg, l'un de ces clochards, si nombreux désormais, jeunes, chômeurs sans doute, qui demandaient l'aumône comme s'ils réclamaient leur dû.

Si bien que, peu à peu, elle avait renoncé à sortir, comme si elle avait eu peur de la ville, la nuit.

Elle prétextait un surcroît de travail, la nécessité de terminer rapidement sa thèse, les exigences de Hederlisch, son directeur de recherches.

Elle se reprochait cette lâcheté, peut-être déjà un effet de l'âge, cette incapacité à affronter la vie telle qu'elle est, qui est la marque du vieillissement.

« Je veux rester avec Gabriel, expliquait-elle à François, ça passe si vite, ces années. »

Elle bordait son fils, elle s'attardait devant la télévision, mais la violence était présente dans chaque image.

« Que faites-vous, s'exclamait-elle parfois, la police existe, oui ou non ? » Puis, sans attendre la réponse de François, elle s'enfermait dans sa chambre pour travailler, prétendait-elle. Mais les phrases se mêlaient devant ses yeux. Elle ne pouvait, elle ne voulait plus lire, c'était comme si ce qu'elle étudiait, ces romans allemands des années vingt, évoquaient ce qu'elle voyait germer ici, à Paris.

Elle tentait de se raisonner. Elle repoussait François : « Mais je travaille », disait-elle d'une voix irritée. Puis elle retournait devant la télévision, et c'était le choc, ces actualités allemandes de la période de la guerre, qu'on diffusait dans une émission dont le titre accentuait son angoisse, « L'Histoire parallèle », ces foules, ces visages transfigurés, des femmes pour la plupart, qui regardaient, qui tentaient de toucher cet homme en uniforme, ce fou inspiré qui avait surgi, tel l'enchanteur de la fable germanique, conduisant des rats, puis des enfants, vers le fleuve où ils se noyaient.

Et les peuples avaient suivi Hitler.

Elle était fascinée par ces images, elle se souvenait de cette photo prise en août 1914, sur une place de Munich où la foule s'était rassemblée pour écouter l'annonce de la déclaration de guerre; là, dans ce moutonnement indistinct, on avait repéré, plus tard – et on le montrait toujours entouré d'un cercle sur des clichés grossis –, le visage extasié, juvénile, les yeux exorbités, joyeux, la bouche légèrement entrouverte par un sourire d'attente et d'espoir, Hitler recevant la nouvelle, devinant que le grand massacre qui commençait serait sa chance.

Elle ne pouvait parler de ce qu'elle ressentait à Hederlisch.

Il la recevait dans son bureau de la Sorbonne, au troisième étage, escalier C, à la fin de son séminaire.

Il était assis, ses notes étalées devant lui, ses yeux vifs derrière des verres épais, et souvent il ne la laissait pas exposer l'état de ses travaux, l'invitant dans un long monologue à ne pas demeurer enfermée dans les préjugés idéologiques.

« Soyez historienne, seulement cela, décrivez, expliquez, disait-il, ne condamnez pas, surtout pas d'*a priori* ! »

À plusieurs reprises, il avait évoqué avec jubilation, exaltation même, l'intelligence, la finesse, l'intuition d'Hitler.

« À son propos, chère amie, avait-il affirmé, il faut tout reprendre. Croyez-vous que des millions d'Allemands l'auraient suivi s'il n'avait pas exprimé ce qu'ils voulaient, ce qu'ils pensaient ? N'ont-ils pas voté pour lui ? »

Il s'appuyait des deux paumes à son bureau, se balançait sur sa chaise, puis, rassemblant ses notes, il se levait : « On a jugé trop vite, croyez-moi. Voyez les textes, les faits. C'est cela qui compte. »

Hélène quittait Hederlisch avec des sentiments qui passaient de la panique à la colère. Ce type est un nazi, murmurait-elle en traversant la cour de la Sorbonne. Et elle pensait à l'avenir de Gabriel avec une sorte d'effroi.

26

D'un geste, sans même un mot, Rivière avait renvoyé Bernard, qui l'attendait au volant de la voiture stationnée en double file devant le lycée Montaigne, mais quand il avait commencé à s'éloigner, marchant vers la rue d'Assas, son assistant avait donné un coup de klaxon, puis, penché par la portière, avait crié : « Et la délégation, le rendez-vous à l'Assemblée ? »

Rivière avait levé le bras, haussé les épaules, quelle importance, semblait-il dire de tout son corps, que ces locataires du boulevard Brune qui venaient exposer à leur député, rapporteur du budget du logement, leurs doléances contre l'office d'H. L. M. de Paris, quelle importance en ce moment, avec ce que Rivière avait dans la tête ?

Bernard démarra, klaxonnant une deuxième fois, un coup bref, impérieux, obtenu en frappant du poing au centre du volant, puis il ralentit à la hauteur de Julien Rivière, secouant la tête, réprobateur, interrogatif.

Mais Rivière l'avait à nouveau chassé d'un mouvement de la main, et Bernard avait accéléré, faisant crier les vitesses, comme pour lancer un juron de colère ou d'indignation.

Rivière n'avait pas même sursauté, c'est à peine s'il avait entendu, continuant de marcher, s'engageant dans la rue d'Assas, cette rue qu'il avait toujours trouvée sinistre, comme l'un de ces défilés où se préparent des embuscades, des façades en forme de parois nues, la trouée au bout avec ce bouquet d'arbres, le boulevard Saint-Michel, et il marchait dans cette direction, rentrant chez lui à pied.

Il n'avait rien à expliquer à Bernard, il n'avait pas à se justifier.

Comment peut-on dire aux autres qu'on a le sentiment d'arriver au bout de quelque chose ? De ne plus trouver en soi assez d'élan pour continuer – vers quoi ? – au moment où il faudrait un sursaut d'énergie, de passion.

Mme Milner l'avait dit : « Votre fille a besoin de vous, monsieur Rivière, de vous et de sa mère, mais peut-être d'abord de vous ; l'adolescence est un âge critique, vous le savez, et je crois qu'elle traverse une très mauvaise passe. »

Julien, dans la cour du lycée, marchant à côté de Mme Milner, avait péroré. Il avait remercié. Mais n'avait-il pas été lui-même professeur, si longtemps ? Il ne fallait pas exagérer, dramatiser. Le proviseur les avait rejoints, heureux de rencontrer monsieur le député de Paris, se plaignant de la « vétusté des locaux ». « Si vous pouviez intervenir auprès de vos amis du conseil régional... »

Mme Milner les écoutait avec un sourire ironique qui irritait et inquiétait Rivière. Il remercia encore, mais déjà elle s'éloignait, puis elle se ravisa tout à coup, prenant le bras de Rivière, le serrant avec une force inattendue, dans un geste surprenant, et, la bouche à demi fermée, elle avait murmuré avec violence : « Occupez-vous donc d'abord de votre fille, votre responsabilité commence par là, non ? Mais elle n'est pas encore électrice, n'est-ce pas ? Demandez-lui au moins comment elle va, qui elle voit. Vous pouvez me téléphoner, je suis dans l'annuaire : Milner, Hélène Milner. »

Elle l'avait laissé pantois, le proviseur en était revenu à l'état des locaux, entraînant Rivière vers les toilettes : « Voyez dans quel état elles sont, et je n'ai pas suffisamment de surveillants, vous comprenez ; heureusement, nous ne sommes pas en banlieue, le milieu n'est pas le même, évidemment, mais la drogue, sûrement – marginalement, mais une vraie menace. »

Il avait raccompagné Rivière jusqu'à l'entrée du lycée.

« Mme Milner est l'un de nos meilleurs enseignants, avait-il dit encore, remarquable : un engagement moral, personnel », puis, faisant la moue, il ajouta : « Un peu excessive parfois, le sens de la tragédie, elle enseigne l'allemand, la littérature, la philosophie germaniques, c'est la démesure, que voulez-vous. »

Rivière avait regardé ce petit homme rond et chauve,

bedonnant, rassurant, pareil à tant de ceux qu'il côtoyait à l'Assemblée, dans des réunions d'associations auxquelles il devait assister, toute cette foule de notables remplissant avec une sorte d'allégresse leurs fonctions – rouages heureux, consentants, de la machine sociale – et qu'un titre, une décoration, une invitation suffisaient à rendre dociles, complices, tant ils avaient besoin d'être reconnus, distingués.

Et Julien, avec amertume, répétait : « Monsieur le proviseur, votre établissement est l'un des plus remarquables, je le disais au ministre… »

Des phrases, des mimiques, des actes qui n'étaient plus que des répétitions de ce qu'il avait déjà tant de fois dit, accompli ; comment trouver encore de l'énergie, quand la vie se réduisait ainsi peu à peu à des sons, des apparences, qu'elle n'était plus qu'un dessin en trompe l'œil, comme ces fresques qu'on peint sur les façades et qui donnent habilement à croire qu'une fenêtre est ouverte sur la mer, que des marches s'élèvent vers un point de vue d'où l'on aperçoit l'horizon, les arbres, et l'on a envie de gravir cet escalier, d'atteindre le sommet, ou bien de se pencher à cette fenêtre – mirage, profondeur truquée, jeu d'illusions.

Rivière était devenu habile à peindre ce décor et il en était encore dupe parfois, comme si le peintre lui-même croyait pouvoir s'enfoncer dans ce qui n'était qu'un plan, et, tout à coup, cette Mme Milner – il l'insultait : cette conne, ce petit professeur prétentieux – le tirait en arrière, et, en quelques mots, d'une pression sur le bras, l'obligeait à voir ce décor, ce faux-semblant de sa vie, et il découvrait ce qu'il savait, ce qu'il s'obstinait à ne pas s'avouer : qu'il vivait aujourd'hui telle une pierre qui roule sur une pente, et les jours succédaient aux jours, mais quel était le sens de ce mouvement qu'il n'impulsait plus, qu'il ne désirait plus ?

Alors qu'il se dirigeait vers Denfert-Rochereau, il avait, au bout de la rue d'Assas, croisé plusieurs passants qui l'avaient dévisagé, et il sentait qu'on se retournait sur lui, il lui semblait entendre les chuchotements : « Tiens, c'est Julien Rivière », et, comme un automate bien réglé, il esquissait un sourire de connivence, l'air de dire : « Oui, c'est bien moi, Rivière, je suis heureux que vous me reconnaissiez, et moi aussi je vous connais», tic de déjà vieux professionnel de la politique, habitué à ne plus être surpris, à amortir chaque choc, comme si, pour l'atteindre, il eût fallu traverser toutes les défenses que, jour après jour, il s'était construites.

Et cependant, Mme Milner l'avait blessé par la brusquerie, la sincérité agressive de son geste et de ses propos ; elle avait visé juste, puisque sa vraie faiblesse, c'était Isabelle, ce passé qu'elle incarnait, cette vie nouvelle née de lui sur laquelle il n'avait aucune prise, il le sentait bien, et dont pourtant il était responsable.

Il pouvait accuser Anne-Marie, lui reprocher d'être trop libérale, mais il savait, lui, qu'il avait choisi, délibérément choisi, en toute conscience, de favoriser d'abord sa propre vie à lui, son ambition à lui, son plaisir à lui, plutôt que d'accorder à Isabelle l'attention, le temps – le temps, surtout –, la disponibilité qui lui auraient été nécessaires.

Combien de fois il l'avait repoussée : il avait ceci, cela, réunion, colloque, banquet républicain des anciens combattants du XIVe, ou bien tout simplement envie d'être seul avec Karine, de pouvoir aller nu dans l'appartement sans craindre de rencontrer Isabelle, et peut-être aussi la volonté d'effacer cette preuve du temps qui était passé, elle, cette fille de bientôt seize ans, seize ans, et Karine n'en avait que trente : comment recommencer vraiment quelque chose avec celle-ci si Isabelle était là, présente, comme une entrave ? Alors il la renvoyait, il raccrochait trop vite.

Seulement deux jours plus tôt, elle lui avait encore téléphoné : « Papa ... », avait-elle commencé, et, malgré l'intuition qu'il avait eue, en l'écoutant répéter « Papa, je voudrais te voir... », que quelque chose n'allait pas – mais il était en retard, il partait avec Karine pour la télévision –, il avait répondu : « Regarde-moi, je passe dans “Le dernier mot” à 22 heures, je t'embrasse. »

Et vite, il avait raccroché.

Oubliée, Isabelle. Dans la voiture, il avait commencé à parler d'elle, pourtant, comme si l'inquiétude était revenue. « Elle avait une drôle de voix, il faut que je lui parle plus souvent, elle ne va pas bien », et Karine – il le sentait – se renfrognait, haussait les épaules, il devinait déjà ce qu'elle allait dire, qu'il accordait trop d'importance aux humeurs d'une jeune fille privilégiée, et, de fait, elle avait déclaré d'une voix pleine de reproches : « Vous êtes autour d'elle, toi et sa mère, admiratifs, je le sens bien, vous la regardez, vous la couvez, personne ne lui résiste, elle est d'un égoïsme… »

Il avait écouté Karine avec irritation, mais surtout de la complaisance ; ce qu'elle disait le rassurait.

Qu'avait-il à se reprocher ? Il déjeunait avec Isabelle et sa mère une fois par mois, il la recevait chez lui quand elle voulait, même si sa présence était gênante, car il émanait d'elle une hostilité qu'elle ne manifestait par aucun propos – elle restait le plus souvent silencieuse – mais qui pourtant s'installait, par un jeu de regard, un ton de voix, une manière qu'elle avait de les quitter tôt, comme pour les laisser en tête à tête, et Julien se sentait gêné quand elle était là, même enfermée dans sa chambre.

Karine, ces soirs-là, se montrait entreprenante, presque excessive, comme si elle avait voulu de cette façon provoquer, défier Isabelle.

Plus simple, plus commode de la voir moins souvent, de prétexter des obligations, et souvent il était d'ailleurs réellement empêché, comme ce soir où il l'avait interrompue parce qu'il participait au *Dernier Mot*.

Dès qu'il avait aperçu Brigitte Georges et les autres invités de l'émission, il avait oublié réellement Isabelle, pris par le jeu, l'obligation de répondre à Michel Doriman, le président du Consortium de rénovation urbaine, à l'écrivain Pierre-Yves Lavignat, gagné par le plaisir des mots, le jeu de la repartie, l'excitation, une illusion de sens donné à la vie, le temps d'une émission, une heure quinze, et qui se prolonge un peu au cours du dîner dans un restaurant de l'avenue du Maine où Julien Rivière aimait à recevoir – c'était sa circonscription.

Dîner succulent, raviolis de petits-gris au fumet de cèpes, magret de chalosse rôti doucement dans sa peau, mille-feuille aux fruits rouges, et un bon, très bon madiran corsé.

Brigitte Georges se serrait contre Pierre-Yves Lavignat et celui-ci bavardait, sûr de lui. Il avait vu, racontait-il, le président dans l'après-midi, et il savait que le président regarderait l'émission : « Vous avez été parfait, Rivière, parfait. » Et, tout en parlant, il ne quittait pas des yeux Karine, heureuse, épanouie, les cheveux dénoués.

« L'opposition n'a plus d'hommes, plus de pensées, pas de génération montante, ils se sont dévorés entre eux », assurait Lavignat, et Rivière se taisait pour ne pas répondre : « Et nous, quel est notre projet ? »

Mais il n'avait pas assez d'énergie pour commencer, en ce milieu de nuit, un débat avec un proche du président.

La griserie – l'oubli – qu'avait provoquée l'émission de télévision se dissipait peu à peu et il se tenait, silencieux, loin de la table, son fauteuil reculé, regardant ces trois-là : Brigitte Georges, les lèvres d'un rouge vif ; Lavignat, qui, se passant la main dans ses cheveux très noir, mi-longs, cherchait, quand il ne regardait pas Karine, si quelqu'un dans la salle l'observait, le reconnaissait ; Karine penchée vers lui, l'écoutant avec avidité, le chemisier moulant ses seins, tendue, prête à bondir, comme si, de ce que disait Lavignat, rien ne devait être perdu. Un sourire poli crispant son visage, Rivière se demandait pourquoi il était là, assis avec ces gens, pourquoi il vivait avec Karine, qu'il n'imaginait même plus, à cet instant, pouvoir désirer encore – en tout cas le jour viendrait, proche sans doute, où il n'en serait plus capable. Elle, déjà, il suffisait qu'il la regardât, ses yeux posés sur le visage de Lavignat, pour savoir que, quels que fussent les élans qu'elle mimait et ce qu'elle était capable d'accepter, elle ne le désirait plus.

Mais l'avait-elle jamais désiré ?

Et c'est pour être là, avec ces gens-là, qu'il avait abandonné Isabelle, sa petite fille.

27

Anne-Marie Bermont était assise devant la fenêtre, au salon ; la pièce n'était éclairée que par l'écran de télévision qui diffusait une lumière bleutée que les murs réfléchissaient et dont l'intensité variait en même temps que les sons, comme si un éclat de voix déclenchait une lueur plus forte. Loin du téléviseur, Anne-Marie guettait les silhouettes qui, depuis le boulevard Raspail, s'avançaient dans la rue Boissonade, et à chaque fois elle espérait reconnaître celle d'Isabelle, sursautant comme si quelqu'un était entré jusque dans la pièce. Mais elle ne tournait pas la tête, elle ne se levait pas pour saisir la télécommande, elle avait besoin de ces sons, de cette lumière qui l'enveloppaient comme un brouillard familier, empêchant l'angoisse qui montait en elle de la submerger.

Et qu'eût-elle pu faire ? Téléphoner à Julien, à la police ?

Attendre, attendre.

Il était à peine minuit.

Elle ferma un instant les yeux, essaya de respirer lentement pour rester maîtresse d'elle-même, s'efforçant d'ordonner ses pensées.

Elle avait quitté tard son bureau, Christian Elsen l'ayant retenue longuement dans l'entrée, puis marchant avec elle tout au long de la rue Guynemer, la prenant par le bras :

« Chère Anne-Marie, disait-il, je souhaitais vous parler depuis longtemps... »

Elle se méfiait de la complicité qu'il cherchait à établir entre eux deux, des questions qu'il lui posait d'une voix un peu anxieuse, celle d'un comédien qui veut faire sentir qu'il est préoccupé et qui exagère dans le ton, les mimiques.

« Vous allez bien, n'est-ce pas : votre fille, votre vie ? Nous avons partagé tant de choses, vous vous souvenez ? »

Elle avait retiré son bras pour marquer qu'elle refusait de laisser Elsen entrer chez elle, que le passé était révolu, et, d'une phrase, elle avait fermé la porte : « Vous avez lu le dernier roman de ma collection ? »

Il hocha la tête, laissant sa main gantée – la gauche – glisser le long des grilles du Luxembourg.

Elle regarda ce gant de cuir fauve aux coutures apparentes, et elle le trouva antipathique, d'une fausse rusticité, affecté comme l'était Christian Elsen. Elle pensa à Gilles Duprez, qui ne l'appelait plus depuis deux ou trois jours – dommage, dommage.

Anne-Marie n'aimait pas la rue Guynemer, qu'elle trouvait trop silencieuse, mélancolique, froide, privée de l'éclat des vitrines, ses façades austères semblables à des bourgeois refusant avec dédain les familiarités. Cette rue, qu'elle empruntait quand le portail du jardin du Luxembourg était fermé, était le plus souvent déserte, comme un rivage réservé ou un jardin privé.

Elsen habitait au bout de la rue, une petite maison coincée entre deux hauts immeubles et où, une ou deux fois l'an, il donnait une réception pour ses collaborateurs et ses auteurs.

On se pressait alors dans l'escalier étroit, les pièces exiguës, la petite cour intérieure, mais chacun s'extasiait sur l'originalité du lieu, sur l'exceptionnelle situation de cette maison, rue Guynemer. Et Elsen, allant d'un groupe à l'autre, se faufilant dans l'escalier, souriait, presque timide : « Oui, disait-il, oui, c'est assez extraordinaire, une maison de village et le Luxembourg en face. »

Là, au fil des années, de réception en réception, Anne-Marie les avait tous rencontrés, Lavignat, Catherine Mora, Richard Berthier, et même, elle se le rappelait maintenant, c'est là qu'elle avait vu pour la première fois Duprez, et elle y pensait avec une tendresse un peu mélancolique, puisqu'il n'appelait plus depuis deux jours. Dès ce soir-là, bien qu'ils n'eussent échangé qu'un regard, elle l'avait trouvé différent, avec son costume de velours noir – elle s'en souvenait –, cette chemise rouge et cette cravate noire, cet accoutrement ridicule mais émouvant, provocant comme une espièglerie. Elle y avait aussi rencontré – mais elle ne voulait pas y penser Laurent Dimet.

« Bien sûr, disait Christian Elsen en s'arrêtant, bien sûr, vous le savez, Anne-Marie, je lis tous les livres que vous publiez, tous, et celui-ci, je le trouve tout à fait remarquable. Mais... »

Il lui avait à nouveau pris le bras, le serrant dans sa main droite, gantée – elle n'aimait pas le contact froid de ce cuir –, il la retenait et elle regardait derrière lui l'étendue sombre du parc, cette masse bruissante, sauvage, autour de laquelle on avait dressé ces hautes grilles, ces gigantesques hallebardes à pointes dorées, pour la contenir.

« Anne-Marie, avait repris Elsen, ce magnifique roman, combien croyez-vous que nous allons en vendre : trois, quatre, peut-être deux mille exemplaires ? »

Elle connaissait cette rengaine qui l'accablait. Elle aimait les livres qu'elle publiait, elle rencontrait les auteurs, déjeunait avec eux dans l'intimité d'un des bistrots tranquilles du quartier, rue des Canettes, rue de Condé. Elle les écoutait, timides, puis tout à coup confiants, retournant les cartes, avouant ce qu'ils avaient voulu cacher et qui était souvent leur raison d'écrire. C'étaient, en quelques heures, de véritables liens qu'elle tissait avec eux parce qu'elle les avait lus, reconnus, qu'elle les faisait naître en les publiant, et toute cette sensibilité qu'ils portaient, qu'ils voulaient exprimer, devenait ce bruit de machine à sous : deux mille exemplaires.

« Il faut *ouvrir* nos collections, Anne-Marie », reprenait Elsen.

Voilà donc ce qu'il voulait lui dire, qu'il allait lancer une coédition avec *L'Universel*, le mensuel de Richard Berthier.

« Ils sont en phase avec l'époque, vous comprenez, Anne-Marie, avec l'actualité, la mode, l'air du temps, le pouvoir – Dimet, Lavignat, Mora, Brigitte Georges, ce sont des noms qui comptent, qui brillent. Vos auteurs, Anne-Maire... »

Sa voix était pleine de commisération.

« Qui les connaît ? Dès lors, pourquoi les lire ? C'est notre, *votre* problème. Le talent aujourd'hui a besoin de bruit, du coup de projecteur de la mode. Nous allons – il lui avait pris les épaules, puis s'était remis à marcher – créer des synergies, presse, télévision, édition, l'heure est au regroupement des forces, Paris change, Paris doit changer, Anne-Marie, il faut penser nos livres, non plus pour le temps des calèches ou même du bon vieux métro, ou de Saint-Germain-des-Prés, mais du R.E.R., de la Défense, du câble. Il y a la Pyramide dans la cour du Louvre, et le président a eu raison; il faut faire ça dans l'édition ! »

Ils étaient arrivés devant sa petite maison. « Entrez prendre un verre » insista-t-il, mais elle se déroba, avança à mi-voix des raisons: sa fille, des amis, des lectures...

Il l'embrassa : « On reparlera de tout ça, Anne-Marie, mais pensez-y, je veux que vous soyez vraiment dans le coup. Mais, surtout – il la serra contre lui, presque paternel, – restez ce que vous êtes. »

Il jouait toujours, avec une duplicité instinctive, de sentiments contradictoires, sincère et roué, calculateur et spontané, prudent et téméraire. Il avait publié Gilles Duprez, accepté le risque de procès, défié les pouvoirs avec intransigeance, choisi Rimberg comme avocat, et cela paraissait à certains une provocation. Si bien qu'Anne-Marie, s'engageant dans la rue Vavin vers Montparnasse, distraite par les vitrines, les lumières chaudes qui se mêlaient sur la chaussée, ricochaient l'une sur l'autre, faisant de la rue Vavin, après la grise et morne traversée de la rue Guynemer, un couloir de couleurs où dominait l'éclat jaune vif des spots des magasins de vêtements, ne pouvait en vouloir à Christian Elsen.

Elle traversa pour regarder, au tout début de la rue, la librairie aux boiseries bleues, et elle aperçut immédiatement le livre au centre de la vitrine.

Laurent Dimet
Arborescence
roman-journal

Elle ne vit que ce titre-là et se souvint de ce que lui avait dit Gilles Duprez – « ce type est dangereux » – de ce qu'elle avait appris de Dimet, de cette dédicace qu'il avait écrite sur la page de garde du livre qu'elle avait découvert dans la chambre de sa fille : « *Pour Isabelle, l'arborescente* – il avait utilisé le mot du titre imprimé, l'entourant d'un cercle – *Pour Isabelle, mon incandescente...* »

Ce mot, *mon*, ce possessif qu'elle avait lu comme on reçoit un coup, comme on se cogne par surprise, et l'on a mal, et l'on en est humilié parce qu'on pense qu'avec un peu d'attention on aurait pu l'éviter...

Elle se sentait coupable, bien sûr, parce qu'elle avait voulu essayer de vivre malgré tout, pour elle aussi, et peut-être était-ce trop de désir, peut-être n'aurait-elle jamais dû, le divorce consommé, nouer cette relation avec Sélim, peut-être Isabelle avait-elle su, deviné, été choquée, comme elle l'avait été par l'installation, dans l'appartement de son père, rue Mouton-Duverent, de Karine – et c'est avec mépris qu'elle avait dit à sa mère : « Il est ridicule, totalement ridicule », et Anne-Marie avait écouté, peut-être non sans complaisance.

Remontant la rue Vavin, puis le boulevard Raspail, Anne-Marie s'était donc refermée sur elle-même, et quand elle ouvrit la porte de l'appartement, elle sentit qu'il était vide, elle cria : « Isabelle, Isabelle », puis trouva un mot sur la table du salon : « *Je suis au théâtre* – Le Misanthrope – *avec Sandra. Je coucherai peut-être chez elle.* »

Anne-Marie s'affola : avait-elle le téléphone de Sandra ? Elle fouilla dans son sac, dans les papiers de son bureau, puis dans la chambre d'Isabelle, ne trouvant rien, s'emportant contre elle-même, contre Isabelle, contre Julien qui ne se souciait de rien, à l'abri, tenant le beau rôle, dispensant ses conseils, politicien, démagogue jusque dans sa vie privée.

Puis, alors qu'elle allait ainsi d'une pièce à l'autre de l'appartement, le téléphone avait sonné, elle avait bondi. Isabelle, peut-être, qui voulait la rassurer, ou Gilles Duprez ? Elle lui aurait demandé de la rejoindre ici, elle avait besoin de quelqu'un – pas de quelqu'un, de lui, Gilles, de ses mimiques, de son sourire qui faisait naître autour de ses yeux de petites rides. Mais c'était une voix qu'elle ne connaissait pas. Elle attendit, anxieuse : « C'est le docteur Sertys, madame Bermont », disait-on. Voulait-elle monter, puisqu'il avait reçu ses résultats d'analyse ? Tout allait bien, précisa-t-il.

Elle fut un moment distraite, comme allégée, libérée d'une

tension dont elle n'avait plus conscience, mais qui était lovée en elle, à l'arrière-plan de ses pensées.

Donc elle n'avait rien. Elle éprouvait si fort le besoin de ne pas être seule qu'elle accepta l'invitation du docteur Sertys, monta au quatrième étage, mais, dès qu'elle eut sonné, qu'elle entendit les pas qui s'approchaient de la porte, elle le regretta.

On lui ouvrit et elle reconnut cette femme qu'elle croisait parfois dans l'entrée de l'immeuble, le teint frais, la peau lisse, les yeux brillants. Elle l'avait rencontrée aussi dans la rue Boissonade avec une jeune fille à peine plus âgée qu'Isabelle, et elle ne put s'empêcher, avant de pénétrer dans le bureau du docteur Sertys, de murmurer : « Vous avez une fille, je crois ? » – manière pour elle de parler d'Isabelle, mais, avant que cette femme n'ait eu le temps de lui répondre, le docteur était apparu : « Merci, Sofia, merci », lança-t-il d'une voix irritée, souriant à Anne-Marie, lui tenant longuement la main.

« Tout va bien, tout va bien, disait-il, peut-être un taux de sucre un peu trop élevé, mais ça n'est pas votre homme à la seringue qui en est responsable. Comme je l'avais prévu... »

Elle ne l'écoutait plus. Avait-elle vraiment jamais cru à une contamination ? Maintenant qu'elle savait, malgré la prudence du docteur Sertys qui prévoyait de nouvelles analyses dans trois mois, ne pas être menacée par l'hépatite ou le sida, elle gardait cependant la blessure, cette violence inattendue contre elle, comme le signe d'une fatalité.

« Voilà, voilà », répétait le docteur Sertys, et il appela sa femme, qui, très droite sur ses hauts talons, surgit d'une pièce comme si elle avait attendu d'apparaître : « Mme Bermont, qui habite l'immeuble, au deuxième étage, tu sais »

Elle eut un bref mouvement d'épaule, comme un geste de mépris à l'égard de son mari.

« Tout va bien, j'espère », dit Mme Sertys d'une voix aiguë, puis, jetant un coup d'œil à son mari qui reculait, comme s'il ne voulait pas assister à la suite de l'entretien, elle interrogea Anne-Marie au sujet de cette chambre de bonne qui, disait-elle, était occupée par un jeune Arabe. « Nous avons déjà des Noirs, paraît-il, qui font un vacarme, vous n'entendez pas ? Ce sont les Limel qui leur louent la chambre, ce sont eux aussi qui possèdent les deux pièces où loge leur femme de ménage, celle qui a un enfant en bas âge – Mme Sertys secouait la tête : était-ce possible, suggérait-elle, d'avoir un enfant, là-haut, dans ces conditions ? –, nous, nous logeons Sofia. Donc cette chambre, c'est la vôtre ? »

Anne-Marie se souvenait, Julien lui avait demandé, pour un étudiant, de lui louer cette chambre inutilisée, et elle avait accepté, n'ayant même pas rencontré le jeune homme qui l'occupait, mais elle se rappelait que Mme Sertys, un soir, les avait surpris dans l'ascenseur, elle et Sélim Naïr, et sans doute sa hargne venait-elle de là.

Elle lui répondit sèchement. Elle disposait de cette chambre comme elle l'entendait.

Bien sûr, bien sûr, murmura Mme Sertys en lui ouvrant la porte, mais il se passait à Paris des choses si scandaleuses qu'elle avait aussi le droit de s'interroger – non seulement le droit, mais le devoir.

Anne-Marie ne l'avait même pas saluée. La colère effaça quelques instants son inquiétude, puis, la porte de son appartement ouverte, quand elle affronta de nouveau ce vide sombre et silencieux, elle appela de nouveau Isabelle, claquant la porte derrière elle, lançant ce nom dans le couloir : « Isabelle, tu es là ? » et sachant pourtant qu'elle n'était pas là, qu'elle ne pouvait encore être rentrée du théâtre.

Elle erra dans l'appartement, cherchant dans les tiroirs du bureau de sa fille des traces, des indices d'elle ne savait quoi, puis elle téléphona à Julien sans obtenir de réponse, elle appela Gilles Duprez, en vain. Alors elle s'installa dans le salon devant la fenêtre, un livre sur les genoux, mais sans allumer la lumière, guettant la rue Boissonade, si oppressée qu'elle appuya sur la télécommande afin que les sons, l'éclat de l'écran l'enveloppent, la protègent contre ses propres pensées, les images qui se bousculaient, Isabelle qu'elle sentait menacée, qu'elle *voyait* – et elle s'interdisait de voir, mais les scènes, malgré elle, s'esquissaient, se précisaient. Elle ne le voulait pas, elle posait ses poings sur ses yeux, elle appuyait, comme si la douleur avait pu vaincre l'imagination.

À un moment donné, elle avait dû s'endormir, peut-être quelques minutes seulement, moins sans doute, l'un de ces brefs sommeils qui voilent un instant les yeux comme un battement de paupières prolongé. Et elle avait rêvé qu'elle était à bicyclette, roulant lentement dans les petites rues qui entourent la place Saint-Sulpice où, autrefois, Isabelle, sortant du lycée, venait à sa rencontre, elle courait rue Férou, rue Servandoni, gaie, ses longs cheveux dénoués. Dans le rêve, Anne-Marie la découvrait enfin dans une boutique de coiffeur, nue, installée dans un fauteuil dont le dossier avait été baissé, si bien qu'elle était comme allongée, deux hommes debout près d'elle ; l'un en qui Anne-Marie reconnaissait Sélim Naïr, la lavait délicatement ; l'autre, Laurent Dimet, agenouillé, lui rasait avec un long couteau la toison noire du pubis.

Anne-Marie s'était précipitée en hurlant. Sélim Naïr s'était écarté et elle s'était mise à frapper, avec une grosse pierre ramassée au pied du fauteuil, le visage de Laurent Dimet qui se bosselait, éclatant. Et le sang jaillissait, couvrant Anne-Marie.

Elle s'était alors réveillée en sursaut, et elle avait entendu qu'on ouvrait la porte palière.

Elle se leva, n'osant aller à la rencontre d'Isabelle qui à sa vue, baissa la tête, ses cheveux coupés si court qu'ils ne réussissaient plus à masquer son visage, hoquetant, et il semblait qu'elle allait vomir, puis elle s'élança vers Anne-Marie, répétant « Maman » entre ses sanglots.

28

Lorsque Anne-Marie Bermont lui avait téléphoné, si matin, à peine 7 heures, chez lui, place Dauphine, sur sa ligne directe dont quelques personnes seulement connaissaient le numéro – et Rimberg s'étonna même qu'elle le possédât, puis il se souvint (tout cela dans l'instant même où elle répétait d'une voix presque suppliante : « Benoît, c'est Anne-Marie, il faut que je te voie aujourd'hui, je t'en prie ») de le lui avoir donné, ce jour où, après des mois, peut-être plus d'un an sans la voir, il l'avait rencontrée dans un petit restaurant de la rue Servandoni, alors qu'elle déjeunait avec Duprez, et lui avec Catherine Mora –, Catherine dormait encore dans la chambre. Il fut surpris par son désarroi, son insistance.

Cela lui ressemblait si peu... Il avait aimé en elle sa fierté, son indépendance, une susceptibilité orgueilleuse qui l'avait toujours conduite à le tenir à distance, à refuser ce qu'il lui offrait – ce manteau de fourrure à capuchon, lors d'un voyage à Rome, qu'elle avait fini par acheter elle-même, heureuse de ce geste de défi, de cette provocation qu'elle lui lançait –, et peut-être était-ce parce qu'il avait de l'estime et du respect pour elle qu'il s'était éloigné, qu'il l'avait quittée. Il préférait les petites connes ou bien les cyniques, n'attendant d'elles que la soumission et le troc, si simples pour ce qu'il avait à faire avec elles...

Le reste, le luxe d'une amitié, d'un amour, des relations complexes où l'on est si proche l'un de l'autre, si exigeant avec soi et avec autrui, qu'on passe sa vie à se combattre et à se déchirer pour mieux se retrouver – c'est cela qui avait commencé il y avait des années avec Anne-Marie, c'est cela dont Rimberg n'avait pas voulu –, ce reste-là, il lui manquait pourtant, il en avait parfois la nostalgie en écoutant Anne-Marie, mais il fallait bien un vide dans une vie pour continuer d'avoir soif, vouloir le remplir, avancer donc.

C'est cette insatisfaction, connue, repérée, circonscrite, qui donnait à Rimberg la jouissance d'être maître, même en cela, de son existence.

« Veux-tu aujourd'hui ? » avait-il demandé à Anne-Marie. Il n'aima pas qu'elle répondît encore : « Je t'en prie, Benoît, si tu peux. »

Il ne voulait pas la sentir faible, elle, alors qu'il passait son temps à briser des êtres, à leur montrer – confrères, parties adverses, et même ce voyou dans la cité de la Muette, à Drancy – qu'il leur était supérieur, qu'il fallait bien qu'ils s'inclinent devant lui. Mais pas elle, pas Anne-Marie.

« Je peux », dit-il. Il feuilleta son agenda heure après heure, il était pris : rendez-vous au cabinet, comparution d'un détenu au Palais, qu'il voulait lui-même assurer, visite à la prison de la Santé, etc. Cette succession de lieux, de visages, de situations était comme la preuve de sa liberté et de sa supériorité. Il allait des uns aux autres, comme le guerrier solitaire qu'il avait toujours été depuis l'enfance, depuis que ses talons avaient touché le sol, dans cette cour, impasse du Mont-Tonnerre, et qu'il avait fui, seul.

« Je te vois à déjeuner à La Tour d'argent, à 13 h 15. »

Elle était surprise du lieu, car elle n'ignorait pas qu'il ne fréquentait pas ces restaurants où l'on s'affiche, laissant ces enfantillages à ceux qui ont besoin d'une notoriété bruyante, qu'ils prennent pour du pouvoir ; Rimberg préférait les salons tranquilles, les bistrots où il ne rencontrait pas de confrères, mais des écrivains, des éditeurs, tels ceux du quartier de Saint-Germain-des Prés ou de Saint-Sulpice. Plus libre, là, comme un promeneur qui évite les sentiers et coupe à travers bois : c'était bien cela qu'il aimait, être à part, différent, ne pas être confondu, peut-être parce que, dès l'enfance, on l'avait marqué d'une étoile jaune et qu'il avait choisi non de se confondre avec les autres, mais d'être singulier puisqu'on avait voulu qu'il fût ainsi, qu'on le lui avait imposé.

Il pensait beaucoup à cela en ce moment, depuis que le passé resurgissait, qu'il constituait son dossier contre Rollin, qu'il connaissait les lieux maintenant, Drancy, ce wagon, ces immeubles, ce monument de granit rose, et qu'il pouvait se représenter cette foule, et, parmi elle, son père, sa mère affolés, malmenés, cherchant des épluchures, des miettes, n'imaginant pas pourtant, même en ce profond désespoir et dans la terreur qui les étreignait, ce qui les attendait.

Il avait rencontré, rue de la Pierre-Levée, derrière la place de la République, un survivant, Robert Blumfeld, et ce vieil homme, qui s'essuyait le nez du revers de la main gauche, en reniflant, dans un geste qui avait ému Rimberg, parce qu'il croyait se souvenir – mais était-ce vrai ou bien voulait-il qu'il en fût ainsi ? – que son propre père, à table en face de lui, avait le même tic, faisait le même bruit, avait d'abord refusé de parler, comme s'il ne voulait pas revivre ces jours, ces mois-là.

Mais Rimberg était resté assis, ne bougeant pas malgré le silence de Blumfeld, puis la présence d'une femme beaucoup plus jeune, active, bruyante, qui regardait Rimberg avec étonnement, n'osant elle-même l'interroger, paraissait l'avoir décidé, et tout à coup il avait dit : « Laisse-nous Sofia, je dois parler avec maître Rimberg, il veut savoir, il va savoir. »

Il avait enlevé la poignée de la porte, puis, ôtant sa blouse, il s'était installé sur un tabouret en face de Rimberg.

« Alors, maître, ça vous intéresse, après presque cinquante ans, vous ne savez pas encore, vous croyez que ça a un sens de remuer encore tout ça qu'on a là ? »

D'un geste dont on ne le croyait plus capable, il frappa fort, de son poing fermé, sa poitrine : « Là », répéta-t-il.

Puis, avant même que Rimberg ait pu le questionner, il se mit à parler de sa femme, de son fils, « si petit, vous savez, si petit ».

Et il baissa la tête en frottant d'abord son nez du revers de sa main, puis ses yeux. Et Rimberg avait eu envie de se lever, de le prendre aux épaules, de le serrer contre lui, ce vieil homme inconnu qui lui semblait plus proche de lui qu'aucun autre homme ne l'avait été depuis qu'il avait perdu prise, lâchant les mains de son père, au-dessus de la cour, un matin, tandis que sa mère criait.

Mais il n'avait pas bougé, il s'était figé, même, laissant le vieil homme essuyer ses yeux, son nez, s'excuser, répéter qu'il ne pouvait pas s'empêcher, même si, après tant d'années, la tristesse n'avait plus de sens, n'est-ce pas ? Il y avait tant de façons de mourir ! Il venait de lire dans les journaux qu'à quelques centaines de mètres de là, avenue Parmentier, deux petites filles, treize et quatorze ans, s'étaient jetées d'un quatrième étage, l'une d'abord, puis l'autre l'avait imitée : « Suicides, maître, et ça se passe à Paris, et combien tous les jours ? »

Il avait, disait-il, imaginé la douleur, la surprise, la tragédie des proches.

« Alors, peut-être que ce qui nous est arrivé n'est qu'une autre manière de mourir, n'est-ce pas ? Et que ça se serait produit de toute façon, et que la vie est toujours une tragédie, n'est-ce pas, maître ? »

Rimberg refusait de regarder le vieil homme. Il refusait de bouger. Il refusait même de penser. Il enregistrait. Il traversait des lieux et des situations. Il fallait qu'il reste ce bloc aux arêtes vives que rien ne peut entamer.

Quelques heures avant de rencontrer Blumfeld, il avait patienté devant les portes de la Santé, faisant quelques pas le long du haut mur noir de cette prison où des dizaines de milliers d'hommes avaient séjourné, héros et assassins, et parfois, quand un cortège passait sous leurs fenêtres grillagées, ils criaient et l'on voyait des bouts de bras se tendre à travers les barreaux vers Paris qui vibrait et venait battre ce mur.

Ils appelaient à l'aide, et des embruns de révolte frappaient leurs visages, et ils devenaient un peu plus fous de colère, tapant leur tête contre les montants de leur lit, avalant des objets, se tailladant les veines comme ils pouvaient, ou mettant le feu à leur paillasse.

Mais les portes, les murs se rabattaient sur eux. Et l'on faisait entrer dans la cour des escadrons casqués, matraques et crosses levées.

Et plus tard, quand la vie ou la mort avaient repris leur cours, Rimberg rencontrait ces détenus, au parloir des avocats, le visage tuméfié, les dents cassées : « Maître, disaient-ils d'une voix calme, ils nous ont fait payer. »

Quand il entrait ainsi à la Santé, Rimberg s'obligeait à ne

plus penser aux rues de Paris, mais à imaginer qu'il n'allait plus pouvoir sortir de la prison, et il tentait de contrôler cette panique qu'il sentait sourdre, à chaque fois.

Il pensait : si j'étais enfermé là, je me tuerais. Puis il se calmait, il ne voulait pas hâter le pas quand il se dirigeait vers la porte, il ne voulait pas de cette bouffée de joie qu'il éprouvait à revoir les voitures dans la rue de la Santé, glissant le long du mur. Impassible, infrangible. Moi en toutes circonstances, en tout lieu.

En face de Blumfeld, maintenant silencieux, attendant, comme apaisé, les questions, Rimberg ne pouvait s'empêcher de ressentir une émotion un peu anxieuse, et il détestait cela.

Il avait ouvert sa sacoche, sorti la chemise qui contenait les photos – trois – découvertes dans des hebdomadaires de l'époque dont l'un allemand. Rimberg les avait fait reproduire en grand format, et maintenant il les tendait à Blumfeld.

« Regardez bien, dit-il, est-ce que vous vous souvenez, est-ce que vous étiez là ? »

Les photos représentaient une prise d'armes au-delà des barbelés qui fermaient l'esplanade du camp de Drancy. Les gardes mobiles étaient alignés sur deux rangs, le dos au camp, avec casque, jugulaire, corps raide, uniforme noir, bras tendu, doigts serrés sur la crosse. Tout ce qui était en cuir et en métal brillait.

Sur le premier cliché, on voyait Georges Rollin de trois quarts, photographié alors qu'il venait de saluer la compagnie qui lui rendait les honneurs.

La deuxième photo le montrait de profil, alors qu'il marchait sur le front de la compagnie, grand, la tête bien dégagée du cou, les cheveux tirés en arrière, une expression de satisfaction méprisante se devinant à la ride qui cernait la partie visible de sa bouche.

Le troisième agrandissement le montrait de face – visage large, juvénile et énergique, un regard droit, impérieux –, affrontant sans ciller l'objectif.

Sur chacun des clichés, on distinguait, au fond, derrière les barbelés, se tenant prudemment à quelques dizaines de mètres, comme s'ils avaient voulu laisser un espace entre eux et cette revue, une foule rassemblée, disparate, mais où les vêtements sombres dominaient, faisant comme un magma noirâtre ;

les visages blafards y formaient une couche blanche indistincte; parfois, parce qu'il se tenait un peu en avant, un homme surgissait de cette zone floue, l'expression bien dessinée, les traits nets, et le regard si désespéré que Rimberg lui-même ne pouvait le supporter.

Robert Blumfeld faisait glisser les photos l'une sur l'autre, sans lever la tête, et Rimberg lui tendit la quatrième, une photo d'agence, récente.

On y voyait un groupe de personnalités entourant le président de la République, devant un ensemble d'immeubles rénovés, dans une cité de banlieue, peut-être Drancy. À sa droite se tenaient le préfet en grand uniforme et l'architecte, le bras tendu vers les façades; à gauche, le député Julien Rivière, rapporteur du budget du logement, vice-président de la commission des Affaires sociales à l'Assemblée nationale, et, derrière lui, légèrement de côté, un homme âgé, grand, la silhouette à peine tassée, les cheveux blancs, arborant le même regard autoritaire.

Blumfeld avait gardé longuement cette dernière photo au-dessus des autres, puis, comme on le fait avec des cartes à jouer, il avait placé les clichés en éventail, l'un sur l'autre, et dit simplement: « J'étais là, maître, au fond, avec ma femme et mon fils. Ce jour-là, voyez-vous, nous avions touché une ration de pain, et mon fils avait laissé tomber son quignon dans la boue, mais, par chance, je l'avais retrouvé et je l'avais frotté. »

Blumfeld passait vigoureusement son poing droit sur son avant-bras gauche. Puis il avait tendu les photos à Rimberg.

« Qu'est-ce que vous voulez faire, maître ? »

Rimberg avait fermé sa sacoche, posé ses mains à plat sur le cuir, attendu encore.

« Tout le monde le connaît, Georges Rollin, avait repris Blumfeld, mais personne n'a jamais levé le petit doigt. »

Et, brusquement, il s'était dressé, avait marché dans son atelier, les poings fermés devant son visage.

« Vous croyez que je n'ai pas pensé à me venger, vous croyez ça ? Mais qu'est-ce que je suis, moi, qu'est-ce que nous sommes ? Rien, maître, rien, le bloc s'est refermé – il entrelaçait les doigts de ses deux mains, il les montrait à Rimberg –, tous ensemble, juifs ou pas, d'un côté ceux qui ont, de l'autre ceux qui n'ont pas... Vous l'avez vu, Rollin, entre Rivière et le président, alors, alors, qu'est-ce que vous croyez, qu'est-ce que vous espérez ? »

Rimberg s'était levé, lui avait tendu la main.

« Vous êtes un témoin, monsieur Blumfeld, un témoin à charge, vous direz " j'ai vu ", vous raconterez, et cela suffira. »

Il aurait voulu sortir à ce moment, mais la porte était bloquée, et le temps que Blumfeld remette la poignée, Rimberg n'avait pu s'empêcher d'ajouter :

« Mon père et ma mère devaient être là aussi, pas loin de vous, de votre femme, de votre fils, enfin j'imagine. » Blumfeld avait enfoncé la poignée dans la porte, et, en l'abaissant, en ouvrant, il dit d'une voix morne : « Si vous voulez, je témoignerai. »

Rimberg pensait à Blumfeld en écoutant Anne-Marie Bermont assise en face de lui, car elle lui avait laissé la place face à la Seine et à la nef de Notre-Dame, secouant la tête quand il lui avait proposé de s'installer là, disant, comme il insistait : « Je ne veux pas », et Rimberg avait cédé parce qu'il devinait qu'elle ne voulait pas être distraite par la majesté tranquille de ce panorama, puis elle l'avait laissé composer le menu, une salade de langoustines, un médaillon de veau au citron vert, un soufflé aux framboises, mais elle n'avait pas voulu boire de vin, et il s'était contenté d'une demi-bouteille de savennières.

Elle avait un air buté, les sourcils froncés, comme si son crâne pesait lourdement sur ses yeux et qu'elle dût faire effort pour résister à la douleur, à l'envie de s'affaisser. Passant la commande, Rimberg l'observait tout en échangeant quelques mots de connivence avec le propriétaire des lieux, venu leur serrer la main.

« Maître Rimberg, quelle joie, on ne vous voit pas souvent.

– J'ai besoin de discrétion, cher ami, et ici...

– Je n'ai plus que des Japonais et des Américains, vous ne pouvez pas être plus à l'abri.

– Mais ce sont là mes clients, à moi aussi ! »

Rimberg savait aussi jouer dans ce registre-là, futilité parisienne, complicité apparente, qui cachaient la plus implacable des indifférences, mais qui pouvaient donner à croire qu'il y avait des affinités réelles, alors que, la table débarrassée, le restaurant quitté, chacun s'oubliait jusqu'à la fois suivante, où l'on paraissait se retrouver avec enthousiasme et gaieté comme si l'on n'avait fait que s'attendre, s'espérer.

Relations parisiennes telles qu'il les voyait se dessiner, cependant qu'Anne-Marie parlait :

« Tu connais Laurent Dimet, demanda-t-elle, tu sais ce qu'il écrit, qui il est ? »

Il porta le verre à ses lèvres, il répondit oui, d'un mouvement presque imperceptible de la tête et des paupières. Il avait pris l'habitude de laisser parler, toujours, et il ne pouvait plus se comporter autrement, même avec Anne-Marie dont le visage tourmenté, l'angoisse qui voilait sa voix, l'émouvaient.

« Cela fait longtemps que tu n'as plus vu Isabelle, des années, reprit Anne-Marie. Elle a bientôt seize ans. »

Il secoua la tête un peu plus nettement, tout en paraissant s'absorber dans la dégustation de cette salade dans laquelle la fadeur sucrée de la langoustine était habilement relevée par un vinaigre fort, l'aigrelet de petites baies rouges.

« Elle est rentrée hier soir à 2 heures du matin, poursuivit Anne-Marie, détruite, détruite » – elle répétait, elle ne mangeait pas, et Rimberg regarda, au-delà d'elle, la nef, la flèche de Notre-Dame, ces pierres taillées à mains d'hommes, et combien de ceux-là, détruits, n'avaient laissé aucune trace, pas même un signe dans la pierre, dans cette construction devenue autre chose qu'eux, les oubliés, mais que faisait-on aujourd'hui des vies détruites ? Même pas cela : des banlieues.

Anne-Marie saisit les poignets de Rimberg : « Détruite, Dimet l'a saccagée, le corps, la tête, il n'a rien laissé debout, elle est malade, j'en suis sûre, parce que ce type est malade, il le dit dans ses livres, il s'en moque, tu comprends, il l'a entraînée, des partouzes, chez Berthier. »

« Berthier, Richard Berthier », répéta Rimberg.

Anne-Marie l'avait dévisagé.

« C'est une bande, dit-elle, Berthier, Barillon, Dimet, d'autres que je ne connais pas, des types qu'ils rencontrent dans les boîtes, n'importe où. »

Rimberg pensa à Catherine Mora, qu'il avait forcée à se

rhabiller vite parce qu'il devait se rendre au Palais et qu'il ne tolérait jamais qu'on restât après qu'il eut lui-même quitté son appartement.

Il vivait seul. Qu'on le sache.

« Je vous appelle », avait-il dit à Catherine Mora.

« Bientôt, j'espère », avait-elle minaudé.

Elle avait donc apprécié les termes de l'échange.

« Bien sûr », avait-il répondu.

Mais il savait qu'il n'appellerait plus. Car elle était aussi de la bande à Berthier, elle publiait souvent des chroniques dans *L'Universel*.

« Je suis journaliste, romancière », disait-elle, petite perruche blonde si semblable à tant d'autres qui iraient d'un perchoir à l'autre, tentant de rester dans la volière, et peut-être, avec un peu de chance, s'y taillerait-elle un territoire – émission de télévision, tribune hebdomadaire – et réussirait-elle, dans cette économie du troc qui se pratiquait à Paris, à survivre, à prospérer, à cumuler, à faire partie d'un jury, par tous les moyens, à obtenir enfin le pouvoir de nuire et de sacrer, donc de survivre. Elle aurait, comme on dit, réussi.

« Tu les connais ? » avait demandé Anne-Marie, et, au son de sa voix, il savait qu'elle le soupçonnait d'avoir participé chez Berthier à ces nuits-là. Il avait retiré ses mains, croisé les bras, et, d'un simple mouvement des yeux, elle s'était excusée d'avoir pensé cela, qu'elle savait faux.

« Qu'est-ce que tu veux ? »

Tout à coup, en posant cette question, Rimberg se souvenait de ce dossier que Beck avait constitué pour lui sur le Consortium de rénovation urbaine, une étude telle que Beck les conduisait pour le cabinet, fouillant jusqu'aux origines, découvrant des liens insoupçonnés, des flux financiers souterrains, des complicités, et là, parmi les premiers collaborateurs du Consortium, Berthier figurait en bonne place auprès de Georges Rollin, président.

« Détruire Dimet, dit Anne-Marie. Je ne veux plus qu'il soit capable de nuire, tu comprends ?

– Tu veux te venger », constata Rimberg d'un ton calme, indifférent.

Elle releva brusquement la tête. « Pourquoi pas ? » lança-t-elle. « C'est un salaud, un porc. » Isabelle n'avait rien raconté de précis, mais elle devinait ce qu'il l'avait contrainte à faire, à subir.

Rimberg commanda les cafés, puis un cigare. Ce ne serait pas facile, expliqua-t-il, de détruire Dimet. Est-ce que Rivière – « compte tenu de sa position », ajouta-t-il d'un ton encore plus indifférent –, voudrait s'associer à la procédure ? C'était le père. Quels étaient les témoins ? Compliqué, incertain, tout le monde – « Toi aussi, Anne-Marie » – serait éclaboussé. Imaginait-elle le récit scandaleux, mais « vendeur, vendeur », répétait-il, qu'en feraient les journaux ?

« Alors je vais le tuer. »

Il lui proposa un petit chocolat qu'elle prit machinalement, arrachant le papier doré du bout de ses ongles. Il avait toujours aimé ses mains fines, longues, frêles.

Il lui saisit le poignet droit, le serra.

Après avoir regardé Rimberg, Anne-Marie baissa la tête et, le front appuyé sur sa main gauche, cachant ses yeux, elle se mit à pleurer.

29

Dès qu'Anne-Marie Bermont était entrée dans la chambre, en début d'après-midi, à l'heure où l'hôpital était comme assoupi, le silence seulement brisé par le bruit des plateaux-repas que les femmes de service posaient bruyamment sur les chariots, Gilles Duprez avait vu ses traits tirés, les cernes sous ses yeux, et surtout ces rides du front qu'il n'avait jamais remarquées et qui donnaient à tout le visage un air de gravité, qui la vieillissaient, comme s'il avait suffi de quelques jours pour qu'elle basculât sur un autre versant de la vie, hier encore jeune femme, aujourd'hui femme déjà marquée dont on pouvait dire, avec presque de l'étonnement, qu'elle était encore belle.

Elle s'était immobilisée devant la porte, comme si elle n'osait s'avancer pour laisser à Gilles le temps de s'accoutumer à la voir ainsi, dans sa nouvelle vérité dont elle était consciente, qu'elle semblait même revendiquer, car il le nota d'emblée : elle avait le visage nu, sans aucun maquillage, et ses cheveux, qu'elle avait toujours portés flous, mi-longs, étaient noués en arrière, comme pour supprimer toute séduction, contraindre à voir le visage tel qu'il était.

À l'instant même où il la découvrait ainsi, Gilles éprouva une émotion si forte qu'il fut incapable de parler, et il eut l'impression que sa gorge était encore encombrée par un tube qu'il ne pouvait arracher, et il réussit seulement à tendre vers Anne-Marie son bras droit pour l'inviter à approcher, à s'asseoir.

Elle enleva lentement son manteau long, aux épaules très larges, d'un cachemire de couleur miel foncé. Gilles détaillait chacun de ses gestes, le mouvement de ses mains, de ses bras, et, quand elle fut près du lit, son corps si mince dans une robe de lainage gris qui la serrait. Il l'invita à avancer encore, car il avait besoin de la toucher, et il lui semblait que s'il réussissait à le faire sa guérison rapide était assurée, qu'Anne-Marie était la médiatrice qui allait le refaire passer de la faiblesse à la vigueur, de la maladie à la vie.

Il se souleva sur le lit, ne sentant même pas la douleur qui zébrait son côté gauche comme si sa plaie s'était rouverte, et il attira Anne-Marie par le cou, se pendant un peu à elle, car la douleur était maintenant devenue plus vive, lui coupait le souffle, et dans ce mouvement pour la saisir, la retenir, ses cheveux à elle se dénouèrent, venant couvrir le visage de Gilles.

Ils étaient restés ainsi joue contre joue un long moment. Puis elle s'était assise au bord du lit, tout près de lui, allongé au-dessus des draps, et il se sentait honteux et joyeux de cette quasi-nudité dans laquelle elle le voyait, car il était pieds nus, la veste de pyjama ouverte sur son torse, tout son côté gauche, au-dessous de la cage thoracique, caché par un large carré de gaze collé par des bandes de sparadrap. Il ne savait jamais si ce qui tirait sa peau, quand il bougeait, était la cicatrice ou bien cet adhésif qui retenait le pansement.

Ils n'avaient d'abord échangé que quelques mots. Lui qui avait du mal à parler lui demanda à voix basse ce qui n'allait pas, répétant : « Qu'est-ce qui se passe ? » Elle s'étonna qu'il ne l'eût pas prévenue, le questionna, les yeux fixés sur le pansement, puis sur cette aiguille enfoncée dans son bras gauche.

« Un cathéter, expliqua-t-il, on le laisse en permanence, on branche les tubes quand c'est nécessaire. Je peux marcher, comme cela, je suis libre. »

Il sourit, se redressa sur le lit et grimaça ; elle le soutint alors par les aisselles et elle se trouva ainsi contre lui, ses seins contre son torse nu, et il eut envie de rire, de se tourner de côté pour cacher sa gêne, car il bandait, et il avait envie de crier : « Je vis, je vis ! »

Se rendait-elle compte de ce qui lui arrivait ? Il sembla à Gilles qu'elle parlait plus lentement, d'une voix voilée, la respiration haletante, et si elle s'était un peu écartée de lui, elle était cependant restée proche, le coude appuyé sur sa cuisse, presque sur l'aine, ses seins frôlant, quand elle bougeait, la poitrine du blessé.

Elle expliqua que Xavier Limel, le journaliste du *Monde*, qui habitait le même immeuble qu'elle, lui avait appris que Gilles était hospitalisé à Saint-Antoine, mais sans donner d'explication, se contentant de répéter à Anne-Marie: « Il vous dira. »

Elle s'éloigna de Gilles comme pour reprendre son souffle, mais elle ne cessait de fixer son visage, peut-être par crainte de découvrir la forme de son sexe sous l'étoffe fine et transparente du pyjama, comme si elle avait su, parfaitement su qu'elle ne devait pas baisser les yeux.

« Vous ne m'avez toujours rien expliqué ni raconté », dit-elle.

Elle se leva, alla vers la fenêtre, regarda au-dehors tandis qu'il se glissait avec peine sous le drap.

Lorsqu'elle revint vers le lit, il était sagement assis, le dos appuyé au coussin, les mains à plat sur le couvre-lit, et, souriant pour la première fois, elle lui lança: « Je ne crois pas que vous resterez longtemps ici », puis les traits de son visage s'étaient à nouveau creusés: « Vous ne voulez pas me dire ? »

Il haussa les épaules, puis il ressentit une douleur qui le fit grimacer, mais cela lui donnait aussi le temps de réfléchir, de décider, et, en quelques mots, il raconta qu'on l'avait agressé dans la rue, près de la place de l'Étoile, un inconnu qui voulait le voler, et il avait résisté. Rien, un petit fait-divers, une petite pierre jetée dans l'océan de la ville, quelques rides à la surface, un trait rouge sur sa poitrine, à peine une boursouflure de la peau. Et il allait sortir de l'hôpital dans quelques jours, en effet.

« Vous avez téléphoné à Limel – avait-elle dit d'une voix égale, comme un constat –, pas à moi. »

Il ne pouvait lui dire qu'il avait plusieurs fois commencé à composer son numéro de téléphone, puis celui des Éditions Christian Elsen, et qu'il s'était toujours interrompu, ne sachant s'il devait lui expliquer qu'il avait été, lui aussi, victime du même agresseur, qu'il l'avait vu visage contre visage, comme elle-même l'avait vu.

Gilles venait seulement à cet instant de décider de lui cacher, comme il l'avait instinctivement dissimulé à François Milner, cet inspecteur qui, depuis sa visite, avait téléphoné quatre fois, demandant des précisions :

« Vraiment, vous ne pourriez pas nous décrire cet homme, et vous êtes sûr que personne n'a assisté à l'agression, personne ? » insistait-il encore.

Gilles avait répondu en quelques mots, répétant qu'il avait tout dit.

« C'est-à-dire rien », avait commenté Milner.

« C'est ce que je sais », avait répondu Gilles.

« Et vous ne connaissez pas Richard Berthier, le directeur de *L'Universel* ?

– Comme ça, je l'ai croisé, comme tout le monde », avait dit Gilles d'une voix qu'il voulait lasse, épuisée, afin de mettre un terme à cette conversation de plus en plus serrée.

« Vous avez été blessé devant l'entrée, juste devant l'entrée de *L'Universel*, vous le saviez ? »

Gilles avait feint de s'emporter. Est-ce qu'on le traitait comme un coupable ou comme une victime ? Était-ce à lui de faire le travail de la police ?

« J'imaginais, avait riposté Milner, que vous seriez surpris d'apprendre ce détail, une coïncidence romanesque, n'est-ce pas ? »

Coïncidence, le flic semblait ne pas plus y croire que Gilles.

Et Gilles avait téléphoné à Xavier Limel. Que savait-il exactement de Berthier ? Pouvait-il consulter pour lui la documentation du *Monde* ?

« Tu es chez toi à Samois, avait demandé Limel, ou à Paris ?

– À l'hôpital Saint-Antoine. »

Mais il avait éludé toutes les autres questions.

« Qu'est-ce qui t'intéresse sur Berthier, avait repris Limel, l'homme, les affaires, les amitiés politiques ? Il a plusieurs ministres dans sa poche.

– Tout, tout, avait répondu Gilles. Un gros dossier. Si tu peux. »

Puis Gilles avait appelé Lucien Parrain, et ces numéros qu'il composait, c'étaient comme autant de liens qu'il rétablissait, dans la vie, avec ce qui en est le ressort, le désir – désir de savoir, de faire, d'aimer.

Mais il n'avait pas posé de questions à Parrain, se méfiant des écoutes téléphoniques, peut-être un réflexe stupide, mais Gilles était un trop vieil enquêteur pour ne pas se montrer prudent. *Old Wolf*, l'avait surnommé, il y avait cinq ou six ans de cela – qu'il était jeune alors ! –, une Canadienne qui avait commis l'imprudence de l'inviter dans son appartement. Il avait songé à la manière dont il avait dû lutter avec elle : des mots d'abord pour qu'elle se décide à lui ouvrir sa porte, des mots encore, comme pour l'enivrer, cependant qu'elle buvait un jus de fruit, lui un whisky, et qu'il la sentait effrayée, et, à la fin, il avait dû vraiment lutter corps contre corps, car elle entendait montrer qu'on ne la possédait pas comme ça, avec des mots, et c'était, dans la chambre d'hôpital, un souvenir qui revenait, précis, qui le faisait rire silencieusement – il en avait mal à sa plaie, car il riait vraiment et, par là, se rassurait.

Il était un *old wolf*, un vieux loup qu'on ne tuait pas d'un coup de couteau une nuit dans une rue de Paris.

Et il allait une nouvelle fois les surprendre.

« Il faudrait que tu passes me voir », avait-il dit simplement à Parrain. Parrain qui lui répondit par un silence professionnel. Pas de question inutile. Gilles donna le numéro de la chambre à Saint-Antoine.

« Tiens, dit Parrain. Ça va ?

– Ça va. Je ne bouge pas, répondit Gilles en riant, je ne peux pas.

– Je passe », conclut Parrain.

De tout cela, de l'enquête qu'il commençait ainsi, il ne voulait rien dire à Anne-Marie. Plus tard, quand il aurait noué tous les fils, quand il disposerait de la documentation de Limel, de ce que Parrain, qui n'était pas encore venu, allait lui confier, plus tard, quand il aurait reconstitué la trame, quand il aurait acquis des certitudes et retrouvé le type aux cheveux noués, alors il raconterait à Anne-Marie. Car il ne doutait pas que les fils, d'une manière qu'il ignorait encore, se rejoignaient.

Au moment où elle reprenait son manteau, murmurant qu'elle devait partir, un rendez-vous au bureau, il avait répété : « Qu'est-ce qui se passe, vous êtes... »

Mais il n'avait osé prolonger sa phrase, alors il lui tendit la main, et elle la prit. Il l'obligea à s'avancer, à s'appuyer contre lui, et il sentit à nouveau l'odeur de ses cheveux, puis, tout à coup, brutalement, il lui entoura le cou, sa nuque dans la saignée de son bras, et elle se laissa aller, et il éprouva à cet abandon une griserie, une sensation de force retrouvée, comme si la faiblesse qu'elle avouait se transmutait chez lui, en lui, en énergie, en puissance vitale.

« Qu'est-ce qui se passe ? répéta-t-il une nouvelle fois. Votre fille ? »

C'était comme si elle le lui avait confié avec tout son corps.

« Elle a fait des conneries ? murmura-t-il. Laurent Dimet ? »

Anne-Marie s'abandonnait maintenant et il tenta, malgré la douleur qu'il éprouvait au flanc, de lui caresser les cheveux de sa main gauche. Elle expliqua qu'elle ne pouvait même pas porter plainte, que son ami, maître Benoît Rimberg, le lui déconseillait : le risque de scandale, le père d'Isabelle député – elle soupirait, elle n'avait pas envie de parler davantage, d'ailleurs il comprenait, n'est-ce pas ?

Voilà ce qui se passait, avait-elle conclu en se redressant, en écartant son bras, en attachant ses cheveux sur sa nuque, en laissant ainsi son visage sans défense. Puis elle mit son manteau, et son visage, parce que le manteau était ample, paraissait encore plus mince, et Gilles pensa à certaines œuvres de Giacometti, non pas celles qui voulaient représenter le mouvement, tout étirées, mais des portraits, des bustes d'où naissait la ligne frêle d'un cou, d'un profil. Il avait envie de dire à Anne-Marie qu'il l'aimait, qu'elle lui avait donné un souffle de vie, sans le savoir, preuve qu'elle était la femme dont il avait besoin, sa femme. Comprendrait-elle cela ? Peut-on avouer cela quand on est couché sur un lit d'hôpital, qu'on vous connaît si peu encore, et qu'on a plus de cinquante ans ?

Il avait hésité, trop.

Elle était déjà sur le pas de la porte, se retournant pourtant vers lui, tentant de sourire. Et il se taisait, comme si un tube obstruait à nouveau sa gorge, mais il brandissait son poing droit fermé, secouant le bras pour lui donner courage et affirmer son énergie, sa volonté de vivre.

30

Parrain, assis dans le fauteuil, près du lit, le coude gauche posé sur son genou, le menton sur son poing, penché en avant, avait semblé écouter Gilles Duprez avec attention, hochant de temps à autre la tête, et Gilles avait pu croire à une approbation, si bien qu'il avait continué, recommencé, expliqué à nouveau, la main droite posée sur son pansement, et l'attitude paraissait à Parrain exagérée, grandiloquente, comme le ton qu'employait Gilles, cette indignation contre ceux que, depuis le début de son récit, il appelait les salauds, les corrompus et même les porcs.

Il avait étalé sur le lit les éléments du dossier que Xavier Limel lui avait apportés, s'interrompant pour prendre un document, la photocopie d'un article paru dans *L'Universel*, les brandissant devant les yeux de Parrain qui ne bougeait pas, et Duprez, d'une voix morne, lui dit tout à coup : « Tu t'en fous, bien sûr ! »

À la fin, Parrain avait tourné son fauteuil et, jouant avec la télécommande, il avait regardé les images qui défilaient sur l'écran placé à deux mètres au-dessus du sol, au bout d'un bras mobile, afin qu'on pût le voir même en étant couché, sans avoir besoin de lever la tête.

Il avait coupé le son et il faisait se chevaucher les images, les visages qui, sans voix, devenaient grimaçants, personnages pareils à des caricatures gesticulantes qui se heurtaient, se frottaient l'une contre l'autre, et dans la nuit qui tombait, les bâtiments de l'hôpital déjà enveloppés d'une brume grisâtre, ce rectangle lumineux semblait contenir toute la puissance, la folie d'une vie que rien ne pouvait ni contrôler ni changer, qui échappait à tout pouvoir et qui pouvait seulement disparaître, toute, d'un seul coup, comme dans un grand cataclysme – puis, appuyant sur une touche, Parrain fit entrer la nuit dans la chambre où tout, désormais, parut morne, mort.

Duprez, penché, rassemblait de sa main gauche les documents, mais il le faisait maladroitement, tirant à chaque geste le goutte-à-goutte qu'on lui avait fixé au cathéter, et Parrain, comme à regret, l'avait aidé, posant le dossier rassemblé sur la tablette, à la tête du lit, puis se rasseyant – se laissant tomber plutôt – dans le fauteuil, regardant Duprez, tentant de maîtriser les sentiments qui se bousculaient en lui : tendresse apitoyée, colère, sarcasme.

Parrain ne supportait pas, ne comprenait pas l'innocence, la naïveté même avec laquelle, chaque fois – et il le connaissait depuis plus de vingt ans –, Duprez s'engageait dans une enquête, une passion.

C'était émouvant et scandaleux, comme si tout à coup Gilles avait tout oublié de ses mésaventures et qu'il crût à nouveau possible de changer la vie.

Ce comportement paraissait d'autant plus étrange à Parrain que Duprez n'avait jamais cru à aucune de ces grandes illusions : marxisme, maoïsme – mao-spontex – Parrain en riait encore –, autogestion, socialisme, etc., auxquelles avaient succombé Xavier Limel, Pierre Bory, Mérou, et même, même lui Parrain, quelques mois seulement, mais quelques mois tout de même.

Duprez avait gardé ses distances, les avertissant même, dans les années soixante-dix, des périls qui les guettaient, de ce qu'était la réalité qu'ils transfiguraient.

Il était l'aîné, trop modéré à leurs yeux. Et Parrain se souvenait de l'avoir entendu dans un bistrot de Levallois, où ils tentaient de préparer une grève qui devait paralyser la Régie, se moquer de leur ignorance du Paris ouvrier.

Il les avait contraints – contraints, oui – à prendre le métro, la première rame du matin, à s'établir ouvriers, à parcourir avec lui le nord du XVIIIe arrondissement, à y vivre.

« Après, avait-il dit, quand vous aurez vécu ça vraiment, vous comprendrez peut-être. »

Ils avaient mis des mois ou des années à découvrir qu'ils n'étaient rien dans la grande houle sociale, et ils s'étaient les uns et les autres accrochés à un coin de Paris, à une fonction, Bory entre la rue Notre-Dame-des-Victoires et Neuilly, Limel au *Monde*, etc., tous retrouvant la place à laquelle ils étaient destinés – et lui, Parrain, fouille-merde.

Mais ce qui l'irritait chez Duprez, c'était, plus de vingt ans après, l'élan qu'il conservait, cette capacité à croire, à s'illusionner, comme s'il avait été le seul d'entre eux – lui qui avait, dans les années soixante-dix, paru le plus sceptique, le plus prudent, refusant d'agir avec eux – à ne pas s'être renié, ou simplement à ne pas avoir renoncé à s'indigner, à croire.

Et Parrain, alors qu'immobile il écoutait Duprez, avait eu la tentation à plusieurs reprises de l'interrompre, d'arracher les voiles d'un coup sec.

Anne-Marie Bermont ? Le visage de Parrain demeurait impassible, et Duprez pouvait même supposer de sa part une complicité bienveillante, alors que Parrain se remémorait en fait ce qu'il savait d'elle, ce que l'on se chuchotait dans les restaurants, quand elle passait entre les tables et qu'elle saluait Rimberg, Catherine Mora, Christian Elsen, ce petit milieu qui bruissait de rumeurs, de cancans, de ragots, où l'on s'embrassait tout en regardant les autres tables.

Savait-il ou ne savait-il pas, Duprez, qu'elle avait eu, il y avait plusieurs années – alors qu'elle n'avait pas divorcé d'avec Julien Rivière, et que celui-ci n'était pas encore député, continuant d'enseigner et de publier –, une longue liaison avec Rimberg, puis, quand Rivière l'avait quittée, qu'on l'avait souvent vue partir, le vendredi, vers midi, avec Christian Elsen, pour des week-ends prolongés – tous deux rentraient à quelques minutes d'intervalle, le mardi matin – dont Parrain pouvait même donner les destinations, car la secrétaire d'Elsen était bavarde, elle commandait les billets par l'agence de voyages de la place Saint-Sulpice et ne refusait rien à Parrain.

Après – mais Parrain n'avait plus de certitudes – on murmurait qu'elle avait éprouvé une brève passion pour un auteur allemand qui avait séjourné quelques jours à Paris et dont elle était restée longuement amoureuse, puis – et Parrain, pour le plaisir, seulement pour le plaisir de savoir, s'était promis de vérifier l'information, ce qui n'était pas difficile, mais il avait eu une sorte de scrupule, presque un mouvement de pudeur qu'il se reprochait – elle avait séduit (les secrétaires de chez Christian Elsen disait plus crûment « elle s'est tapé ») un jeune coursier de la maison d'édition, un vigoureux garçon d'une vingtaine d'années, Sélim Naïr.

Et maintenant, pourquoi pas, Gilles Duprez qui parlait d'elle comme d'une victime ?

Parrain avait envie de ricaner.

Il ne condamnait pas Anne-Marie Bermont. Qu'elle fasse ce qu'elle a envie de faire, mais alors, pas d'indignation, qu'elle supporte les conséquences de ses actes !

Telle était la morale – et, comme il disait parfois avec emphase, « mon éthique élémentaire » – de Lucien Parrain.

Mais il n'avait pas interrompu Gilles Duprez, il avait simplement rallumé la télévision, sans le son, et quand Duprez l'avait questionné sur ce qu'il suggérait, ce qu'il savait, il avait répondu en se levant, en faisant une pirouette :

« Je sais tout, voyons, Gilles, tu en doutes ? »

Il savait même – et Duprez l'ignorait, et peut-être Xavier Limel lui-même ne l'imaginait-il pas encore – que Brigitte Georges, la femme de Limel, avait décidé de s'installer chez Pierre-Yves Lavignat, place des Vosges. Qu'ils avaient déjà signé un contrat en bonne et due forme pour une émission de *prime time*, un talk-show où toute l'actualité parisienne se refléteraient sous forme de jeux, d'interviews, et c'est la maison de production de Brigitte Georges qui la réaliserait.

Quant à David, Brigitte avait confié à une amie – laquelle l'avait rapporté, et Parrain avait naturellement recueilli l'information – qu'elle ne voulait pas en priver son père. Elle se sacrifiait, Xavier avait tant investi dans ce garçon, et, après tout, c'est pour lui qu'elle avait voulu cet enfant, pour elle aussi bien sûr, mais d'abord pour lui, par générosité, pour lui donner un but, sinon – et la phrase sonnait trop juste pour qu'on l'eût inventée : « Sinon, c'est un type qui n'a plus rien, rien, et je ne veux pas le condamner. »

Cruel, implacable.

Parrain éprouvait de la compassion pour Xavier Limel, pour Duprez. Comment n'avaient-ils pas encore compris qu'il fallait rester en dehors, voyeur, que la vie vraie ne valait pas mieux que celle qui apparaissait sur l'écran, qu'on ne savait d'ailleurs plus laquelle était la plus vraie, de celle-ci ou de celle-là, laquelle imitait l'autre ?

« Tu n'as rien dit », murmura Duprez.

Ils étaient dans l'obscurité. Une infirmière avait ouvert la porte, fendant la pénombre d'un rai de lumière, puis elle avait précipitamment refermé, comme effrayée d'avoir vu cet homme debout, le col de son imperméable relevé, se tenant au pied du lit.

Il avait tant de choses à dire à Duprez – que celui-ci ne voulait pas savoir – pas entendre – à propos d'Anne-Marie Bermont ! Tout comme il ne voulait pas entendre – pas plus qu'elle-même – qu'une fille de seize ans, il n'y a plus que sa mère – et encore ! –, à Paris, pour s'émouvoir de ses libertinages. Dimet avait même raconté plusieurs fois dans ses livres, devant des micros et des caméras, comment les relations sexuelles avec un enfant sont marquées par la joie, la spontanéité, que la vie est magnifiée par ce rapport d'initiation, et que, d'une certaine manière, c'est l'enfant qui initie l'adulte et lui révèle sa propre enfance enfouie, mutilée.

Parrain avait eu un mouvement de dégoût en l'écoutant, mais qu'y faire, qui s'indignait ?

Appuyé sur ses avant-bras posés sur le montant du lit, Parrain cherchait à deviner dans la nuit de la chambre, à peine teintée par la veilleuse bleue, le visage de Duprez.

Il voulait parler du suicide de ces deux jeunes élèves, treize et quatorze ans, écrasées sur le sol, broyées par la ville. De ces gamins qu'on venait d'arrêter aux abords du lycée Janson-de-Sailly parce qu'ils rançonnaient de jeunes lycéens, les dépouillaient de leurs blousons, de leurs chaussures, de leurs sacs, sous la menace d'un couteau, et ceux qui résistaient étaient roués de coups. Des enfants de treize et quatorze ans qu'on retrouvait dans le couloir des immeubles du XVIIIe arrondissement – là où Duprez, vingt ans auparavant, avait conduit leur troupe de révolutionnaires d'opérette, Bory, Limel, Mérou, Verdier, etc. –, en train de se piquer, de cacher derrière les fils électriques de petits sachets de drogue.

Alors pourquoi transformer en tragédie l'aventure banale d'Isabelle Rivière, cette initiation aux habitudes d'aujourd'hui ?

« Tu veux quoi ? » avait demandé Parrain.

Duprez souleva son bras droit : « Tout ce que tu sais », murmura-t-il.

Pourquoi condamner les partouzes chez Berthier plutôt que celles qui se déroulaient place des Vosges sous les hauts plafonds de Pierre-Yves Lavignat, dans cet appartement qu'il louait parfois quelques jours à des metteurs en scène en quête de lieux de prises de vues, tant le luxe y semblait faire partie de la nature des choses, sans rien d'ostentatoire, chaque tableau, chaque sculpture, chaque livre à sa place, et la cheminée si haute qu'on pouvait s'y asseoir, tout cela acheté, rénové récemment, grâce à Berthier, qui, parce qu'il rendait parfois aux ministres de menus services, pouvait obtenir des Monuments historiques une faveur pour un ami, etc.

Fallait-il démonter cette filière, rappeler que Berthier était aussi administrateur du Consortium de rénovation urbaine, et qu'à ce titre certaines entreprises engagées dans les immenses travaux de réhabilitation des banlieues pouvaient consentir quelques sacrifices pour la remise en état – réalisée avec démesure, il est vrai – de l'appartement d'un écrivain, ami des princes qui gouvernent, place des Vosges ?

C'était cela, Paris, une chaîne où tout était lié, imbriqué, superposé, encastré, comme dans l'épaisseur complexe d'un organisme un peu visqueux, de ces grosses boules gélatineuses, vivantes, qui restent entre deux eaux et qu'on trouve parfois échouées sur les plages.

Qu'on les touche et la peau se couvre de plaies ; leur contact, dit-on, rend aveugle.

On avait poussé bruyamment la porte, allumé les lumières. Une infirmière, une grande femme noire aux boucles dorées, aux cheveux courts, était entrée. « C'est l'heure, monsieur Duprez, votre pansement. »

Elle se tourna vers Parrain. Il fallait sortir. Parrain s'attarda pourtant près de la porte, regardant Duprez s'allonger en grimaçant, présenter son flanc gauche, cependant que l'infirmière enlevait le goutte-à-goutte, laissant fiché dans le poignet cette aiguille, ce cathéter qu'elle recouvrit de sparadrap.

« Je vais vous faire mal, dit l'infirmière, penchée sur Duprez. Ça a suppuré un peu, je dois nettoyer la plaie, vous êtes prêt ? »

Elle semblait avoir oublié Parrain qui s'était pourtant rapproché du lit, et Gilles lui avait tendu la main droite, que Parrain avait saisie. Gilles s'était alors agrippé, enfonçant ses ongles dans la paume de Parrain, cependant que l'infirmière murmurait : « Y en avait besoin, vraiment. Ça va aller, c'est presque fini, je retire le drain, attention, voilà, voilà. »

Des gouttes de sueur perlaient sur le front, les paupières fermées de Gilles, qui enfin relâcha sa main.

L'infirmière se redressa, regarda Parrain, s'apprêtant à le questionner.

« C'est mon ami, dit Parrain, mon ami. »

31

Longtemps Xavier Limel avait refusé d'admettre que Brigitte ne rentrerait plus rue Boissonade, qu'elle renoncerait ainsi à voir David chaque jour, qu'elle pourrait se priver de cet enfant qui se précipitait vers elle, courant le long du couloir dès qu'il entendait le bruit de la porte palière, criant son nom, le hurlant même : « Brigitte, Brigitte ! »

Il se pendait au cou de sa mère et il lui racontait tant de choses, avec tant de hâte, qu'il en bégayait, et Xavier regardait, ému, prêt à nouveau à tout accepter de Brigitte pour ces instants-là, non pour David seulement, mais pour lui, rassuré, réconcilié avec la vie, parce que cet amour d'un fils pour sa mère, cette spontanéité, ces gestes de tendresse, cet élan lui faisaient oublier toutes les déceptions, les rancœurs, l'amertume, les humiliations que Brigitte lui infligeait.

Cela, cette célébration du lien le plus fort entre deux êtres – il en jugeait ainsi – se déroulait chez eux, dans cet appartement où ils habitaient tous trois, et cela donnait un sens à ce qui l'unissait à Brigitte, malgré tout, justifiait qu'ils vécussent ensemble, puisqu'il y avait cela – et tout le reste paraissait dérisoire.

Mais c'est le *reste* qu'elle avait choisi, lui téléphonant un matin tôt, alors qu'il bouclait la première édition du journal, pour lui dire d'une voix égale : « J'ai demandé à Sylvie de descendre ce soir, elle s'occupera de David, tu es là cette nuit ? Elle viendra tôt demain matin, accompagnera David à l'école... »

Elle avait énuméré ainsi, sans jamais fournir d'explications, un certain nombre de mesures pratiques. Il avait renoncé à poser des questions, puisqu'elle avait dit, lorsqu'il avait commencé à l'interroger : « Laisse-moi d'abord te donner ces renseignements indispensables, veux-tu ? »

Elle avait un ton de commandement, et il nota le numéro de téléphone du pédiatre, et celui de Sylvie Pasquier, leur bonne, au septième étage de l'immeuble de la rue Boissonade.

« Je suis sûre que tu ne savais pas qu'ils s'étaient fait installer le téléphone. »

Il fut obligé de le reconnaître.

Puis elle s'était interrompue pour reprendre souffle, laissant un long silence entre eux, qu'il n'avait pas osé rompre, comme s'il avait craint les mots qui allaient suivre. Et c'est elle qui, la voix changée, dure, avait prononcé trois mots : « Tu as compris ? »

Il ne répondit pas et elle poursuivit alors, parlant très vite, expliquant qu'elle s'installait chez Pierre-Yves Lavignat, et comme il ne disait toujours rien, elle précisa.

« Chez Pierre-Yves Lavignat, je te donne le numéro de téléphone, mais n'appelle que si c'est grave, je ne devrais pas avoir besoin de te dire cela, mais je le dis. »

Chaque mot était désormais lourd de violence, de ressentiment.

« J'ai essayé, Xavier, reprit-elle, pour David, aussi longtemps que j'ai pu, mais tu es resté enfermé dans ton univers, tu n'as fait aucun effort pour me comprendre, deviner ce dont j'avais besoin. »

Xavier avait écouté ce qui lui semblait un dialogue déjà entendu, comme dans l'épisode d'une banale série de télévision, mais c'était à lui qu'on adressait ces phrases, ces reproches.

« Je te laisse David, dit-elle, parlant si vite, un peu haletante, qu'il avait du mal à comprendre. Pour l'instant, c'est mieux ainsi, je passerai le voir, il connaît Sylvie, pour lui il y aura peu de changement. »

Un silence à nouveau.

« J'enregistre une interview dans cinq minutes, tu peux m'appeler au bureau, rue de Châteaudun, en fin de journée. »

Un déclic, le téléphone qu'il posait, et Garini qui faisait irruption dans le bureau, une dépêche d'agence à la main, le titre de une qu'il fallait changer dès cette édition, si possible, au moins « balancer » la nouvelle dans le sommaire en première page, et la donner à la dernière.

Limel s'était affairé. C'est à peine si une inquiétude surgissait entre deux phrases qu'il tapait, une angoisse qui s'effaçait comme, sur l'écran de l'ordinateur, disparaissaient les mots qu'il voulait changer, qui se volatilisaient, comme s'ils ne s'étaient jamais inscrits – à peine un malaise, la certitude qu'il avait vécu un cauchemar déjà enfoui, dont il cherchait à se souvenir et qui se dérobait.

Et, tout à coup, en parcourant les pages culturelles du journal, un titre :

« Pierre-Yves Lavignat : le choix de la télévision comme écriture ». Quelques lignes en italique résumaient l'article : *« En s'associant avec Brigitte Georges pour lancer une émission culturelle d'une conception nouvelle, Lavignat fait le pari de marier la réflexion, le divertissement et l'image. »* Enfin, un intertitre en caractères gras, à mi-colonne : *« Le défi de Brigitte Georges ».*

Limel avait quitté le bureau sans prendre un exemplaire du journal, ne répondant pas à son assistante qui lui rappelait que Garini l'attendait au bureau de la rédaction en chef.

Puis il avait marché, toute la fin de la matinée et durant les premières heures de l'après-midi, marché pour ne penser à rien, ne sentir que la fatigue.

Il s'était enfin assis dans le parc Montsouris sur l'un des bancs, face aux pelouses qui formaient comme une mer soulevée par une houle ample et profonde, se perdant au-delà des arbres, s'enfonçant sous les immeubles – ce quartier, Paris tout entier, chaque lieu habité pareils à autant d'îles dérivantes, et lui, Xavier, au milieu d'elles, naufragé.

Les cris des enfants l'avaient tiré de sa torpeur, de cette sensation d'écrasement, aussi, qu'il ressentait maintenant, comme s'il venait juste de comprendre que Brigitte avait fait tomber sur lui un bloc énorme, cette décision qu'elle avait prise et qui allait entraîner, en avalanche, toute une grêle de pierres. Il vit les enfants. Il sortit du parc en courant, héla un taxi.

Il était arrivé à temps devant l'école ; Sylvie Pasquier, son bébé dans les bras, était appuyée à la barrière qui longeait le trottoir pour empêcher les enfants de s'élancer sur la chaussée. Elle avait vu Xavier mais n'avait pas bougé, baissant la tête, gênée, et c'est lui qui lui demanda de rentrer, il s'occuperait de David ce soir-là. Elle ne le regardait toujours pas, murmurant : « Madame m'a dit... » Et il ne put s'empêcher de l'interrompre d'une voix trop forte, si bien que les femmes debout près de Sylvie les regardèrent.

« On se fout de ça, Sylvie, on se fout de ce qu'elle a dit. »

Puis, comme Sylvie s'éloignait, il fut contraint de la rejoindre, de lui demander de préparer le repas, de venir très tôt le lendemain matin, car il partait au journal dès l'aube. Elle était d'accord, son mari commençait son service de nettoyage à 3 heures du matin, mais Xavier n'écoutait plus son bavardage, sa voix aiguë, il entendait seulement ces quelques mots qu'elle répétait : « C'est triste pour David, c'est triste pour lui. »

Depuis, il semblait à Xavier qu'il n'avait plus desserré sa main de celle de son fils.

Il avait pris deux semaines de congé, et il était près de David à chaque instant, se disant qu'après tout cette vie-là, repliée sur ce qu'on aime, un fils, valait bien l'autre, qu'il comparait à un vêtement qu'on retourne, doublures à l'extérieur – et c'était cela qu'avait choisi Brigitte, visage, bouche, corps offerts à tous les regards, et il éprouvait moins de la colère ou de la jalousie à son endroit qu'un accablement mêlé de dégoût.

Le dimanche matin, il accompagnait David au parc de jeux du Luxembourg. Il tentait de lire *Le Journal du dimanche*, l'*Observer* et le *Sunday Times*, assis sur l'une de ces grosses balises de ciment qui délimitaient le bac de sable. Mais il était si soucieux de ne pas perdre David des yeux qu'il ne terminait jamais un article, captant un bout de phrase ici, un paragraphe là, se précipitant à l'extrémité du parc, là où se dresse un échafaudage de poutres, craignant que David, déjà juché sur l'une d'elles, tentant d'attraper une corde à nœuds, ne vînt à tomber. Il ouvrait les bras. Mais David refusait son aide, ordonnait qu'il s'écartât : « Seul, papa, seul, Xavier, laisse-moi. »

David se jetait en avant, manquant la corde, tombait, et

Xavier le retenait, le soulevait, le consolait, le portait dans ses bras : « Mon bébé, mon bébé », disait-il.

Un dimanche, ainsi, en revenant du Luxembourg, il avait vu, boulevard Raspail, au-delà de la rue Boissonade, un attroupement d'une cinquantaine de personnes, et David s'était élancé en criant : « Maman, maman ! »

Brigitte était là, en effet, pantalon de toile foncée, grosse ceinture de cuir noir, blouson de cuir fourré ouvert sur un chemisier vert pâle, dirigeant une équipe qui filmait Lavignat, beau, affecté, les cheveux noirs savamment décoiffés, le bras tendu désignant un arbre dans le parc du Centre culturel américain, parlant d'un air inspiré, n'oubliant jamais de rester face à la caméra.

Un assistant s'était précipité à la rencontre de David, le soulevant par les aisselles, l'entraînant loin de l'attroupement, et Xavier l'avait suivi à grandes enjambées, disant d'une voix sourde : « Vous voulez mon poing sur la gueule ? » – et tout en s'étonnant de la violence de son propos, il prit David dans ses bras, murmurant : « Laisse maman travailler. »

Elle était venue vers eux, souriante, trop raide pourtant, ignorant Xavier, et David tourné vers elle se débattait pour que son père le lâchât. « Tu connais Pierre-Yves », dit-elle en embrassant David. Elle expliqua qu'ils tournaient un sujet sur les Américains de Paris, qu'ils évoquaient la destruction du Centre culturel – « J'ai lu ton article à ce propos », dit-elle en jetant un rapide coup d'œil à Xavier.

Puis elle fit un geste à Lavignat qui s'avança en compagnie de Julien Rivière, le député du XIVe, qu'avant 1981 Limel rencontrait souvent dans les petites réunions de quartier, lors des campagnes électorales auxquelles il participait, signant des listes de soutien à Rivière, prenant même la parole, et la rédaction en chef lui en avait fait le reproche, mais, avait-il répondu, n'était-il pas aussi citoyen ?

Lavignat était distant, parlant à Brigitte comme si elle avait été seule, ignorant même David qu'elle tenait pourtant contre elle, lui caressant les cheveux cependant que l'enfant, immobile, la tête entre les cuisses de sa mère, lui entourait les jambes de ses bras.

Rivière, au contraire, se montra chaleureux, il tutoyait Limel, le saisissait aux épaules, le forçait à s'éloigner de Brigitte, de Lavignat, de David, commençait à lui expliquer qu'il avait besoin du soutien de la presse.

« Je ne demande qu'une présentation objective des faits », répétait-il.

Il fallait bloquer les projets du Consortium de rénovation urbaine dans le XIVe, tout le cœur de l'arrondissement entre la rue Raymond-Losserand et l'avenue du Maine, tout ce quartier était menacé, rue Pernety, rue des Plantes, rue Didot où l'on trouvait encore des maisons à deux étages, des artisans, des boutiques, une vraie vie de rue avec ses bistrots, ses ateliers d'artistes.

« Paris, quoi, celui que tu aimes, comme moi. » Et il ajouta, soudain grave : « Ils vont m'attaquer, j'en suis sûr, il leur faut me casser, les intérêts sont énormes. »

Il avançait des chiffres, les prix au mètre carré, mais la voix de Brigitte lança : « Je te ramène David ce soir vers 7 heures, il vient avec nous. » David sautillait, joyeux, près d'elle, ne se tournant même pas vers Xavier, Pierre-Yves Lavignat marchant près de lui, les bras croisés sur l'ample pull-over blanc tombant bas sur son pantalon noir.

« Tu comprends l'enjeu de la bataille », reprit Rivière, puis, d'une voix sourde : « Vous ne vivez plus ensemble ? »

Il serra les épaules de Xavier, rassurant. La vie est une succession de cycles, lui dit-il, le sien était décennal. La transition était un moment difficile, mais après – il hochait la tête, enfonçait ses mains dans les poches de son manteau – on se sentait mieux.

Puis il soupira, faisant la moue. Les enfants, un problème. Xavier voyait-il quelquefois Anne-Marie et Isabelle ?

« Quelques difficultés avec Isabelle, murmura-t-il. L'adolescence, à Paris, pas facile. » Et, sentencieux, Rivière ajouta : « C'est mieux pour ton fils que cela se produise maintenant. C'est mieux. »

Puis il entoura à nouveau les épaules de Limel : savait-il quelque chose sur Doriman, le nouveau président du Consortium de rénovation urbaine ? Un homme habile, des amitiés partout, à la mairie de Paris, au gouvernement, à l'Élysée.

« Et moi, poussière, je ne suis que le grain de sable, dit Rivière, mais ce sont mes électeurs qu'on touche, et s'ils quittent le quartier, je n'ai plus d'assise, rien, chute libre. Mais, en haut, on s'en fout. Un député de base ? De la merde, mon cher Limel, de la merde ! Doriman est autrement important, sauf si la presse, l'opinion... mais ça, c'est toi, c'est vous. »

Ils furent rejoints par un petit groupe qui entoura Rivière, et Limel reconnut l'un des locataires du septième étage, rue Boissonade, un jeune Maghrébin que Rivière lui présenta : « Kamoun, étudiant en sciences politiques, en histoire, il nous aide. »

Limel serra quelques mains, puis s'éloigna. Il avait le sentiment d'avoir autant de mal à marcher que s'il avait bu. Il lui semblait tituber, comme s'il lui manquait un appui, cette main d'enfant qu'il venait de perdre.

Il se retourna. Il aperçut David assis à l'avant de la voiture, entre Brigitte et Lavignat. Les techniciens chargeaient le matériel dans un deuxième véhicule.

Xavier ne put s'empêcher de faire un signe à David, et il vit que l'enfant se mettait à bouger, exigeant qu'on lui ouvrît la fenêtre. Il passa sa tête, ses épaules hors de la portière, il cria : « Je reviens ce soir, papa, je reviens. »

Xavier répondit d'une voix qu'il voulait assurée, apaisante :

« Comme tu veux, mon fils, je t'attends, je suis là »

Et il agita la main cependant que la voiture démarrait.

32

Quand Sylvie Pasquier l'avait vu, au fond du couloir, frapper à plusieurs reprises à la porte de la chambre de Foulon Mantene et de Madeleine Vota – ceux qu'elle appelait « les Noirs » ou bien « les musiciens » –, puis se pencher sur la serrure, secouant la poignée, cherchant à ouvrir, elle avait eu peur.

Sylvie savait qu'en ce début d'après-midi elle était seule au septième étage : Sofia Kraussman avait repris son service chez le docteur Sertys, au quatrième, Kamoun – « l'Arabe », disait-elle – s'absentait toujours au milieu de la journée, et les Noirs n'apparaissaient qu'en fin de semaine ou bien la nuit.

Elle avait donc voulu reculer sans bruit, mais Jérôme, qu'elle serrait contre elle, peut-être trop fort, dans un mouvement instinctif d'angoisse, s'était mis à crier, et l'homme s'était retourné. Alors Sylvie s'était figée, appuyant du coude sur le bouton de la minuterie et appelant son mari d'une voix qu'elle voulait calme. Elle savait pourtant que Marcel était déjà sorti, renonçant à ses heures de sommeil pour de menus travaux de menuiserie et de peinture qu'il faisait çà et là, payé de la main à la main, jurant à Sylvie qu'il dormait bien assez quatre heures par nuit, que conduire une benne à quinze kilomètre à l'heure, ce n'était pas épuisant, qu'il avait tant l'habitude des trajets qu'il sommeillait au volant, à chaque arrêt. Et puis, c'est maintenant qu'il était jeune encore qu'il pouvait faire rentrer un peu d'argent, pour qu'ils réussissent à foutre le camp d'ici, s'installer peut-être en banlieue, dans un pavillon, du côté de Melun-Sénart, pourquoi pas, ou de Courcouronnes, la banlieue sud, parce que enfin, faire pousser un enfant ici, dans ce couloir, ce n'était pas sain, pas juste, mais Sylvie répondait qu'au moins on était à Paris, dans un bon quartier, et le petit irait en classe dans la même école, le même lycée que David Limel, et ça, ça comptait aussi, peut-être plus que les pelouses de banlieue, ces villes où, dans les classes, il n'y avait que des Arabes, des Noirs, à peine si l'on y parlait encore français. Mais, de toute manière, ce n'était pas le moment de décider, puisqu'ils n'avaient même pas assez d'argent pour solliciter un prêt, alors à quoi bon discuter ?

« Marcel, Marcel, il y a quelqu'un », avait lancé Sylvie, et elle cherchait dans la poche de sa veste la clé de leur chambre. Si elle réussissait à la trouver, à ouvrir, elle pourrait entrer, s'y enfermer, téléphoner.

Mais Jérôme qui continuait de crier, qui se débattait dans ses bras, la gênait, et l'homme s'avançait, levant la main droite, paume ouverte, comme pour la rassurer.

Elle le voyait mal dans la pémombre de ce trop long couloir, si étroit qu'on ne pouvait s'y croiser, qu'il fallait laisser le passage en se plaquant contre la cloison.

Sylvie avait recommencé à reculer, dévisageant l'homme de taille moyenne, portant un manteau ouvert qui laissait voir un costume de couleur foncée.

Il agitait la main, toujours levée, faisant à Sylvie le signe de s'arrêter, puis, arrivant sous l'une des lampes, il s'était immobilisé comme pour permettre à Sylvie de mieux voir ses cheveux courts, sa calvitie déjà marquée de chaque côté du front, et elle distingua sa chemise blanche à fines rayures bleues, sa cravate à petits pois rouges.

Il avait l'aspect rassurant d'un médecin, ou bien d'un employé de banque, et peut-être venait-il pour leur proposer d'ouvrir un dossier d'épargne-logement, puisque Marcel avait donné leur adresse lors d'une visite à l'agence voisine du Crédit lyonnais.

Comme s'il avait senti que la peur de sa mère se dissipait – peut-être avait-elle relâché son étreinte –, Jérôme s'était calmé, suçant son pouce, la tête reposant sur son épaule. L'homme sortit de sa poche un porte-cartes, le souleva, le plaçant dans la lumière : « Police », dit-il. Et Sylvie serra de nouveau Jérôme, qui se remit à pleurer.

« Vous pouvez peut-être me renseigner », commença-t-il. Il s'avançait lentement, cependant qu'elle réussissait enfin à ouvrir la porte de sa chambre, à y entrer à reculons, mais il apparaissait déjà sur le seuil, lui présentant ce porte-cartes sur lequel elle voyait les trois traits de couleur bleu, blanc, rouge.

« Inspecteur Milner », dit-il.

Elle l'observait alors qu'il s'appuyait au cadre de la porte, la tête un peu baissée, parce que le plafond était si bas qu'il donnait à tous ceux qui voulaient entrer dans la chambre l'impression qu'ils allaient s'y cogner.

Sylvie avait posé Jérôme sur le lit qui occupait la moitié de la chambre et s'encastrait sous le toit en pente, si bien que Marcel, lorsqu'il se couchait, était, disait-il, comme dans une boîte : « Je m'habitue, je suis déjà mort. » Et, plusieurs fois par nuit, en se redressant, il heurtait le toit et jurait, poussant Sylvie dans un geste brutal qu'il regrettait aussitôt, ne disant plus rien mais se collant contre elle qui lui tournait alors le dos. Et, souvent, ils faisaient l'amour ainsi, dans un demi-sommeil, Sylvie la main accrochée au berceau de Jérôme qu'elle plaçait le soir tout contre leur lit. Puis Marcel se levait, tâtonnant dans la semi-obscurité de la pièce éclairée par le vasistas.

Elle devinait, chaque nuit, les mouvement qu'il faisait, et elle l'appelait au moment où il avait terminé de s'habiller, sa combinaison de travail enfilée, sa fermeture Éclair tirée. Il était minuit ou 1 heure, cela dépendait des horaires de la tournée, du temps qu'il fallait pour aller chercher sa benne au dépôt. Elle lui murmurait que le café était dans la Thermos, sur la table, dans l'autre petite pièce qu'ils occupaient et que Sylvie avait baptisée salon-salle de séjour, puisqu'elle pouvait, en tirant un rideau, masquer le réchaud électrique et le petit évier.

Le soir du baptême de Jérôme, il y avait quelques jours à peine, ils y avaient reçu les locataires du septième. L'Arabe Kamoun n'était resté qu'un bref instant, mais les Noirs et Sofia Kraussman s'étaient attardés, Foulon Mantene dansant seul devant eux, frappant ses mains au-dessus de sa tête, se dandinant au rythme de cette musique qui avait envahi l'étage, toutes les portes des chambres étant restées ouvertes.

« Venez à côté », avait dit Sylvie, et l'inspecteur Milner l'avait suivie, s'asseyant, les avant-bras appuyés sur la table, un petit carnet posé devant lui, jouant avec son crayon, murmurant : « Vous avez deux pièces », puis, comme elle ne répondait pas, ne le quittant pas des yeux, berçant Jérôme qui s'endormait : « C'est assez clair, ici », ajouta-t-il.

Le plafond de cette pièce était percé de deux vasistas à tabatière, et l'été, Marcel se hissait sur le toit, puis il aidait Sylvie à monter, et ils pouvaient ainsi, adossés aux cheminées, rester au soleil, presque nus, respirer surtout, avec un ciel où le regard se perdait, si libre d'errer que Sylvie rêvait d'un long voyage en mer, jusqu'à l'une de ces plages – Seychelles, île Maurice, Saint-Martin – où Brigitte Georges allait, une ou deux fois par an, seule, laissant David à son mari.

Quand elle rentrait de ces pays que Sylvie imaginait comme des provinces du ciel vues des toits, en été, elle était hâlée, joyeuse durant quelques jours.

« Vous devriez, Sylvie, vous détendre un peu, disait Brigitte, il faut quitter Paris de temps à autre, on y étouffe, sinon... »

Puis, comme si elle réalisait à qui elle parlait, elle ajoutait :

« Il y a des vacances à tous les prix, il faut simplement vouloir, choisir de privilégier cela, enfin – elle soupirait, haussait les épaules –, chacun organise sa vie comme il l'entend, Xavier, lui, ne part jamais. »

Elle, cette fois, était définitivement partie.

Et quand, le matin, Sylvie descendait dans l'appartement de Limel, qu'elle allait d'une pièce à l'autre, puis préparait le petit déjeuner de David, qu'elle conduirait à l'école, Xavier Limel étant parti depuis longtemps à son journal, elle ne comprenait pas.

Elle avait installé Jérôme dans un couffin, près d'elle, et elle se tournait souvent pour le voir dormir, la tête à demi cachée dans son burnous bleu. Puis elle habillait David, dans la cuisine même, et il s'étirait, parlant vite, commençant des phrases qu'il ne terminait pas, comme s'il n'osait pas : « Maman, tu sais, elle m'a dit... » Parfois, Sylvie l'interrompait pour ne pas entendre, l'empêcher d'aller jusqu'au bout de son désir : « Lève les bras, là, attention aux oreilles », elle enfilait le pull-over, puis elle lui présentait le jus d'orange, le yaourt. « Bois, mange », disait-elle.

Non, Sylvie ne comprenait pas comment Brigitte Georges avait pu quitter tout cela, cet appartement, ce fils.

Elle ne jugeait pas. Il lui semblait que Brigitte Georges

n'appartenait pas à la même espèce qu'elle. Elle ne lui eût pas, même pour dix minutes, confié Jérôme, à supposer qu'elle pût imaginer des circonstances où cela eût été possible, alors qu'elle l'aurait, sans crainte, donné à garder – et elle l'avait déjà fait – à Madeleine Vota, qu'elle appelait « la Noire » lorsqu'elle parlait avec Marcel, mais qu'elle sentait de la même race qu'elle.

« Vous les connaissez bien, Foulon Mantene, Madeleine Vota ? » demanda l'inspecteur.

Il posait des questions sur Foulon Mantene. Recevait-il des visites ? Savait-elle où il travaillait ? « La rue Daru, l'emploi qu'il occupe à *L'Universel*, il n'en parle jamais ? »

Sylvie ignorait même qu'il existait un journal qui s'appelait *L'Universel*.

Parfois, Marcel rapportait des lots de vieux magazines que les éboueurs trouvaient empilés au pied de certains immeubles. Sylvie les feuilletait, y découvrant la photo de Brigitte Georges, et cela, comme les rares fois où elle la voyait à la télévision – « Le dernier mot » était programmé trop tard pour qu'elle pût regarder cette émission dans laquelle les invités parlaient une langue dont elle comprenait les mots sans en saisir le sens –, la confirmait dans l'idée que Brigitte Georges ne pouvait qu'avoir un comportement étrange, anormal, ne relevant d'aucun jugement.

Et quand Marcel disait – Sylvie s'étonnait d'ailleurs de cette familiarité, comme s'il la connaissait, et elle la regardait à son tour, montrant ses jambes sur l'écran, dans leur salle de séjour, maquillée, souriante – que Limel ne devait pas s'embêter avec elle, mais elle, oui : « Il lui en faut, ça se voit, tu trouves pas ? », Sylvie ne pouvait que répondre : « Ça, c'est des femmes à part. »

Sylvie ne l'enviait pas. Elle n'osait le penser vraiment, mais, pour elle, Brigitte Georges était un peu comme ces femmes qui se montrent nues, qui jouent dans les films pornos, ceux que parfois Marcel voulait voir et qu'elle regardait aussi, un peu dégoûtée, le sang montant à ses joues brûlantes, un peu étonnée aussi, se disant qu'elle ne pourrait pas faire ça, elle, et pourtant des femmes le faisaient – Brigitte Georges, sûrement.

« Je sais, dit Sylvie en évitant les yeux de Milner, que Foulon dort là où il travaille, parce qu'il ne couche ici que quelques nuits par semaine ; on l'entend, ils mettent alors la musique très fort. »

Milner pencha un peu la tête, comme pour marquer qu'il comprenait le désagrément que devait procurer ce voisinage, ce bruit, mais Sylvie, avec une fougue qui la surprit elle-même, répéta, en affrontant le regard de Milner, en le défiant : « Non, non, non », puis elle expliqua qu'elle aimait cette musique, qu'on s'y habituait.

« Quand ils sont là tous les deux, ici ça change, c'est joyeux. C'est plein de vie, et même... » Elle berçait Jérôme : « Lui aussi, il l'aime, cette musique, et eux ils aiment les enfants. »

Elle s'était levée comme pour marquer qu'elle n'avait rien de plus à dire.

« Elle est infirmière, n'est-ce pas ? » dit tout à coup Milner en s'approchant d'elle comme s'il venait brusquement de s'en souvenir, et il murmura comme pour lui-même : « Madeleine Vota, une grande femme africaine, les cheveux courts, de grosses boucles dorées, oui...

– Une belle femme, répondit Sylvie ; ma mère, à l'hôpital Saint-Antoine, c'est elle qui l'a soignée. Elle, quand elle caresse Jérôme, il rit tellement, elle a des mains d'ange. »

Milner semblait ne pas l'écouter, comme pris par ses propres pensées, hochant la tête machinalement, puis, courbé, comme s'il craignait de se cogner, il quitta la pièce en remerciant Sylvie, revenant sur ses pas, lui demandant encore si elle n'avait jamais entendu Foulon parler de la rue Daru et si elle connaissait ce nom qu'il portait aussi : Tango.

Sylvie secoua le tête, et pourtant elle se rappelait maintenant que dans la rue Daru, un soir, Foulon avait été pris à partie par des fêtards, et qu'il s'était laissé faire, et Marcel, en lui racontant la scène plus tard, avait expliqué que c'était grâce à ça que Foulon avait trouvé un emploi là-bas. « Peut-être moins propre que de remuer des poubelles, avait-il ajouté, mais ça, ça le regarde. Chacun doit bouffer et chacun fait comme il peut, comme il veut. »

Ces choses-là, d'instinct, Sylvie savait qu'on ne les dit pas à un flic, même quand il est poli.

33

Cette manière qu'avait François Milner de se tenir immobile, le front appuyé contre la cloison, les mains posées sur le radiateur, yeux fermés – mais cela, Carré, qui l'observait assis derrière le bureau, ne le voyant que de trois quarts, l'imaginait –, sa façon de rester ainsi plusieurs minutes, comme un sage qui médite ou un élève puni, rien ne semblait l'avoir provoquée.

Milner était arrivé tôt, comme à son habitude, se mettant immédiatement à rédiger son rapport, et Carré, qui achevait sa permanence de nuit, l'avait écouté lui faire le récit de sa visite rue Boissonade, au domicile de Tango, ce Noir qui disait n'avoir pas assisté à la rixe au cours de laquelle, rue Daru, avait été blessé Gilles Duprez. Mais c'était impossible à croire : un automobiliste qui garait sa voiture au bout de la rue, vers le faubourg Saint-Honoré, avait vu l'Africain se battre avec quelqu'un, cependant qu'un passant, Gilles Duprez, sans aucun doute, s'était approché en courant.

Carré avait d'abord fait mine d'écouter distraitement, feuilletant son journal, pour montrer à Milner qu'il ne s'agissait à ses yeux que d'une affaire anodine, relevant d'un commissariat de quartier.

« C'est toi qui m'as parlé de Duprez, avait dit Milner. Ce n'est pas n'importe qui. »

Carré était contraint d'en convenir, puisqu'il s'était laissé aller à ces confidences, mais justement, conseillait-il, puisque Duprez était un emmerdeur, un teigneux, qui en plus refusait toute coopération pour pouvoir accuser un jour la police d'impuissance, ne valait-il pas mieux laisser l'incident s'enfoncer parmi ces faits divers jamais résolus qui sont – Carré répétait toujours cette formule avec emphase, cherchant à tourner en dérision l'entêtement de Milner – « le fumier des petites fleurs de Paris. »

Comme à chaque fois, Milner avait haussé les épaules, marqué d'une mimique son accablement amical, et Carré sentait l'inquiétude monter en lui.

Cette affaire, il le devinait, ce serait la poisse, la merde. Il ne voulait pas se confier à Milner, mais l'avertir, et, soudain grave, il lui avait demandé qui il voulait vraiment coincer : l'agresseur en fuite, ou Gilles Duprez, ou ce Noir trop silencieux, ou quelqu'un d'autre encore ?

La réponse de Milner était à la mesure des craintes de Carré.

D'une voix posée, les yeux dans le vague, Milner avait expliqué que la plupart des grandes affaires commençaient ainsi, par hasard, à la marge, parce qu'un incident imprévisible venait introduire dans un ensemble cohérent, clos, de nouveaux facteurs qui changeaient l'équilibre des choses, modifiaient le jeu des acteurs.

« Je sens quelque chose comme cela », avait-il murmuré.

Et il avait rappelé que Tango était le portier, le gardien, l'homme à tout faire de Richard Berthier, le directeur de *L'Universel*.

« Et pourquoi ne témoigne-t-il pas ? Pourquoi nier l'évidence, qu'on a voulu entrer dans l'immeuble ? »

Carré avait replié son journal.

« Tu es un intellectuel, Milner, avait-il dit. Tu cherches la merde, tu vas la trouver, crois-moi, ça va te tomber dessus à pleins seaux. Moi aussi, j'ai comme toi mes petites intuitions. »

Milner avait continué à écrire lentement, puis il s'était levé et s'était placé face au radiateur, comme un type qui souhaite se réchauffer les cuisses et le ventre, ou un psychopathe qui va se taper la tête contre le mur.

Carré s'était tu, rangeant ses affaires, s'apprêtant à quitter le bureau.

Depuis près de quatorze mois, il faisait équipe avec Milner, et il aimait bien ce collègue peu bavard, obstiné, qui avait dans l'allure et sa manière de parler quelque chose d'un professeur, d'ailleurs sa femme l'était et lui-même aurait sûrement dû l'être. Carré ne comprenait toujours pas pourquoi un type déjeuner !), le commissaire Diebolt avait réussi, malgré l'action des syndicats, à l'expédier à la Criminelle, quai des Orfèvres.

« Vous allez faire un peu de terrain, de voie publique, avait-il dit à Carré, je veux que vous regrettiez les R.G. »

Carré avait ainsi découvert la petite pièce qu'occupait Milner, presque sous les combles, deux tables poussées l'une contre l'autre, des armoires métalliques dont on ne pouvait plus fermer les portes, charnières faussées, panneaux voilés, et une fenêtre étroite, presque une meurtrière, par laquelle on apercevait un pan de façade, au-delà de la Seine, quai des Grands-Augustins.

Quand la nuit tombait, qu'ils étaient encore là à interroger un suspect placé en garde à vue, ou bien à étudier un dossier, la lueur des projecteurs des bateaux-mouches pénétrait dans la pièce par cette fente, comme une provocation, éclairant tout à coup le plafond, les dossiers, les peintures écaillées, cette misère d'un décor anonyme que ni Milner ni Carré n'avaient essayé de changer et qu'on leur promettait chaque mois de restaurer, mais les crédits, toujours insuffisants, se perdaient ailleurs.

Et cependant, Carré ne regrettait pas sa mutation.

Il disait à Milner : « Le fumier, ici, il sent la campagne, c'est une étable, c'est presque sain. Là-bas… »

Il avait un mouvement de tête qui indiquait la direction de la préfecture de police, où, durant cinq années, il avait servi sous les ordres du commissaire Diebolt, chargé des enquêtes spéciales ou réservée – la dénomination changeait – à la direction des Renseignements généraux.

« Là-bas, reprenait Carré, la merde sent le parfum, mais tu as toujours envie de vomir. »

Il ne racontait pas, il se contentait de répéter : « Tu dégueules, ou alors… »

Il fallait être le commissaire Diebolt, un homme taciturne à la parole lente, au corps lourd, voûté, qui plissait les yeux, se frottait lentement les mains, comme un de ces serviteurs de l'Église obstinés, perspicaces, secrets et fanatiques.

Quelle était la foi de Diebolt ?

Carré avait cru que les changements politiques, en 1986,

les noms, les adresses, les conversations qu'il avait surprises, écoutées sur bandes magnétiques, les rapports qu'il avait rédigés, ce qu'il savait de l'activité de Diebolt, de ses voyages en Italie au moment de l'affaire Mathilde Serma – cette fille retrouvée morte dans l'un des canaux de Venise et dont on murmurait qu'elle avait servi d'appât pour prendre au piège un grand personnage politique, peut-être même le plus grand –, que tout cela s'était perdu, recouvert par la boue quotidienne des faits divers – et, en quatorze mois, elle s'était entassée, bien épaisse, bien sordide.

Mais voilà que Milner parlait de la rue Daru, de cet immeuble de trois étages, le siège de *L'Universel*, et Carré avait naguère planqué là, devant la porte, dans une camionnette, parce qu'il fallait quelque chose sur Richard Berthier, du chaud, du bien pourri.

Et Carré, à l'époque, avait rapporté à Diebolt ce qu'il lui demandait, ces photos de groupe, Berthier rentrant de ses virées ivre, entouré de jeunes gens, de loubards, et ce Noir dont parlait Milner, ce ne pouvait être que l'Africain qui servait à Berthier de chauffeur, de petite bonne à tout faire.

Diebolt avait décidé un jour qu'il fallait le questionner un peu, enregistrer sa déposition, à tout hasard. Et puis l'affaire ne s'était pas conclue, on avait laissé filer la ligne : trop de bruit autour de la mort de Mathilde Serma, Duprez s'était mis sur le coup, avait cité dans l'un de ses articles le nom de Diebolt, qu'il comparait à une sorte de Minotaure tapi au fond de son bureau de la préfecture de police, utilisé par des dieux qui se combattaient entre eux.

L'article avait plu à Diebolt. Carré avait aperçu le magazine qui le publiait ouvert plusieurs jours d'affilée sur le bureau du commissaire.

« Vous avez sûrement lu ? avait dit Diebolt, surprenant le regard de Carré. C'est pas mal vu. Ça change, en haut, sur l'Olympe, mais nous, on reste. Il y a toujours du sale boulot, de la basse besogne, des hautes et basses œuvres à accomplir, et c'est pour nous, Carré. »

Mais, un jour ou l'autre, imaginait Carré, les dieux considéreraient que le Minotaure avait déjà une trop longue mémoire, et on l'exécuterait à son tour.

C'est si facile de monter une affaire, à moins qu'on ne le plaçât plus haut, dans les honneurs, la bouche pleine de prébendes et de décorations, de quoi bâillonner le plus bavard des hommes.

Carré craignait qu'alors ce ne soient les rabatteurs comme lui qui aient à payer le prix d'un nettoyage. Et il avait voulu partir avant, prenant le risque de déplaire à Diebolt, et c'est bien ce qui s'était produit, la raison pour laquelle il se trouvait dans ce bureau du quai des Orfèvres avec Milner.

Pourtant, Carré préférait perquisitionner chez un Turc de la rue du Faubourg-Saint-Denis soupçonné de trafic d'armes, ou bien passer la nuit à interroger un zonard qui venait de tuer un pauvre bougre boulevard Saint-Michel dans une encoignure de porte pour un litre de vin, plutôt que surveiller l'immeuble de *L'Universel* ou bien tenter d'identifier ceux qui participaient à ces partouzes, braves gens si respectables dont on lisait les noms dans les journaux, dont on voyait les tronches à la télévision, gens bien sous tous rapports, intelligents, puissants : Laurent Dimet, Pierre-Yves Lavignat...

Brûlant, ce milieu-là, trop dangereux pour un flic de base dont l'ambition n'était que d'atteindre, tranquille, l'âge de la retraite proportionnelle, pour enfin travailler avec ceux que Carré appelait des types normaux.

Il n'avait donc pas parlé à Milner de l'hôtel particulier de la rue Daru, de ce qu'il savait de Berthier, du Noir – oui, il s'appelait Tango, il se souvenait, hélas, même de cela –, ni des ministres – anciens, nouveaux – qui venaient si souvent rue Daru, et Tango leur ouvrait la porte en pliant son corps en deux, et ça aussi c'était une image que Carré avait gardée en mémoire, qui se trouvait avec beaucoup d'autres dans un dossier placé dans le coffre du commissaire Diebolt, au quatrième étage de la préfecture de police.

Il aurait pu raconter tout cela, mais il préférait feuilleter le journal, murmurer d'un ton las : « Laisse tomber, Milner, qu'est-ce que t'en as à foutre, personne n'est mort, alors Duprez va faire sa petite enquête tout seul, tu verras » – puis, plus haut : « Qu'est-ce que tu fais, tu te chauffes ? »

Milner n'avait pas bougé, le front toujours appuyé à la cloison.

Puis – et sa voix paraissait étouffée, comme si le mur l'avait absorbée, ou peut-être parlait-il bas parce que son menton comprimait sa gorge –, sans se tourner, il avait dit :

« Aux R.G., c'est Diebolt qui suit les enquêtes sur les personnalités, n'est-ce pas ? »

Carré se leva. Il rentrait chez lui, à Montrouge, à quelques centaines de mètres de la porte d'Orléans. N'était la rumeur incessante de la circulation avenue Aristide-Briand, il aimait son appartement, son chien, sa femme, ses plantes sur la terrasse. Il allait faire le trajet en bus, puis à pied. Il avait le temps.

« Diebolt, n'est-ce pas ? » demanda à nouveau Milner.

« Diebolt », confirma Carré en refermant la porte.

34

Isabelle leur avait dit : « Je vais me promener le long de la Seine » et, sans attendre leur réponse, elle était sortie.

Gilles Duprez entendait bien sa mère qui criait, et cette voix angoissée lui était insupportable, lui donnait envie de fuir : « Où vas-tu, où vas-tu, Isabelle ? »

Elle marchait donc plus vite dans l'allée, entre les tilleuls, se dirigeant vers le portail qui ouvrait sur le chemin de halage, mais, au moment où elle tournait la poignée, David Limel s'était jeté contre elle, essoufflé par la course qu'il venait de faire, disant : « Je viens avec toi, je veux » – et il lui serrait les jambes, puis il s'accrocha à son bras, suppliant : « Laisse-moi venir, je viens ! »

Isabelle était émue aux larmes, elle le prit dans ses bras, et il riait, lui entourant le cou. Depuis le perron de la maison, Xavier Limel s'inquiétait, l'appelait, et David hurla d'une voix forte : « Je suis avec Isabelle », puis, cependant qu'ils s'engageaient sur le chemin – l'enfant était trop lourd pour elle et elle le posa par terre, lui prit la main –, elle entendit encore Xavier qui criait : « Soyez prudents. Isabelle, surveille-le ! »

David la tirait, commençait à courir : « Viens, viens », disait-il, et il l'entraînait, s'engageant entre les buissons, le long de ce chemin qui suivait la berge. Au bout de quelques dizaines de mètres, les buissons cédaient la place à des arbres dont les racines plongeaient dans l'eau, et, entre les troncs, la Seine apparaissait plus large, assurée et dédaigneuse, alanguie entre des rives qui semblaient se rejoindre à l'horizon comme pour l'enlacer.

révolte, un sentiment de répulsion si fort qu'elle s'était mise à hurler, un cri strident qu'elle continuait de pousser en elle, un cri qu'ils avaient essayé d'interrompre.

Dimet, en la raisonnant d'abord, puis en hurlant : « Mais tais-toi, conne, tais-toi », puis en la giflant.

Mais elle avait crié plus fort, plus aigu, et peut-être était-ce aussi l'effet de l'alcool, de ce qu'elle avait fumé, respiré, et l'un des jeunes gens que Dimet avait invités à les rejoindre – ils étaient deux, horribles, avec leurs visages osseux, leurs cheveux huilés, leurs lèvres minces, des bagues à tous leurs doigts – avait pris Isabelle aux épaules, l'avait secouée : « Tu te tais, merdeuse, tu te tais ! »

Elle avait continué de crier de détresse, mais aussi d'effroi. Il lui semblait qu'on allait la tuer. À la fin, Dimet l'avait poussée dehors, nue sur le palier, lui jetant ses vêtements, et elle s'était rhabillée tout en dévalant l'escalier, se mettant à courir dès qu'elle fut dans la rue, imaginant qu'ils allaient la poursuivre, et elle s'était précipitée jusqu'à la rue Boissonade, poussant la porte, à bout de souffle, une barre de feu la cisaillant à hauteur des seins, et elle s'était jetée contre sa mère parce qu'il fallait s'appuyer, respirer, pleurer, pleurer.

Elle avait pu parler encore, comme si le mot « maman », qu'elle avait prononcé d'instinct, était une parole magique qui lui donnait la force de dire.

Elle avait parlé toute une partie de la nuit, Anne-Marie Bermont agenouillée près du lit, essuyant ses larmes, le visage appuyé contre celui de sa fille, lui murmurant : « Ma chérie, ma petite fille, calme-toi, calme-toi, dis-moi, je t'en prie, débarrasse-toi, tu peux, tu dois tout me dire. »

Et Isabelle raconta Laurent Dimet, et elle dit : « J'ai cru, j'ai cru, tu comprends. »

Puis elle expliqua à sa mère le voyage jusqu'à la rue Daru, un soir, Laurent Dimet l'initiateur, comme il disait, le messager des plaisirs extrêmes, et c'était lui encore qui parlait.

Et la grande pièce, et tous ces hommes et ces femmes.

Maintenant, Anne-Marie Bermont se taisait, maintenant elle aurait voulu que sa fille ne parle plus, oublie, s'endorme, mais Isabelle racontait encore.

Elle disait que, la première fois, elle était restée à l'écart, les regardant, que c'était comme un spectacle, une folie, un théâtre, Richard Berthier qui surgissait travesti, puis tous qui se déshabillaient, et elle avait refusé, mais on l'avait laissée tranquille et Laurent Dimet l'avait reconduite ici, rue Boissonade.

Et puis, et puis il y avait eu d'autres fois. Et, tout à coup, ce soir, chez Dimet, ces deux jeunes gens qui lui avaient fait peur. Ce qu'on exigeait d'elle, ce qu'on voulait qu'elle fasse, qu'elle accepte. Et elle avait... – brusquement, elle avait recommencé à crier, et Anne-Marie Bermont l'avait enlacée, l'avait embrassée, avait pleuré, et le cri s'était éteint, devenant gémissement, rentrant en elle-même. Isabelle s'était endormie.

Mais, le matin, ce poids sur la nuque, ce visage qui se décomposait, cette honte de sa laideur, de ce qu'elle avait dit, l'impossibilité où elle était de regarder sa mère, de lui répondre.

Et il avait pourtant fallu qu'elle retourne au lycée.

« Tu y vas, n'est-ce pas ? » interrogea sa mère pour ne plus être face à face avec elle.

En apparence, l'eau s'était refermée, la surface était à nouveau calme, le cri ne montait plus, mais Isabelle était devenue pour elle-même cette masse visqueuse qui la dégoûtait.

À la sortie d'un cours, Hélène Milner l'avait retenue, et cette main sur son épaule, cette main qui l'entraînait vers le fond de la classe, qui la forçait à s'asseoir, pesait, l'écrasait.

« Racontez-moi, Rivière, qu'est-ce qu'il y a ? On a toutes connu ça, vous savez, moi aussi, je vous assure, toutes, il faut simplement faire confiance à quelqu'un. Il faut parler, Rivière, à votre père, à votre mère, à n'importe qui, même à moi, si vous voulez. »

Isabelle avait été sur le bord, prête à dire, à basculer contre Hélène Milner, à tout lui raconter, mais, alors qu'elle voulait ainsi commencer à parler, elle remua la tête, les yeux fermés, faisant non, non, et Hélène Milner, trop vite – « Attendez, attendez donc », avait eu envie de crier Isabelle, mais elle ne put rien proférer –, s'était levée : « Vous décidez, Rivière, je suis là, vous le savez. »

Et elle avait quitté la classe. Isabelle avait eu envie de s'élancer, mais elle avait attendu, seule, puis elle était sortie, marchant tête baissée. Et, depuis, elle était ainsi, comme rabougrie, acceptant ce que sa mère lui proposait parce qu'elle n'avait pas la force de s'opposer, de choisir autre chose.

Elle était ainsi dans la voiture de Xavier Limel, et ils allaient à l'hôpital Saint-Antoine chercher Gilles Duprez qui sortait, qu'ils conduiraient dans sa maison de Samois, et ils rentreraient tous à Paris le dimanche soir.

Limel avait ouvert la portière et Isabelle avait dû reculer : David se précipitait, tête en avant, son cartable heurtant Isabelle. Elle aimait les joues fraîches de David, ses mains glacées, sa voix qui interrogeait son père : « Qui c'est Xavier, qui c'est ? »

Xavier répondit.

« Et maman ? » demanda David. Mais il n'attendit pas la réponse, il se plaça dans le coin opposé à celui qu'occupait Isabelle, silencieux, la regardant, la tête un peu penchée, ses boucles dans les yeux, le pouce dans la bouche.

Ils avaient donc quitté Paris par l'autoroute du sud, Gilles Duprez assis près de Xavier qui conduisait, David Limel entre Isabelle et Anne-Marie, à l'arrière, et Isabelle voyait – sans que cela fît naître en elle aucun sentiment, aucune question – que Duprez, le corps légèrement tourné, le bras droit passé derrière son fauteuil, avait saisi la main d'Anne-Marie, qu'il la tenait serrée tout au long du trajet, cependant qu'il disait combien il était heureux, comme soulevé, de voir ces arbres, même dépouillés par l'hiver.

Cette route droite dans la forêt de Fontainebleau, après la Table du Roi, vers Bois-le-Roi, était vraiment l'allée souveraine qui le ramenait à la vie.

Il parlait fort, il riait, il s'étonnait : « Ainsi vous habitez dans le même immeuble et vous ne vous connaissiez pas ?

– Mais si, répondait Limel, comment ne pas remarquer Anne-Marie, et nous nous sommes vus, mais elle ne se souvient pas, avant 1981, peut-être en 1974, quand... »

Il s'interrompit.

« Vous étiez un ami de Julien, exposa Anne-Marie, je sais, il comptait beaucoup sur vous pour les réunions, les textes, je me souviens.

– Depuis, depuis… », murmura Duprez.

David s'était endormi, posant sa tête sur les genoux d'Isabelle, et elle caressait ses cheveux sans le vouloir. Elle avait encore envie de pleurer, sans savoir pourquoi.

La maison de Duprez était composée de deux parallélépipèdes aux murs de béton ressemblant à des boîtes d'allumettes qui s'emboîtaient, mais à angle droit, formant un L placé sur un tertre entouré d'arbres, et des fenêtres du premier étage, par-dessus l'allée de tilleuls, on apercevait une île, l'autre rive et le cours du fleuve.

« Je suis comme un chien, disait Duprez, je gambade. »

Il sautillait, courait, le bras gauche replié contre sa poitrine, et David s'élança derrière lui dans l'allée. Isabelle surprit ce regard, cette tendresse de sa mère suivant entre les arbres la course de Gilles Duprez et de David Limel.

Tout cela ne la blessait pas, mais la repoussait encore un peu plus dans cette boule gluante, son corps, ses pensées, où elle s'était enfermée, enlisée.

Elle avait vu dans le couloir du premier étage, long, étroit comme une coursive, Gilles prendre Anne-Marie par la taille au moment où il lui indiquait la chambre qu'il lui destinait, et il avait ouvert une autre porte à l'extrémité opposée, préparée à l'intention d'Isabelle.

Anne-Marie s'était dégagée, regardant longuement sa fille.

« Est-ce que ça ira ? » avait-elle demandé à Isabelle, qui répondit d'un mouvement de tête, entra dans sa chambre, s'allongea sur son lit, les mains croisées, posées sur ses seins, comme morte.

Et peut-être devrait-elle mourir, peut-être était-elle déjà morte, puisqu'il lui semblait qu'elle n'avait plus rien à découvrir, qu'elle ne serait plus capable d'accepter – imaginait-elle – que quelqu'un lui entourât la taille du bras, alors que sa mère le désirait encore, sa mère qui lui paraissait plus vivante, plus jeune, plus innocente qu'elle.

Elle qui était rongée, piétinée, souillée. Elle sentait la saleté, l'ordure visqueuse, gluante comme un crachat, du sperme, sur elle, en elle, dans sa bouche, et elle en avait la nausée.

Mais elle avait dormi jusque très tard, le dimanche matin, et quand elle avait poussé les volets, qu'elle avait vu dans un soleil couleur de vieil or le brouillard s'élever au-dessus de la Seine comme une haleine glacée, s'accrocher aux branches nues des tilleuls, elle avait éprouvée une sensation de paix, comme si enfin elle pouvait respirer.

Puis elle était descendue et elle s'était arrêtée quand elle avait entendu leurs voix, celles de Gilles Duprez et de Xavier Limel.

Limel parlait d'une voix aiguë, coupant net entre les phrases, tranchant après chaque nom – Berthier, Dimet –, et Isabelle se mit à trembler comme si on venait de lui arracher ce qui la protégeait du froid.

« Tout le monde connaît les mœurs de Berthier, disait Limel, de la petite bande qui l'entoure, il s'en cache à peine. *L'Universel* est officiellement pour la liberté la plus absolue, et Berthier met en pratique ce que son journal défend.

– Je vais donner un coup de pied dans la fourmilière, affirmait Duprez, on va rire. »

Limel citait d'autres noms.

« Tu vas te faire mal, disait-il, les protections de Berthier sont au plus haut niveau. Il rend service sur tous les plans, son journal flatte le pouvoir, l'argent s'y croise, celui du Consortium de rénovation urbaine, celui des publicitaires, ça se mélange, ça ressort, ça aide celui-ci ou celui-là. Qui te dit que Rivière lui-même n'a pas touché pour ses campagnes électorales ? »

Limel se leva, s'accroupit devant la cheminée, retourna les bûches.

« Tout est possible, toujours. Tu as remarqué les liens de Berthier avec Georges Rollin ? Ils sont tous actionnaires chez les uns, chez les autres, Berthier dans le Consortium, Rollin à *L'Universel*. J'ai découvert ça récemment. »

Duprez avait bougonné, puis, d'une autre pièce – Isabelle, restée dans l'escalier, ne le voyait plus –, il avait lancé :

« Tu voudrais, toi, que ces types-là s'amusent avec ton fils, tu accepterais ? »

À cet instant, Anne-Marie Bermont rentrait avec David, tout enveloppée de froid et de brouillard, mais les yeux brillants, et elle alla vers Gilles, l'appelant avec un élan dans la voix que jamais Isabelle n'avait entendu.

Et elle se tassa encore plus, n'osant bouger. Tout à coup, elle n'avait plus pu supporter, ni voir ni entendre.

Elle s'était élancée, traversant la pièce, disant : « Je vais me promener le long de la Seine. »

Et maintenant, David, qui l'avait rejointe devant le portail, l'entraînait le long du chemin de halage.

Il courait, tournant son visage vers elle, il la regardait avec une sorte d'admiration.

« Tu sais, je voudrais rester avec toi tout le temps, disait-il. Tout le temps. »

Il descendit sur une petite grève faite de gros cailloux qu'il ramassa, lança dans le fleuve. Et Isabelle se pencha, saisit d'autres pierres, plates, s'essaya à faire des ricochets, et, à chaque fois qu'elle réussissait, il s'enthousiasmait, sautait. Et il semblait aussi à Isabelle, par ce geste, ces pierres qu'elle projetait le plus loin qu'elle pouvait, qu'elle jetait hors d'elle un peu de ce qui l'étouffait, qu'à chaque caillou lancé elle respirait mieux.

« Je t'aime beaucoup », dit soudain David en s'accrochant à ses jambes.

Elle s'accroupit, se recroquevilla et dit : « Embrasse-moi, David. »

Et, avec gravité, lentement, il lui entoura la tête de ses bras, et elle se mit à sangloter contre sa petite poitrine, cependant qu'il lui caressait les cheveux.

35

Tango avait simplement murmuré : « L'homme, il est revenu, et il a dit qu'il reviendra encore avec d'autres, sa bande, pour casser, il l'a dit, il le fera, Monsieur. Il le fera. Et seul – Tango avait ouvert les bras en signe d'impuissance –, seul, je pourrai pas l'empêcher, c'est impossible, Monsieur. »

Puis il avait posé le plateau du petit déjeuner sur les genoux de Berthier, assis dans son lit, et c'est comme si une plaque était venue s'écraser sur lui.

Il ne supportait pas ce poids.

Il avait crié : « Enlève-moi ça tout de suite ! » et, dans son mouvement brusque pour se libérer, une partie du plateau s'était renversée, le café lui brûlant la main gauche, et il hurla encore : « Tu n'es qu'un abruti, un crétin, enlève-moi ça, apporte-moi de l'eau, je ne sais pas, moi, dépêche-toi ! »

Et Berthier avait envie de tout briser avec ses poings, avec sa tête.

Il arracha des mains de Tango le petit carré de gaze que celui-ci lui tendait, puis il le renvoya – « Fiche-moi le camp ! » –, le rappela : « Ouvre les rideaux ! » et, quand ceux-ci furent tirés, il exigea de Tango qu'il les referme.

Berthier était à nouveau seul, mais c'était pis, comme s'il retrouvait, éveillé, les cauchemars qui l'avaient tourmenté toute la nuit, obligé plusieurs fois à se lever, à appeler Tango, à se faire servir du thé, des aspirines, n'importe quoi pour, à la fin, s'endormir.

Et voilà que ça le reprenait, que ce n'était pas un simple cauchemar, puisque cet homme était revenu, ce maître chanteur, ce sauvage.

Une erreur, une folie que de l'avoir, une fois, une nuit, entraîné ici, Berthier en convenait. Mais il en accusait Barillon, ou Laurent Dimet. Ce n'était pas lui qui avait eu cette idée, pas lui. Il restait toujours prudent, même dans ses excès – peut-être pas prudent, mais conscient de ce qu'il faisait, et ramener un type comme ça ici, quelle bêtise !

C'était bien Laurent, toujours à racoler, à vouloir changer.

Il y a quelques semaines encore, cette gamine qui, maintenant, elle aussi, apportait son lot d'ennuis.

Et c'est pour cela que Berthier s'était trouvé toute la nuit comme plongé dans un puits.

Horreur de ces heures. Il avait étouffé, il s'était débattu, il lui avait semblé qu'on entassait sur lui des couches d'étoupe qui, peu à peu, comme une eau qui serait en même temps une matière solide, fibreuse, entrait dans ses yeux, sa gorge, et il avait eu l'impression – horreur, oui, horreur ! – d'être enfermé en lui-même, comme si ce puits qu'il voyait dans son cauchemar n'était autre chose que son corps, qu'il se heurtait à sa propre peau qu'il lui fallait déchirer pour s'échapper, qu'il était comme une sorte de rat sautant dans une cage, tapant du museau contre les barreaux, retombant, épuisé, de plus en plus terrorisé, et ces barreaux étaient les côtes de Berthier, et elles lui faisaient mal comme si on l'avait roué de coups de tisonnier.

Il repensait à cet homme qui avait déjà tenté de forcer sa porte, et Tango avait dit qu'il avait dû se battre, puis que quelqu'un avait surgi dans la rue, heurtant l'homme ; Tango avait entendu des bruits de lutte, vu les deux hommes courir vers la rue Pierre-le-Grand.

Et Berthier l'avait félicité de ne pas être intervenu, il lui avait répété : « Tu n'as rien vu, tu ne dis rien, tu ne connais pas cet homme, si on t'interroge. »

Puis Berthier avait tenté d'oublier l'incident, et il y était parvenu, parce qu'un feu chasse l'autre : il avait été harcelé durant plusieurs jours par Georges Rollin, obligé de le recevoir deux fois ici, Rollin plein de morgue, comme si les années, au lieu de l'éroder, le rendaient plus aigu, plus âpre, telles ces roches que les embruns et les vagues ont creusées d'une multitude de sillons, d'aspérités coupantes, les transformant en blocs hérissés.

Rollin s'était assis en face de Berthier, se contentant de dire : « Alors, que faites-vous, mon cher ? »

Et Berthier n'avait pas osé jouer les ignorants, puisque Caselli avait déposé sur son bureau le long article de Xavier Limel, dans *Le Monde*, et l'écho paru la veille dans *Le Canard*.

« Vous parlez de Rimberg, j'imagine », avait dit Berthier.

Puis il avait haussé les épaules, avait marché dans le bureau, cherchant à éviter de se trouver face à Rollin ; il n'aimait pas son regard, ses traits aigus, ceux d'un assassin, pensait-il, et il était en lui-même du côté de Rimberg, dont on disait qu'il allait déposer une plainte contre Georges Rollin, l'accusant de crimes contre l'humanité. Limel affirmait que Rimberg disposait de documents nouveaux, de témoins prêts à déposer.

« De quoi voulez-vous que je parle, mon cher Berthier, de vos dernières amours ? De vos sorties nocturnes ? Du financement de *L'Universel* ? De vos amis ? »

C'était dit d'une voix égale, sans que Rollin tournât la tête pour chercher à voir Berthier, comme s'il était sûr, telle une araignée, qu'à la fin celui-ci viendrait se prendre dans sa toile.

Et, en effet, Berthier s'assit à son bureau, tendit les mains ouvertes vers Rollin.

« Mais que voulez-vous qu'on fasse ? Je veux bien, mais quoi ?

– Rimberg a été votre avocat, n'est-ce pas ? reprit Rollin. Et vous êtes un actionnaire éminent, depuis des années, presque depuis sa fondation, du Consortium de rénovation urbaine. En somme, vous avez un pied dans chaque camp. »

Rollin souriait en dévoilant ses dents, la tête un peu penchée.

« Savez-vous, Berthier, que pendant l'Occupation, mais vous étiez à peine né à ce moment-là, on appelait un comportement comme le vôtre le double jeu ? La plupart de ceux qui le pratiquaient s'en sont admirablement sortis : fortune, honneurs – et comme ils avaient de bons dossiers sur tout et sur tous, carrière rapide jusqu'au sommet ! Rien de tel que d'avoir été successivement pétainiste et résistant pour rafler toutes les mises. »

Berthier avait haussé les épaules pour indiquer que ce bavardage, ces évocations historiques ne donnaient aucune idée de solution. Rollin avait élevé le ton, à peine, puis repris le rythme de la conversation anodine.

« J'ai des dossiers, Berthier, de très bons dossiers, dit-il, sur les uns et les autres, et même sur maître Rimberg, dites-le-lui. Dites-lui aussi que mon avocat est maître Lemarque, qui pourra lui expliquer, avec qui il pourra conclure un accord discret. »

C'était la première visite de Rollin, à laquelle Berthier n'avait donné aucune suite.

Il lui semblait que la période de la guerre appartenait vraiment à un autre siècle, qu'elle pouvait être l'occasion de livres, d'articles même, mais qu'elle ne concernait plus les gens d'aujourd'hui, que Rollin n'était qu'une survivance qu'il fallait laisser disparaître et que le temps allait bientôt, très bientôt recouvrir.

Mais Rollin s'était présenté une seconde fois rue Daru, plus insupportable encore, plaçant sur le bureau de Berthier une lettre confidentielle que, chaque semaine, recevaient quelques milliers de personnes, et dont on disait que Parrain était le rédacteur-propriétaire, auteur de toutes les notes.

Les deux pages intérieures – la publication n'en comptait que quatre – étaient consacrées à : « L'affaire Rollin : une bombe à retardement. L'inquiétude de tous les milieux politiques ».

Berthier avait parcouru les deux pages, cependant que Rollin, immobile en face de lui, se frottait le bout des doigts dans un mouvement lent, presque maniaque, et, quand il levait les yeux de temps à autre, Berthier était pris d'une rage silencieuse : comme si ce type n'avait pas pu crever, ne pouvait pas crever !

Il y avait comme une sorte d'indécence à s'incruster ainsi, à provoquer alors qu'on était déjà assis au bord du trou, les pieds ballants dans la tombe.

Et Berthier avait tout à coup posé la lettre, ses mains à plat sur les pages, sûr que cette attente de l'explosion était ce qui faisait vivre Rollin, comme s'il espérait que d'autres, dont ce n'était pas encore le moment, disparaîtraient avec lui.

Le pouvoir de nuire comme facteur de longévité. Une belle enquête à lancer dans *L'Universel*, et Berthier en imaginait le titre : « Les salauds ont une longue vie ».

Il avait noté distraitement ce titre pour le soumettre à la conférence de rédaction, et, l'espace de quelques secondes, il fut heureux, imaginant déjà les exclamations, l'étonnement, l'approbation de toute l'équipe. Ce pourrait même être le titre de couverture.

Mais Berthier n'avait pu se laisser aller longuement à cette distraction.

Rollin s'était penché vers le bureau, en tapotait le rebord, et Berthier était fasciné par cette main tavelée sur laquelle les veines formaient de grosses nervures bleutées.

« Vous n'avez rien fait, Berthier, j'en suis sûr, alors soyons précis, dites à vos ministres amis – au moins un, n'est-ce pas, Berthier, au moins un – que j'ai des documents sur plusieurs députés de Paris, de banlieue et d'ailleurs aussi, que le scandale politique sera intéressant. »

Rollin s'était levé.

« Rien d'historique dans tout cela. Rimberg parlera de mon passé, dont tout le monde se moque, et moi je parlerai du présent. Demandez à notre président Doriman si cela laisse indifférent le Consortium. »

Rollin avait quitté le bureau et Berthier, comme s'il avait voulu chasser cette atmosphère, avait ouvert la fenêtre, respirant à grands coups l'air humide, luttant contre une sensation d'étouffement.

Il était ainsi, le dos tourné à la porte, quand la voix de Rollin, rentré dans la pièce, l'avait fait sursauter.

« Naturellement, cher ami, je serai contraint de ne pas vous ménager, vous, Laurent Dimet, enfin tous ceux que vous aimez, que vous avez aimés. Mais pourquoi en arriver là ? Je ne demande qu'à mourir en paix. »

Berthier était persuadé du contraire, mais s'il y avait une chance d'empêcher cette déflagration en chaîne, il fallait la courir.

Il téléphona à Doriman, qui s'affola. Les projets d'aménagements dans le XIVe arrondissement, les opérations de rénovation dans les banlieues nord et est de Paris, les projets d'extension du périmètre de la Défense, tout cela pouvait être remis en cause, et les appuis que Doriman s'était ménagés pouvaient se dérober :

« J'ai dans la poche Rivière, dit-il, le rapporteur du budget du logement. Il va me claquer dans les doigts s'il se sent menacé, et comment pourrai-je l'éviter si l'affaire Rollin nous touche aussi ? Vous savez bien, vous, Berthier, que tout cela est inflammable, nous sommes sur un terrain miné, vous le savez. »

Ils le savaient tous, si bien que le ministre avait convié

Berthier à parler de tout cela « entre soi » au cours d'un petit déjeuner. Mais avait-il vraiment compris les allusions discrètes de Berthier quand celui-ci avait arraché ce rendez-vous matinal au ministère ?

La salle à manger donnait sur les jardins, l'eau des fontaines semblait se confondre avec la pluie fine qui voilait le ciel d'un gris perle, élégant, discret, mélancolique comme une soirée d'automne, mais c'était une aube d'hiver.

Au cours de ce petit déjeuner, il ne fut question que de la prochaine émission de télévision que préparaient Lavignat et Brigitte Georges, conviés eux aussi à la table du ministre.

Un bouquet de fleurs blanches couvrait le cœur bleu d'une nappe ajourée. Fruits, pâtisseries, confitures, l'abondance et le raffinement, les deux serveurs sortant avec discrétion après avoir rempli les tasses, revenant dès qu'elles étaient vides.

« Vous nous aiderez, n'est-ce pas, Berthier, dit le ministre. Il faut que *L'Universel* publie le texte de ce que je dirai sur le plateau. C'est cela, aujourd'hui, qu'il faut à chaque instant réaliser : la fusion image-texte, oral-écrit, c'est là la dimension culturelle spécifique de notre époque, son apport. »

Le ministre se tourna vers Brigitte, puis vers Flamant, son directeur de cabinet :

« Ce pourrait être cela l'axe même de mon intervention, qu'en pensez-vous ? »

Tout le monde approuva.

Berthier réussit vers la fin du petit déjeuner à échanger quelques mots avec le ministre, qui ne semblait pas inquiet.

« Le mépris, Berthier, il faut ignorer les ragots, les calomnies, les vieilles histoires. Tout retombe toujours, il faut avancer, faire. Ce sont des aigris, des médiocres, des vaincus, et il n'y a pas de gloire pour les vaincus, parlez-en à Flamant, il est au courant de tout, c'est un autre moi-même... »

Le ministre avait eu un sourire bienveillant, Flamant s'était incliné. « ... pour ce genre de questions ! » avait ajouté le ministre, et tout le monde s'était esclaffé.

Flamant, un homme d'une trentaine d'années, petit, un peu gras, mais le visage fin, presque enfantin, comme celui de certains séminaristes, s'était montré attentif, ne manifestant aucune surprise devant ce que Berthier lui révélait. Et celui-ci ne dissimula rien, comme si, tout à coup, il avait eu envie de se décharger de tout ce qu'il savait, de confier à d'autres, aussi compromis que lui, le soin de trouver des solutions. Il parla même de l'appartement de Lavignat, place des Vosges, des subventions qui avaient permis de le rénover, de l'aide substantielle obtenue par le Consortium, bien sûr par l'intermédiaire des entreprises, et qui avait servi non seulement aux travaux, mais aussi à l'achat des lieux. « Lavignat est un interlocuteur compréhensif du ministre et du président, mais il y a *cela* qui vous explique peut-être *ceci*: Doriman, le président du Consortium, est évidemment au courant; Rollin aussi, et ça, c'est plus ennuyeux. »

Flamant n'avait pas montré d'émotion. Il était penché sur son bureau et sa pose – bras largement écartés, coudes appuyés – ressemblait à celle d'un écolier attentif qui ne veut pas manquer un mot de la parole du maître.

« Voilà, dit Berthier, je crois que c'est sérieux. Le scandale peut toucher beaucoup de monde. Rollin mettra peut-être délibérément le feu aux poudres; quant à Benoît Rimberg, ses parents ont été déportés, il a eu une enfance difficile, il se venge. Pour moi, je l'ai toujours considéré comme une sorte d'anarchiste. Rollin et lui sont deux hommes dangereux. Et pas seulement pour moi, avait ajouté Berthier en se levant, mais – de la main, il désigna le bureau, décoré de petites toiles impressionnistes et de grands tableaux de l'école hyperréaliste – ailleurs aussi, même ici. »

Flamant avait souri avec l'assurance calme, bienveillante, protectrice d'un homme habitué à traiter de cas bien plus difficiles, et qui, disposant du pouvoir, ne craint rien, possède les armes pour se défendre.

Tout en faisant pivoter son siège de manière à faire face à une console téléphonique comportant une trentaine de touches et de voyants, Flamant rassura Berthier d'un petit geste de la main plein d'onction, chuchotant :

« À l'Intérieur, ils ont les hommes qu'il faut pour régler ça. »

Il appuya sur l'un des boutons, décrocha, échangea quelques phrases ironiques, pleines de sous-entendus, où le tutoiement résonnait comme la preuve d'une complicité de clan, d'école, de caste, puis il expliqua: « Chantage, des conséquences politiques, maître Rimberg, Richard Berthier, que j'ai devant moi, Georges Rollin, tu devines... »

Il resta un long moment silencieux, attentif, l'appareil contre son oreille, ne regardant pas Berthier, puis ce fut à nouveau le ton enjoué: « Ton ministre intervient au Conseil ? »

Un franc éclat de rire. Et Flamant se tourna vers Berthier, le regardant comme s'il le découvrait.

Il avait griffonné quelques mots sur une fiche, l'avait tendue à Berthier, qui avait lu: *« Commissaire Diebolt, préfecture de police, ligne directe: 32-47-25-12 »,* et, tout en le raccompagnant, Flamant avait dit: « Voyez-le, il va être prévenu. »

Berthier, pourtant, n'avait pas appelé Diebolt, espérant que, sans aucune intervention, l'ordre serait naturellement revenu, que la rumeur se serait dissipée – tant de fois elle l'avait frôlé, menacé ! C'était, pensait-il, la rançon inéluctable du succès, de la liberté et de la fantaisie, de l'éclat qu'on donnait à sa vie.

Le Paris de la médiocrité, celui des ragots, des feuilles à scandales, comme celle qu'animait Parrain, se vengeait, essayait d'avilir, de mordre, de détruire.

Berthier avait toujours eu pour règle de laisser les commérages s'épuiser d'eux-mêmes, mais, cette fois-ci, tout en adoptant cette attitude, il était inquiet, comme si, avec l'âge, cette peau dure qu'on lui prêtait était devenue plus vulnérable, ou peut-être Paris était-il devenu plus sauvage, plus cruel, mettant chacun en pleine lumière comme une proie livrée, et la foule applaudissait sur les gradins des amphithéâtres, des studios d'enregistrement public, attendant que le présentateur de télévision – car c'était lui le nouvel empereur – baisse le pouce, condamne à mort.

Berthier avait donc eu des cauchemars, même si le pouvoir qu'il possédait, les amitiés qu'il entretenait avec les ministres, les journalistes, les échanges de bons procédés que celles-ci impliquaient, le rassuraient.

Mais il y avait eu la visite de cet inspecteur qui avait interrogé longuement Tango, annonçant lui aussi qu'il reviendrait, car la victime, avait-il dit – et Tango avait rapporté ces mots à Berthier –, n'était pas n'importe qui, mais un écrivain, Gilles Duprez.

Tango l'avait-il vu ici, à *L'Universel*? Le Noir avait répondu comme il le fallait, et d'autant plus facilement que Duprez n'était pas un familier du journal, plutôt l'un de ses adversaires, dénonçant souvent Berthier comme le symbole des nouveaux privilégiés, d'une manière de vivre esthétique, raffinée, qui s'offrait aussi le luxe de paraître contestataire.

Que savait-il, Duprez, avec sa figure rougeaude de paysan? Il publiait des livres balourds, comme « *un maçon des lettres* », avait écrit Lavignat dans un article critique, *« qui trouve son plein épanouissement quand il construit des pavillons en meulière ou des H.L.M.* »

Mais un obstiné, cela se lisait sur ses traits, dans les mains qu'il remuait comme un bateleur tout en parlant.

Et tout cela inquiétait Berthier, le rendait hésitant, comme si, pour la première fois, il devait faire face en même temps à plusieurs menaces.

Et, à cause de cela, il s'était senti déprimé, oppressé, d'une humeur de chien.

Lorsque Tango était entré une nouvelle fois dans la chambre, il l'avait chassé, puis s'était ravisé. Il fallait aussi le ménager. Et il avait alors minaudé, demandé à Tango de lui apporter une nouvelle tasse de café, et comme l'Africain se penchait, il lui avait caressé la joue: « Je suis si las, Tango, avait-il dit, tu ne peux pas imaginer, pardonne-moi. »

Le café était brûlant, serré et crémeux, et Berthier le dégusta par petites gorgées, se souvenant des cafés qu'on leur servait à la *Mamounia*, à Marrakech, quand, avec Laurent Dimet, ils séjournaient là-bas chaque hiver.

Peut-être fallait-il, oui, partir, et qui sait, peut-être Laurent se laisserait-il tenter, et qu'importe si c'était davantage par avidité, volonté de prendre, de se faire offrir ce qu'il aimait, qu'importe, ils seraient tous deux à nouveau côte à côte.

Berthier demanda à Tango de sortir une valise, de la poser là, sur le lit.

Plus tard – mais peut-être le temps aurait-il rendu inutile la démarche, comme si souvent cela s'était déjà produit –, au retour, il téléphonerait à Diebolt.

Mais d'abord se dégager de l'étreinte, rechercher pour soi le plaisir; c'était, pour Berthier, presque une morale.

36

Ce surnom de Minotaure que Gilles Duprez avait donné à Diebolt, il y avait longtemps déjà, au moment de l'assassinat d'une pauvre fille à la dérive, Mathilde Serma, jetée comme un appât qui ne peut plus servir et qu'on avait retrouvée morte dans un canal de l'île de la Giudecca, à Venise – et c'est le commissaire qu'on avait envoyé là-bas parce qu'il avait suivi toute l'affaire (peut-être même l'avait-il montée) en relation directe avec le ministre de l'Intérieur d'alors –, cette identification à un monstre souterrain, sacrificateur, Diebolt l'aimait.

Souvent, il s'attardait dans le petit réduit attenant à son bureau, dans lequel se trouvaient un lavabo, une armoire de fer et un miroir.

Les manches de sa chemise retroussées, les mains dans l'eau savonneuse, il regardait longuement son visage, comme si cette image ne lui appartenait pas, et il pensait que cet homme-là, aux cheveux plantés bas sur le front, aux sourcils broussailleux, vieillissait bien, il trouvait qu'il avait les traits puissants, que la mâchoire, empâtée pourtant, donnait une impression de force, appuyée sur un cou large et court. Taureau massif que le temps, au lieu de l'affaiblir, transformait peu à peu en une sorte de symbole de la permanence, de l'immobilité, de la virilité, dont on s'approchait avec prudence et même inquiétude.

Il se dévisageait, détaillait son corps, le torse lourd, l'estomac proéminent gonflant la chemise, et il aimait incarner, avec cette ostentation physique, l'image, que beaucoup jugeaient déplaisante, de la brutalité, d'une forme de vulgarité.

Il méprisait ces jeunes inspecteurs qui s'habillaient avec

recherche, vestes près du corps, pantalons serrés, foulards négligemment noués bouffant dans le col de chemise ouvert, gandins trop minces qu'il se plaisait à envoyer dans les cités de banlieue afin de les forcer à connaître vraiment la ville, ce monde sauvage où, finalement, comme toujours depuis qu'il y avait des hommes, il fallait faire preuve de courage physique, savoir donner et recevoir des coups.

Lui, presque chaque après-midi, il quittait son bureau, au quatrième étage de la préfecture de police, et allait de son pas pesant et lent flairer cet humus parisien qu'on trouvait rue Saint-Denis, dans le quartier des Halles, dans les petites rues derrière la Bastille, dans le XVIIIe arrondissement, du côté de Barbès.

Il leur disait, à ces jeunes collègues qui arrivaient directement de l'École de police de Gif-sur-Yvette, qu'il croyait au contact physique, à des policiers qui savaient reconnaître une odeur, qui, dans une foule, d'un simple coup d'œil, repéraient le loubard, le type dangereux, celui qu'il fallait surveiller et suivre.

Il les forçait à sortir de la préfecture, à cesser de traiter les affaires devant l'écran des ordinateurs, ou bien de connaître Paris depuis la salle des opérations de contrôle de la préfecture de police, en regardant les téléviseurs qui montraient les rues en enfilade, les places, les points névralgiques.

« Je veux mes hommes dans la rue ! » disait-il en frappant du poing.

Et il donnait l'exemple, marchant en solitaire, les mains dans les poches de son manteau de loden, fixant ses rendez-vous dans les brasseries proches des gares, Saint-Lazare, gare du Nord, parce qu'il aimait ce mouvement de troupeau dans le métro, ce va-et-vient d'hommes et de femmes inconnus dont il saisissait en un instant les vies, imaginait les passions, les calculs, retenant un mot ici, une phrase là, aux aguets, réussissant, pensait-il, mieux qu'en lançant une vague de sondages, à définir le climat de la ville, ses tensions et ses risques.

Il s'accoudait au comptoir, il écoutait.

Qui pouvait imaginer qu'il était le commissaire Diebolt, familier du cabinet du ministre de l'Intérieur ?

Il aurait pu n'être qu'un représentant de commerce qui avait manqué son train, ou bien un grossiste de province venu à Paris passer ses commandes et qui traînait un peu, espérant quelque rencontre.

Les jours de manifestation, alors que les policiers de son grade surveillaient les cortèges depuis la salle de contrôle ou dans leur voiture garée derrière les barrages de C. R. S., l'oreille collée au radiotéléphone, Diebolt se mêlait à la foule, sans appréhension.

Il avait commencé sa carrière ainsi, en blouson et en chaussures de sport, boulevard Saint-Michel, en 68, puis durant toutes les années suivantes, quand il fallait parfois, place de la Madeleine, saisir par le col l'un de ces petits cons qui cassaient une vitrine ou dévalisaient l'épicerie Fauchon.

Il était devenu l'expert ès gauchistes, celui que le ministre conviait à un petit déjeuner, place Beauvau, pour – comme il disait en invitant Diebolt à s'exprimer – « sentir le terrain ». « Dressez-moi, voulez-vous, quelques profils psychologiques de ces jeunes gens. »

Diebolt avait ainsi acquis de l'assurance, et grimpé vite les échelons de la hiérarchie, tout en gardant, même au sommet qu'il avait atteint, ce goût du *contact* – il répétait : « Il faut être au contact physique pour savoir ce qui se passe. »

Et il payait de sa personne avec une prédilection marquée pour ces rues mal éclairées, ces bistrots enfumés, ces quais des gares souterraines du R.E.R., ces places où, assis sur le bord des trottoirs, se tenaient des groupes de jeunes gens ou de clochards.

Il savait que certains parmi ses inspecteurs – ainsi ce Carré qui maintenant avait quitté le service pour la Brigade criminelle, et ça, c'était un croc-en-jambe de Diebolt à ce monsieur qui espérait s'assoupir dans un bureau de la rue des Saussaies – pensaient de lui qu'il était un vicieux prenant plaisir à s'encanailler, aimant tout ce qui était sordide et tordu.

Diebolt laissait dire.

Quand il devinait dans le regard de l'un d'eux ce genre de sentiments, presque du dégoût, quelquefois du mépris, mais toujours mêlés de fascination et de peur, il éprouvait une intense satisfaction.

Cette nouvelle génération vivait à l'abri, elle rédigeait des

Isabelle se laissait conduire par David, et c'était comme si, à chaque pas, malgré elle, il la tirait hors de ses pensées, de cette tristesse qui pesait sur sa nuque, lui donnait envie de rentrer la tête dans les épaules, pesait sur son visage qu'elle imaginait laid, comme si tous ses traits se recouvraient, comme si son front, ses joues, n'étaient plus composés que d'une peau flasque qui, en plis épais, coulaient vers la bouche, la bâillonnaient, l'étouffaient, la défiguraient, et elle ne pouvait plus parler, ou alors il lui fallait faire un si grand effort qu'elle en tremblait, tout son corps astreint à se rassembler pour réussir à faire surgir de ses lèvres quelques mots.

Qui pouvait comprendre cela ?

Quand elle était montée dans la voiture de Xavier Limel qui les attendait devant l'entrée, rue Boissonade, que sa mère, assise près de lui, devant, s'était retournée vers elle – « Ça va, Isabelle, ça va, n'est-ce pas ? –, quémandant une réponse, voulant être rassurée, Isabelle n'avait pu que bouger la tête, fermer les yeux, faire comprendre que ça allait, et sa mère s'était contentée de cela, reprenant sa conversation avec Xavier Limel, commencée dans l'ascenseur : « Je ne savais pas que vous connaissiez Gilles Duprez, je ne suis jamais allée dans cette maison de Samois.

– Autrefois, expliquait Limel, il y a des années, quand nous voulions tous écrire des livres, comme Duprez, nous nous réunissions chez lui, à Samois, Parrain, Verdier, Mérou et moi, mais il n'y avait que Duprez qui travaillait, il se levait à l'aube – c'était il y a dix ans, quinze ans... »

Isabelle s'était recroquevillée. Sa mère, cependant que Limel s'arrêtait en double file devant l'école de David, se pencha vers elle, chercha sa main, lui caressa la joue, et Isabelle recula avec un mouvement de dégoût.

Qu'on ne la touche pas, qu'on ne la touche plus !

Quand elle était rentrée, l'autre nuit, après avoir fui, elle avait pourtant eu besoin du corps de sa mère.

Elle s'était serrée contre elle dans un élan instinctif, comme pour se persuader qu'elle était encore vivante, qu'il existait autre chose que ces corps que Laurent Dimet voulait lui faire caresser, embrasser – et, tout à coup, ç'avait été de sa part une rapports, analysait les sondages, demandait la pose d'une bretelle sur une ligne téléphonique et croyait, parce qu'elle écoutait une conversation, comprendre, connaître. Il lui manquait ce désir de se frotter peau contre peau à ceux qu'on surveillait.

Comment Diebolt aurait-il pu réussir à démanteler les bandes gauchistes s'il n'avait pas côtoyé, regardé vivre ces petits cons, Xavier Limel, Bory, Mérou, Verdier, et ce Parrain, peut-être le plus coriace, qui, encore aujourd'hui, dans sa *Lettre confidentielle*, sans en avoir l'air, continuait de lancer des pavés, de poser des bombes, pas assez courageux ni assez dingue pour faire de l'action directe, mais tout aussi résolu que les terroristes et, qui sait, plus dangereux pour l'ordre.

Quand il voyait leurs noms au bas des articles, ou bien quand il lisait un reportage sur « Pierre Bory, l'agent de change venu de l'extrême gauche », Diebolt était partagé entre la rancœur et la satisfaction.

La société avait englouti tous ces petits messieurs qui, vingt ans auparavant, écrivaient des livres qui appelaient à la guerre civile. Et c'était bien qu'ils aient renoncé, tant mieux pour nous, mais ils persistaient à donner des leçons de morale et de politique, même Pierre Bory, qui, photographié parmi ses courtiers, rue Notre-Dame-des-Victoires, philosophait sur « l'éthique de la Bourse et du profit » !

Alors Diebolt, comme pour échapper à son amertume, sortait, se faisait déposer par une voiture de service avenue Jean-Aicard, dans le XIe arrondissement.

Il y avait là une petite place, entre la rue de Ménilmontant et l'avenue de la République, où, une fois par semaine, il rencontrait l'un de ses informateurs.

Il n'aurait laissé à personne d'autre ce travail-là : marcher lentement sur le trottoir, un peu voûté, passer et repasser devant ce Centre pour immigrés, jeter un coup d'œil vers ces jeunes gens, africains, maghrébins, assis sur les marches, ou appuyés de l'épaule aux murs couverts d'inscriptions.

Les maisons étaient basses, les façades lépreuses. C'était un Paris d'autrefois, un îlot des années vingt, pas encore transformé, mais où ces lignes bariolées sur les murs, ces silhouettes donnaient la mesure du temps passé, comme si, dans le décor d'hier, une autre ville, bigarrée, violente, s'était installée, envahissant, faisant craquer les apparences, débordant sur les trottoirs, zébrant les murs de cicatrices.

Il fallait marcher dans un quartier comme celui-là pour savoir ce qu'étaient l'humeur, l'atmosphère de Paris aujourd'hui, et non se contenter de le regarder sur les écrans de la salle des opérations de la préfecture.

Et, tout à coup, Jonas était près de Diebolt, avec ses cheveux noués sur la nuque, sa longue veste de daim, sa petite boucle dorée accrochée au lobe de l'oreille gauche, sa voix aiguë.

« Je suis là, bien sûr, puisque vous voulez me voir », disait-il.

Il sentait la sueur, il avait le visage encore plus émacié qu'à l'habitude, et Diebolt, en le regardant – de brefs coups d'œil de côté –, l'imaginait mort, et ce type l'était déjà à l'intérieur, même si le mouvement de ses mains était vif, même s'il émanait de son corps long et nerveux une énergie violente.

Ils avançaient l'un à côté de l'autre, se touchant de l'épaule, allaient et revenaient devant le Centre pour immigrés, et Jonas levait la main, saluait l'un des jeunes gens : « Tu m'attends, Nasser », lançait-il. Diebolt fixait un instant le visage de cet adolescent aux cheveux noirs, le temps de se souvenir de ses traits, à jamais, puis il prenait Jonas par le coude, lui serrait le bras – il savait qu'il faisait mal : « La rue Daru, disait-il, Richard Berthier, tu connais ? Tu as été là-bas, non ? Carré m'a raconté, alors tu me dis, à moi, tout ce que tu sais, ce que tu as vu. Tu y retournes de temps à autre, non ? »

Jonas dégageait son bras, s'écartait de Diebolt, et, dans ce déplacement trop rapide, il y avait l'aveu d'une inquiétude que la voix tentait de dissimuler.

La rue Daru ? Berthier ? Jonas haussait les épaules, il ne savait rien.

« Mais si, mais si », avait répété Diebolt.

Il aimait ce jeu, un coup de griffe, un autre, le type pris dans la mâchoire, puis il fallait le laisser aller, courir un peu pour qu'il se crût libre, et, à ce moment-là, un coup de patte pour le reprendre, l'aplatir, lui faire cracher ce qu'il savait. Il le fallait.

Marchal, du cabinet du ministre, avait convoqué Diebolt, que les gardiens saluaient à l'entrée de la place Beauvau – il était tant de fois venu au ministère, les ministres passaient, Diebolt conservait son poste, c'était un môle qu'on n'osait déplacer, qui invariablement répétait : « Je suis à la disposition du ministre. »

Et les dossiers restaient en place dans le coffre installé derrière son fauteuil.

Il suffisait à Diebolt de pivoter, de se pencher pour sortir une chemise verte sur laquelle on avait calligraphié les initiales *R.B.*

Et Marchal avait dit à Diebolt : « Berthier, vous connaissez ? »

Puis il s'était interrompu, le temps pour Diebolt de cligner des yeux, sa manière de répondre.

« De vieilles histoires, avait repris Marchal, Rollin, l'Occupation, vous lisez la feuille de Parrain ? Et il y a eu l'article de Limel dans *Le Monde*. Il faut faire cesser ça : Berthier est intouchable, vous comprenez ? »

Marchal parlait et Diebolt se souvenait de ce dossier Berthier, ouvert il y avait longtemps, sous quel ministre ? Jamais fermé, parce que Diebolt avait appris que la vie à Paris est un manège. Il tourne, les chevaux de bois s'éloignent, disparaissent, puis reviennent.

Berthier avait beau être oublié le temps d'un ministère, Diebolt n'en continuait pas moins d'entasser les rapports, les relevés d'écoutes téléphoniques, les articles, les compte rendus de conversations saisies par un informateur, et les noms s'enchaînaient l'un à l'autre : Rollin, Rimberg, Brigitte Georges, Lavignat, et ce Laurent Dimet, celui que Diebolt appelait, plissant ses joues, « le petit salaud, le sale porc » – et quand il prononçait ces mots d'une voix sourde, ses inspecteurs le regardaient effarés –, Dimet, l'écrivain qui paradait sur les plateaux de télévision. Dimet, l'ordure ! ajoutait Diebolt. Il frappait de sa paume ouverte le bureau et, d'un ton calme, disait : « Un jour, celui-là, on le vidange. »

Peut-être le temps était-il venu.

« Alors tu n'as rien à me raconter sur Berthier ? » avait repris Diebolt.

Il saisit le bras de Jonas, le serra à lui faire mal, appuyant sur les nerfs au-dessus du coude.

« Et à propos de Dimet, tu ne sais rien non plus ? »

Jonas avait grimacé de douleur et regardé Diebolt. Il y avait tant de haine dans ses yeux enfoncés derrière les petites lunettes rondes que Diebolt avait crispé son poing gauche dans sa poche, prêt à frapper.

Mais l'autre avait baissé la tête, dit d'une voix plaintive que Diebolt lui faisait mal, qu'il ne savait vraiment rien. Et Diebolt avait relâché son étreinte.

« Tu cherches à savoir, alors », avait-il dit.

Il avait fixé le prochain rendez-vous en quelques mots précis, comme si cela allait de soi, puis il s'était éloigné du même pas lent, s'arrêtant au coin de l'avenue Jean-Aicard et de la rue de Ménilmontant, apercevant Jonas qui, rejoint par celui qu'il avait appelé Nasser, s'éloignait, l'adolescent sautillant près de lui, Jonas allongeant le pas, comme s'il fuyait.

37

C'était de les voir, comme Nasser Naïr, d'à peine quinze ans, partir aux côtés d'un de ces hommes d'une trentaine d'années, qui se servaient d'eux comme de rabatteurs, de revendeurs, détruisant cyniquement leur vie, c'était cette soumission que craignait Kamoun.

Au Centre d'immigrés de l'avenue Jean-Aicard, il avait essayé plusieurs fois d'interroger Nasser, qui se dérobait, refusait de répondre, d'expliquer qui était cet homme aux cheveux noués sur la nuque, aux petites lunettes rondes, qui l'attendait à la sortie du Centre, que les autres adolescents entouraient et dont Kamoun savait qu'il s'appelait Jonas, qu'il venait de la cité de la Muette, à Drancy. Kamoun s'était une seule fois trouvé face à face avec lui, sur les marches de l'escalier du Centre. L'homme était appuyé à la rampe qui divisait l'escalier en deux. Il était penché, et les adolescents, Maghrébins et Africains, levaient la tête vers lui, fascinés, l'écoutant la bouche entrouverte, comme si l'homme avait possédé un pouvoir magique.

Kamoun avait entendu quelques mots : « Tu te fais mille fois la mise, et tu risques rien ; les *keufs*, c'est des limaces. »

L'homme avait senti qu'on l'observait, il s'était redressé d'un mouvement rapide, avait dévisagé Kamoun, puis, d'un bond agile, avait sauté la rampe, se plaçant ainsi derrière elle, comme s'il avait voulu mettre cette barrière entre lui et Kamoun.

Il avait souri, montrant de petites dents écartées, disant, sarcastique : « C'est vous le patron, ici ? »

« Précisément », avait répondu Kamoun, et, les jambes raidies, prêt à recevoir un choc, il avait de la main signifié à l'homme qu'il devait s'éloigner.

« Ça va, ça va, Monsieur » – la voix était ironique. « On joue au chef, on veut peut-être appeler les *keufs*, qu'est-ce que j'ai fait, on peut pas parler ? »

Mais il s'était retiré, restant sur le trottoir, devant le Centre, et Nasser Naïr l'avait rejoint, sautant plusieurs marches, se dégageant de Kamoun qui avait essayé de le retenir, partant avec l'homme qui, en signe de défi, levait le majeur, les autres doigts de sa main droite repliés, bras tendu, et Kamoun s'était senti désespéré, impuissant.

Quand, des soirs comme celui-là, il rencontrait Justine, il éprouvait le besoin de parler de lui, de sa famille.

Il la retrouvait à la Cité universitaire et non pas rue Boissonade, car elle craignait toujours de se heurter un jour, dans l'étroit couloir du septième étage, à sa mère, et Kamoun ne tenait pas non plus à affronter Sofia Kraussman dont il imaginait les imprécations, les malédictions, les supplications, tout ce qui accompagnait le corps majestueux de Sofia et qui ne pouvait qu'être excessif – cela lui rappelait les cris des femmes, chez lui, à Alger, cette ville où il ne vivrait plus. Sa ville était ici, à Paris où il était né, où il était demeuré malgré le retour de ses parents au pays, quand il avait refusé de les suivre.

Et cependant, parfois, la tristesse s'emparait de lui, le sentiment qu'il n'était de nulle part, et donc qu'il n'était rien, seulement un pauvre type limité à son corps, comme une poussière de sable, et c'est sans doute pour cela qu'il aimait Justine plus qu'il ne s'aimait lui-même, et quand il la rejoignait dans sa chambre de la Cité universitaire, il avait d'abord envie de lui dire cela, qu'elle était devenue sa vie, qu'elle devait le savoir, que si elle se séparait de lui, il serait vidé de son sang.

Elle lui avait donné un lieu, son corps à elle, sa vie à elle, et peut-être jouait-il un peu le même rôle pour elle, car, après tout, elle était aussi une Française de la veille – comme elle disait –, « Justine Kraussman, ça ne fait pas Anjou, Touraine ou Ile-de-France », murmurait-elle, et Kamoun répondait : « Hederlisch, ça fait quoi ? Nazi ? »

Avec ce sérieux qu'elle lui reprochait, il expliquait que la France était depuis toujours terre d'immigration, l'adhésion aux principes républicains étant la seule vraie condition de l'appartenance.

Justine l'interrompait, mimait un bâillement, disait : « Il n'y a plus que les Arabes pour prendre ça au sérieux. »

Elle le provoquait ainsi, et il s'emportait, puis, tout à coup, il se rendait compte qu'elle plaisantait, espiègle, spectatrice de sa colère, et il la prenait par la taille, la serrait contre lui : « C'est Hederlisch qui te convainc, c'est Hederlisch qui te manipule, dis-moi ! »

Elle le repoussait un peu, juste ce qu'il fallait pour qu'entre eux le jeu de la séduction et de la conquête continue, et ils n'avaient pas besoin de longues escarmouches pour que le désir les unisse, serrés l'un contre l'autre sur le lit à une place de Justine.

C'est après que Kamoun évoquait le Centre, Nasser Naïr, Jonas, cet homme qui venait à la sortie séduire les adolescents pour les entraîner dans son sillage, les utiliser, les pervertir.

Kamoun tentait de faire comprendre qu'il se sentait démuni, humilié de ne pas avoir plus de force de conviction.

Il avouait qu'il était souvent pris par le découragement, l'envie d'abandonner ce travail qu'il avait d'abord accepté pour des raisons financières, mais qui, peu à peu, l'avait passionné, comme s'il avait trouvé là, parmi ces jeunes immigrés, un lieu autre que la chambre – et il pensait : le corps – de Justine, où il était bien, chez lui, avec le droit d'être tel qu'il était, un Français d'ailleurs, qui était encore comme suspendu au-dessus de cette ville, mais qui voulait s'y enraciner, qui commençait avec Justine, avec ce Centre, ces diplômes qu'il avait arrachés, ces cours qu'il suivait, ce professeur, Hederlisch, auquel il s'opposait et qu'il ressentait comme plus étranger que lui, quelles que fussent ses prétentions, parce que, selon Kamoun, un vrai Français ne pouvait être un nazi, et Hederlisch l'était.

Et ce que Kamoun voulait quand il entrait dans la salle grise du Centre de l'avenue Jean-Aicard, qu'il commençait à parler à la trentaine d'adolescents qui le regardaient avec une curiosité mêlée de mépris – Nasser le plus distant, frottant ses dents avec son pouce, cherchant à montrer qu'il était différent, qu'il n'écoutait pas –, c'était les convaincre qu'ils devaient eux aussi décider de s'accrocher à cette ville pour qu'elle devienne un peu la leur, qu'ils soient des Français comme lui, et parfois, quand, haussant les épaules, grimaçants, ils disaient: «Nous on n'est rien pour les gens, ils nous crachent dessus, alors...», il leur répondait: «Vous êtes ici, faites-la, cette France, c'est la vôtre, maintenant.»

Ils ricanaient, mais Kamoun savait que ses paroles pénétraient peu à peu en eux, parce qu'ils voulaient être de cette ville, de ce pays, mais qu'ils n'osaient pas le vouloir, comme s'ils ne s'en sentaient pas le droit.

Et c'est cela qui révoltait Kamoun, qui le faisait haïr ce Jonas qui brisait ses efforts, donnait à Nasser Naïr des raisons, des excuses pour le conduire d'autant plus facilement à la délinquance.

Kamoun, peut-être à cause de cette résistance, s'était attaché à Nasser.

Quand il parlait, c'était à lui qu'il s'adressait, c'était lui qu'il voulait sauver, persuader. Il devinait que, derrière sa façade arrogante, Nasser était fragile, incertain, qu'il ne fallait peut-être qu'un peu d'obstination pour lui ouvrir les yeux.

Plusieurs fois, Kamoun avait été tenté de se rendre à Drancy, à la cité de la Muette, mais Justine l'en avait empêché.

De quel droit allait-il faire irruption dans l'intimité d'une famille fière, que son intrusion allait peut-être humilier?

Ce mot, Kamoun le comprenait avec son corps plus qu'avec sa tête.

Il avait donc écrit, et, un vendredi soir, il avait vu entrer dans la salle du Centre un homme jeune, élégant – blouson, chemise à carreaux ouverte sur une poitrine musclée –, vers lequel tous les adolescents s'étaient tournés. Et Nasser se leva, marchant tête baissée, comme un gosse puni, vers son frère Sélim, qui s'avança, salua Kamoun avec une réserve hautaine.

Et Kamoun avait eu d'abord un mouvement d'antipathie pour cet homme, comme si on l'avait privé tout à coup de sa qualité à lui, Kamoun, qui, au fond de lui-même, espérait être le seul modèle légitime, celui qu'il fallait imiter, qu'on pouvait proposer à ces adolescents.

Sélim Naïr était une autre facette du possible.

Il parlait calmement, semblait ne pas être impressionné par Kamoun, au contraire.

« Qu'est-ce qui se passe avec mon frère ? » avait-il demandé.

Et il avait renvoyé Nasser à sa place, Kamoun indiquant d'un geste que tous pouvaient sortir, que le cours était terminé.

« Difficile », commença Kamoun.

Sélim Naïr se renfrogna, hostile, posant des questions précises, et Kamoun oublia Nasser, il avait envie de connaître Sélim Naïr, il l'interrogea. Sélim répondit : « Ça vous regarde ? » puis, comme s'il avait regretté sa réponse, il ajouta : « J'ai un travail, je suis en règle, je paie des impôts, je suis français. »

Kamoun s'excusa, revint à Nasser, parla de ce Jonas qui venait presque chaque jour l'attendre, qui peut-être habitait – Kamoun en était persuadé – Drancy, la cité de la Muette, comme Nasser.

« Vous n'habitez pas là-bas ? » demanda-t-il. « J'habite Paris », répondit Sélim, et il fixa Kamoun, s'assura qu'il avait bien entendu sa réponse, qu'il en mesurait la signification.

« Étudiant ? » avait encore demandé Kamoun. Sélim avait eu le même ricanement que son frère : « Coursier aux Éditions Elsen », avait-il dit, et il avait montré le casque passé dans son avant-bras.

Kamoun, en l'écoutant phrase après phrase, sentit ses préventions s'effacer, et, à un moment donné, sans y prendre garde, il s'était mis à tutoyer Sélim, emporté par son élan quand il s'était mis à parler de l'intelligence de Nasser, des dangers qu'il courait à suivre quelqu'un comme Jonas, un marginal, un délinquant, peut-être un trafiquant.

Sélim sortit de la salle et, d'une voix forte, appela son frère qui attendait, assis à l'écart, sur les marches de l'escalier. Nasser se leva, vint en traînant les pieds, les mains derrière le dos.

« Ce type, demanda Sélim, Jonas, d'où il sort, qu'est-ce qu'il te veut ? »

Nasser ne répondit pas. Sélim le prit par la chemise, le tira vers lui, le força à rentrer dans la salle.

« Tu le laisses tomber. S'il t'emmerde parce que t'as fait des conneries avec lui, tu me l'adresses. »

Il lâcha son frère qui regardait Kamoun avec hostilité, et, tout à coup, comme pour le châtier de cette insolence, Sélim le renvoya dehors d'une brusque poussée.

Puis il commença à remettre son casque, sans dire un mot

à Kamoun, et quand il quitta la pièce, Kamoun reconnut cette démarche, le dos raide mais le corps souple, les jambes un peu écartées.

Il avait croisé à deux ou trois reprises Sélim Naïr rue Boissonade, aux côtés d'Anne-Marie Bermont, l'ancienne femme de Julien Rivière, qui travaillait aux Éditions Elsen.

Il se souvenait maintenant des ragots que, dans l'entourage de Julien, on rapportait précisément sur les relations d'Anne-Marie avec un jeune coursier de la maison d'édition.

Il descendit les marches de l'escalier pour suivre des yeux Sélim Naïr qui enfourchait un scooter équipé d'un porte-bagages recouvert d'une bâche verte sur laquelle était imprimé le nom d'Elsen.

Il avait contemplé, autour de lui, ce square qu'il avait toujours trouvé triste, avec ces façades craquelées, ces vieux immeubles, les quelques bâtiments plus récents mais déjà dégradés, comme si l'on se trouvait ici, en plein cœur de Paris, dans quelque banlieue.

Pourtant, tandis que se perdait dans le flot des voitures la silhouette de Sélim Naïr que Kamoun repérait encore, ne voyant plus que son casque – le corps était caché par le porte-bagages – et le feu arrière rouge du scooter, Kamoun se sentit rassuré, presque joyeux, et c'était la première fois qu'il éprouvait ce sentiment en regardant cette place, cette avenue Jean-Aicard.

Finalement, il n'était pas aussi seul qu'il le croyait parfois.

Partout dans cette ville, des gens comme lui tissaient des liens qui commençaient à se nouer : Sélim Naïr, Anne-Marie Bermont, Julien Rivière, lui, Justine…

Il était d'ici, vraiment d'ici, maintenant. Et il avait envie d'avoir un fils, vite, comme la preuve, la seule à compter, qu'il avait confiance, qu'il n'était pas seul, qu'il ne le serait jamais plus, que cette ville lui appartenait comme à tous les autres.

Il ressentit le besoin de rire, de rejoindre Justine, et il remonta les escaliers quatre à quatre, se heurtant à Nasser Naïr qui partait.

Le doigt tendu vers lui, touchant sa poitrine de l'index, il lui dit, détachant chaque mot, riant de l'étonnement de Nasser : « Souviens-toi, Nasser : liberté, égalité, fraternité ! »

38

Les pieds posés sur une table basse, les jambes allongées, les avant-bras appuyés sur les accoudoirs de son fauteuil à bascule, Christian Elsen écoutait sans les regarder Georges Rollin et Jacques Hederlisch, tout en laissant ses yeux errer sur les façades de la rue Bonaparte, au-delà de la fontaine de la place Saint-Sulpice.

Il était attentif aux projets que les deux hommes lui présentaient, Hederlisch avec enthousiasme, Rollin plus silencieux, hautain, se contentant d'appuyer d'un mot l'exposé du professeur.

De temps à autre, Elsen posait une question précise, cependant qu'une partie de son esprit continuait de vagabonder. Son regard suivait ainsi le chat blanc et roux qui, comme chaque après-midi, se promenait sur l'avant-toit, devant les fenêtres du bureau, passant et repassant, se faufilant entre les géraniums, s'allongeant, le museau contre la vitre, observateur dédaigneux aux yeux mi-clos. Elsen se voyait bien en chat, et presque toujours, les femmes qu'il avait connues, si nombreuses, avec lesquelles il avait conservé des relations plus qu'amicales, tendres, pensait-il, si bien qu'il avait le sentiment de se trouver à la tête d'une grande famille dispersée, disaient de lui qu'il ressemblait à une espèce de matou.

Il était casanier comme le chat, et, pour lui, Paris se limitait à ce quartier, entre la rue Vavin et la place Saint-Germain-des-Prés, avec au centre la place Saint-Sulpice, son lieu.

Le matin, vers 10 heures, il quittait sa maison de la rue Guynemer, remontait jusqu'à l'entrée du jardin du Luxembourg qui fait face à la rue Vavin et il le traversait, chaque jour surpris par la diversité des couleurs qui changeaient l'aspect du parc qu'on aurait pu croire figé par son ordonnancement géométrique.

Il marchait, les mains dans le dos, satisfait, et quand une inquiétude – une échéance financière qui approchait – ou une source d'irritation – une femme qui le harcelait, refusant de comprendre que leur liaison s'achevait – le tenaillait, il suffisait de quelques pas dans le jardin pour qu'il se retrouvât apaisé, sûr de lui.

Il sortait par le portail donnant dans la rue de Vaugirard, puis il empruntait la rue Férou, qu'on avait rebaptisée de Jouvenel, mais elle n'avait pas changé depuis le XVIIIe siècle, étroite, pavée en pente douce, les cimes de quelques arbres dépassant des hauts murs des anciens hôtels particuliers dont les poternes ouvraient sur des cours intérieures sombres et silencieuses.

Il se sentait comme porté, atteignant enfin le coin droit de la place au débouché de la rue Férou, où se trouvait l'immeuble des Éditions Elsen, dont l'entrée, entre une boutique d'encadreur et celle d'un éditeur de musique, était discrète, signalée seulement par une grande plaque de cuivre à son nom : Éditions Christian Elsen.

Il s'arrêtait toujours quelques secondes, regardant le banc, les arbres, ce qui lui apparaissait comme un golfe tranquille, une enclave villageoise sur la vaste place Saint-Sulpice, carrée, aérée, vivante, avec cette fontaine majestueuse et la haute église dont il aimait la souveraine architecture, froide et pompeuse.

Il était chez lui et ce quartier lui était si familier qu'il le considérait comme son territoire, balisé par des restaurants rue Mabillon, rue Servandoni, rue des Canettes, rue Guisarde, rue Princesse.

Il y avait ses habitudes, changeant au gré de sa fantaisie selon qu'il avait envie de tagliatelles aux œufs de truite ou d'une volaille de Bresse en vessie, d'un curry de raie ou d'un saucisson de canard, écoutant, tout en déjeunant, les auteurs lui raconter leur prochain livre ou bien expliquant aux journalistes l'intérêt de ce qu'il publiait à l'office du prochain mois.

C'était comme si ces rues, ces restaurants étaient des dépendances de sa maison d'édition.

Il y rencontrait toujours des collaborateurs comme Anne-Marie Bermont, qu'il embrassait parfois, ou bien dont il caressait l'épaule en passant; d'autres éditeurs: Robert Laffont, qui, le coude posé sur la table, tenant son cigare entre ses doigts, semblait rêver, les yeux dans le vague, cependant que son interlocuteur – et Elsen reconnaissait et saluait Alexandre Mérou, le chroniqueur – pérorait, et c'étaient pour Elsen comme autant de repères qui le rassuraient, dont il avait besoin: le matou tenait à ses aises.

Il refusait de quitter ce périmètre, ignorant délibérément les autres quartiers de Paris, et le métro, le R. E. R., le boulevard périphérique, la rive droite, la banlieue, lui étaient plus étrangers que le reste du monde.

Car il aimait voyager.

Ses week-ends, il les passait à Lisbonne, à Venise, à Rome, à Marrakech, à Sorrente, à Florence, ou bien, quand il partait pour quatre ou cinq jours, plus loin encore, dans une île grecque ou au Sénégal.

Il se souvenait ainsi de ses séjours à Capri avec Anne-Marie Bermont, de ses parties de pêche au Québec avec Laure.

Le monde était pour lui une juxtaposition de villes, de sites où il avait fait l'amour dans le décor confortable de grands hôtels.

Et puis il retrouvait son village, la rue Guynemer et la rue Férou, le jardin du Luxembourg, l'une de ses tables à quelques pas de son bureau du cinquième étage de la place Saint-Sulpice.

Là, il décidait, travaillait, suivait ses intuitions, faisant confiance à un auteur débutant ou, au contraire, refusait le manuscrit d'une célébrité, parce que – c'était l'un de ses mots favoris – il ne «sentait» pas l'homme ou le livre.

Et, depuis que Hederlisch et Rollin étaient entrés dans son bureau, depuis qu'il les écoutait, Elsen hésitait.

Dès qu'il les avait vus, Hederlisch un peu obséquieux, le regard caché par les verres épais de ses lunettes, les manières affectées d'un universitaire, Rollin avec son visage osseux de vieillard autoritaire, Elsen avait été sur ses gardes.

«Recevez-les, il y a un coup extraordinaire à faire», avait répété avec insistance Brigitte Georges lors d'un déjeuner avec Elsen, une semaine auparavant.

Elle préparait avec Pierre-Yves Lavignat, avait-elle expliqué, le prochain numéro de son magazine culturel, qu'elle voulait consacrer à ce qu'elle appelait le *Paris tellurique*, celui des courants souterrains qui annoncent les futures secousses.

Elle parlait avec cette froide conviction qui étonnait toujours Elsen chez les femmes de cette génération, souriante, élégante – avec un goût marqué pour les vêtements à la coupe militaire, épaules larges, vestes droites, parements pareils à des galons ou à des décorations –, énergique, féminine et ayant cependant perdu, pensait-il, cette douceur qui faisait à ses yeux le charme de la femme.

Elles étaient comme ces fruits tropicaux, brillants, tentateurs mais sans saveur, tout d'apparence.

Assis en face de Brigitte Georges, il la savait uniquement préoccupée de sa réussite, s'étant arrachée à tout ce qui pouvait l'entraver, et il songeait à Anne-Marie Bermont, qui avait conservé en elle cette part de faiblesse qu'il aimait.

Pierre-Yves Lavignat les avait rejoints à la fin du déjeuner, plus réservé, disait-il, sur ce projet qui était celui de Brigitte.

Lavignat craignait un effet de choc, et, avec une gravité affectée, il disait que ses convictions – « Vous les connaissez, Christian, je suis un démocrate de gauche, attaché aux droits de l'homme plus qu'à toute autre chose » – étaient blessées par le sujet, mais il y avait une liberté sacrée de la création, de l'information, qu'il fallait après tout respecter. Connaître une maladie était la première condition de son traitement.

Elsen s'était impatienté. Ils parlaient, ils parlaient et il ne comprenait pas. Qu'allaient-ils montrer dans leur magazine ? Le Diable ?

Brigitte Georges avait allumé une de ces cigarettes longues et fines qu'elle fumait les paupières plissées, parlant presque sans ouvrir la bouche, le visage aigu.

« Le Diable, oui, ici, dans Paris, et c'est cela qui va faire trembler, et si vous publiez les livres, après notre magazine, je vous garantis le succès. »

Ils avaient, disait-elle, des images et des interviews qui feraient scandale, des skinheads saluant comme des nazis dans la tribune du Parc des Princes, leur criant : « Journalistes youpins, juifs, juifs, juifs, Carpentras ! »

Avec une moue de dégoût, Elsen avait répondu qu'on ne faisait pas un livre sur une poignée de racistes.

« Bien sûr, bien sûr, disait Lavignat, mais nous avons le reste. »

Le Consortium de rénovation urbaine, dont Georges Rollin avait été le président, que Michel Doriman dirigeait maintenant, finançait tout à fait légalement – « normalement, c'est dans son rôle, du sponsoring », précisait Lavignat – le club de supporters qui regroupait ces skinheads. « Et Rollin, au Consortium, est chargé des relations extérieures. »

Elsen n'aimait pas ça. Il avait haussé les épaules. Il était indifférent au sport, à ces violences qui entouraient les matches, à cette tourbe qui se déposait au fond de chaque ville, Amsterdam, Naples ou Liverpool, Paris peut-être.

« Nous serons coéditeurs, insistait Brigitte Georges, parce que nous y croyons. Rollin, vous savez qui c'est ? ... »

Elle avait brossé la biographie de ce rapace des affaires qui avait eu une jeunesse de haut fonctionnaire de police, dans les années quarante.

« Et qui n'a rien renié, et qui veut parler, parce qu'il n'a plus rien à perdre, et qu'on l'attaque... »

Elle avait déposé sur l'assiette d'Elsen un dossier contenant les articles de Limel et de Parrain, les échos publiés ici et là, une interview de maître Rimberg.

« On le débusque, on le secoue, il se défend, il est décidé à parler. Ce qu'il nous a dit est proprement fabuleux. »

Lavignat hochait la tête, voulait montrer qu'il était réticent.

« Il y a, c'est vrai, un problème de conscience : devons-nous aujourd'hui montrer cela ? »

Brigitte l'avait interrompu, impatiente, agacée.

« Et Hederlisch, le plus intéressant, un grand universitaire, professeur à la Sorbonne, il anime – elle sourit – un séminaire sur *Hitler idéologue*, auteur d'une thèse sur les rapports intellectuels franco-allemands pendant l'Occupation, un ami de Rollin qui n'hésite pas à faire des cours de "perspective historique", comme il dit, devant les jeunes gens de l'extrême droite, dont certains se retrouvent sur les gradins du Parc des Princes. Vous voyez, tout se noue, Christian, nous ferons un magazine qui comptera, ce sera un repère, vous verrez, ne laissez pas passer ça. Rollin peut écrire ses Mémoires, une bombe, et Hederlisch, vous le verrez, il est très convaincant, veut publier une biographie révolutionnaire d'Hitler. »

En sortant du restaurant, elle avait pris Elsen par le bras.

« Recevez-les, écoutez-les, croyez-moi, Christian, quelque chose se passe en profondeur – elle s'était arrêtée, avait tapé du talon, se pendant un peu au bras d'Elsen, s'appuyant contre lui, et il aimait le contact de ce corps nerveux et mince – le retour du Diable, si vous voulez, nous allons montrer cela, et je n'ai aucune sympathie pour ces gens-là, au contraire, mais quel est notre devoir, à nous, sinon d'être des sismographes, et voilà pourquoi nous appelons cette émission *Paris tellurique*, elle fera date, on n'oubliera pas les visages de Rollin et de Hederlisch, et si vous les publiez... »

Ils avaient téléphoné, pris rendez-vous, et maintenant ils étaient en face de Christian Elsen qui évitait de les regarder, suivant le mouvement du chat qui s'étirait, s'éloignait.

Tout à coup Elsen s'était levé, s'excusant, entrouvant la fenêtre pour que le chat entre dans le bureau, expliquant qu'il venait chaque après-midi, qu'il était un peu la mascotte de la maison. Et ce propos – qui interrompait Hederlisch alors qu'il parlait avec fougue de cette biographie d'Hitler « à fronts renversés », disait-il, qu'il préparait, qui était prête en fait, parce qu'il avait accumulé des notes et que son cours lui servait de matériau de base – donna à Elsen le temps de réfléchir, d'interroger Rollin, évitant ainsi de répondre à Hederlisch.

Mais Rollin n'avait pas été dupe : « Finissez donc avec le professeur Hederlisch, nous verrons après pour ce qui me concerne. Mais si cela ne vous intéresse pas, monsieur Elsen, pourquoi perdre notre temps, vous et nous ? »

Elsen avait dû se récrier, assurer qu'il était tout à fait passionné par ce projet.

« Mais il me faut des arguments, insista-t-il. Aujourd'hui, publier, vendre un livre... »

Rollin l'avait interrompu, condescendant, tendant sa main, disant d'une voix un peu éraillée, mais ferme dans le ton, que si un livre écrit par un universitaire français et montrant en Hitler non pas le fou caricatural que l'on avait présenté depuis un demi-siècle, mais bien un initiateur prémonitoire, un incomparable stratège, en somme un génie de l'histoire, à l'égal d'Alexandre, de César ou de Napoléon – et pourquoi pas de Staline, ajouta-t-il en baissant la voix –, un génie sombre, maléfique aussi, comme tous les génies, mais un démiurge, tout de même, entraînant des dizaines de millions d'hommes, si ce livre-là ne faisait pas trembler et réfléchir Paris, « alors, cher monsieur Elsen, avait conclu Rollin, il faut plutôt vendre des immeubles, ce que j'ai fait, d'ailleurs, et avec quelque succès.

– Vous ne condamnez pas Hitler, en rien ? » avait interrogé Elsen.

Hederlisch s'était à nouveau enflammé :

« Condamner, acquitter, encenser, est-ce que c'est notre rôle, à nous historiens ? Nous sommes là pour montrer, c'est tout, et je vais arracher quelques voiles, et cela va étonner. »

Il avait quêté l'approbation de Rollin qui se levait, grimaçant comme s'il maîtrisait quelque douleur.

« Je vous laisse certains documents, dit Rollin en montrant un dossier qu'il posa sur la table basse. Mon manuscrit est en cours de rédaction, il peut aller dans bien des directions, cela dépendra. Feuilletez-le, téléphonez-moi, nous en reparlerons... »

Il sortit sans tendre la main à Elsen, cependant que Hederlisch, surpris de la fin brutale de l'entretien, regardait Elsen avec étonnement, le saluait en s'inclinant cérémonieusement.

« Votre projet m'intéresse, reprit Elsen en les raccompagnant jusqu'à l'ascenseur. Il me faut votre manuscrit, ou tout au moins un synopsis. »

Hederlisch, reconnaissant, avait répété qu'il déposerait lui-même son texte dès le lendemain, et il se confondait en remerciements cependant que Rollin s'était reculé vers le fond de la cabine, le visage impassible, le regard insaisissable.

Elsen était resté longtemps immobile alors même que la porte de l'ascenseur s'était refermée.

Il s'était senti mal à l'aise, comme à chaque fois qu'il était partagé entre la certitude que ces auteurs-là auraient un succès de presse, de scandale, et donc que leurs livres se vendraient sans doute bien, et l'antipathie qu'il éprouvait envers les deux hommes.

Mais Elsen savait qu'il était à la tête d'une entreprise qui devait faire des bénéfices et ne pas se contenter de publier des livres que ses collaborateurs ou lui-même aimaient.

Ici, c'était sans doute plus grave. L'association de fanatisme et de cynisme que lui semblaient représenter Hederlisch et Rollin l'inquiétait. Et quand, rentré dans son bureau, il avait commencé à feuilleter le dossier que Rollin lui avait laissé, il fut encore plus perturbé.

Les pièces – des lettres, des copies de contrats – dévoilaient toute une histoire parallèle de Paris depuis les années soixante, et cela servait de justification *a posteriori* à ce que Rollin avait accompli dans le cadre de ses fonctions, prétendait-il, entre 1940 et 1944.

Il avait écrit une longue préface intitulée *Ce que j'ai fait avant et après*, dans laquelle il revendiquait toutes ses actions, défendant, disait-il, le rôle de ceux qui appartiennent à l'élite de commandement d'une société et qui doivent assurer son fonctionnement.

« La France vit et prospère, écrivait-il. Mes juges ont fait durant un demi-siècle l'apologie des pays communistes. De Paris – que j'ai d'une certaine façon administré, puisque j'en fus l'un des policiers, puis l'un des "rénovateurs" urbains – ou de Moscou, quelle est la capitale où l'on peut vivre et celle où l'on meurt ? C'est à l'aune de cette réalité-là qu'il faut m'acquitter ou me condamner. »

Au fil des pages, les noms se succédaient : Richard Berthier, Julien Rivière, tant d'autres – un livre à scandale, à procès. Détestable comme l'aveu d'un assassin qui revendique son meurtre et dénonce en ses juges des complices, criant à tous : « Osez m'arrêter, osez me juger, osez me condamner. Vous êtes aussi coupables que moi ! »

Elsen avait ouvert la fenêtre et le chat s'était faufilé. Après s'être frotté contre sa main, il avait bondi sur l'avant-toit au-delà duquel s'étendait un espace d'une pureté géométrique, la place d'où les rues s'échappaient pour s'enfoncer dans un Paris souterrain et lointain où Elsen venait malgré lui de pénétrer.

39

Paris, quelle toute petite société, s'était étonnée Élisabeth Doriman, quand, au cours du dîner, elle avait découvert que Michel, son mari, et Jean-Luc Marchal, chargé de mission auprès du ministre de l'Intérieur – « en fait, au cabinet, avait dit Michel, c'est l'homme qui compte, c'est lui qui a la confiance du ministre, lui seul, c'est le regard politique sur le ministère » –, non seulement appartenaient à la même promotion de l'E. N. A. – cela, elle le savait, Michel l'en avait également avertie –, mais qu'ils étaient tous deux anciens élèves du lycée Janson-de-Sailly, comme Pierre Bory, l'agent de change, et Pierre-Yves Lavignat, l'écrivain, qu'elle invitait pour la première fois chez elle.

C'était la secrétaire de Michel Doriman au Consortium de rénovation urbaine qui, au début de chaque semaine, lui communiquait la liste des convives, jamais plus de six, que Michel choisissait en fonction de « considérations tactiques et stratégiques » – c'était habituellement sa formule –, lesquelles échappaient à Élisabeth, même si, avant le dîner, alors qu'assis l'un en face de l'autre au salon ils attendaient le premier invité, Michel lui expliquait rapidement ses intentions et le « profil » – encore un mot qu'il employait – de chaque convive.

Marchal, avait-il dit ainsi, irait loin. « Aux prochaines élections, on lui découpera une circonscription à ses mesures, il est déjà maire de sa petite commune. »

Élisabeth écoutait tout en buvant lentement son premier whisky. Que lui importait la carrière de Jean-Luc Marchal ?

Mais elle avait appris, depuis l'âge de dix-huit ans à sourire quand il le fallait, à marcher du pas joyeux qu'ont les mannequins sur les estrades, sous les regards d'une foule bavarde, à se faire photographier en robe du soir dans une station de métro, à rester impassible malgré les quolibets que les voyageurs lui lançaient de l'autre quai – alors elle pouvait bien écouter Michel, tout en s'interrogeant une fois de plus, malgré elle, sur les raisons qui, adolescente, l'avaient conduite à quitter Amsterdam, à venir ici.

Fille au pair d'abord, étudiante, puis, parce que les femmes du Nord, il y a quelques années, avant que ne débarquent les Éthiopiennes, les Africaines, les Maghrébines, étaient recherchées, photos, présentations de mode, cocktails, voyages. Et enfin Michel Doriman, qu'elle dominait de toute sa tête, même quand il se haussait sur la pointe des pieds. Michel qu'elle avait épousé pourtant, parce qu'il s'était obstiné, qu'elle le retrouvait dans chaque réception, qu'il lui semblait incarner cette ville qui, malgré tout, continuait de la fasciner et où elle avait cependant l'impression de s'être perdue, renonçant à ce qui faisait la valeur d'une personne : la gravité, la pudeur, la vérité, tout ce qu'elle avait jeté par-dessus son épaule, quand, d'un geste élégant elle s'était drapée pour la première fois dans une cape de soie blanche et qu'elle s'était avancée, parée, sous les applaudissements. Et le lendemain, sa photo se trouvait en première page du *Figaro* avec cette légende : « *Élisabeth, le nouveau mannequin vedette, la beauté du Nord, a conquis le Tout-Paris.* »

Elle connaissait maintenant ces quelques centaines d'hommes et de femmes qui se rencontraient parfois plusieurs fois par mois, qu'elle recevait à dîner chez elle.

Et Michel, cependant que l'ascenseur montait, que la domestique s'apprêtait à ouvrir la porte au premier invité, lui chuchotait qu'elle ne devait pas oublier de parler de sa dernière émission à Pierre-Yves Lavignat, de l'acquisition que venait de faire Pierre Bory lors d'une vente, dont la presse avait rendu compte, d'un tableau impressionniste. Michel était incapable de dire lequel, mais il insistait : « Avec Pierre Bory, en tout cas, il faut parler peinture, ou bien de Mai 68, c'est sa grande époque gauchiste. »

Élisabeth vida son verre et, souriante, accueillit au salon

Jean-Luc Marchal, Pierre-Yves Lavignat, Pierre Bory, maître Lemarque, et ce couple, Julien et Karine Rivière – lui, elle le ferait asseoir à sa droite.

« Nous avons besoin de Rivière, avait dit Michel, il faut le couver, parce que je le sens incertain. »

Elle, elle la plaça sur le canapé, entre Lavignat et Marchal.

Karine était habillée d'une jupe trop courte, trop serrée, qui laissait voir le haut de ses cuisses, non pas indécente, mais vulgaire, comme ces femmes qui n'ont que leur corps à offrir pour séduire et qui n'ont pas l'intelligence de le laisser désirer, de simplement suggérer, trop maladroites, trop angoissées, au fond, pour prendre le risque de ne pas être remarquées aussitôt.

Malgré l'hostilité que Karine lui avait manifestée dès le premier regard, Élisabeth s'était préoccupée d'elle, prévenante, souriante, comme elle savait l'être, réussissant même à faire oublier – c'était tout un art qu'elle avait appris – qu'elle était la plus belle, et c'était peut-être parce qu'on sentait ce vide en elle, cette nostalgie d'une autre vie à laquelle elle avait renoncé, qu'on acceptait sa souveraineté.

Au moment où ils passaient à table, elle avait ainsi déjà désarmé Karine qui, avec l'enthousiasme naïf de celles qui ne savent pas encore qu'il faut être blasé, s'exclamait que c'était extraordinaire, cette terrasse plantée d'arbres aux feuillages éclairés par des spots.

Tous les invités s'étaient approchés des baies vitrées, répétant que c'était un jardin magnifique, étonnant dans ce quartier de Paris.

Michel Doriman, la tête un peu penchée de côté, se tourna vers sa femme : « C'est Élisabeth, dit-il, c'est une magicienne. »

Puis il attira Jean-Luc Marchal vers l'une des trois fenêtres qui, avec la baie, faisaient de cette salle à manger une véritable passerelle vitrée dominant, au septième étage, les toits de Paris, et il lui montra les gendarmes en faction au coin de la rue de Varenne et de la rue du Bac.

« Ici, nous sommes parfaitement gardés, lança-t-il, je me prends pour un ministre » – et Marchal lui entoura l'épaule : « Tu le seras, Michel : société civile, homme d'entreprise, tu passes à la télévision, tu écris des livres, la ville, la région parisienne sont au cœur des préoccupations présidentielles, tu réunis toutes les conditions, tu seras du prochain gouvernement.

– Prochain gouvernement ? interrogea Lavignat. Voilà une information, venant de vous ! »

Marchal se déroba. Il ne savait rien de précis, le choix appartenait, nul ne l'ignorait, au président.

Lavignat interrompit Marchal : « Je connais, je connais, dit-il, mais vous attendez, vous espérez, n'est-ce pas… »

Tout en leur indiquant leur place autour de la table, un plateau rond en marbre rose soutenu par un pied central, massif – il avait fallu vérifier le degré de résistance du plancher avant d'installer cette pièce : « une véritable sculpture », murmura Pierre Bory en s'asseyant à sa gauche –, Élisabeth se demanda si elle devait laisser la conversation prendre aussitôt un tour sérieux, politique, alors que, malgré tous ses efforts, elle ne pouvait s'intéresser à ce jeu qui fascinait Michel, où il espérait en effet entrer, s'en prenant souvent, quand il était seul avec elle, à ces incompétents qui ignoraient tout de la vie économique, qui n'avaient aucun sens de la prospective, qui ne dureraient pas une semaine à la tête d'une entreprise et qui avaient la prétention de diriger le pays.

Elle l'avait plus d'une fois provoqué, après avoir éteint sa lampe de chevet, et alors qu'elle l'entendait se tourner, soupirer dans le lit voisin. Que ne s'engageait-il, demandait-elle, que ne devenait-il ministre, en effet, pourquoi pas lui ?

Et elle pensait sincèrement qu'il était au moins l'égal de ces hommes gonflés d'importance, laids, le plus souvent, qu'elle comparait à des chapons.

Au moins, Michel veillait sur son corps avec la même minutie qu'il mettait en toute chose, gymnastique chaque matin, golf à Saint-Cloud le dimanche, tennis de 16 à 19 heures le samedi, séances de massage deux fois par semaine, si bien qu'à plus de quarante ans il avait la silhouette d'un jeune homme, mais si petit, le visage si ridé qu'en effet – Élisabeth en riait encore silencieusement – elle comprenait, ainsi qu'un journaliste l'avait révélé, qu'à la Défense, au siège du Consortium, le personnel l'eût surnommé *le Chimpanzé*.

C'était comme si Élisabeth prenait une petite – si petite – revanche.

Ministre ! Il s'emportait. Quel intérêt ? Quel pouvoir ? Quel bénéfice ? Et il avait accusé Élisabeth de ne pas comprendre ce qu'était aujourd'hui la véritable puissance.

« Le vrai ministre de la ville, c'est moi », avait-il dit.

Mais elle n'était pas dupe. Elle savait bien qu'il voulait à n'importe quel prix posséder ce nouveau signe, le pouvoir politique, peut-être parce que dans ce jeu enfantin qu'est la vie des hommes la politique était celui auquel ils devaient tous participer, de gré ou de force, celui qui permettait les plus beaux rôles.

« Cela vous intéresserait, un ministère ? » demanda Bory.

Michel Doriman se récria, puis, d'une voix plus basse, ajouta : « Si l'on pouvait y faire des choses, mais... »

C'était la fin du premier acte, on servait les entrées et Élisabeth avait commencé à interroger les uns et les autres, sachant d'un mot glisser de maître Lemarque à Pierre Bory, de Jean-Luc Marchal à Karine Rivière, de Lavignat à Julien Rivière, et c'est ainsi, croisant habilement les réponses, qu'ils avaient évoqué le lycée Janson-de-Sailly.

À Élisabeth qui s'étonnait, Julien Rivière avait dit sur le ton de la confidence, mais assez fort pour que tout le monde entendît : « Paris, chère amie, donc la France, est une société divisée en castes héréditaires, endogames. On vit dans certains quartiers, on fréquente d'abord les mêmes lycées, Janson-de-Sailly, Louis-le-Grand, puis Sciences-Po, l'E.N.A., H.E.C., Polytechnique, et on se retrouve ici, entre soi, anciens élèves. C'est ce qu'on appelle la démocratie. »

Il ne fallait jamais qu'au cours du dîner l'amertume et la gravité d'un propos, tout d'un coup, comme une sauce trop lourde, une viande brûlée, un vin aigre, corrompent cette harmonie souriante, cette légèreté qui faisaient une soirée réussie. « Je ne suis qu'une étrangère, dit Élisabeth en s'efforçant de retrouver un accent qu'elle avait perdu depuis des années, je ne comprends pas encore comment Paris marche – elle riait –, vous êtes si sophistiqués, nous sommes des marchands, en Hollande, d'abord cela. »

Elle entendait sa propre voix comme celle d'une autre personne.

Au fond de ce qu'était devenu son corps, une enveloppe évidée, malléable, qu'elle pouvait déformer à sa guise, il y avait une part d'elle-même, la seule qui demeurait, qui jugeait, qui regrettait, qui n'était dupe rien, mais si recroquevillée, cette part, qu'Élisabeth, parfois, se disait qu'elle avait vraiment tout perdu d'elle, qu'elle n'était qu'une sorte de chambre d'écho où toutes les voix s'engouffraient se perdaient.

Ils avaient bavardé ainsi, échangeant des noms, des titres de livres, et Pierre-Yves Lavignat avait commencé à parler de sa future émission, celle qu'il réalisait avec Brigitte Georges, de ces skinheads qu'ils avaient filmés au Parc des Princes.

« Effrayant, dit-il, il y a là une nouvelle jeunesse, violente, qui peut un jour déferler dans Paris, constituer de véritables sections d'assaut, et d'ailleurs… »

C'était la fin du dîner, Élisabeth se leva, les invita à passer au salon-fumoir, auquel on accédait par un petit escalier en colimaçon.

Des canapés de cuir formaient un demi-cercle dans ces quatre anciennes chambres de bonne qu'on avait réunies, gagnant ainsi un étage qui dominait la terrasse et où l'on se sentait vraiment entre soi, loin du bruit, des autres, et c'était là que la vraie conversation commençait, Élisabeth proposant le café, les alcools, les jus de fruits, le coffret à cigares, tout cela déjà préparé par la domestique, puis s'asseyant près de Karine, pour l'entraîner hors du salon dès que Michel eut enfin abordé le sujet de la soirée.

Il était le seul à ne pas fumer, se tenant très droit, alors que Lavignat, enfoncé dans le canapé, racontait comment ils avaient interviewé, avec Brigitte Georges, un professeur en Sorbonne, Hederlisch – Rivière hocha la tête, il connaissait –, un homme singulier, un érudit qui avait une vision très personnelle de Hitler, et Lavignat se tourna vers Doriman : « Un ami de votre ancien président, Georges Rollin, lui aussi un curieux personnage… »

Quand Michel Doriman avait de la main interrompu Lavignat, Élisabeth s'était levée : « Venez, chuchota-t-elle à Karine, laissons-les, nous allons bavarder en bas, entre nous. »

Cependant que Karine descendait, Élisabeth s'attarda sur les première marches, regardant Michel qui, le menton levé, comme pour marquer l'importance de son propos, commençait à expliquer qu'il avait pris, avec Jean-Luc Marchal, l'initiative de ce dîner privé, parce que, précisément, il y avait une affaire Rollin.

« Elle nous concerne tous », répéta-t-il.

Bory gérait les actions du Consortium et Rollin en possédait un paquet non négligeable, Rivière était associé au projet de rénovation du XIVe arrondissement, « qui peut être remis en cause dans la mesure où Rollin, dit Michel Doriman, est devenu imprévisible ». « Peut-être pas, avait interrompu Marchal, peut-être pas. »

Il se tourna vers maître Lemarque :

« Vous êtes son conseil, maître, qu'en pensez-vous, que veut-il, vous le savez ? »

Élisabeth avait rejoint Karine, qu'elle prit par le bras et entraîna vers un petit bureau-boudoir qu'elle avait fait aménager au premier étage de l'appartement.

« Mais c'est un triplex, s'exclama Karine, c'est magnifique. »

Il y avait tant de désir, de soif de possession, d'avidité dans cette exclamation qu'Élisabeth pensa que cette jeune femme était bien trop impatiente, trop maladroite pour obtenir ce qu'elle voulait.

Il fallait aussi, à Paris, savoir jouer du détachement et de l'indifférence pour parvenir au but, cacher son ambition sous un sourire.

Elle songea au fait que le président de la République lui-même avait dû faire, disait-on, limer ses canines, trop aiguës pour séduire !

Curieux pays, curieuse ville où il fallait toujours dissimuler ce qu'on était, sans espérer tromper qui que ce fût, chacun étant trop averti, trop sceptique, sans que jamais ne cessât pour autant la comédie des apparences.

40

Lorsque le taxi était reparti, Georges Rollin avait eu un geste de la main pour le retenir, regrettant d'être descendu là, au pied des jardins du Trocadéro, peu à peu gagné par la panique, un affolement à l'idée qu'il devait traverser le pont, puis une grande partie du Champ-de-Mars, avant d'atteindre l'immeuble où se trouvait le cabinet du professeur Laroche.

Le médecin ne tolérait de ses patients aucun retard, la porte du salon d'attente – où l'on se trouvait toujours seul – s'ouvrant trente secondes avant le début fixé de la visite, qui se terminait, quels que fussent le malade et le diagnostic, à la vingt-neuvième minute.

Or Rollin savait qu'il ne pourrait jamais, dans la demi-heure qui lui restait avant son rendez-vous, parcourir avec ses jambes raides cette distance qui, alors qu'il avait commencé à marcher, lui paraissait si longue : ce pont, ces chaussées, le Champ-de-Mars, infranchissables en si peu de temps.

Et pourtant, il avait choisi de descendre là, et le chauffeur de taxi s'était étonné : « Mais vous m'aviez dit… »

Rollin lui avait tendu un billet de cinquante francs tout en ouvrant difficilement la portière, se glissant dehors après avoir fait pivoter son corps, les jambes comme une partie étrangère à lui-même, et le chauffeur, satisfait de son pourboire, avait fait mine de vouloir l'aider, mais Rollin avait répété d'une voix sourde : « Ça va très bien, très bien », réussissant enfin à se mettre debout, à claquer la portière.

Le chauffeur avait haussé les épaules, bougonné, puis démarré aussitôt, refusant de prêter attention à ce geste de Rollin qui voulait le retenir, le rappeler, envahi par le doute.

la peur, l'angoisse, et cela l'humiliait, comme si, tout à coup – c'était parfois une de ses terreurs – il avait été incontinent.

Il prenait conscience, attendant au bord du trottoir, ne se décidant pas à traverser, qu'il lui était impossible de relever le défi qu'il s'était lancé instinctivement, comme s'il avait pu marcher d'un pas vif, courir même jusqu'au cabinet du professeur Laroche.

À moins que son anxiété n'ait eu une autre origine et qu'il ait choisi de manquer ce rendez-vous pour ne pas connaître les résultats des examens qu'il avait subis, que le docteur Sertys lui avait ordonnés mais qu'il avait refusé d'interpréter seul, renvoyant Rollin au professeur Laroche.

« Cela me semble sérieux, comprenez-vous », avait-il dit à Rollin, n'osant le regarder.

Si lâche, Sertys, qu'il en donnait la nausée.

« Cancer des os ? » avait dit Rollin en s'efforçant de sourire, alors qu'il lui semblait, en prononçant ces mots, que tout son squelette s'effritait, chaque partie devenue friable, douloureuse, et qu'il avait envie de hurler, les poings brandis, mais il s'était contenté de répéter sa question d'une voix posée et le docteur Sertys s'était borné à répondre qu'il ne pouvait conclure, mais que Laroche était un spécialiste mondialement connu.

« Une sommité, mon maître. Il faut le consulter d'urgence. »

Rollin s'était tassé dans le fauteuil, cependant que Sertys prenait rendez-vous pour lui avec une autorité et des mimiques protectrices que Rollin ne lui connaissait pas, et qui étaient comme la confirmation de la gravité de sa maladie, de cette défaite qu'elle représentait, de l'assurance qu'elle donnait à ce docteur Sertys, si humble et si servile d'habitude.

« Ne vous fatiguez sous aucun prétexte, repos absolu », avait ajouté Sertys en le raccompagnant.

Et Rollin avait au contraire multiplié les activités, dictant à sa secrétaire un long chapitre de ce livre qu'il lui fallait mener à bien avant – il s'interrompit, puis il osa aller jusqu'au bout de sa pensée – avant de mourir.

Elle ne bougeait pas la tête, les yeux fixés sur l'écran de l'ordinateur, et elle ne le voyait pas se mordre l'index quand la douleur dans sa jambe droite était trop vive, montant du talon, écrasant le genou, puis broyant la hanche, avant de se diffuser dans l'aine, jusqu'aux parties, et de demeurer là, tapie dans les bourses.

Et il s'interrompait, cherchant à se souvenir de la dernière fois qu'il avait fait l'amour, reconstituant peu à peu la scène, cette jeune femme, une employée du Consortium, avec qui il s'était trouvé seul dans l'ascenseur, et elle l'avait regardé avec une ironie provocante, si bien qu'il lui avait dit : « Venez chez moi », et elle avait souri, disant en se passant la pointe de la langue sur les lèvres : « Ça dépend. »

Il s'était enquis de son numéro de poste et elle l'avait donné en sortant de l'ascenseur – 47-19, il venait de le retrouver –, ajoutant : « Demandez Liliane. »

Il avait appelé en fin de journée, dit simplement qu'il offrait mille francs, et elle avait attendu quelques secondes avant de répondre qu'elle ne connaissait pas son adresse et qu'elle ferait ça le lendemain ; ce soir, c'était trop tard. Il avait dit 18 heures, donné son adresse et raccroché.

Elle était venue, ponctuelle, posant son sac sur l'un des fauteuils, et il était resté assis cependant qu'elle demandait où cela se ferait, et il montra sans bouger le canapé du salon, mais elle resta droite, immobile, ne commençant à se déshabiller qu'après qu'il lui eut tendu les deux billets de cinq cents francs, puis elle regarda sa montre, expliquant qu'elle habitait Boissy-Saint-Léger, qu'elle avait plus de deux heures de transport avant d'arriver chez elle, et, tout en déboutonnant son chemisier, elle murmura : « Mais on n'est pas là pour parler de ça. »

Il n'avait d'abord été qu'un voyeur, surpris par la juvénilité musclée de ce corps, comme s'il avait oublié que la jeunesse physique existait encore et qu'il lui eût fallu la voir pour s'en convaincre.

Il fit un geste pour qu'elle approche, afin de la caresser. Sa peau, chaude, lisse, l'avait ému, mais il n'avait pas osé se déshabiller – trop laid, trop rugueux – et la jeune femme s'était agenouillée devant lui, avait commencé à le caresser avec une application tranquille, et il lui avait semblé tout à coup que toutes les veines de ses jambes étaient parcourues par une coulée brûlante qui se répandait dans son sexe, faisant de la douleur un plaisir, ou du plaisir une douleur.

Elle s'était vite rhabillée.

Après 19 heures, expliquait-elle, il fallait attendre longtemps entre les trains, et elle n'arriverait chez elle que vers 21 h 30 : les bus étaient rares et elle avait peur.

« Je peux revenir », avait-elle dit.

Mais il ne l'avait jamais rappelée, imaginant quelquefois que c'était elle qu'il voyait, là-bas, dans un groupe d'employés agglutinés devant l'ascenseur, et il attendait qu'ils eussent disparu pour s'approcher.

Aujourd'hui, près de trois ans plus tard, il regrettait d'avoir ainsi renoncé, et en fin d'après-midi il avait appelé le 47-19, qui ne répondait plus, si bien qu'il avait avec hargne convoqué de nouveau sa secrétaire, recommençant à dicter, jubilant lorsqu'il pouvait citer les noms de ceux qu'il avait côtoyés dans les années quarante, tous au service du gouvernement de Vichy, comme lui, ne s'engageant dans la Résistance qu'à la fin de l'année 1942, parce qu'il devenait évident, à ce moment-là, que les Américains allaient gagner la guerre et qu'il fallait prendre des assurances de ce côté-là. Il connaissait tout de leurs parcours, et quand ils s'étaient retrouvés après la Libération, lui à la tête du Consortium de rénovation urbaine, eux députés, présidents de groupes parlementaires, anciens résistants, il va sans dire, ils n'avaient jamais évoqué le passé, les communistes seuls jouant les procureurs. Mais qui, parmi ceux qui comptaient, les écoutait ? Qui pouvait prêter attention à leurs dénonciations alors qu'eux-mêmes étaient au banc des accusés ?

On avait donc tiré sur les années de guerre un rideau de silence, et même, parce que chacun savait ce qu'avait fait l'autre, des complicités de fait s'étaient nouées, cyniques : Rollin était un partenaire précieux qu'on sollicitait à la veille des élections et qui ne se dérobait jamais, exigeant simplement en faveur du Consortium des facilités pour l'achat de terrains, une aide pour l'expulsion des locataires qui s'accrochaient dans les hôtels meublés qu'on voulait rénover, transformer en appartements.

Et maintenant Rollin dictait un nom comme on fait apparaître le bout d'un fil qu'il suffirait ensuite de tirer.

Il n'avait même pas besoin de consulter les documents, il racontait. Et il savait qu'ils avaient peur : Richard Berthier, Michel Doriman, Julien Rivière, tous les autres. Certains d'entre eux étaient déjà morts parmi ceux qui étaient venus au Consortium solliciter son aide. Mais quelques-uns se trouvaient encore tout en haut, au sommet de l'État.

Rollin imaginait ces rapports qu'on demandait sur ses intentions, les contre-feux qu'on tentait déjà d'allumer, et peut-être les articles de Parrain et de Limel, les accusations de Rimberg étaient-ils des coups de semonce pour l'inciter à rester dans son trou, muet. Mais il était trop tard.

Cette semaine-là, qui précédait son premier rendez-vous avec le professeur Laroche, il avait donc rencontré Christian Elsen avec Hederlisch. Et ils s'était amusé de l'étonnement qu'il devinait chez l'éditeur alors que celui-ci écoutait Hederlisch, que Rollin poussait en avant, au début hésitant, mais qui prenait peu à peu de l'assurance – Rollin se plaisait à le diriger, à lui confier un souvenir, à lui souffler une pensée –, Hederlisch si désireux d'entendre son témoignage que Rollin, entre deux confidences sur l'administration de la police de Vichy, la collaboration de tous les fonctionnaires d'autorité – à quelques individualités près –, et d'abord les plus brillants, lui faisait part de ce qu'il pensait de cette histoire du xxe siècle que lui, Hederlisch, était chargé d'enseigner.

Elle confirmait bien que la seule loi était celle du dominant et du dominé, du vainqueur et du vaincu, et si l'hypocrisie comme l'illusion l'avaient emporté durant un demi-siècle, c'était maintenant le retour de la vérité, dans toute sa brutalité, qui s'amorçait. Et donc, la biographie d'Hitler que Hederlisch *devait* écrire – Rollin insistait – pouvait jouer un rôle décisif. Il fallait rompre avec des décennies de mensonges et de silence. Lui, Rollin, s'y emploierait, et Hederlisch devait le faire aussi.

Curieuse semaine.

Il s'était à deux reprises rendu chez Daniel, se faisant masser longuement, parlant de ce diagnostic qu'il pressentait, heureux que le masseur, d'une pression des doigts, d'un mot – d'un son, plutôt –, tentât de le rassurer. Et ces séances lui donnaient un regain d'énergie.

Il avait rencontré les dirigeants du Club des supporters du Parc des Princes, et leur avait renouvelé la subvention du Consortium, exigeant seulement d'eux qu'ils organisent quelques conférences avec Hederlisch. « Un professeur ? s'était étonné Bourrin, le président du Club, incrédule. Qu'est-ce que vous voulez que nos gars, s'ils viennent, fassent de ce qu'il dira ? Ils vont lui lancer des canettes de bière dans la gueule ! »

Mais Rollin s'était obstiné, et les conférences auraient lieu, l'une d'elles s'était même déjà tenue devant une vingtaine de jeunes, et Bourrin avait dit son étonnement. Ils avaient écouté ce professeur : « Un type gonflé, s'il y en a beaucoup comme ça à Paris, ça peut chauffer ! »

C'était la conviction de Rollin. Et tant qu'il le pouvait encore, il voulait fourrager dans cette ville, afin que prenne l'incendie.

Il avait accepté de rencontrer à sa demande maître Lemarque, dans son cabinet de l'avenue Raymond-Poincaré, et il écouta l'avocat l'interroger.

Que voulait-il vraiment ? s'était enquis maître Lemarque.

Un accord avec Rimberg, Berthier, les gens qui, au gouvernement, se préoccupaient de ce qui pouvait sortir d'un livre de Rollin, ou bien cherchait-il vraiment le scandale ?

« C'est si beau, un incendie », avait murmuré Rollin, mais il s'était repris, craignant de s'être dévoilé trop vite.

« Que m'offrent-ils ? avait-il repris, quel est l'objet du compromis ? »

Lemarque expliqua qu'ils étaient ouverts, qu'ils voulaient avant tout éviter de faire remonter le passé.

« Nauséabond pour tous, pour vous aussi, disent-ils », ajouta l'avocat.

Mais Rollin resta impassible. Il lui semblait qu'il vivait une fin du monde. Tout ce qui s'était construit depuis près d'un siècle, dans le sang, dans l'orgueil, s'effondrait ; tout ce qu'il avait haï faisait faillite, ici à Paris, en U.R.S.S., sur tous les continents et dans toutes les têtes.

Et on lui conseillait la prudence, alors que ses ennemis capitulaient, qu'il ne restait qu'un maître Rimberg ou quelques journalistes pour jouer les procureurs, les moralistes !

Mais il n'avait fermé aucune porte. C'était une jouissance d'être sollicité, de lire l'inquiétude sur le visage de Doriman ou de Berthier.

« Voyez-les, avait-il dit à Lemarque. Je ne suis pas pressé de publier mon livre. D'ici là, nous pouvons discuter, dites-leur d'être raisonnables, et je le serai. »

Raisonnable ?

C'était, contrairement à ce qu'on imaginait, une vertu, un luxe de la jeunesse. Comment pouvait-il l'être, lui, alors que le professeur Laroche, en blouse blanche, examinait les radios sans même regarder Rollin, assis dans son cabinet, pour ce premier rendez-vous pris par le docteur Sertys ?

Il avait détesté Laroche dès que la porte du salon d'attente s'était ouverte, dès qu'il avait serré cette main sèche, nerveuse, et qu'il avait senti, chez cet homme presque aussi vieux que lui, une force qu'il ne possédait plus.

Le professeur était mince, la peau bronzée des joueurs de tennis, une élégance d'homme jeune, sportif, les cheveux blancs bouclés, un visage sensible, une précision dans les gestes, dans le choix des mots, une assurance de grand patron parvenu au sommet de la réussite et du pouvoir, décidé à ne pas le lâcher, à ne pas cesser d'être ce symbole du Paris médical qu'on interviewait à la télévision, que les sondages plébiscitaient et qui délivraient à propos de tout, comme un vieux sage qu'on consulte, ses oracles.

Il s'était tourné vers Rollin, posant les radios sur son bureau.

« Je veux vous voir dans quinze jours, avait-il dit, je vous examinerai à nouveau, je veux une analyse complète du sang, voici l'adresse de mon laboratoire, rue du Bac. Ma secrétaire va appeler, vous y passerez en sortant d'ici. »

Il regarda Rollin par-dessus les demi-verres de ses lunettes à monture dorée. Rollin voulut poser une question, mais Laroche le devança :

« Je ne veux rien vous dire pour l'instant. Si vous souffrez trop, prenez ceci sans hésiter. »

Il lui tendit l'ordonnance et entraîna Rollin jusqu'à l'entrée où se tenait, derrière un petit bureau encombré, la secrétaire. Elle inscrivit sur l'écran la date du prochain rendez-vous, recopia l'ordonnance et raccompagna Rollin cependant que le professeur Laroche ouvrait la porte du salon d'attente.

Durant ces quinze jours, Rollin n'avait pris aucun calmant, ployé par la douleur, la laissant l'envahir pour mieux essayer de la dominer, tenter de vivre avec elle.

Et maintenant il traversait la Seine, sachant qu'il ne retournerait pas chez le professeur Laroche, dont il connaissait le diagnostic. Quelle autre maladie que mortelle pouvait-il avoir à son âge ?

Il n'avait pas le sentiment de capituler, de renoncer à vivre, mais bien au contraire d'affirmer sa liberté, de ne pas se soumettre.

Il s'était ainsi avancé jusqu'au milieu du Champ-de-Mars.

Il faisait beau, un vent froid, glacial même, balayait le ciel, portant des cris d'enfants. Il avait marché vers eux, entrant dans le parc de jeux, s'asseyant au soleil, regardant ces gosses qui escaladaient la coque et la passerelle d'un vaste bateau de bois peint en rouge. Des têtes d'enfants apparaissaient aux hublots, hélant leurs parents.

Personne n'avait appelé Rollin. Mais il ne le regrettait pas. Le monde devait se limiter à soi. Le reste était faiblesse. Et Paris, la terre entière mourraient de ce grouillement : trop d'hommes, d'enfants, et l'équilibre se rétablirait, comme à chaque fois, par une longue et grande saignée.

Lui, Rollin, avait participé à l'une d'elles, en toute conscience, tenant sa place dans ce jeu impitoyable qui se livrait à chaque instant. Toujours il avait été du côté des vainqueurs.

Et il refusait qu'un docteur Sertys, qu'un professeur Laroche s'emparassent de lui, lui donnassent des ordres.

Il s'était redressé, s'appuyant au banc. Il allait rentrer chez lui, téléphoner à Hederlisch, le pousser à écrire, revoir Berthier et Doriman. Il devait faire cela, et composer aussi le 47-19.

Il l'imaginait déjà, comme il y a trois ans, et il la toucherait à nouveau, il lui demanderait de revenir chaque jour. Il paierait ce qu'il faudrait. Que ne pouvait-il acheter ?

Il s'était approché de la grille du parc et s'était apprêté à en pousser la porte quand un enfant avait couru devant lui, franchissant en un saut harmonieux la barrière, puis revenant la sauter à nouveau, riant aux éclats tout en s'élançant.

Et Rollin avait fermé les yeux, comme s'il avait pu ainsi faire disparaître à jamais la scène, mais l'enfant sautait et ressautait, prenant appui sur ses mains, soulevant son corps sans effort, la jambe droite repliée sous lui, la gauche tendue, dressée dans un mouvement d'une vigueur provocante.

41

Anne-Marie avait ouvert le dossier jaune qui contenait le début du manuscrit de Georges Rollin, ces feuillets que lui avait remis Christian Elsen – « Anne-Marie, lisez ça vite, avait-il dit, ce n'est pas votre registre, mais j'ai besoin d'un avis, d'un regard comme le vôtre. » Et comment aurait-elle pu refuser, même si elle s'était immédiatement méfiée, Elsen ne choisissant jamais ses lecteurs au hasard, mais en fonction de ce qu'il imaginait être leur réaction, afin de se servir d'eux dans la partie qu'il engageait avec l'auteur et avec lui-même.

« C'est important, Anne-Marie, s'il vous plaît », avait-il insisté – mais le titre qu'elle avait lu, celui de la préface : *Ce que j'ai fait avant et après*, avaient suffi pour qu'elle s'abandonnât à ses pensées, allumant une cigarette, ramenant haut sur sa nuque ce châle de cachemire noir qu'Elsen, justement, lui avait offert naguère.

Et c'est tout ce qui restait de leurs relations, de cette dizaine de week-ends qu'ils avaient passés ensemble, ici et là, dans une chambre d'hôtel qui se trouvait à deux ou trois heures d'avion et qui ouvrait le plus souvent sur la mer.

Elle s'était laissée glisser au fond du fauteuil, découvrant dans la pénombre ces objets, une pierre volcanique, un santon, des livres, qui lui rappelaient ce qu'elle avait fait, elle aussi, avant et après, ainsi que l'écrivait Rollin.

Avant, quand elle espérait si fort que cette pièce où elle était, au bout de l'appartement, aux fenêtres donnant sur le jardin, serait celle de leur second enfant, un garçon qu'elle aurait prénommé Mathieu, et si elle pensait si douloureusement à cet espoir-là qu'elle avait porté en elle quatre ou cinq ans après la naissance d'Isabelle, peut-être était-ce parce qu'elle avait parlé, joué durant le week-end avec David Limel. Elle avait touché sa peau, son dos sous la chemise, et elle avait senti ce manque, ce besoin qu'elle avait eu – qu'elle avait encore, mais, à trente-sept ans, peut-on encore oser, doit-on vouloir un enfant ? Un espoir auquel elle n'avait plus songé, trop prise par elle-même depuis son divorce d'avec Julien Rivière.

Et cependant, l'origine de leur séparation, la tumeur qui peu à peu avait multiplié ses métastases à tous les moments de leur vie commune, elle était là, dans ce refus que Julien avait formulé sur un ton d'étonnement scandalisé et ironique :

« Un deuxième enfant ? Mais... »

Et il avait secoué la tête en signe d'incompréhension.

« Anne-Marie, voyons, un peu de sérieux. Tu as fait ton expérience maternelle, c'est parfait, passons à autre chose... »

Et il l'avait prise par la taille, gouailleur, essayant de l'entraîner vers le lit.

« Faisons un simulacre de procréation, avait-il dit. Jouons à faire des enfants. »

C'est fou comme elle avait gardé la mémoire de ces phrases-là, de cette blessure-là ! Et il n'avait pas compris qu'elle se dérobât, qu'elle eût de moins en moins envie de faire l'amour avec lui, comme si leur vie, à partir de ce moment-là, avait commencé à se diviser.

Lui qui disait : « La politique, c'est d'abord une volonté, de l'énergie, de la constance. Il faut être comme un paysan, labourer, semer des années durant. » Elle qui se repliait déjà, dans cette petite pièce, avec ses manuscrits, ses traductions, ses livres, et, quand il rentrait tard, elle était encore là, et elle le voyait, debout dans l'encadrement de la porte, les cheveux collés par la sueur, mais elle ne l'écoutait plus raconter cette réunion, dans l'école de la rue d'Alésia, ou bien ce collage d'affiches dans le quartier Plaisance du XIVe arrondissement dont il serait l'élu, il le voulait, il le savait.

Quand il s'approchait d'elle, qu'il tentait de la toucher, elle s'écartait comme s'il avait été un inconnu, ou, pis, comme dans un cauchemar, le double maléfique et pervers de quelqu'un qu'elle avait connu et dont on avait volé l'âme.

Il n'insistait pas – ou plus – et demandait : « Comment va Isabelle ? »

Elle répondait d'une inclinaison de tête.

Il se retirait et elle avait pris l'habitude de dormir sur le canapé du salon, parce qu'elle ne pouvait plus s'allonger près de lui, effleurer son bras, écouter sa respiration, peut-être subir – cela s'était produit quelquefois –, malgré ses refus, le poids de son corps.

Pouvait-elle encore dormir près de quelqu'un, dormir vraiment, rassurée par une présence, par une odeur, par le rythme d'une vie qui s'accrochait à la sienne ?

Elle ne le savait pas – pas encore.

Elle était là, seule, bras croisés, se tenant hors du cône de lumière que dessinait sur le bureau l'abat-jour d'opaline verte, avec pour prétexte ce manuscrit de Georges Rollin qu'elle ne commençait pas, tout enfouie qu'elle était dans ce moment particulier de la nuit où le silence a l'épaisseur glauque des eaux profondes, quand le temps lui-même paraît s'y engluer, qu'on peut vraiment n'être qu'avec soi, comme s'il fallait descendre ainsi pour explorer ce qu'on ne pouvait voir en plein jour, dans la rumeur que font les autres vies.

Elle était là, retirée, alors que c'était la première fois que Gilles Duprez dormait rue Boissonade, dans ce qui avait été leur chambre, à elle et à Julien, *avant*, dans ce lit où elle avait aimé Sélim Naïr, *après* – mais ç'avait été l'exception –, et où, le plus souvent, depuis près de dix ans, elle dormait seule.

Ce soir, pourtant, elle s'était couchée près de Gilles, et peut-être l'avait-elle décidé dès qu'il était arrivé rue Boissonade, le premier, les bras chargés de victuailles qu'il avait déposées en vrac sur la table de la cuisine, disant qu'il allait préparer le dîner.

Isabelle le regardait avec ironie, et lui l'avait embrassée tout à coup, la surprenant avant qu'elle ait eu le temps de reculer, et il avait dit : « Tu vois, nous sommes ici comme dans un film de Claude Sautet : mère divorcée, jeune et belle, métier intéressant, adolescente à problèmes qui découvre la vie, quinquagénaire qui tente de faire oublier son âge, et copains anciens soixante-huitards qui vont arriver. Scénario connu : un brin de tragédie, trois sous de comédie, la pluie dans les rues de Paris. Manque Montand, Romy Schneider et Piccoli, et Dutronc qui chante *Paris s'éveille* – qu'est-ce que tu en penses, Isa ? Tu connais ? »

Anne-Marie l'avait laissé dire, faire, parce que cette caricature qu'il traçait à grands traits, la détermination de son ton, semblaient séduire Isabelle, l'étonner en tout cas.

Appuyée contre le réfrigérateur, elle ne quittait pas la cuisine, elle écoutait Gilles, flattée sans doute qu'il fît tant d'efforts pour elle, fredonnant maintenant *J'aime flâner sur les Grands Boulevards*.

« Ça, dit-il, c'était la génération d'avant, la mienne, mais moi je suis un clandestin, je franchis les frontières des générations, je suis un artiste. »

Et il prit la voix grave de Léo Ferré.

Brusquement, Isabelle avait lancé : « Je vous laisse », s'enfermant dans sa chambre, refusant de venir saluer Xavier Limel, Parrain, Bory, ces amis qu'Anne-Marie avait invités parce que, déclarait Gilles, il fallait faire le point, tenir tous les fils avant de les nouer et de serrer les nœuds coulants autour de ces petits messieurs – Dimet, Berthier et les autres…

À plusieurs reprises au cours de la soirée, Anne-Marie avait entrouvert la porte de la chambre d'Isabelle.

Elle n'osait avancer, allumer, se pencher sur le lit, restant sur le seuil, guettant la respiration de sa fille, chuchotant une question : « Tu dors ? »

Isabelle se retournait dans le lit sans répondre, peut-être dormait-elle vraiment.

Quand Anne-Marie rentrait au salon, Gilles lui lançait un coup d'œil attentif, et il ne recommençait à parler qu'après s'être assuré ainsi que le calme régnait.

Il était le meneur de jeu, plus vieux que les trois autres, plus enthousiaste surtout – elle aimait cela –, plus révolté aussi, plus téméraire.

« Tu vas te casser les dents, objecta Parrain, et pourquoi ? Ces coups-là, on ne les fait pas à visage découvert : une allusion par ci, un article par là, une information lâchée au bon moment, c'est comme ça qu'il faut agir. Sinon, procès en diffamation, ou bien le silence, et tu t'exposes pour rien. »

Bory approuva.

C'était en fait une bonne partie de l'*establishment* parisien, politique, médiatique, financier, qui, selon lui, se retrouvait autour de Richard Berthier et de *L'Universel*.

« Tu n'as pas de preuves, continua-t-il. Et d'ailleurs, à Paris, il n'y a pas de scandale, jamais. On étouffe tout. Paris est fait de sables mouvants, d'une solidarité sans failles entre les élites, à quelque camp qu'elles appartiennent. Et j'en fais partie » – conclut Bory.

Il s'était retiré le premier, acceptant néanmoins de fournir quelques renseignements sur la situation financière de *L'Universel*, sur ce qu'il pouvait savoir des autres affaires de Berthier, sur les liens précis avec le Consortium de rénovation urbaine.

« Mais répéta-t-il, je ne les confirmerai jamais ni ne fournirai aucun document. »

Il remercia Anne-Marie, et, comme elle le raccompagnait, il lui murmura : « Gilles est un don Quichotte, mais ce n'est plus l'époque. Essayez de le convaincre, personne ne gagnera rien à remuer tout ça, personne. » Il lui tint longuement la main – « Croyez-moi », ajouta-t-il encore.

Elle se souvint alors des propos identiques de Benoît Rimberg, et, quand elle se rassit en face de Gilles et de Xavier Limel, elle fut saisie par le découragement.

On ne pouvait rien. Publier quelques bons livres, essayer, de les faire connaître et lire, éviter les tragédies autour de soi, et quand elles se produisaient – car, pour Anne-Marie, ce qu'avait vécu Isabelle était une tragédie –, tenter de les oublier, de reprendre le fil des jours, voilà à quoi se limitait la vie.

Elle écoutait Limel, qui, lui aussi sceptique, rappelait à Gilles que deux ministres avaient été assassinés, une quinzaine d'années auparavant, sans qu'on perçât jamais le mystère de leur mort et sans que le scandale éclatât vraiment. Un troisième, qui s'était, disait-on, suicidé, avait d'ailleurs pu être lui aussi abattu.

« Alors, conclut Limel en se levant, écrivons nos articles sur Berthier, Rollin, etc., mais ne nous brûlons pas les doigts, à quoi bon ? Pas d'illusions, en tout cas. »

Il donna l'accolade à Gilles, et quand Anne-Marie lui

demanda des nouvelles de David, il changea tout à coup de ton, de voix, de physionomie même, comme si la tendresse et l'émotion le submergeaient.

« Mon fils, dit-il, c'est un ange, si doux... incroyable, je n'imaginais pas, c'est là vraiment le sens, il n'y a pas autre chose, rien... »

Elle fut heureuse qu'il parlât ainsi, et, sur le pas de la porte, elle lui dit qu'elle était prête, s'il s'absentait, à garder David, elle pourrait même monter chez lui. « Il est adorable », murmura-t-elle. Et, en se retournant vers Gilles, elle songea à ce prénom, Mathieu, qu'elle aurait aimé donner à ce fils qu'elle n'avait pas eu. Et – elle ne pouvait, ne voulait pas le dire – qu'elle n'aurait jamais plus.

Gilles était debout, les bras ballants, souriant, et en le voyant ainsi, chemise ouverte, vigoureux, occupant, bien qu'il restât immobile, tout l'espace de ce salon, elle se dit qu'elle était peut-être parvenue au bout du chemin commencé avec son divorce, et qu'une autre étape s'ouvrait.

« Qu'est-ce qu'on fait ? » avait demandé Gilles.

Elle avait fait semblant de ne pas comprendre, répondant que Parrain, Bory, Limel partageaient l'avis de Rimberg, que cela ne servait à rien de clamer son indignation, qu'Isabelle semblait peu à peu sortir du gouffre, qu'elle avait à nouveau d'assez bons résultats au lycée, puis, parce que Gilles s'approchait d'elle, Anne-Marie Bermont avait murmuré : « Qu'est-ce qu'on peut faire, d'ailleurs ? »

Gilles était maintenant presque contre elle, et il semblait à Anne-Marie qu'émanait de lui une chaleur dont elle était enveloppée peu à peu.

« J'ai reçu un coup de couteau, moi, je ne peux pas oublier », lui dit-il. Il lui prit la main, la posa sur son flanc gauche : « Là, vous sentez la cicatrice ? »

Elle laissa sa main. Du bras droit, il lui entoura la taille.

« On peut déjà faire l'amour », murmura-t-il.

Elle ne répondit pas, mais elle le guida dans le couloir vers la chambre. Qu'il se couchât dans ce lit lui semblait à présent si naturel qu'elle avait dû le décider avant même d'y penser, dès qu'il lui avait dit vouloir dîner chez elle en compagnie de quelques amis.

Après qu'ils se furent aimés, elle crut un moment qu'elle allait s'endormir en même temps que lui, dont la respiration devenait plus lente, régulière, et elle était émue, rassurée, sans pouvoir cependant s'enfoncer avec lui dans le sommeil, regrettant toutes ces nuits qu'elle avait passées seule, ou bien avec d'autres – Christian Elsen, ou même Sélim Naïr, Julien, Rimberg, ou cet autre, ce poète allemand, qu'elle avait tant aimé, tous ceux-là dont elle ne voulait pas se souvenir mais auxquels elle songeait pourtant, qui attestaient que sa vie s'était déjà longuement déroulée, Isabelle à ses côtés comme un témoin de ce temps écoulé –, elle n'avait donc pu trouver le sommeil près de Gilles, dont elle enviait l'innocence.

Elle s'était levée, retournant entrouvrir la porte de la chambre d'Isabelle, écoutant son souffle, se retirant pour ne pas aller embrasser sa fille au risque de la réveiller, puis s'installant dans cette pièce, ouvrant ce manuscrit, lisant ce titre : *Ce que j'ai fait avant et après*, pensant à ce prénom, Mathieu, celui du fils qu'elle n'avait pas eu, qu'elle pourrait encore avoir, calculant qu'après tout elle n'aurait que cinquante-sept ans quand il atteindrait ses vingt ans.

Elle s'était alors décidée à regagner sa chambre pour se coucher près de Gilles Duprez.

Il soupira et geignit quand elle s'allongea, et c'était comme la plainte d'un enfant.

42

Quand, arrivé au bout de la rue Boissonade, Gilles Duprez, au lieu de prendre à droite vers le boulevard de Port-Royal, avait dit à Isabelle Rivière, comme si cela allait de soi, comme s'il en avait eu l'intention lorsqu'ils avaient quitté ensemble l'appartement : « Je marche avec toi jusqu'au lycée, tu veux bien ? » et que, sans attendre sa réponse, il lui avait posé la main sur l'épaule, ajoutant : « On a même peut-être le temps de prendre un café », il avait parlé d'instinct, par besoin aussi, pour prolonger l'intimité familiale qu'il partageait depuis la veille. Une femme qui aurait pu être la sienne, une fille qui aurait pu être la leur, des amis qu'on reconduisait jusqu'à la porte, et celle-ci qu'on refermait avant de se diriger ensemble jusqu'au lit conjugal.

Et le matin, sur la table de la cuisine, une Thermos de café chaud, un paquet de biscottes et un pot de confiture d'abricots, et du beurre dans le réfrigérateur.

Réveillé le premier, ému par tous ces signes, Gilles n'avait pas réussi à croire qu'ils lui étaient destinés, craignant qu'ils ne fussent qu'un décor, et peut-être autant d'appâts, de pièges.

Il s'était habillé à la hâte avant qu'Anne-Marie et Isabelle ne fussent levées, comme s'il avait voulu se préparer à fuir, alors qu'il avait déjà la nostalgie de ce qu'il n'avait pas encore quitté, tout en ressentant le désir de s'en éloigner, peut-être pour réfléchir, seul, comme il en avait l'habitude, pour savourer ce qu'il avait vécu, la soirée, la nuit, incertain sur ses sentiments, en somme, comme il l'avait toujours été dès qu'il s'était agi de sa vie privée, incapable de la conduire sagement, passant d'une passion à l'autre, traversant les appartements sans y accrocher jamais sa veste au portemanteau, mais la jetant toujours à même le sol dans une chambre à coucher dont il sortait avec ses vêtements roulés en boule serrés contre lui, s'enfermant dans une salle de bains qu'il trouvait encombrée, petite, avec l'envie d'aller prendre une douche chez lui, comme s'il avait ressenti la nécessité de se laver une nouvelle fois pour effacer ce qu'il venait de vivre, vieux célibataire, don Quichotte, comme disaient Alexandre Mérou ou Pierre Bory, mais, qui sait, cette fois, peut-être allait-il déposer son armure ?

« Où le prend-on, ce café ? » avait-il répété.

Isabelle avait imperceptiblement haussé les épaules, mais il n'avait pas retiré sa main. Il marchait près d'elle, parce qu'il n'avait pas pu la laisser comme ça, sur le trottoir, seule, alors qu'il faisait à peine jour, et qu'elle lui semblait si démunie, cette jeune fille grande et frêle qui ressemblait à Anne-Marie, avec un air d'enfance et un regard déjà vieilli. Elle l'avait ému dès qu'il l'avait vue dans la cuisine, les yeux petits, les paupières collées de ceux qui se réveillent mal après une nuit courte et agitée. Et, en l'observant alors qu'elle buvait, debout, il lui avait semblé que, par son silence, par chacun de ses mouvements, maladroits et retenus, elle sollicitait de l'aide, et qu'il pouvait peut-être la lui apporter.

Une syllabe, un mot : *trop*, avait envahi sa tête cependant qu'il la regardait. C'était *trop* pour elle, *trop* lourd, comme elle était *trop* grande, *trop* frêle, comme elle portait un blouson *trop* ample, ouvert sur un chandail *trop* large, aux manches *trop* longues.

Trop, ce qu'on lui avait imposé – Laurent Dimet, Richard Berthier, d'autres sans doute –, *trop* pour son visage encore poupin, son corps inachevé ; *trop* de se retrouver, devant sa mère, comme une lycéenne, après ce qu'elle avait vécu, dont elle n'avait sans doute avoué qu'une partie ; *trop* de porter cela et d'enfiler les bretelles de son sac à dos rempli de livres de classe, comme si rien ne s'était passé.

Et Gilles l'avait aidée à passer son bras dans l'une des bretelles et, se retournant, il avait embrassé Anne-Marie, murmurant : « Je vous téléphone. » Puis il avait dit à Isabelle : « Je pars avec toi, je rentre », et, dans l'escalier, il avait eu un geste de la main pour Anne-Marie qui, appuyée au cadre de la porte palière, les regardait descendre, et il avait aimé cette image d'un foyer qui aurait pu être le sien, et il avait été joyeux de retrouver l'air vif de la rue, la pénombre de l'aube, comme s'il s'était dégagé à temps de ses entraves.

« Comment ça se passe ? » avait-il dit, accoudé près d'Isabelle au comptoir de ce bistrot qui faisait l'angle de la rue Vavin et de la rue d'Assas.

Il y était entré avec appréhension, comme si le temps n'avait pas passé, qu'il craignait toujours d'être reconnu par les jeunes gens d'extrême droite qui, il y avait des années, avaient fait de la faculté d'Assas leur bastion, et de ce café, disait-on, l'un de leurs lieux de rendez-vous. Mais, dans cette atmosphère presque bleutée où la lumière des tubes fluorescents irisait la fumée, on l'avait bien sûr ignoré, hormis quelques regards qui s'étaient attardés, sans doute parce qu'il était pour ces lycéens et ces étudiants un vieux qui s'aventurait sur leur territoire et que, sans agressivité, ils s'en étonnaient.

Aucun d'eux ne se souvenait des reportages qu'il avait réalisés à quelques dizaines de mètres de là, montrant à nu la violence raciste, ce qu'à l'époque on ne lui avait pas pardonné. Et, sûrement, elle était encore là, mais si répandue désormais dans la ville, dans tout le reste du pays, qu'on n'y prêtait plus attention ici, qu'elle n'était plus objet de scandale : l'extrême droite portait un blazer plus souvent qu'un blouson de cuir.

Gilles avait regardé autour de lui, cherchant à deviner ce que pouvaient penser ces garçons minces, ces filles aux cheveux longs, fumant si tôt le matin, toute une génération qu'il ne connaissait pas, qui le repoussait, comme par un effet naturel, loin d'elle, et c'est peut-être aussi pour cette raison qu'il avait accompagné Isabelle, pour se donner l'illusion qu'il n'était pas coupé de cette jeunesse qui envahissait la ville et dont il ne savait plus rien, comme si chaque homme allait sur un radeau, au fil du temps, incapable d'entendre, de comprendre ce qui se disait en amont dans une autre langue, conversant seulement avec ses compagnons de voyage, échangeant avec eux, une vie durant, les mêmes mots, les mêmes souvenirs. Ceux qui essayaient de sortir de ce cercle, de remonter le courant, de s'accrocher à un autre radeau paraissaient si vite ridicules, si vite scandaleux – Dimet était sans doute de ceux-là.

« Comment ça se passe ? » avait répété Gilles cependant qu'Isabelle, le profil caché par ses cheveux, buvait, la tête penchée. Tout à coup, elle s'était redressée, lui faisant face, lui lançant entre ses dents :

« Qu'est-ce que vous voulez savoir ? Ça se passe mal. Je ne peux plus. »

Elle secoua la tête et ajouta : « Je ne veux plus aller au lycée, je ne peux plus. »

Elle s'éloigna du comptoir sur lequel Gilles lança deux pièces de dix francs, la suivant, bousculant dans l'entrée des jeunes gens qui s'avançaient et l'interpellaient, le repoussant du plat de la main, mais il se dégagea, rejoignit Isabelle qui avait traversé la rue d'Assas en courant et s'était assise sur le mur, le dos appuyé aux grilles qui entourent le Luxembourg.

Elle cachait ses yeux sous ses paumes, et quand il lui mit le bras autour de l'épaule, elle dit : « Excusez-moi, ça va, je vais être en retard. »

Il la rassura tant bien que mal, mais, contrairement à ce qu'il avait cru, il savait maintenant qu'il pouvait si peu, et il se contenta de poser de petites questions anodines :

« Qu'est-ce que tu as comme cours, ce matin ? »

Elle renifla, répondit : allemand, physique, français, et cet univers scolaire qu'elle faisait surgir lui apparaissait comme un cadre dérisoire, le seul pourtant grâce auquel elle pouvait peut-être reprendre pied.

« Il va être l'heure », avait-il dit.

Elle se leva, s'essuya le nez du revers de la main, et il lui tendit son mouchoir, lui murmurant qu'elle pouvait le garder, mais elle secoua la tête, le lui rendit, puis, brusquement, elle s'accrocha à son bras : « Pas ce matin, dit-elle. Je ne peux pas, ce matin. »

Il hésita. « C'est important », répondit-il, parce qu'il avait appris qu'il n'est pas de petites règles qu'on ne viole impunément, et cependant il pensait : « Qu'elle importance dans une vie, trois heures de cours ? Quelle importance ? »

Isabelle s'était immobilisée, lui tenant toujours le bras : « Vous allez vivre avec maman ? » demanda-t-elle.

Il ne répondit pas, et, d'une petite voix grave, elle expliqua qu'il le fallait, parce que sa mère, sinon, qu'est-ce qu'elle avait dans la vie ? Qu'est-ce qu'elle ferait ?

« Si vous le pouvez, ajouta-t-elle, ce serait bien. »

Gilles détestait l'émotion qui l'étreignait, il n'aimait pas ce ton qu'Isabelle employait, comme si elle était déjà ailleurs, qu'elle regardait sa mère et lui-même de haut, de loin. Il avait dit d'une voix forte : « Bon, tu ne veux pas y aller ce matin ? » mais c'était pour masquer son incertitude, son malaise. « N'y allons pas », conclut-il.

Elle se colla contre son épaule et il pensa qu'il était un con, un pauvre con, comme à l'habitude, mais peut-on être différent de ce qu'on est ?

Il lui proposa d'une voix faussement joyeuse de l'accompagner chez lui, de déjeuner ensemble, puis il la conduirait au lycée.

Elle ne le remercia pas, mais elle avait pris sa main alors qu'ils entraient dans le jardin du Luxembourg envahi par une humidité plus forte, exhalant l'odeur de la terre et du feuillage mouillés.

Ils marchaient à petits pas, Gilles ne sachant que faire de cette main qui serrait la sienne, incapable de parler, se disant qu'il téléphonerait l'après-midi même à Anne-Marie pour lui expliquer que, ce soir-là, il dormirait peut-être encore une fois rue Boissonade, et en même temps, à cette idée, il était saisi d'inquiétude.

Sa vie basculait-elle malgré lui ? Il songeait déjà qu'il lui fallait conserver en toute hypothèse son atelier de la rue du Cardinal-Lemoine, pour y travailler, ou bien qu'ils pourraient, après tout, tous les trois quitter Paris, s'installer dans sa maison de Samois, Isabelle fréquentant le lycée de Fontainebleau... Pourquoi pas ?

Heureusement, elle avait commencé à parler au moment même où il allait lui dessiner cet avenir, et il s'en félicita.

Il était trop tôt encore, lui-même était si peu sûr de ce qu'il voulait vraiment, si attaché à Paris, même s'il était toujours tenté de le quitter, d'aller vivre ailleurs, plus loin que Samois, peut-être au bord de la mer, ou bien en Italie, dans les collines de Toscane, comme tant de ses amis l'avaient fait, parce que les grandes villes sont, disait l'un d'eux, des pourrissoirs ou des astres morts – sauf peut-être ce quartier où il vivait, à quelques pas du mur d'enceinte élevé par Philippe Auguste et dont un pan se dressait encore, rue Clovis, large et massif.

« Oui », lâcha-t-il sans bien avoir entendu ce qu'avait dit Isabelle.

« Vous le connaissez, alors ? » répéta-t-elle.

Elle parlait de son père, qu'elle voyait peu, disait-elle, et que Gilles avait en effet rencontré dans ces réunions où l'on déclamait qu'il fallait changer la ville, changer Paris, changer la vie.

Depuis, ils avaient vieilli, c'était tout.

« Je ne peux rien lui expliquer », murmura-t-elle, et elle lui serra la main, puis elle lui dit qu'elle voulait prendre un autre café, qu'elle serait mieux dans un bistrot pour lui raconter, parce qu'elle voulait – surtout s'il venait vivre rue Boissonade, – qu'il sache tout. Et elle le regarda longuement.

Gilles Duprez souhaitait lui dire qu'il en avait assez appris pour ne plus rien avoir besoin d'entendre, mais elle lui montra le café de la place Edmond-Rostand. Elle dit : « Allons là », tout à coup décidée, résolue. Et il ne put que la suivre, accablé, gêné, s'asseyant en face d'elle qui enlevait son sac à dos, lui demandait une cigarette. Il réclama un paquet au garçon, et elle l'ouvrit d'un geste précis, efficace, et il fut surpris de la voir ainsi changée, devenue femme en face de lui.

Il se persuada qu'il était tout aussi démuni, maintenant, à plus de cinquante ans, qu'il l'avait été à dix-huit, ne comprenant rien aux êtres, même s'il avait écrit sur eux des centaines de pages, enquêté partout, vu des hommes se tuer et s'entraider, tout décrit, tout expliqué, et pourtant si déconcerté par cette jeune fille, Isabelle, enfant, adolescente, femme, qui murmurait : « Laurent Dimet, l'écrivain, lui, vous l'avez sûrement rencontré ? »

Elle le regarda avec anxiété. Il fit oui de la tête.

« Je dois vous parler de lui, de la rue Daru, c'est là que vous avez été blessé, n'est-ce pas ? »

« C'est là », articula-t-il comme à regret.

Il allait savoir. Il savait déjà. Il n'avait pas envie de savoir. Mais elle parlait, vite, fumant cigarette après cigarette.

Et Gilles serrait les poings.

43

Depuis qu'il s'était assis face à Diebolt, au fond de la salle de ce bistrot de la rue Maître-Albert, à quelques pas de la place Maubert, François Milner pensait que ce surnom de Minotaure (c'était, selon Carré, Gilles Duprez qui l'avait employé pour la première fois au moment de l'assassinat de Mathilde Serma et de la campagne de presse qui avait suivi, mettant en cause Diebolt et le ministre de l'Intérieur) était trop généreux pour le commissaire.

Diebolt était massif, et Milner avait été frappé, en approchant de la table, par la largeur de la nuque, le bloc des épaules et du dos, et quand Diebolt s'était retourné comme s'il avait senti qu'on l'observait, Milner avait d'abord vu ce bas du visage puissant, empâté. Mais la bouche était petite, presque perdue, les lèvres avalées par les chairs boursouflées, et cela donnait à l'expression un caractère inachevé, dissimulé et retors, comme si la force n'était là qu'au service de la mesquinerie, alors que, pour Milner, le Minotaure incarnait la profusion furieuse du mal, la démesure d'une beauté noire et sauvage qui terrassait ses victimes autant par la fascination et la séduction exercées sur elles que parce qu'ils les dominait en combat singulier.

Diebolt avait au contraire la peau flasque, parcheminée des hommes de bureau et de calcul, et Milner ressentit aussitôt pour lui de l'antipathie, regrettant d'avoir sollicité ce rendez-vous, puis accepté, comme Diebolt l'avait immédiatement proposé, ce déjeuner.

« Pas loin de votre quai des Orfèvres et pas loin de chez moi, avait dit Diebolt. Vous aimez le couscous ? Celui-là est authentique, vraiment royal. »

Milner était parti tôt du Quai, et, dès après le pont Saint-Michel, prenant par la rue de la Huchette, puis la rue des Écoles, la rue de la Sorbonne, il avait retrouvé ce quartier qui – le boulevard Saint-Michel abandonné au clinquant des magasins de vêtements et de chaussures – avait peu changé, lui, depuis qu'il l'avait quitté, il y avait une dizaine d'années.

Il avait fait un détour par la Sorbonne, parcourant toute la galerie entre la place et la rue Saint-Jacques, avec des souvenirs qui montaient par vagues, tracts jonchant le sol, amphithéâtres résonnant de toutes les utopies et où, au début de Mai, l'espace de quelques jours, Milner avait vraiment cru qu'une révolution commençait, qui allait établir le règne de la liberté et de la fraternité, qu'à Paris, une nouvelle fois, on allait inventer une manière différente de vivre – et puis, avant les autres, vers le 13 mai, avant Hélène, il avait compris que ce mouvement, comme tous les autres avant lui, s'effacerait, laissant seulement quelques traces dans les mémoires.

Milner était alors passé de l'euphorie – si intense qu'il en était encore marqué, mais si brève – au scepticisme, à une sorte de modestie qui peut-être était la raison profonde de son entrée dans la police, au-delà même de ce qu'il avait avoué à Hélène : besoin de trouver rapidement un emploi, ou de ce qu'il prétendait pour lui-même : volonté de savoir, de briser l'enveloppe des choses.

En fait, en fait – il s'en était persuadé en arrivant sur la place du Panthéon, en longeant avec émotion l'austère façade de la bibliothèque Sainte-Geneviève – que d'heures passées derrière ces murs quand il ne trouvait pas de place à la bibliothèque de la Sorbonne ! –, il s'était peut-être fait policier par désespoir, pour vivre jusqu'au bout, dans une sorte d'absolu, le contraire de ce qu'il avait espéré.

Flic, se dit-il, par échec de la philosophie.

Une citation grecque qu'il avait lui-même traduite, naguère, lui revint en mémoire :

Que sont les hommes et les siècles
Pour la mer
Le ressac vient
Qui les étreint et les emporte.

Et, la répétant à mi-voix, il resta un moment debout,

embrassant toute la place du regard, éprouvant une sensation de bonheur dans cette nostalgie qui le recouvrait à la redécouverte de cette perfection géométrique du décor, le prolongement des façades du lycée Henri IV et de la bibliothèque Sainte-Geneviève se rencontrant comme pour donner naissance à l'église Saint-Étienne-du-Mont, angle de pierres vives qui fermait la place.

Paris, ici, semblait immuable, et qu'importaient les hommes, cette écume ?

Milner avait le temps.

Au lieu de descendre directement vers la place Maubert, il avait pris la rue Clovis, un instant arrêté par le mur d'enceinte de Philippe Auguste, et, sans y avoir pensé, l'avoir prémédité, il s'était retrouvé devant le porche du 47, rue du Cardinal-Lemoine. Il s'y était engagé à pas lents, débouchant dans la cour pavée au centre de laquelle un arbre – peut-être un orme ou un acacia – dressait ses branches nues.

L'été, avait pensé Milner, son feuillage devait presque entièrement cacher cette verrière, haute d'au moins cinq mètres, et puisque cet atelier était le seul bâtiment de la cour, c'était là que devait loger, lorsqu'il vivait à Paris, Gilles Duprez.

Milner avait été tenté de monter les quatre marches, de sonner à la porte de bois peinte en vert foncé sur laquelle, en s'approchant, il découvrit une plaque de cuivre ternie, gravée de deux lettres : *G.D.*

Il s'était attardé, imaginant Duprez, se souvenant avec irritation de leur dialogue à l'hôpital Saint-Antoine, ressentant pour lui une sorte de mépris ironique : ce redresseur de torts, ce donneur de leçons s'était aménagé dans Paris un espace aristocratique, sur cette colline où même l'air était plus vif, plus pur qu'ailleurs.

Puis Milner avait marché rapidement vers la place Maubert, vers cette rue Maître-Albert où Diebolt lui avait donné rendez-vous. Dans cette venelle coudée où les antiquaires et les immeubles rénovés avaient remplacé les taudis et les hôtels meublés, il avait découvert ce bistrot dont la devanture peinte en bleu détonnait comme une tache de pauvreté entre les façades ravalées, blanches.

L'intérieur était sombre ; des hommes âgés, pour la plupart des Maghrébins, se serraient, accoudés au comptoir.

Dès que Milner avait poussé la porte, le patron, un gros homme au teint mat, moustache et cheveux blancs, lui avait fait signe, montrant le fond de la salle.

C'est là que Milner avait découvert Diebolt, sa nuque, son dos d'abord, puis ce visage et enfin la main, large, épaisse.

Diebolt avait saisi les doigts de Milner, il les serra, les garda longtemps, comme s'il voulait établir aussitôt un rapport de forces, marquer qu'il n'était pas seulement un supérieur hiérarchique, mais aussi un homme qui imposait sa loi.

« Milner, François Milner », avait-il commencé, comme s'il confrontait, en dévisageant son invité, la réalité à la fiche qu'il possédait, au dossier qu'il avait peut-être déjà constitué.

Puis, parce que Milner regardait autour de lui ces murs délavés, ces clients silencieux, Diebolt avait dit :

« J'aime bien, je viens ici depuis les années soixante, le meilleur couscous de Paris. On a vite su qui j'étais, jamais ennuyé. En 68, un jour, le patron m'a même caché, des maos voulaient me donner une correction. Limel, Parrain, Bory, les petits copains de Gilles Duprez... »

Il s'était interrompu, les yeux un peu plissés, comme pour mieux percer à jour Milner, saisir ce que ces noms lancés d'emblée provoqueraient chez lui. Mais Milner ne bougea pas, ne répondit pas.

« Duprez, ajouta Diebolt, c'est lui, la victime, dans votre affaire, non ? »

Puis il appela le patron, l'invita à servir, et sur la table de bois que le gras avait noircie, le patron déposa un saladier de porcelaine blanche ébréché contenant des légumes, des pois chiches, puis trois autres plats chargés de viande de mouton, de poulet et de semoule, et enfin les piments, la sauce d'un rouge brun.

« Servez-vous, Milner », dit Diebolt en commençant à remplir son assiette creuse de semoule, et, durant plusieurs minutes, ils se turent, se passant les plats.

Diebolt poussait de petits grognements de satisfaction, puis, quand il eut amoncelé dans son assiette semoule, légumes, viande, et qu'il eut commencé à les arroser de bouillon mêlé de sauce, il dit sans regarder Milner: « Il faut savoir ce qu'on fait, Milner: moi, dans une affaire, je ne me pose jamais la question de savoir qui sont les victimes ou qui sont les coupables. Je vous choque ? »

Il leva la tête, mais Milner était resté impassible, attentif seulement, semblait-il, à dissoudre la sauce dans une louche de bouillon.

« Moi, j'ai appris, là où je suis, reprit Diebolt, que la fonction de la police, notre boulot, Milner, ce n'est pas ça: victime, coupable – qu'est-ce que ça veut dire, d'ailleurs ? Duprez, vous pensez vraiment que c'est une victime parce qu'il a reçu un coup de canif sous les côtes? Notre boulot, Milner, c'est d'assurer l'ordre, de faire que cette ville fonctionne, que les millions de pauvres types qui l'habitent puissent vivre ensemble, dans cette grosse marmite, sans que ça explose, sans qu'ils deviennent fous et se tirent les uns sur les autres – allez voir ce qui se passe dans le Bronx ou dans les quartiers noirs de Washington. Et, pour ça… »

Il se servit à nouveau, proposa le plat de mouton à Milner, murmura comme pour lui-même : « La viande de mouton doit être grasse pour le couscous, sinon ça n'a pas de saveur… Et pour ça, poursuivit-il, la bouche pleine, il faut de la souplesse, de l'intelligence, le souci de l'ordre comme impératif. Et – il posa sa fourchette, pointa le doigt en direction de Milner – un coupable, ce peut être un facteur d'ordre, et à partir de là, il n'est plus aussi coupable que ça. Et une victime, c'est quelquefois, souvent même, un ferment de désordre – et donc elle n'est plus si victime que ça, mais plutôt coupable. Vous êtes un peu philosophe, non ? » – et, pour marquer la précision de son information, il ménagea un temps de silence, puis ajouta : « Vous avez une licence de philosophie, Milner, c'est rare chez nous, mais ça arrive, et de plus en plus. Comment vous appelez mon raisonnement: un sophisme ? »

Milner avait incliné la tête. Ça n'avait pas été un signe d'approbation, mais la marque accusée d'une hésitation, d'un doute. Il dit – il parlait pour la première fois : « Je suis un peu perplexe. »

Diebolt s'était détourné, avait commandé une nouvelle bouteille de vin. Milner n'avait pas touché à son verre.

« C'est votre sobriété qui me laisse perplexe », dit Diebolt, puis il avait haussé les épaules tout en remplissant son propre verre.

« Laissons la théorie, la philosophie, dit-il. Vous m'avez appelé, je suis là. Qu'est-ce que vous voulez ? C'est vous, le demandeur. »

Milner avait exposé lentement ses conclusions, sans regarder Diebolt, poussant tout en parlant des grains de semoule sur le bord de son assiette avec la pointe du couteau, comme s'il séparait les événements, les hommes, les uns des autres.

Il y avait donc Gilles Duprez, la victime, mais pourquoi rue Daru ?

Il y avait le silence du témoin, l'Africain qui était au service de Richard Berthier.

Et il y avait ce qui se passait dans l'hôtel particulier de Berthier, qui était sans doute en relation avec l'agression dont Duprez avait été la victime.

Et, pour finir, *L'Universel*.

Milner s'était interrompu, laissant sa phrase en suspens. Puis, comme Diebolt se taisait, il avait repris :

« Il y a ces articles, ceux de Limel et de Parrain, sur le Consortium de rénovation urbaine, les liens de son ancien président Georges Rollin avec Berthier – le sujet doit intéresser Duprez, peut-être est-ce même le sujet de son prochain livre, alors l'agression... »

Il s'était à nouveau interrompu.

Diebolt avait posé la main sur le poignet de Milner, puis il commanda des cafés d'une voix forte qui fit se retourner tous les clients appuyés au comptoir. Il ne retira sa main qu'au moment où le patron déposait les deux tasses minuscules au centre de la table. « Qu'est-ce qui vous intéresse là-dedans, dit-il alors. Duprez ? Pourquoi en faire toute une histoire ? Quinze jours, trois semaines d'invalidité, incident urbain banal, non ? Vous craignez qu'il ne dénonce votre, notre impuissance ? – Diebolt tapotait le poignet de Milner. – Laissez-le dire, ce sont toujours les mêmes qui l'écoutent. Pour le reste – il buvait son café bruyamment –, pour le reste, Milner, revenons à la philosophie. Richard Berthier est un facteur d'ordre. Notre boulot, le mien, le vôtre, c'est de le protéger, point final. Donc, laissez tomber. »

Il avait sorti de sa poche une liasse de billets serrés par une pince d'argent, refusé d'un geste que Milner réglât sa part, puis, sur le seuil, il avait proposé de faire quelques pas ensemble vers la Seine, mais Milner, après l'avoir remercié, avait montré la direction opposée de la ruelle, vers la colline Sainte-Geneviève et le Panthéon, là où l'air était plus vif, plus pur.

44

Richard Berthier s'était comme tassé dans le fauteuil et Rimberg songea un instant à une tortue qui, lorsqu'on la menace, rentre la tête sous sa carapace ; c'était comme si Berthier, depuis que Rimberg avait prononcé les noms de Laurent Dimet, d'Isabelle Rivière, avait voulu en effet disparaître, mais, incapable de se lever et de sortir du cabinet de Rimberg, n'avait pu que contracter tout son corps, restant sur place, face à Rimberg.

Il avait soulevé un peu les épaules comme pour absorber son cou, le menton s'appuyant contre la poitrine, et ainsi le col blanc, rigide, de la chemise au plastron bleu pâle, le nœud de la cravate de soie couleur lie-de-vin – de même teinte que la veste croisée en tissu de laine peignée – étaient cachés comme le cou.

De cette manière, tête baissée, Berthier avait échappé au regard de Rimberg.

Il ne restait de la superbe et de la faconde qu'il avait manifestées une demi-heure auparavant en entrant dans le cabinet, lançant un joyeux « Bonjour maître, c'est une joie de vous revoir, cher ami », que le sourire crispé, les lèvres figées, entrouvertes, laissant voir la denture trop blanche (une hypocrisie avouée ou maladroite, avait pensé Rimberg), et ces mots que Berthier prononçait à voix basse comme une supplique qu'il n'osait tout à fait formuler : « Voyons, Rimberg, entre nous, ce n'est pas sérieux, vous n'allez pas croire ces ragots, ces calomnies dont vous connaissez l'origine, ce n'est pas vous… »

Et la peau tannée, bronzée, parcourue de rides profondes, était bien semblable à celle d'une tortue.

C'était ce teint qui avait frappé Rimberg, comme une insolence, lorsque Béatrice Lesgarre avait ouvert la porte et introduit Richard Berthier.

La bonne humeur affectée, l'enthousiasme convenu avec lesquels Berthier manifestait sa satisfaction de le retrouver avait achevé de l'irriter.

Il savait tenir à distance, glacer ses interlocuteurs, et il n'avait pas répondu à Berthier, se contentant de lui désigner un fauteuil, puis se plongeant dans la lecture d'un dossier dont il tournait ostensiblement les feuillets, marquant que son visiteur avait sollicité ce rendez-vous que lui-même avait accepté par bienveillance, mais dont il n'attendait rien, sinon une perte de temps.

« J'arrive du Maroc, commença Berthier, de Marrakech, vous connaissez sûrement la *Mamounia*. Le soleil – il riait –, vous le voyez d'ailleurs, était éclatant, un soleil d'hiver chaud mais presque tendre… »

Rimberg avait levé la tête.

Berthier était-il venu lui rendre visite pour évoquer le charme des hôtels de luxe ?

« Je m'occupe de plusieurs prisonniers politiques enfermés là-bas depuis une dizaine d'années, parfois plus », avait dit Rimberg d'une voix égale.

Berthier, comme pour s'excuser, avait soupiré, rappelé combien, dans *L'Universel*, il s'efforçait de défendre la cause des droits de l'homme, et d'ailleurs, c'est en pensant à la déclaration universelle de ces droits qu'il avait donné ce titre à son journal.

« C'est vous dire, cher ami, c'est vous dire… Mais faut-il ignorer ces pays, les isoler, est-ce que ce ne serait pas pire pour leur économie ? Les contacts que j'ai eus là-bas ont toujours été excellents, les gens comprennent, nous apportons des devises, mais plus que cela : l'air du dehors, et le regard. Si nous sommes présents, même comme touristes, ils ne peuvent pas tout se permettre. »

Berthier avait attendu une réponse de Rimberg, mais celui-ci semblait à nouveau parcourir sa liasse de feuillets, ignorant Berthier qui toussotait, toujours souriant, répétant : « N'est-ce pas ? »

« C'est une question d'allergie, avait dit Rimberg sans lever la tête. Ces pays me donnent la nausée, c'est tout. »

Puis il avait d'un mouvement brusque refermé le dossier, posé les mains à plat sur son bureau, et la tête un peu penchée il avait dit :

« Que puis-je pour vous, cher ami ? »

Le ton était ironique, accusé encore par un sourire à peine esquissé, mais moqueur.

Comme Berthier tardait à répondre, Rimberg avait ajouté :

« Vous n'avez pas eu de problèmes avec le personnel de la *Mamounia* ? »

Il avait bien fallu que Berthier rie en secouant la tête, puis, tout en s'efforçant de garder la même expression détendue, joyeuse, il avait expliqué qu'il était en somme un messager, parlant pour lui-même, bien sûr, en accord avec sa conscience, mais en même temps persuadé de refléter l'opinion de gens qui comptaient.

« Vous connaissez Jean-Luc Marchal ? » demanda-t-il.

Rimberg resta impassible cependant que Berthier, après le chargé de mission auprès du ministre de l'Intérieur, citait Doriman, le président du Consortium de rénovation urbaine, Pierre Bory – « Il est votre client, n'est-ce-pas ? »

Puis, n'obtenant toujours aucune réaction, il avait parlé longuement de Pierre-Yves Lavignat, un collaborateur de *L'Universel* qui préparait avec Brigitte Georges toute une série d'émissions de télévision, mais, surtout, personne ne pouvait ignorer qu'il voyait régulièrement le président.

« L'un de ses compagnons de promenade dans Paris et l'un de ses partenaires au golf... Quand Lavignat parle, croyez-moi, il reflète la pensée du président.

– Il y a tant de gens qui font parler l'oracle », répondit Rimberg qui avait allongé ses jambes, croisé ses doigts, attendu, manifestant une indifférence tranquille, ne donnant aucune prise à son interlocuteur, et cela en faisait, dans les confrontations, lors des reconstitutions ou des audiences, un adversaire redoutable qui pouvait tout à coup sortir de son silence et de son apparente patience avec des mots d'une violence brutale, qui frappaient juste.

« Donc, reprit Berthier, pour des raisons très différentes, mais – il s'interrompit, appuya son propos d'un geste de la main – pas de petites raisons, si j'osais, je dirais : parce que nous avons le sens de l'intérêt du pays...

– N'osez pas, je vous en prie », coupa Rimberg, décontenançant Berthier qui finit par lâcher : « Tout le monde vous demande de ne pas sortir le dossier Rollin, voilà. »

Rimberg n'avait pas bougé.

Il aurait pu se lever, prendre Berthier par le bras, le conduire devant les deux photos qui se trouvaient de part et d'autre de la porte, lui dire : « Mon père, ma mère, moi », puis lui montrer les corps entassés, pauvres formes désarticulées, blanchâtres, branches tordues et coupées.

Il aurait pu parler de la cité de la Muette à Drancy, ou bien demander à Berthier de publier dans son magazine une longue interview de Robert Blumfeld intitulée : « Une victime de Rollin », puisque *L'Universel* était si soucieux des droits de l'homme.

Mais il était resté impassible, comme s'il n'avait rien entendu.

« Rollin, si vous l'attaquez, se défendra, continua Berthier. À l'âge qu'il a, qu'est-ce qu'il peut craindre ? Le scandale, c'est de la vie pour lui. »

Berthier se pencha en avant comme s'il venait de découvrir enfin l'argument décisif, et il tendit le bras vers Rimberg.

« Vous voulez le démasquer, vous venger, le faire condamner, c'est normal, soit, mais vous rendez-vous compte, Rimberg, que vous le servez ? Il n'est plus rien, un retraité, vous allez en faire une star : télévision, interviews, il va démolir tout ce qu'il peut, répandre ses idées, savez-vous que... »

Et Berthier avait parlé de l'émission que Lavignat préparait, précisément sur les nouveaux courants de pensée, de ce professeur Jacques Hederlisch qui écrivait une biographie d'Hitler, de Rollin qui se justifiait.

D'ailleurs, à *L'Universel*, au moment de la diffusion de l'émission, ils allaient publier un dossier sur le nazisme, impitoyable.

« Mais vous ne direz rien de Rollin, bien sûr », murmura Rimberg.

Berthier avait encore argumenté. Il se prenait au jeu, imaginait convaincre Rimberg. Il fallait empêcher Rollin de nuire, répéta-t-il, et la seule façon efficace était de l'oublier.

« Laissez-le mourir, Rimberg, ne lui permettez pas de détruire encore. »

« En bref, avait commencé Rimberg – il ramena ses jambes sous lui, comme un sauteur qui s'apprête à bondir, courbant le dos –, en bref – il lisait sur le visage de Berthier l'attente de plus en plus anxieuse –, mon cher Berthier, le marché est clair. Rollin menace de vous démolir, vous en particulier, mais d'autres aussi, bien sûr. En un demi-siècle, il a dû accumuler des dossiers, et il a envie de les sortir. Mais en même temps, il n'est pas tout à fait décidé, il fait partie de votre monde, vous êtes toujours actionnaire du Consortium de rénovation urbaine, n'est-ce pas ? Alors la condition posée, c'est silence sur le passé, les années quarante, Drancy, etc. Et pourtant, ce bon Rollin a envie de parler, car naturellement il ne regrette rien, au contraire, l'Histoire lui donne raison, vous ne trouvez pas, mon cher Berthier ?

– Est-ce que tout cela est raisonnable ? » se contenta de répondre Berthier.

Fallait-il à nouveau un scandale ?

« Tout le monde sera atteint, Rimberg, vous le savez bien », conclut-il d'un ton las.

Qu'est-ce que le pays avait à gagner à ressortir ces vieilles histoires ?

« Donc, laissons les cadavres dans le placard ? » avait dit Rimberg.

Puis, détachant chaque mot, il avait ajouté qu'il était trop tard.

La presse avait flairé la trace de Rollin. *Le Monde* avait déjà publié l'article de Xavier Limel, Parrain une enquête dans sa *Lettre confidentielle* ; et il y avait en plus l'émission de Lavignat et Brigitte Georges. On ne pouvait plus rien arrêter.

Berthier secoua les épaules.

« La presse, les journalistes, voyons, Rimberg, soyons sérieux, ils se couchent quand on veut. Vous le savez bien. Ce n'est pas un problème. Et Lavignat prétend que son émission jouera le rôle de contre-feu. Elle a été conçue pour cela, vous l'imaginez bien ! C'est vous, maître, vous seul : si vous intentez une action judiciaire contre Rollin, alors tout change… »

Rimberg le laissait parler tout en l'observant, voyant peu à peu se fissurer sa belle assurance, comme si sa peau se fendillait, ses rides pareilles à autant de petites failles imitant des écailles, comme si Berthier perdait lentement sa qualité d'homme pour n'être plus que quelque chose d'inférieur dans le règne animal.

C'était une pensée dangereuse, inacceptable, Rimberg le savait bien, mais il jouait avec elle, plein d'une morgue silencieuse, d'un mépris de plus en plus affiché.

Et plus le temps passait, plus il se persuadait qu'il irait jusqu'au bout, parce qu'il les sentait tous trembler, Berthier, Michel Doriman qui lui avait déjà téléphoné, Lavignat qui avait sollicité un rendez-vous, si possible un déjeuner, avait-il précisé à Béatrice Lesgarre, et même cet important confrère, maître Lemarque, le conseil de Rollin, qui avait lui aussi suggéré une rencontre, « un dîner, ce serait parfait », avait-il dit.

« Qu'en pensez-vous, maître ? répéta Berthier. Personne, au fond, ne doute de votre attitude. »

Quelles étaient leurs armes pour l'arrêter ?

Depuis plus de dix années, Rimberg ne touchait plus aux affaires politiques.

On n'irait pas chercher les dossiers de la guerre d'Algérie. Qui cela intéressait-il désormais ? On pourrait tout au plus faire publier quelques échos. Il n'y avait pas là de quoi le faire taire. Peut-être sortiraient-ils des dossiers financiers, des paiements d'honoraires à l'étranger, des déclarations au fisc incomplètes. Ça lui coûterait cher. Mais cette jouissance qu'il éprouvait déjà avait-elle un prix ?

Rimberg avait le sentiment de connaître pour la première fois de sa vie le luxe suprême, celui de la liberté et du désintéressement.

Il attaquait Rollin pour des raisons privées, parce qu'il pensait que c'était nécessaire, pour lui, et même, pourquoi ne pas oser le penser, pour l'idée qu'il se faisait de la vie.

Il ne recherchait aucun profit. Au contraire, qu'on l'étrangle si on le pouvait ! Il en prenait le risque.

Il était, malgré les apparences, exalté à l'idée qu'il rompait ainsi avec le monde des Berthier et des Doriman, qu'il redevenait ce hors-la-loi qu'il avait été durant les années de guerre, quand il portait autour du cou une chaîne dorée avec une croix, qu'il savait réciter par cœur le *Notre Père* pour faire croire qu'il était catholique, bon catholique.

Il fallait bien que tout ce qu'il avait acquis depuis lors, cette aisance matérielle, cette considération, servissent à quelque chose.

Et pourquoi pas à ce plaisir-là ? À cette vengeance-là ?

« Ce que je pense ? ... » dit-il.

Il s'était interrompu longuement, puis, rouvrant le dossier posé devant lui, tout en continuant à regarder Richard Berthier, il avait commencé à parler d'une voix tranquille, comme s'il prononçait des phrases anodines, des noms sans importance pour Richard Berthier.

Et il tournait les feuillets, ces pages qui n'avaient aucun rapport avec ce qu'il disait, racontant comment il avait appris que la fille d'un député, Isabelle – et ce parlementaire parisien, Julien Rivière, n'était pas n'importe qui –, avait été violée, disait-elle, droguée rue Daru, dans l'appartement de Berthier, au-dessus de la rédaction de *L'Universel*, ce journal si attaché aux droits de l'homme, n'est-ce pas ?

« Et on dit que votre ami Laurent Dimet, un écrivain remarquable, lit-on partout, est l'auteur de ce forfait – sur une mineure, faut-il le préciser ? Et vous étiez là, Berthier, vous imaginez ? D'ailleurs, je voulais vous en parler, et vous m'avez appelé. Coïncidence heureuse. »

Rimberg laissa Berthier s'affaisser, protester, puis il se leva sans lui tendre la main :

« Pensons à tout ça, cher ami, voulez-vous ? »

45

Souvent, le soir, après avoir couché Gabriel – elle prenait le temps de lui lire plusieurs pages de *L'Ile au trésor* ou de lui chanter des comptines rhénanes qu'il répétait en dodelinant de la tête sans en comprendre le sens, puis, tout à coup, après un long soupir, il s'endormait, tétant son pouce –, Hélène Milner pensait à Isabelle Rivière.

Elle se le reprochait comme si elle commettait une injustice vis-à-vis de ses autres élèves ; certains, enfants des concierges du Vᵉ ou du VIᵉ arrondissement – quelques-uns même venaient du fond du XIVᵉ – étaient, comme disait lors des conseils de classe le proviseur, « méritants, il faut les soutenir, mais sans illusion, peut-être en sauverons-nous un ou deux, quant aux autres... ».

Il avait un geste de la main gauche pour marquer qu'ils seraient balayés, et, une fois, il avait eu cette formule qu'il n'avait jamais répétée, comme s'il avait senti l'indignation qu'elle soulevait chez certains enseignants :

« Nous ne sommes pas un lycée pour handicapés sociaux », puis, à voix basse, il avait ajouté : « Que voulez-vous que j'y fasse ? La société est ce qu'elle est, et ce n'est pas nous qui transformerons Paris, n'est-ce pas ? »

Hélène savait cela. Elle essayait d'aider Nora, une fille de Maghrébins, belle, les cheveux noirs tombant en boucles autour de son visage à l'ovale parfait, les yeux si pleins de nostalgie ou de désespoir qu'Hélène osait à peine la regarder.

D'autres encore, Jonathan, Bruno, Sandra, elle les avait suivis de la troisième à la terminale, et elle mesurait leurs efforts, presque de l'héroïsme – elle avait employé ce mot en conseil de classe, et le proviseur avait souri avec une indulgence amusée : « Ne soyez pas trop romantique, madame Milner, je vous en prie. »

Le mot convenait pourtant à ces élèves qui travaillaient, le cahier posé sur leurs genoux, assis dans le fond d'une pièce, cependant que la télévision braillait. Elle les notait en tenant un peu compte de cela, et parfois elle les gardait après le cours pour tenter de leur donner confiance afin qu'ils – elle employait ce mot – « s'accrochent », et quand l'un d'eux sombrait, orienté vers un autre lycée, elle ressentait sa disparition comme un échec personnel, comme la défaite aussi de tout un système auquel elle avait cru, qui l'avait conduite, elle, fille de paysans qui ne possédaient que trois ou quatre livres, là où elle était, debout sur cette estrade, parlant de Goethe au cœur du Quartier latin, à Paris – noms, lieux qui avaient été pour elle, durant des années, de véritables mythes. Et, brusquement, elle avait le sentiment qu'elle avait été dupe, qu'elle n'était qu'un alibi dans une sélection impitoyable, qu'il eût peut-être mieux valu qu'elle choisît d'être institutrice de village, plutôt que d'enseigner ici, dans cette ville si inégalitaire que, parfois, elle en avait la nausée.

Mais, heureusement, elle vivait une succession de temps clos, cinquante-cinq minutes de cours durant lesquelles il lui fallait oublier cela, pour convaincre, transmettre ce qu'elle avait appris, ce qu'elle sentait d'un texte, ce qu'elle savait d'une langue, et peut-être était-ce cela, aimer son métier, elle était presque à chaque fois prise, emportée, parce qu'elle réussissait à entraîner sa classe – dans l'une, ils étaient quarante et un élèves, « quarante et un, monsieur le proviseur ! – Que voulez-vous que j'y fasse ? » répondait-il –, à unir autour d'elle ces adolescents si différents, et elle avait alors à nouveau la conviction qu'elle avait une mission qui dépassait l'apprentissage d'une langue ou d'une littérature. En fait, pensait-elle, elle faisait vivre l'égalité.

Elle était une pièce essentielle de la machine républicaine. Elle éprouvait alors de la fierté, même si c'était pour de brefs moments, le temps de traverser la cour, de passer sous le porche, de franchir la chaussée, d'entrer dans le jardin du Luxembourg, de retrouver le bureau de Hederlisch, au troisième étage, escalier C, au fond d'une galerie de la Sorbonne.

« Où en sommes-nous ? » questionnait-il.

Elle exposait le résultat de ses dernières lectures, le plan de sa thèse que, peu à peu, elle dessinait.

L'écoutait-il ?

Il soliloquait comme à son habitude, comparait la république de Weimar, décadente, pourrie, à cette France, à ce Paris des années quatre-vingt-dix, vermoulus, corrompus.

« Vous ne sentez pas cela ? Il n'y a plus de valeurs, de certitudes. Croyez-vous que dix millions d'habitants puissent vivre ensemble sans le respect d'un certains nombre de principes, de règles ? Allons donc ! Nous autres historiens, nous avons un devoir d'enseignement. »

Puis il parlait de ses travaux personnels.

« Hitler, c'est l'un des pivots du XXe siècle ; tant que nous ne l'aurons pas dégagé de sa gangue, notre temps sera sans repère, c'est ma conviction. »

La folie de Hederlisch – Hélène préférait penser qu'il avait perdu la raison plutôt qu'imaginer qu'il mesurait réellement les conséquences de ce qu'il disait – l'ébranlait.

Elle ressentait alors à nouveau la fragilité des choses. C'était comme si elle découvrait, derrière l'ordre apparent, la violence – cette dispute entre deux automobilistes, au coin de la rue Soufflot et du boulevard Saint-Michel, l'un d'eux se mettant à marteler la voiture de l'autre à coups de poing ; ces clochards couchés sur les grilles du métro…

Et si elle devait encore faire un cours, ce même jour, il lui fallait puiser au plus profond d'elle-même – elle éprouvait cela physiquement – l'énergie pour simplement parler, sans qu'elle pût chercher davantage à convaincre, à expliquer.

Parler pour que l'heure passe, mais alors la classe était désunie, émiettée en autant de destins, et Hélène sortait du lycée mécontente, désespérée.

Ces soirs-là, Hélène passait encore plus de temps avec Gabriel, et c'était comme s'il devinait son inquiétude, son malaise. Il se blottissait contre elle, et parfois il disait d'une voix assurée qui la mettait au bord des larmes : « Je te protège, maman. »

Lorsqu'il était endormi, elle était un instant tentée de se confier à François, mais il paraissait somnoler devant la télévision, et elle le sentait si préoccupé, en fait, si chargé lui aussi de questions qu'il n'évoquait pas avec elle, qu'elle allait s'enfermer dans la petite salle de bains.

Un ventilateur se mettait en route dès qu'elle avait allumé la lumière, et ce ronflement régulier, familier, la détendait.

Dans cette boîte blanche, avec un filet d'air frais qui tombait d'un étroit soupirail donnant sur la cour intérieure de l'immeuble – un puits sombre –, elle était à l'abri.

Elle s'asseyait sur le rebord de la baignoire-sabot, et, les coudes sur les genoux, le menton sur les poings, elle fumait.

Et c'est alors qu'elle pensait à Isabelle Rivière.

C'était comme si le lycée, les deux cents élèves dont elle avait la charge prenaient le visage de cette adolescente qui avait tant changé en quelques semaines.

Elle avait les yeux rouges des filles qui pleurent, et, en même temps, le visage impassible, si indifférent que le contraste en était pathétique. Et, de l'estrade, Hélène Milner revenait toujours à ce visage, espérant qu'il serait tourné vers elle, qu'il s'animerait.

Mais Isabelle Rivière regardait, droit devant elle, la cloison peinte en vert clair.

Une ou deux fois, Hélène l'avait interpellée, n'obtenant aucune réponse, aucun mouvement, et elle avait dû répéter plus fort, tous les autres élèves fixant Isabelle, et pour éviter que celle-ci ne devînt ainsi à nouveau le point de convergence des regards, Hélène ne l'interrogeait plus.

D'ailleurs, les notes d'Isabelle étaient à nouveau bonnes, elle rendait ses devoirs ponctuellement, mais peut-être eût-il mieux valu qu'elle se révolte, qu'elle refuse, plutôt que d'agir ainsi comme une automate qui reproduit les gestes de la vie, sans élan.

Plusieurs fois, elle avait été absente, et, dans la classe, ce vide au quatrième rang, à gauche de l'estrade, angoissait Hélène.

Elle s'était rendue au bureau du proviseur.

À chaque fois, Isabelle avait fourni une explication justifiée – un mot de sa mère, un certificat médical –, et elle reparaissait, présente et absente à la fois, si bien qu'Hélène ne pouvait se débarrasser du souvenir de son visage, imaginant, à chaque fois qu'elle retrouvait cette classe, qu'on allait lui annoncer, à la fin du cours, qu'Isabelle Rivière ne reviendrait plus, qu'elle s'était tuée.

Et sans qu'il y eût entre elle et Isabelle autre chose que ces liens furtifs d'un professeur et d'une élève parmi d'autres, Hélène savait qu'elle ne supporterait pas cette disparition, si elle devait se produire, qu'elle scellerait l'échec de sa propre vie.

Peut-être, pensait-elle, cette relation n'était-elle que le substitut de passions qu'elle n'éprouvait plus, peut-être avait-elle besoin de vivre encore un sentiment excessif, extraordinaire, peut-être y avait-il mille autres raisons à ce qu'elle éprouvait pour Isabelle, mais c'était ainsi.

Le mercredi après-midi, après les cours du matin, Hélène avait l'habitude de passer une heure ou deux au parc de jeux du Luxembourg avec Gabriel.

La jeune fille qui gardait son fils l'accompagnait à la sortie du lycée, à 13 heures, et Hélène pouvait ainsi le voir courir vers elle, sur le trottoir, bras tendus.

Elle aimait, dans le jardin, céder à ses désirs : trois tours de manège, les balançoires, une promenade sur un poney, puis le parc de jeux.

Là, brusquement – et son cœur s'était mis à lui faire mal comme s'il s'était agi de la rencontre inattendue, inespérée, d'un être qu'elle aimait –, elle avait vu Isabelle penchée sur un enfant aux cheveux noirs bouclés qui devait avoir l'âge de Gabriel.

Elle l'avait observée longtemps.

Isabelle avait des gestes maternels, elle souriait, elle chuchotait à l'oreille de l'enfant, elle le portait jusqu'à ces petits chevaux à ressorts qui oscillent sous le poids des enfants.

Hélène était allée vers elle, un peu hésitante, se reprochant cette démarche, mais incapable de ne pas l'accomplir, demandant à Isabelle : « C'est votre frère ? Il a quel âge ? »

Gabriel s'était approché et les deux enfants, après s'être

jaugés, commençaient à jouer ensemble, cependant qu'Isabelle expliquait que David Limel était le fils d'un voisin, un ami de sa mère, qu'elle le gardait parfois quand la personne qui s'occupait de lui habituellement était indisponible.

C'était une suite de phrases anodines, les banalités de la vie quotidienne, qu'elle prononçait d'un ton neutre, mais sans cesser de regarder Hélène Milner, et il semblait à celle-ci que dans les yeux d'Isabelle, malgré la voix posée, le ton calme, il y avait un appel angoissé.

Elle s'assit près d'elle, puis lui dit : « Au lycée, vous manquez souvent, en ce moment. »

Isabelle baissa la tête, se tut longuement avant de lâcher qu'elle avait besoin de liberté, besoin de savoir où elle en était, ce qu'elle voulait.

Petites formules toutes faites, pauvres justifications qu'une adolescente se donnait, et Hélène s'en voulut de répondre par d'autres mots attendus.

Elle avait envie de l'aider, dit-elle, si elle pouvait, qu'Isabelle lui parle, etc.

Hélène prononça ces phrases du ton qu'il fallait, celle d'une adulte, d'un professeur, et c'était comme si elle jouait une partie dont les règles étaient connues, la fin déjà décidée, match nul, chacune restant avec ses pièces dans son propre camp, Isabelle l'élève, l'adolescente polie, elle, Hélène, le professeur bienveillant, attentif, un peu condescendant ; l'une la faiblesse, l'autre la force.

David et Gabriel couraient l'un derrière l'autre dans le bac à sable, s'arrêtant parfois pour se bousculer, repartant en criant, David appelant Isabelle : « Aide-moi ! » et Gabriel, comme il le faisait souvent, lançant : « Hélène, Hélène, regarde ! »

Isabelle avait jeté un coup d'œil à Hélène qui murmura : « Il ne m'appelle plus que rarement maman », puis elle ajouta : « C'est peut-être mieux, je ne sais pas », et c'était comme l'aveu de son incertitude, l'abandon de son rôle. « Peut-être », avait répondu Isabelle.

Elles s'étaient l'une et l'autre regardées, et le visage d'Isabelle avait commencé à se décomposer, une moue d'enfant crispant sa bouche, le menton se mettant à trembler, des larmes coulant silencieusement.

Hélène, désemparée, prit Isabelle contre elle, heureuse de la serrer, de pouvoir lui entourer l'épaule de son bras en murmurant : « Qu'est-ce qu'il y a, dites-moi ? »

Elle ne voulait pas dire ces mots attendus : « Je suis une amie, je ne suis plus le professeur de lycée, je suis Hélène », mais c'est ce qu'elle essayait de faire comprendre en appuyant sa main sur l'épaule d'Isabelle, qui se redressa :

« Où sont-ils ? » demanda-t-elle en cherchant des yeux David et Gabriel.

Hélène la rassura. Ils jouaient, ils étaient bien ensemble.

« Quand je réussis à parler, commença Isabelle sans perdre de vue les enfants, c'est comme si je me lavais, la saleté s'en va, mais il faudrait que je parle tout le temps, pour moi, sinon cette saleté, cette crasse reviendra, ça me remplit, j'ai envie de vomir. »

« Parlez-moi », avait dit Hélène.

Isabelle avait haussé les épaules.

« Je vous ai vue un jour par ici, dans ce jardin, avec Laurent Dimet, avait repris Hélène, j'ai eu peur pour vous. »

Isabelle renifla, ricana, eut une moue de dégoût :

« Dimet, disait-elle, c'est rien. C'est tout ce qu'il y a autour… »

Puis elle s'était dégagée, séparée d'Hélène, et d'un ton violent, elle avait dit :

« Bientôt on l'étudiera au lycée, non ? Dimet est un grand écrivain, n'est-ce pas ? On le dit à la télé, alors ?

– C'est fini, avec lui ? » avait simplement demandé Hélène.

Isabelle secoua la tête.

« Je suis cassée », avait-elle murmuré.

Puis elle s'était mise à raconter d'une voix monocorde, et Hélène pensait qu'il fallait qu'elle répète tout cela à François, que c'était son devoir, qu'elle n'avait pas promis le secret, qu'Isabelle ne le lui avait pas demandé, que Laurent Dimet devait être empêché de nuire.

Tout à coup, Isabelle avait bondi, soulevant David qui s'apprêtait à lancer une poignée de sable, et Hélène avait couru à son tour, prenant Gabriel dans ses bras, et elles étaient toutes deux debout, l'une en face de l'autre, avec ces deux enfants qui gesticulaient, leurs poings serrés, et elles s'étaient souri comme s'il n'y avait plus eu entre elles que cette complicité.

46

Il eût suffi à Laurent Dimet d'étendre le bras pour toucher les danseuses, à l'instant le plus intense du spectacle, quand elles bondissaient en avant, jambes écartées, puis, dans une virevolte – le rythme de la musique s'accélérait –, elles présentaient leur dos à la salle, se déhanchant, le buste à l'horizontale, et l'on voyait entre leurs jambes la touffe de paillettes et de pierres brillantes qui, accrochées à une cordelette dorée, cachait leur pubis.

Après être restées ainsi quelques secondes – et Brigitte Georges, assise près de Dimet, riait trop fort, avec un rire de gorge, la tête légèrement rejetée en arrière, les seins gonflés, le genou frôlant celui de Laurent, et Pierre-Yves Lavignat se penchait pour murmurer une phrase à Berthier qui s'esclaffait –, elles pivotaient, la jambe droite levée très haut, et, cambrées, elles avançaient leurs poitrines, soutenant leurs seins de leurs mains baguées, les hanches toujours en mouvement, la bouche ouverte, ondulant de tout leur corps, et elles semblaient ainsi être couchées sur les spectateurs des premières tables, et alors qu'on avait le sentiment qu'ils allaient se lever pour les saisir, tant la tension était forte, l'indécence provocante, la sexualité de ces tableaux violente, elles bondissaient en arrière, et un rideau de fils d'argent très fins, noués en larges mailles, une sorte de filet tombait entre les tables et le plateau, augmentant d'autant la frustration.

À cet instant, Laurent Dimet se mit à applaudir, imité seulement par quelques spectateurs, et Brigitte Georges rit encore plus fort en secouant la tête.

« Laurent, Laurent, lui dit-elle, vous êtes à contretemps, servez-moi à boire, tout cela m'assèche la gorge, je dois le dire, c'est sauvage ! »

Laurent Dimet lui versa une coupe de champagne, cependant qu'elle parlait, qu'elle redevenait maîtresse d'elle-même en discourant, tour à tour penchée vers Laurent Dimet, vers Lavignat, Caselli ou Berthier.

« Paris, répondit Berthier, reste la reine de ce genre de spectacle, il faut que vous en rendiez compte, Lavignat, dans le prochain numéro. »

Puis, tourné vers Laurent, il l'interrogea d'une voix voilée par une sorte d'anxiété.

« Vous n'aimez pas, Laurent ? » murmura-t-il après avoir hésité, commencé par le tutoyer.

Brigitte Georges posa sa main sur le genou de Laurent : « Laurent va nous dire qu'il n'est pas un voyeur, mais un homme d'action. Aviez-vous envie de bondir sur scène ? Ou bien la beauté du finale vous en a-t-elle retenu ? »

Car, après s'être laissé un temps entraîner par l'érotisme nu des mouvements, des postures, la vulgarité même des moments les plus forts, tous essayaient à présent de masquer les raisons de leur fascination.

Caselli, le plus sage, celui qui devait composer le sommaire de *L'Universel*, donna le ton.

Il fallait mettre l'accent, dit-il, sur les rythmes, les jeux de couleurs, la beauté plastique du spectacle. « Le plus beau de Paris, affirma Berthier. Ce sera un succès. »

Caselli ajouta qu'il ferait un cahier central en couleur, et peut-être une longue interview de l'une des danseuses. « Ce sont presque toutes des étrangères, précisa-t-il, russes, polonaises, elles arrivent des pays de l'Est depuis quelques mois, avant c'était l'Amérique du Sud. »

Berthier se tourna à nouveau vers Dimet : « Vous ne dites rien, Laurent ? »

Dimet enrageait depuis qu'il était monté dans la voiture de Berthier qui l'attendait au bas de chez lui, rue Saint-Jacques.

Tango s'était garé sur le trottoir et avait promptement ouvert la portière en s'inclinant, murmurant de sa voix doucereuse : « Bonsoir, monsieur Laurent », et Dimet n'avait pas répondu.

Il n'avait pas envie de voir Berthier. Le séjour qu'ils avaient passé ensemble à Marrakech avait été trop long,

Berthier encombrant comme une vieille femme, s'invitant pour le petit déjeuner pour s'assurer, en fait, que Laurent avait dormi seul, débordant de tendresse et de souvenirs, de nostalgie.

« Tu te souviens, Laurent, du premier article que je t'ai proposé d'écrire, j'ai gardé ton manuscrit, tu étais maladroit, mais je ne me suis pas trompé, quelle énergie, quel talent ! » Il avait fallu subir ça.

Heureusement, Berthier respectait, comme il disait, l'« écriture », et Dimet s'isolait dans sa chambre tout l'après-midi, fenêtres fermées, rideaux tirés, composant à partir de ses carnets son prochain livre, y dessinant cette figure de jeune adolescente qu'il appelait durant tout le récit « *celle du Luxembourg* », attachante par sa timidité, sa pudeur – peut-être, se demandait-il, une forme spontanée de la séduction, et, qui sait, de la perversité.

Mais il n'avait pas voulu raconter cette dernière nuit, comment elle s'était enfuie, refusant d'aller au-delà de la banalité.

Dimet se contenta d'écrire qu'elle n'était finalement qu'une petite-bourgeoise en bouton, qui relirait plus tard, avec tant de regrets et d'émotion, les livres de cet écrivain, Laurent Dimet, qui avait été son initiateur.

Personne autour d'elle ne comprendrait ce goût qu'elle avait manifesté pour cet auteur scandaleux, et elle parlerait de la beauté de sa langue, de la limpidité de son style.

Et Dimet avait conclu : « *En elle, comme chez toutes les petites-bourgeoises, la pudeur le disputait à l'hypocrisie. On sait depuis toujours que seule la femme du peuple et l'aristocrate sont libres.* »

Il pouvait ainsi évoquer d'autres rencontres, les relier entre elles autour du thème *de la liberté des mœurs chez les jeunes filles du Paris d'aujourd'hui*. Ce pouvait même être là le titre du livre, long, mais la mode des titres longs revenait.

Il avait donc écrit à Marrakech, malgré Berthier qui espérait sans doute renouer les liens d'autrefois. Quel con !

Quand on laisse son corps devenir cet entassement de replis de chairs molles, que peut-on espérer d'autre que des compagnons mercenaires ? L'expression avait plu à Dimet, et il l'avait notée, peut-être pour un prochain livre: *Les Compagnons mercenaires*. Lui-même ne dédaignait pas, au contraire, ces amours particulières de maître à serviteur, et parfois cela pouvait s'inverser, le payeur, le maître devenant l'esclave, c'était d'ailleurs là le choix de Berthier.

Dimet l'avait donc repoussé, malgré ses mimiques, ses allusions, presque ses pleurnicheries, se contentant de déjeuner ou de dîner avec lui, et c'était déjà un sacrifice qu'il consentait, éprouvant il est vrai un plaisir certain à cette cour humble et soumise que Berthier déployait pour lui, écoutant chaque jour avec une attention jamais en défaut les pages que Dimet lui lisait, au bord de la piscine, et Berthier s'exclamait avec une sorte de ravissement: « Quelle cruauté, Laurent, quel art du portrait à la pointe sèche, je retiens les bonnes feuilles pour *L'Universel*, si tu n'as pas mieux ! »

Pas inutile, en fin de compte, ce séjour, même s'il avait paru interminable.

Seulement, rentré à Paris, Dimet avait souhaité ne plus voir Berthier durant quelques semaines, décidé à ne plus assister aux conférences de rédaction, à traiter directement avec Caselli le sujet de ses prochains articles.

Mais Berthier avait téléphoné, laissé des messages, et ce soir, il avait arraché ce rendez-vous avec une insistance étrange: « Je dois te voir » – et il avait employé le tutoiement d'autrefois, comme pour marquer l'importance qu'il attachait à cette rencontre. « Il s'agit, avait-il poursuivi, de questions graves, je t'assure, il faut que je te parle. »

Dimet n'avait pu dîner avec lui, retenu déjà – une jeune femme, Edith Legay, directrice de sa banque, dont le mari rentrait de province vers minuit, un adultère de comédie, une femme en tailleur noir, austère, mais qui avait accepté sans hésiter l'invitation à dîner, si tôt, à 19 h 30, quelle idée ridicule, une folie. Ils étaient presque seuls dans la salle du restaurant russe de la rue Vavin – le choix qu'elle avait fait – et il lui avait serré les jambes entre ses genoux sous la table, et elle continuait de parler de la nécessité de ne pas laisser l'argent inactif: Sicav monétaires, certificats de dépôt, comptes à terme, Dimet avait à sa disposition toute une panoplie de produits financiers sûrs et – elle prononçait ce mot en avançant les lèvres comme pour une confidence graveleuse – « juteux » ; elle riait, mutine : « Je vous assure, juteux. »

Elle avait refusé de l'accompagner rue Saint-Jacques, elle avait dit avec la précision de quelqu'un qui gère minutieusement son agenda : « Si vous voulez, mercredi prochain, à 13 h 15, je vous retrouve chez vous ? D'accord ? »

Cette désinvolture avait décontenancé Laurent, et il s'était assis plus tard dans la voiture de Berthier avec une colère rentrée, se reprochant d'avoir accepté, cédé à Berthier qui tenait, comme si sa vie avait été en jeu, à le rencontrer.

Il l'accompagna donc au Gold Eyes Saloon, un cabaret qui venait d'ouvrir rue de Berri et dont le propriétaire, Dominique Beretti, espérait connaître le succès du Crazy Horse.

Dans la voiture, pesant contre l'épaule de Dimet qui s'écartait en vain, Berthier avait parlé à voix basse, alternant le tutoiement et le vouvoiement.

Il avait vu maître Rimberg, expliqua-t-il, « horrible, tu ne peux pas imaginer cet homme, vindicatif, aigri, je le rencontrais pour autre chose, cette affaire Rollin, tu as lu les articles de Limel, de Parrain ; Lavignat et Brigitte Georges vous en parleront, ils sont là ce soir avec Caselli. »

Dimet écoutait distraitement.

Il méprisait ce monde des affaires et de la politique où Berthier se vautrait.

C'était à ses yeux le grand jeu des impuissants, de ceux qui n'étaient capables ni de jouir ni de créer, ce qui revenait au même.

Une jeune femme vierge, avait-il coutume de dire, c'est un livre qu'on commence, dont on ne sait où il conduira. Mais l'on savait toujours où menaient l'affrontement politique et la spéculation : à la médiocrité, à l'ennui, à ces êtres adipeux – comme l'était devenu Berthier –, malheureux, frustrés, tristes et laids.

Inacceptable pour Dimet.

Il y avait plus de plaisir à poser ses mains sur les seins d'une lycéenne, à rejoindre ainsi le grand élan de la vie, à se trouver de plain-pied avec tous les mythes, qu'à régner, enfermé dans un bureau, sur une armée d'hommes gris. Mais, brusquement, quand Berthier avait parlé d'Isabelle

Rivière – « C'est la fille d'un député, tu imagines, elle prétend que vous l'avez violée, je me suis renseigné depuis, tu sais que je le peux, tout cela est préoccupant, crois-moi » –, Laurent Dimet avait écouté avec attention.

« *Celle du Luxembourg* » – avec de la méchanceté dans la voix et en même temps une sorte de déchirure, Berthier avait repris l'expression utilisée par Dimet pour parler d'Isabelle – était donc la fille de Julien Rivière et d'Anne-Marie Bermont, « tu connais peut-être, elle est éditeur chez Christian Elsen ».

Dimet s'était efforcé de rire, interrompant Berthier.

D'abord, il n'avait violé personne, et Berthier le savait bien ; le plaisir, c'était d'arracher le consentement, et *celle du Luxembourg* avait été, comme toutes les autres, plus que consentante. « Croyez-moi, Richard. » Et puis, si elle était la fille d'Anne-Marie Bermont...

Dimet s'exclama : « Est-ce qu'on fait des histoires pour ça dans notre milieu ? On publie mes textes, je ne suis pas à l'index. Je n'ai pas le sida, que je sache ! Où est le drame ? Cette brave maman veut peut-être que je lui donne un livre pour sa collection, ou que je m'occupe d'elle ? Dites-lui que je suis d'accord. »

Dimet ne comprenait pas, reprit Berthier. Il y avait eu cette soirée, rue Daru, et bien sûr Rimberg cherchait à les atteindre, lui, Dimet, d'autres encore, Rollin, peut-être le ministre, on le mêlerait à ça.

« Et le pire, voilà le pire : Gilles Duprez, vous le connaissez bien, n'est-ce pas, Laurent, vit avec Anne-Marie Bermont, il veut exploiter l'affaire. »

Berthier se pencha, désigna Tango d'un mouvement du menton, chuchota que le Noir avait été interrogé par la police pour une autre affaire, mais à laquelle Gilles Duprez était encore mêlé.

« Celui-là ne nous lâchera pas, ne vous épargnera pas, Laurent. »

Le souvenir de cette émission d' « Apostrophes » au cours de laquelle Duprez l'avait insulté, plus violent peut-être que l'autre invité, Jacques Hederlisch, revenait à Dimet, et il en voulut à Berthier de l'exposer ainsi, car c'était Berthier qu'on visait ; le propriétaire de *L'Universel*, l'homme qui cherchait à peser sur l'opinion, avait des amitiés gouvernementales, des intérêts à protéger, des liens d'affaires avec ceux-ci et ceux-là, alors que lui, Dimet, n'était qu'un écrivain, soucieux d'abord d'exprimer ce qu'il vivait.

Et qui se serait soucié de lui sans Richard Berthier et ses intrigues compliquées, sa soif de notoriété et de pouvoir ?

« Voyez ce que vous pouvez faire, avait dit Berthier comme ils arrivaient devant le cabaret, rue de Berri. Après tout, tout dépend de cette jeune fille – il soupira, accablé –, de *celle du Luxembourg*. Vous ne pouvez pas la revoir ? La convaincre ? Qui vous résiste, Laurent, qui ? »

Ils étaient entrés dans le cabaret, accueillis par Dominique Beretti qui les conduisit dans la salle, Berthier déjà repris par son rôle, serrant les mains qui se tendaient dans l'obscurité aux reflets rougeâtres.

Aux tables du premier rang, toutes proches de la scène, éclairées par elle, Dimet reconnut le ministre, Catherine Mora assise près d'un acteur sur lequel il ne réussit pas à mettre un nom, d'autres encore, avant de s'asseoir près de Brigitte Georges dont le chemisier de tissu lamé or serrait les seins.

Son visage, sa bouche, trait couleur sang dans un visage blanc, ses cheveux bouclés, courts, avouaient les passions et les envies de cette femme qui voulait mordre, prendre encore, jouir, parce qu'elle sentait que le temps allait lui manquer.

Et c'est elle qui répétait à présent la question de Berthier : « Vous n'avez pas aimé, Laurent, n'est-ce pas ? »

Tout en gardant sa main posée sur le genou de Dimet, elle ajouta d'un ton ironique, comme pour le provoquer, serrant en même temps les doigts sur sa jambe : « Trop explicite pour vous, n'est-ce pas ? Non seulement vous êtes transformé en voyeur, mais ce n'est pas cérébral, trop *life-show* et pas assez..., je me trompe ?

– Intéressant, votre remarque, murmura Berthier. On est allé si loin déjà qu'on ne sait plus ce qui peut surprendre, choquer. C'est la beauté qui demeurera, et ces scènes sont belles. »

Dimet avait la bouche pleine d'une salive amère. Soirée et nuit perdues.

Il en voulait à Berthier, à ce spectacle irritant, frustrant, à cette débauche de corps qu'on ne pouvait tous posséder. À

ne l'aimait pas, comme si sa nuque avait été martelée de petites pierres tranchantes tombant dru, pénétrant dans sa tête.

Richard Berthier avait voulu d'abord rentrer rue Daru, les invitant à prendre un verre chez lui, mais monsieur Laurent avait refusé.

« Pas ce soir, avait-il dit, non, Richard, vous venez avec nous chez Pierre-Yves, ou bien vous restez seul. Laissez-nous la voiture et Tango. Il nous raccompagne et vous rejoint. »

Tango était resté immobile, attendant les ordres, et tout à coup Berthier avait claqué la portière, et Brigitte, toujours en riant, avait dit : « Vexé, Richard, peut-être jaloux ? Place des Vosges, bien sûr », avait-elle ajouté, penchée sur Tango, et il sentait contre son oreille son haleine chaude.

Il avait conduit vite, dans ces avenues presque désertes qu'éclairaient de temps à autre les gyrophares bleus des voitures de police et les clignotants jaunes des bennes de la voirie.

Derrière lui, ils chuchotaient, et Brigitte Georges riait, mais par courtes saccades étouffées, et Tango était aussi attentif à ces bruits qu'à la succession des feux, aux voitures qu'il doublait, comme si une menace pouvait survenir de cette banquette arrière où il devinait qu'on parlait de lui. Peut-être était-ce la fatigue de la nuit, mais il sentait un grondement, comme ceux qu'on entendait quand, marchant le long du fleuve, on approchait des chutes sans les voir encore, dissimulées qu'elles étaient par la végétation – et cette rumeur montait en lui, de son ventre, jusqu'à sa tête, puis glissait le long de ses bras, jusqu'à ses mains qu'il serrait sur le volant comme pour les empêcher de trembler.

« Prends par là », avait dit monsieur Laurent.

Il lui avait posé la main sur l'épaule, il le guidait d'une voix autoritaire, et Tango, comme si les mots pesaient plus que la main, s'enfonçait dans son siège, tentant, par de petits mouvements, de faire comprendre à monsieur Laurent que cette main le gênait.

Enfin ils étaient parvenus sur la place, pareille à un lac entre des falaises, et Tango ralentit.

Brigitte Georges s'était penchée à son tour : « Là, là, dit-elle, essayez de vous garer. »

Elle parlait bas, elle lui chuchota : « Vous vous garez et vous montez, n'est-ce pas, Tango ? Richard vous attendra. »

« Tu montes », dit monsieur Laurent, et, après avoir claqué la portière, rejoignant Brigitte et Laurent, il s'avança devant la voiture et, le bras tendu, montra une place de stationnement libre à une cinquantaine de mètres.

Et Tango, tout à coup, avait lancé le moteur, faisant faire un bond à la voiture.

Laurent Dimet n'avait eu que le temps de sauter en arrière, poussant un cri de colère, et Tango le voyait qui brandissait le poing en direction de la voiture qu'il avait à présent ralentie, passant sans s'arrêter devant la place inoccupée, faisant le tour du square, roulant au pas parce qu'il avait envie de les défier, comme ça, d'instinct, et il leur sourit, en les voyant tous trois sous les arcades, qui le regardaient avec des yeux étonnés.

Dimet cria : « Mais arrête-toi, connard, tu es fou, espèce de singe ! »

Tango riait silencieusement, et il pensa à ce film où l'on voit un camion poursuivre sans raison une voiture, tenter de l'écraser, et l'on ne sait jamais qui est le chauffeur, pourquoi il s'obstine ainsi à vouloir provoquer l'accident, à vouloir tuer.

Tout en refaisant à nouveau le tour de la place, Tango se dit que cet homme-là devait être noir, et il aurait eu envie que ces trois-là – Laurent, Lavignat, Brigitte Georges – soient debout au milieu de la chaussée ; il aurait accéléré.

Mais ils avaient disparu, et Tango avait lentement quitté la place, la vitre baissée malgré le froid, donnant le maximum de volume à la radio.

Il avait d'abord roulé au hasard, tournant à droite ou à gauche, puis remontant vers le nord de Paris, par ces rues étroites encombrées de voitures qui semblaient encastrées les unes dans les autres, tant elles étaient serrées, formant deux barrages noirs qui empêchaient de doubler le camion-benne de la voirie.

Tango se penchait, hurlait comme s'il était ivre, tapait du plat de la main sur le toit de sa voiture, accompagnant la musique, interpellant les éboueurs, africains comme lui, et, à les voir, il lui semblait que c'était lui qui accomplissait leurs gestes, qu'il était sorti de lui-même, qu'enfin il avait quitté cette peau, qu'il n'était plus Tango, mais à nouveau Foulon Mantene.

Il s'était enfoncé dans des ruelles, perdu, obligé de reculer, et la musique rebondissait entre les façades.

Il avait fini par atteindre la porte de Clignancourt, et, passage du Poteau, il s'était garé, laissant le moteur tourner, comme s'il avait craint, en l'arrêtant, de ne plus pouvoir repartir, et il sentait bien qu'il n'était plus capable de vivre comme autrefois, là, dans une cave, qu'il voulait s'arracher la défroque de Tango mais que c'était un autre Foulon Mantene qui devait naître, et il ne savait pas comment, alors que le grondement en lui s'amplifiait comme si maintenant les chutes, sur le fleuve, n'étaient plus cachées que par un dernier rideau d'arbres.

Il avait redémarré quand il avait aperçu dans le rétroviseur, au bout du passage, le gyrophare bleu d'une voiture de police, et il avait foncé, sûr qu'on allait le poursuivre, mais qui pourrait le rattraper ?

Il bondissait de vitesse en vitesse, comme porté par les eaux du grand fleuve, soulevé par l'écume blanche des chutes, et il les franchissait, atteignant le boulevard périphérique. Il roulait, tenant le volant bras tendus, le siège reculé au maximum, la pointe du pied écrasant la pédale qui s'enfonçait, et il restait sur la file de gauche, dépassant toutes les voitures, se rabattant tout à coup, coupant la route d'un camion dont les freins hurlaient, pour sortir porte d'Orléans, riant tout seul aux éclats parce que le vent froid l'avait comme saoulé, qu'il venait de s'assurer que Dieu le protégeait, que Dieu tenait toujours la main de Foulon Mantene.

Il s'était garé au coin de la rue Boissonade et du boulevard Raspail, les deux roues droite sur le trottoir, et il avait monté, le corps penché en avant, les jambes pliées, l'escalier de service, sans reprendre souffle, heureux de cette légèreté, de cette souplesse, ne s'arrêtant qu'à l'entrée du couloir du septième étage, saisi par l'odeur, la chaleur aussi, comme celle d'un lit qui vient juste d'être quitté et qui garde encore la marque de ceux qui y étaient couchés.

L'enfant des Pasquier toussa, puis pleura, et Foulon entendit la voix de Sylvie qui tentait de le calmer, chantant une berceuse, et il avança sur la pointe des pieds, s'immobilisant quand l'enfant recommença, après un silence, à hurler entre deux quintes.

Il avait ouvert la porte de sa chambre et il avait prié, en la poussant, pour que Madeleine Vota fût là, allongée sur le lit, nue. Il avait imaginé qu'elle se serait alors levée, qu'elle se serait collée à lui, et il aurait suivi de ses mains la cambrure de son dos, si prononcée, et il aurait écarté ses doigts, pour mieux la tenir, la tirer contre lui, et il avait tant envie de s'épanouir en elle que son sexe en était douloureux, comme si la peau l'emprisonnait et qu'il fallait la déchirer pour qu'il fût libre.

Mais la chambre était vide, et Foulon s'était jeté sur le lit, enfonçant son visage dans les coussins, épuisé tout à coup, comme si toute la nuit il avait déplacé des poubelles remplies d'ordures, respirant l'odeur douceâtre et aigre des détritus.

Et il avait entendu à nouveau dans sa tête le grondement sourd des chutes du fleuve auquel se mêlait – il lui semblait que c'était comme le cri perçant des oiseaux – le hurlement d'un enfant.

48

À chaque fois que son fils toussait, par longues quintes, Sylvie Pasquier fermait les yeux – sa tête rentrait dans ses épaules, comme si, ainsi, elle avait pu ne pas les entendre, ou comme si cette toux était une rafale qui la courbait.

Elle priait, malgré elle, dans un murmure, comme pour opposer à ce qui était aussi une plainte – parfois, tout en toussant, Jérôme pleurait, hurlait – une supplique à ce *Notre Père qui êtes aux cieux,* à cette *Vierge Marie mère de Dieu* qu'elle n'avait plus invoqués depuis sa propre enfance, mais que, depuis que Jérôme était malade – cela faisait près de cinq jours –, elle appelait à l'aide, comme une petite fille désemparée que personne d'autre ne pouvait aider.

La nuit, elle ne dormait pas, couchée près de Jérôme, lui caressant le front, lui soulevant la tête, essayant de lui faire boire une cuillerée de sirop, désespérée de ne pouvoir faire plus, presque heureuse quand il avait vomi, qu'elle devait le changer, refaire le lit, nettoyer, active enfin, plutôt que d'être là, impuissante, à guetter chacun de ses mouvements, ou bien aux aguets, quand un bruit venait du couloir.

Elle avait ainsi entendu marcher, peut-être était-il 3 heures du matin, et elle s'était dit qu'on ouvrait la porte de Madeleine Vota et de Foulon Mantene, mais elle savait qu'ils n'étaient pas là, puisqu'elle avait cherché en vain à demander conseil à Madeleine. Puis ç'avait été le silence, et la toux de Jérôme, ses pleurs, ses cris avaient repris.

Il semblait à Sylvie que la peau de son crâne, quand Jérôme toussait ainsi, était percée de coups d'aiguilles, et elle se grattait nerveusement la tête, avec l'envie de tirer sur ses cheveux pour se faire mal.

Elle l'avait dit au docteur Sertys: « Quand il tousse, j'ai envie de m'arracher les cheveux. »

Il avait secoué la tête, paternel: « Allons, allons, pas pour une bronchite un peu sévère, ce n'est même pas une angine, ni une otite, et il est costaud, ce petit. »

Il avait soulevé les jambes, les bras de Jérôme, couché sur le lit de consultation, et elle avait eu peur qu'il prît froid, que le docteur ne lui fît mal.

Mais Jérôme, au contraire, n'avait pas toussé durant toute la visite, comme s'il avait voulu démentir sa mère. Sylvie se sentait honteuse, ridicule, avec ses cheveux dénoués, cette blouse déboutonnée. Mais la toux lui avait tout à l'heure semblé si aiguë, donnant des coups de griffes au cœur de la poitrine – et Jérôme se repliait sur lui-même comme pour éviter que la douleur ne se répande – qu'elle n'avait pu s'empêcher de descendre chez le docteur Sertys.

C'est Sofia Kraussman qui avait ouvert la porte de service, puis qui, Sylvie hésitant à entrer, l'avait prise par le bras: « Venez, venez, le docteur est là. »

Et elle avait entraîné Sylvie le long du couloir.

Cet appartement, qui était pourtant le même que celui des Limel où elle travaillait depuis plusieurs années, lui parut immense, vide. Dans l'entrée, devant le cabinet du docteur, se tenait Mme Sertys, les cheveux blonds serrés en chignon, vêtue d'une jupe rouge, courte, et d'un chemisier blanc.

Quand elle les avait vus, elle avait soulevé le menton, écarquillé les yeux, et c'était, pensa Sylvie, comme une sorcière qui allait étendre le bras, les chasser.

« Mais qu'est-ce que c'est que ça? » avait répété Mme Sertys, et Sofia avait ouvert la porte du cabinet et dit: « Docteur, il y a le petit Pasquier, Jérôme, sa mère est la bonne de M. Limel, il va mal, sa mère a si peur. »

La voix de Sofia était à la fois suppliante et ferme, et le docteur Sertys s'était avancé. Sylvie ne vit d'abord que son nœud papillon, cette pipe.

« Qu'est-ce qui ne va pas chez ce petit bonhomme ? » dit-il en tendant les bras, et Sylvie montra son fils, sans le lâcher, cependant que Mme Sertys répétait:

« Mais le docteur n'est pas pédiatre, tout cela est quand même extraordinaire ! On fait des enfants, n'importe comment, n'importe où, et ce sont les autres qui doivent en assumer les conséquences ! Mais qu'est-ce que vous croyez, que nous sommes à votre disposition ?... »

C'était pour Sylvie comme une rumeur hostile, mais presque indistincte, lointaine, et elle n'entendait que la voix du docteur Sertys : « Nous allons voir ça, ce n'est rien, peut-être une bronchite, entrez, entrez. »

Il s'était tourné vers sa femme : « Marthe, voyons, je t'en prie. »

Elle n'avait pas cessé, mais il avait refermé la porte, demandé à Sylvie de déshabiller Jérôme, et elle était rassurée par ses gestes lents, doux, la manière dont il parlait à l'enfant : « Alors, petit bonhomme, on inquiète sa maman ? »

Que lui resterait-il si, brusquement, cet enfant s'en allait ?

Lors de sa dernière visite au cimetière de Champagne-sur-Seine, le village où son père était enterré, comme il l'avait souhaité, dans ce qu'il appelait « ma terre, que j'aurais jamais dû quitter pour ce Paris de merde », elle avait aperçu une tombe nouvelle sur laquelle était inscrit : *« À Pierre, notre fils. Un ange était né il y a sept ans. Un ange a vécu avec nous durant sept ans, puis il nous a quittés. Nous ne l'oublierons jamais. »*

Elle avait eu envie de tomber à genoux devant cette tombe, et c'est peut-être à ce moment-là qu'elle s'était remise à prier.

Durant tout le voyage de retour, elle avait serré Jérôme contre elle, refusant de le poser dans le couffin ou de l'étendre sur ses genoux. Elle le gardait contre sa poitrine. Il était sa vie.

Il paraissait n'être pas encore sorti d'elle, et cette toux, elle l'éprouvait comme si elle-même avait été malade, et c'est pour cela qu'elle voulait rester avec lui, éveillée : si elle le touchait, si elle le caressait, si elle souffrait avec lui, c'était comme si la douleur avait été pour lui divisée par deux.

Elle avait ressenti ce besoin de ne pas le quitter dès qu'il était né. Brigitte Georges s'était moquée d'elle : « Une femme, voyons, Sylvie, c'est autre chose aussi. J'ai eu David, je l'aime, bon, mais il y a le reste. »

Sylvie entendait, ne répondait pas, rejoignait son fils qu'elle avait déposé dans l'une des pièces de l'appartement des Limel et qui dormait dans son couffin, les poings fermés posés sur la petite couverture bleue.

Elle avait même été soulagée quand, à la crèche du boulevard Raspail, on s'était moqué d'elle parce qu'elle était venue inscrire son fils sitôt après sa naissance. Mais madame, lui avait-on dit, il fallait faire les démarches l'année précédente, les places étaient comptées, et on lui avait donné un numéro d'attente, le 87, peut-être une place se libérerait-elle d'ici six ou huit mois.

Cela lui donnait du temps, des excuses, des raisons à opposer à Marcel qui regrettait qu'elle ne cherchât pas un véritable emploi, à la mairie, dans une cantine scolaire. Il pouvait trouver ça. Il s'était bien débrouillé pour Foulon Mantene, pourquoi ne réussirait-il pas pour sa femme ? En quatre ou cinq ans, pensait-il, avec deux salaires, ils pourraient enfin obtenir un prêt, quitter ces deux chambres. Est-ce que ça ne serait pas mieux pour le petit ?

Ça, Sylvie le comprenait.

Mais elle avait ses propres idées. Plus elle y pensait, plus elle voulait rester dans ce quartier – pour lui, Jérôme. Paris, c'était déjà un vrai luxe maintenant ; pourquoi pas plus tard pour son fils ?

Un matin, alors qu'elle avait laissé la porte de sa chambre ouverte pour aérer un peu, Kamoun – celui qu'elle appelait l'Arabe – s'était arrêté.

Elle l'aimait bien, discret, presque timide, ça la rassurait de le savoir là, à quelques mètres de sa chambre, et depuis qu'elle l'avait vu avec Justine, la fille de Sofia Kraussman, il lui semblait qu'elle était dépositaire de son secret, qu'il lui fallait les protéger, Justine et lui.

Chaque fois qu'elle bavardait avec Sofia dans le couloir, avec la minuterie qui s'éteignait – « notre petite rue de village », disait sa voisine – et qu'il fallait rallumer, elle faisait l'éloge de Kamoun, et Sofia approuvait. Sylvie, sans rien en laisser paraître, jubilait, surenchérissait.

« Travailleur, disait-elle, il lit tout le temps, vous le savez. »

Kamoun lui avait dit qu'elle devrait demander un appartement dans le quartier, la ville en possédant ; peut-être, par Julien Rivière, le député, pourrait-elle l'obtenir, bien qu'à la mairie ce fût autre chose, elle n'était pas socialiste, évidemment, mais qui sait ?

C'était une petite lueur, comme un de ces cierges qu'elle allumait quand elle entrait dans une église, et elle avait prié pour cela aussi.

Elle avait vu Julien Rivière à sa permanence, rue Pernety, une sorte de magasin encombré de papiers, aux murs sales recouverts de vieilles affiches qui le représentaient, jeune encore, alors qu'il lui était apparu las, gris, ne lui laissant aucun espoir, disant qu'il n'était pas maître de l'attribution des appartements, que le maire était de droite et lui socialiste, qu'il n'obtenait donc rien, ou presque.

Tout cela proféré lentement, sans même la regarder, et il ne s'était animé qu'au moment où elle avait donné son adresse, rue Boissonade.

C'était chez lui, fit-il remarquer avant de se reprendre, d'expliquer que son ex-épouse, Anne-Marie Bermont, et sa fille habitaient encore là-bas.

« Je les connais », avait répondu Sylvie, expliquant que, parfois, Isabelle Rivière gardait avec elle David Limel.

« Isabelle aime beaucoup les enfants », avait-elle conclu. Et elle avait ajouté, parce qu'elle le pensait et qu'elle sentait qu'elle devait dire quelque chose comme cela sur Isabelle, que son père avait besoin d'entendre cela : « Votre fille, pour ça, on peut lui faire confiance, vraiment. »

Il suffisait parfois de quelques mots pour rendre quelqu'un heureux, et elle avait tout à coup vu le visage de Julien Rivière rajeunir, ressembler à la photo des affiches collées derrière lui, sur le mur.

Il reprit tout ce qu'il lui avait dit, mais sur un autre ton, en s'excusant presque.

« Je ne suis pas le mieux placé », répéta-t-il.

Ces mots, droite, gauche, qu'il employait, Sylvie Pasquier les connaissait, mais que signifiaient-ils vraiment ?

Un jour, en plaisantant, Kamoun leur avait dit, à elle et à

Sofia, que Mme Sertys n'aimait pas les étrangers, qu'elle était d'extrême droite.

« Vous, ça va, avait-il conclu, Pasquier, c'est français, mais moi et Mme Kraussman, pas bon, et encore, Mme Kraussman est européenne. Un peu juive, quand même ? »

Sofia s'était récriée : catholique, catholique polonaise, avait-elle dit d'abord, puis, d'une voix plus basse : « Mme Sertys n'aime pas les étrangers, c'est vrai. »

Mais elle n'aimait personne, en fait, pas même sa fille, alors ? Qu'est-ce que ça voulait dire, d'extrême droite ? Le docteur, lui, était un brave homme.

Brave homme, elle le sentait, elle le savait, Sylvie ; elle le voyait à la manière dont il écoutait battre le cœur de Jérôme, dont il lui parlait tout en examinant sa gorge :

« Là, petit bonhomme, là, mais non, tu n'as pas une angine, rien, ta maman s'inquiète, mais ce n'est rien. »

Et il avait refusé que Sylvie le paie, secouant la tête, paraissant même gêné de voir les billets qu'elle lui tendait, disant : « Allons, allons, je ne suis pas pédiatre, c'est un petit service, c'est tout. »

De droite, le docteur Sertys ?

« Peut-être par le docteur Sertys, dit Julien Rivière, j'imagine qu'il a ses entrées à la mairie, il peut donner un coup de pouce, j'essaierai, mais la gauche n'est pas très écoutée, ni dans le XIVe ni à l'Hôtel de Ville, vous comprenez ? »

Il la raccompagna, il ferait cependant son possible, lui dit-il sur le seuil : « Mais parlez-en au docteur Sertys, il a soutenu le maire ; s'il veut, il doit pouvoir. »

La petite lueur avait donc continué de briller.

Droite, gauche ?

Elle voulait que Jérôme grandisse à Paris, fasse des études à Paris, car il avait autant de droits – plus, puisqu'il venait de plus bas, qu'elle ne possédait rien – que David Limel ou Isabelle Rivière. De gauche, disait Kamoun à propos de Xavier Limel, et Brigitte Georges elle-même était, ajoutait-il, plutôt de gauche, proche de l'Élysée.

Sylvie écoutait Kamoun.

Limel, Brigitte Georges, Anne-Marie Bermont, ils habitaient ces appartements dont les pièces lui semblaient vastes comme des places, les couloirs larges comme des rues, et le docteur Sertys et madame, au quatrième étage, disposaient de la même superficie.

Gauche ? Droite ?

Ni les uns ni les autres n'empruntaient jamais l'escalier de service dont les hautes marches coupaient les mollets. Et tous avaient un mouvement d'impatience quand, dans l'escalier principal, ils rencontraient un locataire du septième étage qui utilisait l'ascenseur pour accéder à son étage par la petite porte palière qui, au sixième, permettait de passer à l'escalier de service.

Seule, il est vrai, Mme Sertys faisait des remarques, interpellait les intrus, mais tous les autres – même Xavier Limel – donnaient l'impression qu'on violait leurs droits en étant là, dans le même ascenseur qu'eux, ou en les faisant attendre, parce que, pour monter jusqu'au sixième, la cabine mettait une ou deux minutes.

Et elle avait entendu Limel crier : « Ça vient, oui, ça vient enfin ? C'est scandaleux ! »

Droite, gauche : où était la différence pour Sylvie Pasquier ?

Elle berçait son fils, elle humecta ses lèvres, posa une compresse sur son front, puis elle pria tout en écoutant les bruits du couloir, en essayant de deviner si Madeleine Vota était rentrée, ou bien si Kamoun avait découché, sans doute pour rejoindre Justine Kraussman.

Ceux-là étaient comme elle, ils se heurtaient dans ce couloir dont la minuterie était réglée de telle manière qu'au bout de quelques secondes il replongeait dans l'obscurité, « parce que c'est nous qui payons les charges », disait Mme Sertys.

Et, détournant la tête, ne regardant pas Sylvie, elle avait ajouté : « Avec tous ces étrangers, que va devenir Paris ? Ça ronge le pays, ça nous ruine. »

Et, elle, Sylvie Pasquier, et lui, Jérôme, qu'est-ce qu'ils étaient ? Peut-être aussi des étrangers.

49

De loin, alors que la nuit, bien qu'il fût près de 8 heures, s'accrochait encore aux nuages bas, Kamoun n'avait d'abord distingué que des silhouettes, l'une dépassant les trois autres, puis il avait vu la voiture de police garée en double file à la hauteur de la rue Boissonade, et enfin, en s'approchant – il avait marché plus lentement –, il avait reconnu Foulon Mantene qui gesticulait, entouré par trois policiers.

Ils se tenaient sur leurs gardes, à un pas de Foulon, l'un d'eux appuyé à la portière ouverte d'une voiture stationnée à l'angle de la rue Boissonade et du boulevard Raspail, de guingois, les roues gauche sur la chaussée, les roues droite sur le trottoir.

Kamoun s'était arrêté, hésitant à avancer encore, écoutant Foulon qui criait – sa voix était aiguë comme celle d'un enfant ou d'une femme – que la voiture appartenait à son patron, monsieur Berthier, et qu'il avait le droit de la conduire, que les papiers étaient dans la boîte à gants, qu'il avait dormi chez lui après avoir reconduit monsieur Berthier, puis des amis, qu'il n'avait pas son permis, qu'il l'avait oublié rue Daru, chez monsieur Berthier, et, tout à coup, il avait aperçu Kamoun, tendu alors le bras vers lui, disant : « Je le connais, il habite là, au même étage, demandez-lui, il sait qui je suis, j'ai le droit, je vous dis. »

Un policier s'était avancé vers Kamoun.

Il était nu-tête, un gilet pare-balles ouvert sur son blouson, et Kamoun avait regretté d'avoir quitté si tôt la chambre de Justine à la Cité universitaire, d'être rentré à pied. C'est qu'il aimait ce trajet matinal, ce vent qui s'engouffrait dans la rue de la Tombe-Issoire – chaque fois, il répétait tout en marchant le nom de cette rue, comme s'il récitait le vers d'un poème –, les maisons basses, trois ou quatre étages à peine, et qu'il pouvait ainsi rêver, penser et revivre sa nuit.

Il avait besoin de ces instants de solitude pour savourer ce qu'il avait vécu, ce plaisir d'être avec Justine, mais, au fur et à mesure qu'il revivait les scènes de la nuit, l'inquiétude le gagnait.

Parfois il s'arrêtait, franchissait la barrière métallique qui fermait le parc de jeux, adossé à ce qui ressemblait à une forteresse et qui n'était que le réservoir de Montsouris.

Il s'asseyait sur le dossier d'un banc couvert de gouttelettes. Il s'imaginait, conduisant ici, le mercredi, le samedi, un fils, son fils, et il souffrait de penser que cela, peut-être, n'arriverait jamais.

Justine était trop libre et le plaisir qu'elle lui avait donné – c'était comme s'il la sentait sur lui à nouveau, et tout son corps s'en trouvait alangui –, généreuse, avide de jouir aussi, l'effrayait.

Il craignait de ne pouvoir la garder, obtenir d'elle cet enfant qu'il voulait.

Il avait peur qu'elle ne lui dise un jour : « J'ai fait le tour, Kamoun. » Et, assis sur ce banc, il se raidissait, tapait du pied en cadence, avec l'envie de retourner là-bas, de lui dire : marions-nous, cet enfant, il faut qu'il naisse vite.

Mais il n'aurait pas osé, elle l'aurait empêché de parler, ironique, allant et venant dans la chambre, nue, impudique, évoquant le cours de Hederlisch ou bien tel film qu'elle souhaitait voir.

Les rares fois où Kamoun avait essayé de lui imposer sa volonté, elle avait changé de voix, de visage, le rire de ses yeux cédant la place à la colère, pis, à de la fureur.

Elle disait, sifflant les mots entre ses dents : « Je ne supporte pas les types qui veulent me plier, Kamoun. Il faut que tu le saches : égaux, tu entends, toi et moi, indépendants, libres, toi et moi. Tu ne me feras pas porter le tchador, Kamoun, ne te trompe pas de personne. »

Il ne restait à Kamoun qu'à reculer, qu'à capituler, et elle redevenait Justine, l'enthousiaste et la légère, l'insaisissable et la joyeuse, celle qu'il aimait et qui lui laissait pourtant un sentiment de manque, l'impression de rester hors d'elle, même quand il la serrait contre lui, qu'il l'écrasait, qu'il la pénétrait et qu'elle riait, la tête roulant de droite et de gauche, les yeux clos, le front couvert de sueur.

Il ne retourna donc pas à la Cité universitaire, il courut sur quelques centaines de mètres le long de la rue de la Tombe-Issoire, sur la pointe des pieds, levant haut les genoux, comme dans une leçon de gymnastique, retrouvant confiance en lui en même temps qu'il éprouvait la souplesse de son corps.

« Bon, bon, murmura-t-il, je vais bien, je vais bien. »

Il expirait, il inspirait, jusqu'au bout, bruyamment, puis il se remit à marcher, pensant à ce qu'il s'était promis de faire.

Voir Julien Rivière, puis obtenir un rendez-vous de Xavier Limel, par l'intermédiaire de Sylvie Pasquier, leur expliquer à tous deux qui était Jacques Hederlisch, le travail de propagande nazie auquel il se livrait dans son séminaire et son cours.

Convaincre Limel de commencer une enquête pour *Le Monde*, lui remettre les notes prises lors des dernières leçons de Hederlisch sur Hitler, Hitler comme représentant d'une certaine idée de l'Europe, Hitler comme défenseur de cette civilisation menacée par la tenaille asiatique et sémite.

Incroyable, impensable !

Et Kamoun avait quitté l'amphi, dévalé l'escalier jusqu'à la cour de la Sorbonne, et s'était assis dans la galerie.

Justine l'avait rejoint : « Tu es partie aussi ? » lui avait-il demandé.

Elle rit, lui passa le bras sur l'épaule, l'embrassa : « Qu'est-ce que tu crois, qu'il n'y a qu'un homme qui puisse se révolter contre ça ? »

Ce jour-là, Kamoun avait aimé l'égalité entre elle et lui, heureux de cette liberté qu'elle avait, de la manière dont elle l'écoutait quand il osait enfin lui raconter comment il avait souffert, dans son enfance, du silence de ses parents, assis l'un en face de l'autre comme s'ils ne se voyaient pas, de l'émotion qu'il avait éprouvée, l'autre jour, quand il s'était rendu à Drancy, cité de la Muette, parce que Nasser Naïr ne fréquentait plus le Centre de l'avenue Jean-Aicard, et que Kamoun s'était inquiété de son absence, sachant qu'il suffisait parfois de quelques jours pour qu'un de ces adolescents ne se perdît à jamais –drogue, vol, prison, récidive –, et il craignait ce type aux cheveux noués, lunettes rondes enfoncées dans les orbites, qui était revenu chercher Nasser.

Kamoun avait osé sonner à la porte de l'appartement des Naïr, au troisième étage d'un des bâtiments de la cité aux murs couverts d'inscriptions, et il était resté comme pétrifié, un sanglot dans la gorge, lorsque Akim Naïr, le père de Nasser, lui avait ouvert la porte : c'était comme si le propre père de Kamoun s'était trouvé devant lui, vieilli, parlant si difficilement le français, proférant d'un ton rocailleux des mots déformés ou brisés.

Kamoun avait tenté d'utiliser les quelques phrases d'arabe puis de berbère dont il se souvenait, désespéré tout à coup, comme s'il n'avait plus aucun moyen de communiquer, comme s'il était vraiment perdu dans une ville étrangère et qu'il mesurait l'abîme qui le séparait des siens, de ce qu'il avait abandonné.

Le cadet des fils Naïr, Izzi, un gamin d'une douzaine d'années, avait baissé la tête quand Kamoun l'avait interrogé, le père s'étant rassis, ses mains à la peau craquelée, du ciment ou du plâtre incrustés dans les pores, posées sur ses genoux.

Izzi n'avait pas répondu aux questions de Kamoun, et, au bout de quelques minutes, il avait bondi, bousculé Kamoun et quitté l'appartement en claquant la porte.

Kamoun avait monologué, détachant chaque mot, vouvoyant ce vieil homme, alors qu'il avait envie de le tutoyer, mais Akim Naïr était resté silencieux, puis, quand Kamoun s'était tu, il avait dit : « Vois mon fils Sélim, c'est lui qui sait, lui qui décide. »

Kamoun n'avait pas su comment prendre congé, s'inclinant, tendant timidement la main, mais Akim Naïr ne l'avait pas saisie, se contentant de faire un geste d'adieu, le bras à demi levé, et Kamoun était sorti à reculons – se rappelant, alors qu'il quittait la cité et passait devant ce monument de grès ou de granit rose, ce wagon de marchandises, qu'ici, dans cette cité, des Français avaient enfermé des Juifs avant de les pousser dans les trains en partance pour Auschwitz, des Français qui devaient ressembler à Jacques Hederlisch.

Et maintenant, c'était les Maghrébins qu'on parquait ici, et les Juifs étaient en Palestine.

Lorsqu'il avait dit cela à Justine Kraussman, assise près de lui sur le banc, dans la galerie de la Sorbonne, elle avait retiré son bras et murmuré : « Tu dis n'importe quoi. »

Elle connaissait un survivant de Drancy et d'Auschwitz, un ami de sa mère, Robert Blumfeld, et si Kamoun était antisémite, elle le quittait aussitôt.

Il la retint, il ne lui dit pas combien il avait pensé avec rage, durant tout le trajet en R.E.R. de Drancy à la station Odéon, à ces allers et retours de l'histoire, les uns, eux, les Arabes, payant pour les fautes des autres, les Français, les nazis.

Il voulait rencontrer Sélim Naïr ; il l'avait aperçu devant l'entrée des Éditions Elsen, place Saint-Sulpice, poussant un chariot rempli de livres, faisant mine de ne pas reconnaître Kamoun qui marchait près de lui, traversant la place, lui expliquant qu'il n'avait plus revu son frère Nasser depuis plus de deux semaines, au centre, et qu'il s'était inquiété, qu'il avait donc voulu avertir la famille.

Sélim Naïr s'était arrêté, s'arc-boutant pour retenir le chariot. Il était plus grand que Kamoun et le regardait avec une moue insolente et méprisante :

« Qu'est-ce que ça lui apporte, le Centre ? Un boulot ? » avait-il dit.

Et il avait recommencé à pousser son chariot, Kamoun marchant un peu en retrait.

« Je ne voudrais pas... », avait-il commencé à répondre.

Mais Sélim avait dit d'une voix sourde : « Tu crois que moi je veux ? Mais qu'est-ce que tu y peux, qu'est-ce que j'y peux ? »

Il avait avancé plus vite, prenant la rue du Four, peinant pour faire avancer le chariot à cause de la pente de la rue, et Kamoun se mit à pousser aussi, demandant : « Tu vas à la poste ? » Sélim avait répondu d'un hochement de tête.

Devant l'entrée, Sélim s'était arrêté, avait regardé longuement Kamoun, et, après avoir tourné la tête, lancé un « merci », bas d'abord, puis répété plus haut.

Et Kamoun n'avait pas su si Sélim le remerciait pour l'aide qu'il venait de lui apporter au long de cette rue, ou bien pour l'avoir averti de la disparition de Nasser.

« Vous êtes si susceptibles, tous », avait dit Justine en se levant lorsque Kamoun avait terminé son récit.

Elle s'était placée debout entre les cuisses de Kamoun, resté assis, puis elle s'était penchée vers lui, et il avait le visage entre ses seins.

« Votre orgueil... Vous devenez insupportables », avait-elle poursuivi.

Elle lui saisissait les cheveux à pleines mains, les tirait, et il geignait cependant qu'elle disait :

« Arrache-toi ces idées de la tête, sois naturel, Kamoun, nous sommes tous différents, humiliés, offensés, ma mère, moi, tout le monde. Tu es comme les autres, Kamoun. Rien de plus, rien de moins. Sors le reste de ta tête. »

Il pensait à cette phrase, cependant que le policier, au coin de la rue Boissonade et du boulevard Raspail, lui demandait ses papiers d'un ton courtois mais ferme, le visage hostile – et Kamoun se répétait : il fait son métier, c'est normal.

Il tendit sa carte d'identité, dit lentement qu'il connaissait en effet Foulon Mantene, que celui-ci habitait l'une des chambres voisines de la sienne, au septième étage de cet immeuble.

« Il me connaît, je vous dis qu'il me connaît », continuait de répéter Foulon.

Et, tout à coup, au moment où le policier rendait sa carte d'identité à Kamoun, Foulon avait hurlé : « Y en a marre, qu'est-ce que j'ai fait ? »

Les policiers ne bougeaient pas, disant qu'ils allaient lui mettre une amende et que Foulon ne pouvait dégager lui-même le véhicule, puisqu'il n'avait pas de permis, qu'ils allaient le faire enlever et conduire à la fourrière. « Débrouillez-vous », conclurent-ils.

Kamoun s'était approché, il entoura Foulon de ses bras, l'empêchant de bouger, répétant : « C'est normal, tu es mal garé, c'est normal, Foulon », et, peu à peu, Foulon Mantene se calma, se contentant d'osciller d'une jambe sur l'autre, laissant sa tête dodeliner, murmurant encore, mais comme une plainte : « Y en a marre, y en a marre. »

50

Depuis qu'il avait vu Kamoun s'avancer vers lui – il l'avait tout de suite reconnu, il avait su que l'autre venait lui parler de Nasser –, Sélim Naïr ne décolérait pas.

L'allure même de Kamoun l'avait irrité, cette aisance nonchalante dans la démarche, cette manière d'enfoncer les mains dans les poches de son duffle-coat, de porter, enfoncée jusqu'aux sourcils, une casquette de laine, des journaux sous le bras, et ce ton bienveillant, protecteur, le même que prenaient ceux qui, auteurs, journalistes, s'adressaient à Sélim Naïr lorsqu'il les croisait dans les couloirs ou les bureaux des Éditions Christian Elsen, tout cela lui avait été insupportable.

Qu'est-ce qu'il croyait être, Kamoun ?

Est-ce qu'il imaginait pouvoir changer sa gueule, rentrer ses lèvres trop épaisses, son nez, le teint de sa peau ? Arabe lui aussi, comme eux tous.

Et il avait eu envie, avant même que Kamoun lui parle, de le bousculer, de le repousser, qu'il foute le camp, qu'il ne dise rien de Nasser, que savait-il de la vie qu'on mène à Drancy, à la cité de la Muette ?

Mais il n'avait prononcé que quelques mots, les premières minutes, continuant de pousser son chariot jusqu'au bureau de poste de la rue du Four, et cela aussi l'humiliait, cependant que monsieur Kamoun marchait à ses côtés, puis l'aidait un peu, et, à la fin, il lui avait lancé « merci » comme une insulte, mais est-ce qu'il avait seulement compris ?

L'autre avait encore souri, sûr de lui, et la colère était restée dans la gorge de Sélim comme une poignée de terre sèche.

Il s'était tu, tout le reste de la journée, comme s'il avait eu peur, en ouvrant la bouche, de pousser un rugissement.

Il s'était tenu voûté, tête baissée, pour ne pas montrer ses yeux, ne pas céder à l'envie de donner un coup de front, par un brusque mouvement d'arrière en avant, dans le visage de ceux qui l'interpellaient en donnant des ordres : « Portez-moi ça d'urgence chez Robert Laffont, tout de suite, n'est-ce pas ? » disait Christian Elsen.

Sélim sortait à reculons, tenant l'enveloppe, et il traversait la place, les mains derrière le dos, sa main gauche serrant son poignet droit, comme pour s'empêcher de brandir le poing au-dessus de sa tête, par saccades, en poussant des hurlements répétés, comme parfois on le voyait faire à des foules d'hommes, là-bas, dans les pays d'islam.

Et lui, il était là, seul, comme un animal domestique, et il devait entrer dans le bureau d'Anne-Marie Bermont, déposer deux ouvrages sur la pile de livres qu'elle entassait contre la cloison.

Elle se levait, lui souriait, murmurait : « Ne soyons pas ennemis, Sélim, tu sais que tu peux compter sur moi, toujours. »

Elle lui tendait la main, et, malgré lui, il la serrait, il était ému, troublé au point d'avoir envie de pleurer, il aurait voulu qu'elle ne lui retienne pas la main comme ça, mais il ne pouvait la retirer, et il était obligé d'entendre ce qu'elle lui disait.

« Tu m'as beaucoup aidée, Sélim, même sans le savoir, parce que tu étais toi. Tu as beaucoup de force en toi, voilà, je devais te le dire, maintenant. »

Enfin elle lâchait sa main, et la colère le saisissait à nouveau, il se reprochait d'avoir vraiment été comme un chien servile, dressé, qui tend la patte pour avoir son morceau de sucre.

Honte sur toi, Sélim Naïr !

Il se calmait un peu en conduisant dans les embouteillages le scooter des Éditions Elsen, doublant, zigzaguant, roulant sur le trottoir pour contourner un bloc de voitures serrées les unes contre les autres, qui ne laissaient aucun passage.

Il faisait hurler le moteur, donnant pleins gaz, et le scooter se cabrait, la roue avant légèrement soulevée du sol.

Mais, le soir, il devait reléguer l'engin dans la cour, fermer le portail, boucler la chaîne avec un cadenas, et il n'était plus qu'un type dans le métro, qui gardait les poings fermés dans les poches de son blouson avec la tentation, quand la foule tardait à descendre, de donner un coup d'épaule – et parfois, presque malgré lui, il poussait –, de s'ouvrir un chemin en force.

Souvent, il arrivait tôt passage du Poteau.

Une baguette, deux tomates, un morceau de fromage : il dînait en regardant le journal télévisé sur un énorme appareil de télévision qu'il avait acheté porte de Saint-Ouen et qu'il avait porté avec Nasser jusque chez lui, ici.

Et la colère, à ce souvenir, un instant effacée, revenait.

Où était-il, ce petit connard ?

Sélim ressortait, poussé par l'inquiétude, le désœuvrement, l'impossibilité où il était de rester dans cette petite chambre, car depuis qu'il ne voyait plus Anne-Marie Bermont il ne savait comment occuper ses soirées et ses nuits.

Plusieurs soirs de suite, il était allé à Drancy, cité de la Muette.

Il retrouvait les mêmes images de télévision, son père endormi devant l'écran, Izzi qui parcourait un livre et des cahiers ouverts sur la table, et le premier geste de Sélim était d'éteindre le téléviseur.

Akim Naïr se réveillait et quittait la pièce, comme s'il ne voulait pas voir son fils aîné, l'entendre.

Sélim hurlait, secouant Izzi, injuste, colérique, toute sa rage accumulée se déversant sur son plus jeune frère qui se protégeait, le coude levé devant son visage, répondant par des insultes en arabe, en français, et tout à coup Sélim baissait les bras, se laissait tomber sur une chaise.

C'était donc ça, la vie.

Il regardait autour de lui, il écoutait les bruits de voix, les hurlements, les cris d'enfants qui débordaient de chaque appartement, roulaient dans la cage d'escalier, mêlés à des applaudissements, à des refrains, à des bruits de détonations, et il suffisait de fermer les yeux pour voir les séquences des émissions, les images des spots publicitaires, les visages des animateurs de jeux.

« Où est Nasser ? » avait demandé Sélim sans même regarder Izzi.

Il ne menaçait pas, il n'implorait pas, il parlait d'une voix lasse.

« Tu sais où il est. À toi, il raconte, je suis sûr, reprit-il. Je veux le voir. »

Et Sélim était reparti, marchant longuement dans la cité, repérant des groupes de jeunes ici et là, s'approchant d'eux, espérant presque qu'on vînt vers lui pour l'attaquer, tant il avait en lui de violence, de désir de frapper n'importe qui, n'importe quoi.

Mais ils restaient à distance, paraissant l'ignorer ou reconnaître en lui, à sa démarche, quelqu'un d'ici.

Cette idée l'irritait, comme si le fait d'appartenir encore à cette cité était une malédiction, une tunique de malheur qui collait à sa peau et qu'il ne réussirait jamais à cacher, dont il garderait à jamais les marques.

Il pensait alors à ce Kamoun, à l'élégance qu'il montrait, au point qu'on pouvait croire qu'il était l'un de ces jeunes journalistes qui attendaient dans le hall des Éditions Christian Elsen d'être reçus par l'un ou l'autre des collaborateurs de la maison.

Sélim marchait en sautillant, donnant des coups de pied où il pouvait, un rebord de trottoir, une boîte de bière ou de Coca-Cola, une porte, et il dévala finalement les escaliers du métro, sautant par-dessus les tourniquets alors qu'il avait des tickets dans ses poches, par défi. Ne s'enfuyant pas, mais, au contraire, gagnant lentement le quai.

Qu'on vienne le trouver, l'inquiéter, et on verrait !

Il se calma dans le wagon.

Con, pauvre con. Qu'avait-il à donner des leçons à Izzi, à Nasser ? Il était comme eux.

Il sortit du métro à la station Barbès-Rochechouart, remonta le boulevard de la Chapelle – sinistre comme un bouillonnant fleuve boueux entre deux rives noires, dénudées – et, dans la rue de la Charbonnière, entra dans le café de Kader Malik.

Musique, chaleur, rumeur des voix, parfum du thé et arôme fort du café, fumet douceâtre des légumes et de la viande bouillis. Sélim se trouvait bien.

Kader Malik lui serra la main, posa devant lui un café et un verre d'eau, puis s'accouda de l'autre côté du comptoir.

« Ton frère ? » demanda-t-il.

Et il expliqua que, depuis que Nasser avait disparu, Akim

Naïr ne venait plus au café, restant chez lui pour attendre son fils.

« Il est comme ça, Akim, silencieux, mais c'est une pierre, tu peux t'appuyer dessus, il ne se brisera jamais. »

Lui, Sélim, il avait peur d'être devenu de la boue, qui salit les mains mais coule entre les doigts, dans laquelle on s'enfonce ; lui, Sélim, qui n'avait pas été capable de retenir Nasser ; lui qui avait préféré les laisser là-bas, les siens cité de la Muette, à Drancy ; lui qui voulait être comme Kamoun et n'y réussissait même pas.

Lui, Sélim, rien, un chien.

Kader Malik se pencha vers lui, lui posa la main sur la nuque, l'attira, l'obligeant à se dresser sur la pointe des pieds afin de se laisser embrasser.

« Laisse le temps, mon fils, laisse le temps, murmura Kader. Allah nous voit, Allah est grand, laisse-lui le temps. »

Et Kader Malik souleva la tasse de café comme une offrande, la présenta à Sélim qui, les yeux mi-clos, but lentement.

Il était retourné le lendemain soir cité de la Muette, embrassant son père alors qu'il ne le faisait plus depuis des années, s'asseyant près d'Izzi, regardant avec lui le journal télévisé, ces images des guerres qui se préparaient.

« Ça va être leur fête, ils savent pas, ces danseurs », dit Izzi.

Sélim se taisait, partagé. Par pulsions lui venaient des visions de flammes, de destructions, l'envie que tout, là-bas, ici, soit saccagé, que les plus forts, ceux qui gagnaient partout, toujours, et jusque dans sa tête à lui, soient pour une fois piétinés, qu'ils aient peur. Et qu'importait le reste, ce qui viendrait après !

Puis il se disait qu'il était fou. Il pensait à ce café de la Mairie, place Saint-Sulpice, où il se trouvait si bien, au restaurant italien de la rue des Canettes où on l'accueillait en ami.

« Ma sauce, Sélim, crois-moi, disait Antonio, c'est pas du porc, tu peux. »

Puis, en déposant le plat de spaghettis, Antonio ajoutait : « Mais c'est pas possible que tu sois croyant, toi, tu n'es quand même pas aussi superstitieux qu'un Sicilien ? Tu vis à Paris, comme moi, tu es civilisé. Eux, même ici, ils changent pas, ces Siciliens – et Antonio se frappait le front de son poing fermé –, tu comprends, ils sont tous fous. »

Sélim riait, c'était sa vie, sa ville aussi. Qu'est-ce qu'il en avait à foutre, de ce qui se déroulait là-bas ? Il était né ici, à Drancy, cité de la Muette. Il travaillait place Saint-Sulpice, Paris 75006.

« Tu sais, reprit Izzi, l'Intifada, on peut aussi la faire ici, à Paris. »

Sélim lui donna une bourrade.

« Petit connard, dit-il avec affection, bosse et tiens-toi tranquille. »

Et, répétant cela, il étouffait difficilement cette colère qui grondait en lui, ce désir de violence qui l'habitait, cette rage. Mais il était l'aîné. Il éteignit le téléviseur et prit son frère aux épaules : « Izzi, où il est, Nasser, dis-moi ? »

Izzi essaya de fuir le regard de son frère en détournant la tête. Mais, avec tendresse, Sélim lui serra le menton, l'obligeant à lui faire face.

« Dis-moi, pour lui, qu'est-ce qu'il fait ? »

À la fin, les yeux en larmes, Izzi avait murmuré que Nasser était avec ce type qui habitait la cité mais qui n'y venait plus, un type qui savait comment on se fait vite de l'argent – et Sélim se souvenait de la description que Kamoun avait brossée de cet homme aux cheveux noués, aux lunettes à monture métallique –, un type qu'on appelait Jonas.

Nasser avait ajouté qu'on pouvait les trouver chaque soir au Forum des Halles, dans un coin ou l'autre, qu'il suffisait de chercher par là-bas.

Sélim avait embrassé son frère et son père, puis il avait regagné le R.E.R., ne pensant à rien, se laissant bercer par le balancement de la rame, n'imaginant pas ce qu'il allait faire, bondissant cependant sur le quai de la station Châtelet-les Halles, et marchant vite, à grands pas, sur les tapis roulants, dépassant les voyageurs immobiles, bousculant ceux qui ne s'écartaient pas, et, une fois dans la rue, se mettant à courir.

Puis, quand il arriva square des Innocents, qu'il vit ces groupes assis sur les marches autour de la fontaine, s'arrêtant, reprenant son souffle, il dit à mi-voix : « Toi, je te trouve, je te tue. »

51

Quand Anne-Marie Bermont voyait Sélim Naïr entrer dans la cour des Éditions Christian Elsen, poussant un chariot rempli de livres ou bien son scooter, elle s'approchait d'un mouvement presque insensible de la fenêtre, faisant rouler et pivoter son fauteuil en appuyant son pied contre le rebord de la table. Tout en continuant de parler à son visiteur, tout en faisant mine de poursuivre sa lecture – quand elle était seule dans son bureau, sa porte était presque toujours ouverte –, elle pouvait ainsi suivre des yeux Sélim, l'apercevoir encore quand, dans la remise, il enlevait son casque, se passait la main dans les cheveux, ou bien se secouait comme un jeune animal qui s'ébroue, faisant glisser à gestes vifs, brutaux, les gouttes de pluie qui s'accrochaient à son blouson et à son pantalon de toile.

Parfois, il levait la tête, comme s'il avait deviné qu'Anne-Marie l'observait.

À ces moments-là, elle parlait plus bas, s'éloignant tout aussi imperceptiblement de la baie vitrée, ou, si elle était au téléphone, elle s'interrompait, et son interlocuteur s'étonnait de ne plus l'entendre, « Vous êtes là ? » répétait-il, et quelquefois c'était Gilles Duprez qui l'interrogeait ainsi, car il lui téléphonait plusieurs fois par jour, lui demandant d'une voix qu'elle trouvait angoissée, qui la mettait aussitôt mal à l'aise, comment elle allait, et ce alors qu'ils s'étaient quittés deux ou trois heures auparavant, qu'ils avaient passé la nuit ensemble, rue Boissonade.

« Comment voulez-vous que j'aille ? répondait Anne-Marie. Vous venez de me voir, il ne s'est rien produit depuis. »

Il paraissait rassuré, et elle ne comprenait pas son anxiété, ses questions. Elle imaginait alors qu'il lui dissimulait quelque chose au sujet d'Isabelle, peut-être, ou de l'enquête qu'il menait sur Laurent Dimet et Richard Berthier, ou de celui qu'il appelait – en riant, il est vrai – « mon éventreur de la rue Daru », et il ajoutait : « Votre piqueur des Halles. »

C'est elle, alors, qui le harcelait. Qu'attendait-il ? Que lui dissimulait-il ? Que craignait-il ?

Et comme, le matin, il partait souvent avec Isabelle, elle lui demandait s'il avait reçu d'elle des confidences, ou si elle était bien rentrée au lycée.

« Mais oui, mais oui, Anne-Marie, elle a la tête sur les épaules, croyez-moi », disait-il en raccrochant trop vite, la laissant inquiète, si bien que quand la standardiste lui annonçait une nouvelle communication de Gilles Duprez, Anne-Marie murmurait : « Répondez que je suis occupée, qu'il rappelle plus tard. »

Et elle demeurait pensive, les yeux tournés vers la cour, espérant peut-être que Sélim Naïr y entrât.

Elle avait un peu honte de cette attente, de ce guet auquel elle se livrait sans le vouloir.

Mais elle devait s'en rendre compte : lorsque, dans la journée, elle n'avait pas vu Sélim, quelque chose lui manquait.

Elle ne désirait rien de lui cependant, simplement qu'ils ne deviennent pas des ennemis, ou pis, peut-être, des inconnus l'un pour l'autre, qui s'ignoraient, se saluant d'un mouvement de tête indifférent, lorsqu'ils se frôlaient dans les escaliers et les couloirs des Éditions Christian Elsen.

Elle avait voulu lui faire comprendre ce qu'elle souhaitait : de l'amitié, de la confiance, et elle avait tenté de le lui dire lorsqu'il était entré dans son bureau et qu'elle lui avait pris la main.

Elle avait senti qu'il était ému, et elle n'avait pu prononcer que quelques mots, sans doute maladroits. Elle avait dit qu'elle voulait l'aider, et elle se le reprochait.

Il était fier, elle aurait dû lui avouer qu'elle avait besoin, elle, de son amitié, de son affection même, qu'elle n'était pas femme à oublier ceux qu'elle avait aimés. Et elle l'avait aimé.

Elle aurait voulu pouvoir parler de cela avec Gilles Duprez, mais, maintenant qu'elle le connaissait mieux, elle le sentait vulnérable, alors qu'elle s'était imaginée, à cause de son apparence vigoureuse, du fait qu'il avait eu une vie mouvementée, qu'il était plus âgé qu'elle – cinquante ans, cela paraissait à Anne-Marie loin encore, plus de dix ans, et il s'en passe des choses en dix ans –, qu'il la conseillerait, la rassurerait. Et qu'elle pourrait lui avouer ses peurs, ses doutes.

Mais il était, à sa manière, aussi incertain qu'elle, aussi hésitant, anxieux à l'idée qu'elle pouvait le juger, le comparer à ses précédents amants.

Il s'excusait comme s'il s'était agi pour lui de faire des prouesses, de montrer de quoi il était capable.

Et elle n'osait lui dire qu'elle ne recherchait pas avec lui cette brûlure presque insoutenable qu'elle avait éprouvée, quelquefois, avec Benoît Rimberg au début de leur relation, et avec Sélim Naïr, toujours.

Elle ne voulait pas lui avouer qu'elle avait renoncé (peut-être à cause d'Isabelle, comme si le temps de passer le relais de la vie et du plaisir était arrivé, puisque sa fille était devenue femme) à ce moment extrême, quand le passé se fond dans le corps et que celui-ci, tout à coup, pour quelques minutes, va seul, emporté par la grande houle de l'instinct, et qu'il faut ensuite un long moment pour reprendre pied, la bouche sèche, les reins douloureux de s'être ainsi cambrés, le sexe moite.

Elle savait qu'elle n'éprouverait pas cela avec Gilles Duprez.

Il devinait qu'elle le pensait, qu'elle n'attendait pas de lui la jouissance, la passion, mais la tendresse, un amour raisonnable.

Et elle comprenait aussi qu'il ne s'y résignait pas.

Alors, quand il téléphonait et qu'elle se taisait, parce que Sélim Naïr levait les yeux vers elle avant de détourner la tête, elle ne pouvait lui dire, comme elle l'aurait souhaité, comme il aurait été normal, pensait-elle, entre une femme et un homme qui avaient déjà une longue, très longue mémoire: « Gilles, je regarde celui qui fut mon jeune amant, j'ai un peu honte de cette émotion qui m'étreint. Il me semble que mes joues s'empourprent, elles me brûlent, comme mon ventre, mon sexe, mais je n'y peux rien, ce n'est pas le regret de ne plus avoir de relations avec lui, j'en suis heureuse, au contraire, mais c'est la nostalgie d'un temps qui est fini pour moi, je le sais, qui est fini pour vous, Gilles, pour nous deux, et c'est pourquoi nous sommes accordés, et c'est pourquoi je vous aime, maintenant, d'une autre manière que j'ai aimé. Et si nous en avions le courage, nous aurions vite, vous et moi, un enfant – je souhaite un fils – pour que ce que nous sommes, ce que nous faisons ensemble, ait un sens, puisque ce ne peut plus être ce que nous avons connu, vous et moi, dans ce qu'il faut bien appeler notre passé, autrefois. »

Mais elle ne pouvait avouer cela à Gilles Duprez.

Il lui parlait avec la fougue d'un jeune homme qu'il n'était plus.

Il la prenait par la taille à tout instant, comme si le désir d'elle avait été si fort en lui qu'il ne pouvait s'empêcher de la toucher, de la serrer contre lui, de l'embrasser.

Mais les rares fois où elle avait cédé, naïve ou perverse, les deux, sans doute, l'entraînant de la cuisine vers la chambre alors qu'elle était en train de faire chauffer l'eau du thé, qu'Isabelle venait de partir, il avait été incapable de l'aimer, s'excusant, penaud, et elle n'avait pu s'empêcher de se moquer de lui, de l'appeler comme Bory le faisait « don Quichotte ».

Il avait fui, ces matins-là, ne lui téléphonant que le lendemain, comme s'il avait voulu laisser le temps effacer le souvenir de son fiasco.

Un soir, elle était donc restée seule, Isabelle s'étant couchée tôt. Elle avait écouté dans l'obscurité du salon le *Stabat mater* de Pergolèse, émue aux larmes, déchirée – tel était le mot qu'elle se répétait : « Je suis déchirée, déchirée » – par ce chant qui lui semblait exprimer le pathétique de toute vie, cette longue lutte contre le courant, ample, souverain, implacable, qui à la fin submerge tout.

Elle était restée les yeux ouverts, ne pouvant s'arracher à cette musique – qu'elle repassait –, à cette nostalgie.

Et, tout à coup, elle s'était levée, comme poussée par une force, se dirigeant vers la chambre d'Isabelle, ouvrant la porte sans précaution, prêtant l'oreille un instant pour entendre le bruit de la respiration et ne percevant rien, criant : « Isabelle, Isabelle ! » et tâtonnant pour chercher l'interrupteur, le trouvant enfin, allumant.

Sa fille était là, couchée, la tête sous l'oreiller, et Anne-Marie s'était mise à pleurer silencieusement, éteignant la lumière, s'agenouillant près du lit, prenant la main d'Isabelle, se laissant peu à peu couler dans le sommeil, sans y prendre garde, sans avoir la force de sortir de la chambre, comme une chatte qui ne peut rester seule.

C'est Isabelle qui, le matin, en retirant sa main, l'avait réveillée, interrogée : « Mais qu'est-ce que tu fais là, maman ? »

Elle avait son ton irrité des mauvais jours, qu'Anne-Marie accepta sans répondre.

Mais Isabelle ne se contenta pas de ce silence. Elle devait s'habiller vite, disait-elle, elle ne pouvait se permettre d'être en retard au cours de Mme Milner, qui n'acceptait aucun élève après la fin de la sonnerie.

Elle n'avait pas le temps de parler : « Laisse-moi, maman, je t'en prie », maugréa-t-elle.

Et, au moment où Anne-Marie quittait sa chambre, Isabelle lança comme un dernier coup de pied :

« Je ne vois plus Gilles. Déjà terminé, avec Duprez ? Je l'aimais bien, mais c'est pas mon affaire, c'est la tienne. »

Anne-Marie devait subir, faire face, seule, souvent désemparée par ces agressions, cette ironie, ces sarcasmes, et personne ne pouvait l'aider.

Elle avait essayé d'en parler à demi-mots à Julien, mais il avait haussé les épaules. Entre mère et fille, l'hostilité était naturelle, prétendait-il.

« Tu n'es pas facile, ajouta-t-il. Je comprends Isa. En plus, elle me ressemble. »

Elle ne lui avait même pas répondu, si désespérément convenu, si décidé à ne pas voir qu'elle en était accablée plus que révoltée.

Mais Gilles Duprez la décevait aussi, assurait qu'il fallait faire confiance à Isabelle, qu'elle avait compris la leçon, qu'elle ne trébucherait plus – sa hargne envers Anne-Marie n'étant, assurait-il, qu'une manière d'affirmer sa force, sa volonté de se prendre en main.

Gilles était peut-être tout aussi égoïste que Julien, plus tendre, plus proche, mais incapable de comprendre ce qui se passait entre elles, et peut-être était-elle vraiment la seule à le pouvoir, à souffrir de ce changement d'attitude de sa fille.

Elles avaient eu quelques jours de complicité, d'intimité, Isabelle comme un petit bébé qui hoquette sur l'épaule de sa mère. Anne-Marie lui avait caressé les cheveux, lui avait murmuré les mots capables de l'apaiser.

Puis Isabelle s'était retirée, retranchée, comme si sa manière de dormir, la tête sous l'oreiller, reflétait sa façon de vivre, enfouie, à part, ne jetant à Anne-Marie que des regards hostiles, des mots tombés du bout des lèvres, un: « Ça va très bien, maman, laisse-moi », un: « Tu m'ennuies, tu pèses, tout va bien, qu'est-ce que tu imagines ? »

Elle imaginait tant de choses, Anne-Marie, après les confidences que lui avait faites Isabelle.

Elle aurait voulu parler encore de cela, lui demander si elle avait vu à nouveau Laurent Dimet, ne pouvant croire, d'après ce qu'elle savait de lui, qu'il renonçât ainsi à l'une de ses proies.

Mais elle n'osait pas, se contentant de petites questions ridicules, faisant comme si ce qu'Isabelle lui avait avoué n'avait pas existé, ne l'avait pas changée.

Et elles savaient toutes deux que ce n'était là qu'une hypocrisie commode qui leur permettait de vivre l'une à côté de l'autre, comme avant, alors qu'un gouffre séparait présent et passé.

Peut-être était-ce pour échapper à ce mensonge, à ce malaise, qu'Isabelle insistait pour que Gilles Duprez s'installât rue Boissonade, et peut-être était-ce pour éviter ce moment de vérité – quand Isabelle dirait : « Je suis devenue quelqu'un d'autre, maman, que tu ne connais pas » – qu'Anne-Marie résistait.

Elle voulait et ne voulait pas, se dérobait quand Gilles Duprez suggérait qu'il pouvait passer la semaine, là, chez elles, pendant qu'on repeignait son atelier de la rue du Cardinal-Lemoine.

Elle ne répondait pas. Elle laissait Gilles s'attarder sur le pas de la porte, dire avec emphase que son enquête avançait, qu'il allait démasquer quelques superbes pourris, puis il se taisait, attendait qu'elle le retînt.

« Qu'est-ce que je fais ? » murmurait-il – et c'était déjà une habitude.

« On se couche, Gilles, il est tard. »

Elle commençait à pousser la porte, et il s'enfonçait dans la cage d'escalier, sans allumer la lumière.

Elle n'avait pas un geste, le laissant descendre dans l'obscurité, soulagée d'être seule avec Isabelle et craignant cependant cette confrontation avec elle, l'événement qui les mettrait face à face.

Un matin, alors qu'Anne-Marie, précisément, téléphonait rue Boissonade pour savoir si Isabelle était rentrée du lycée – car elle tentait maladroitement de surveiller son emploi du temps, ce qu'Isabelle ne supportait pas –, Elsen lui avait tendu ce livre de Laurent Dimet, *Arborescence*.

Elle raccrocha aussitôt, ne le saisissant pas, laissant Christian Elsen le poser sur la table.

« Vous connaissez, bien sûr », dit-il.

Il se pencha vers elle, il raconta comment Dimet venait de lui proposer un livre.

« Pour votre collection, Anne-Marie, c'est là qu'il veut être publié. »

Elle entendait Christian Elsen : quinze mille exemplaires, un à-valoir très raisonnable, Dimet, ça n'est jamais indifférent, la critique réagit toujours.

« Qu'en pensez-vous ? Il a hâte de vous rencontrer. Il m'a parlé de la collection, de vous, en termes élogieux, très élogieux... »

Elsen se redressa, souriant :

« Vous connaissez sa réputation, méfiez-vous, Anne-Marie, qui sait ce qu'il va vous faire découvrir, qui sait ? »

Le livre de Dimet était posé devant elle, petit rectangle blanc, et Christian Elsen s'approcha de nouveau.

« Il va vous appeler très vite, il est impatient, chère Anne-Marie, soyez aimable, pas trop... Pas trop », répéta encore Elsen en quittant le bureau.

La dérision, le persiflage corrodaient tout, transformaient la vie en une suite de ragots sans importance.

La tragédie devenait opérette, comédie de boulevard.

Rien ne valait plus l'indignation, la colère, la révolte, le mépris.

Rien ne faisait plus longtemps scandale.

Tout se dissolvait. Tout devenait superficiel.

Il faudrait peut-être qu'elle dise à Laurent Dimet combien elle était heureuse de publier l'un de ses manuscrits, celui précisément où il ferait le récit de sa rencontre avec Isabelle, pourquoi pas ?

Et il donnerait des détails, et elle dirait d'un ton admiratif : « Cher ami, c'est remarquable... »

Elle avait pris le livre de Dimet et l'avait lancé contre la fenêtre, de toutes ses forces, en hurlant : « Je ne peux pas, je ne peux plus ! »

Puis elle avait enfermé sa tête dans ses bras et était restée ainsi, le front appuyé sur la table, laissant le téléphone sonner.

52

Une fois encore, Gilles Duprez avait essayé d'obtenir Anne-Marie Bermont au téléphone, d'abord chez elle, puis aux Éditions Christian Elsen, comme s'il cédait à un réflexe, soulevant l'appareil posé à ses pieds, contre la baie vitrée qui fermait l'atelier, du côté de la cour, au 47 de la rue du Cardinal-Lemoine.

Il avait besoin d'entendre Anne-Marie, mais c'était, rue Boissonade, la voix enregistrée sur le répondeur qui annonçait : « *Nous sommes momentanément absents, si...* »

Duprez raccrochait, attendait quelques minutes et composait le numéro des Éditions Christian Elsen, reposant violemment le combiné par terre quand, pour la quatrième ou cinquième fois, la standardiste répétait : « Ça sonne chez Mme Bermont, elle ne répond pas, vous attendez ? Vous êtes toujours là ? »

Il n'était plus là, et, morose, inquiet, appuyé à la large planche qui, placée sur des chevalets, lui servait de bureau, il griffonnait quelques mots, quelques schémas, quelques portraits, pressentant qu'il travaillerait mal, que ce récit qu'il voulait intituler *Scènes de la vie parisienne fin de siècle*, il ne le commencerait pas encore, ne sachant comment entrecroiser les fils qu'il avait tirés grâce à Parrain, à Limel et même à Benoît Rimberg.

Rimberg – cela procédait naturellement chez lui d'un calcul tactique – lui avait révélé comment Richard Berthier avait tenté d'obtenir qu'il n'ouvrît pas publiquement le dossier Rollin, et comment maître Lemarque puis Pierre-Yves Lavignat avaient fait la même démarche.

L'avocat avait offert des compensations pour le silence de Rimbert : « Mon client n'est pas inquiet, avait-il dit, au contraire, il ne demande qu'à s'expliquer, cher confrère, mais à son heure, à sa manière. Il prépare un livre, laissez-lui le temps de publier son plaidoyer. Vous pourrez toujours l'attaquer après. Et puis, le silence arrange vos amis, Berthier. Le pouvoir, vous en êtes proche, tout de même ! Ne me dites pas que vous êtes à droite, vous aussi ? »

Pierre-Yves Lavignat, lui, avait parlé de l'âme du pays, qui serait atteinte par des révélations sur de vieilles affaires.

« Dans le climat actuel avec cette poussée raciste, populiste, le pays n'a rien à y gagner, avait-il conclu, la communauté juive non plus. On pense cela au plus haut niveau, vraiment au plus haut. »

Mais Rimberg était demeuré impassible face à l'un comme à l'autre.

Il avait dit à Duprez avec un mince sourire, si fugace qu'il faisait penser à une brève démangeaison rendant un peu mobiles les traits du visage autour de la bouche : « Vous pouvez faire état de mon témoignage, et je vous passerai ce que nous avons sur les liens de Berthier avec le Consortium de rénovation urbaine, donc avec Rollin. Vous pouvez faire un livre passionnant en mêlant tout ça, n'est-ce pas ? »

Ils avaient déjeuné face à l'église Saint-Étienne-du-Mont, dans un petit restaurant où, autrefois, disait-on, dans les années vingt, Mauriac avait ses habitudes.

C'était une salle tranquille ; Gilles Duprez y avait sa table réservée, près des fenêtres donnant sur la façade de l'église.

Quand il arrivait, on relevait les rideaux de fil parce qu'il aimait voir les sculptures du portail et qu'il pouvait rester ainsi – même quand il était seul – longtemps à table, le cigare entre les dents, les yeux mi-clos.

Le restaurant n'avait pas changé depuis une quinzaine d'années et Gilles Duprez aimait, quand il rentrait de ses reportages, ou quand il arrivait de Samois, retrouver ce lieu, à quelques minutes de la rue du Cardinal-Lemoine.

Peut-être à cause du décor provincial, presque familial, de sa tranquillité – les clients étaient pour la plupart des universitaires –, Rimberg s'était montré plus disert qu'à l'habitude, interrogeant Duprez sur ses liens avec Anne-Marie Bermont.

Il n'attendit pas sa réponse pour préciser qu'il estimait beaucoup cette femme, qu'elle était peut-être la seule dans ce milieu pour laquelle il avait du respect, exigeante, vraie, fidèle à ses valeurs. C'était comme une confidence nostalgique qu'il faisait ainsi à Gilles, ajoutant qu'il fallait les protéger, elle et sa fille. Il hésita un peu, puis, détournant la tête, comme pour ne pas montrer ses yeux, il explicita: «Les venger, Duprez, les venger. Rivière est un con, Christian Elsen – Rimberg, haussa les épaules – un mondain qui ne se soucie que de lui-même, Berthier un lâche, elle ne peut compter que sur moi et sur vous, voilà.»

Ils s'étaient quittés rue Descartes, devant les vieux bâtiments de l'École polytechnique, Gilles remontant la rue vers le lycée Henri-IV.

Rentré chez lui, installé à sa table, il avait donc essayé de téléphoner, en vain, rêvant alors, les doigts posés sur le clavier de sa machine, mais n'écrivant rien, regardant l'arbre dans la cour, les pavés entre lesquels les feuilles formaient un liséré jaune et brun, comme autrefois ceux qu'on dessinait en blanc, autour des tommettes, dans les maisons provençales.

Tout un côté de la cour était occupé par la façade vitrée de la salle à manger d'un petit hôtel dont l'entrée était située sous le porche et où ne séjournaient que des habitués qui se passaient l'information comme un secret à ne confier qu'à des initiés.

Quand il apercevait depuis son atelier les clients attablés, Duprez imaginait des intrigues balzaciennes dans cette pension qui semblait elle aussi hors du temps.

Autrefois – ce mot l'étreignait –, il avait noué là, avec une jeune femme new-yorkaise, une intrigue estivale, banale, futile en apparence, mais qu'il avait vécue avec enthousiasme, déclamant des vers, s'évertuant à émerveiller cette Américaine un peu grasse, et il pensait à cette dizaine de jours qu'il avait passés avec elle, dans cette cour, avec une mélancolie que rien ne paraissait justifier.

C'est à peine s'il se rappelait le prénom de cette jeune femme – Frances ou Barbara ? –, mais peut-être y avait-il deux femmes, deux étés qui se superposaient et se confondaient dans sa mémoire.

Il se souvenait pourtant de son élan, de sa fougue, de ce

désir qu'il ressentait alors. Aujourd'hui, tout était plus lent, il était comme engoncé dans des vêtements alourdis, et il lui semblait que c'était pire autour de lui : Anne-Marie préoccupée, Xavier Limel accomplissant son métier comme un devoir, Parrain décochant ses flèches, l'amertume et le pessimisme déformant ses traits.

Affaire d'âge, de génération ?

Gilles était le plus vieux, mais ils semblaient plus désespérés que lui, comme si chacun d'eux avait oublié la noblesse de la vie, repliés sur eux-mêmes, Limel ne trouvant de la joie qu'à regarder David, mais tous sans illusions, comme si, en une vingtaine d'années, tout s'était révélé inutile, vide, comme si la ville elle-même n'était plus que la cœxistence, sans âme partagée, de quartiers différents, d'immeubles fermés où l'on ne pouvait plus pénétrer qu'à l'aide de codes.

Gilles se souvenait de ces nuits de Mai 68, quand il fallait pousser les portes cochères, se réfugier dans les cours ou les étages pour fuir les charges de C.R.S., rue Gay-Lussac.

Aujourd'hui, toutes les entrées étaient verrouillées.

Ville close. Ville changée, à l'exception de quelques îlots comme cette cour, cet hôtel.

Mais lui, Gilles, avait changé aussi ; si peu d'enthousiasme, en fait, tant d'efforts pour se mettre en mouvement, faire surgir de cette gangue un désir, une volonté, et le sentiment, déjà, d'avoir tout dit, tout vécu, à l'exception du plus sinistre, la dégradation du corps, cette immobilité qui peu à peu devait vous saisir.

Et Gilles avait parfois le sentiment qu'il en sentait les premiers effets : jambes lourdes, nuque raide, taille prise dans des chairs gonflées.

Il était anxieux, angoissé. Il téléphonait à Anne-Marie Bermont, espérant d'elle une impulsion, lui demandant en fait de lui redonner du désir et de l'élan. Mais elle-même était trop inquiète, comme frappée, des années à l'avance, de ce qu'il éprouvait, peut-être parce que Isabelle l'étouffait et que cette adolescente – pas même dix-sept ans – paraissait à Gilles ne pas savoir elle non plus ce qu'était l'enthousiasme.

Était-ce donc la maladie de cette époque, de cette ville ?

Gilles avait à nouveau téléphoné à Anne-Marie Bermont, et parce qu'il ne supportait plus de ne pas l'entendre, il avait quitté son atelier, marchant d'un bon pas, se donnant ainsi l'occasion de traverser ce quartier qu'il aimait, puis le jardin du Luxembourg jusqu'à la place Saint-Sulpice.

Il avait acheté *Le Monde*, le feuilletant tout en marchant, et, levant la tête à la hauteur du grand bassin, face au Sénat, il avait aperçu, debout l'un en face de l'autre, Isabelle et Laurent Dimet.

Lui, les mains dans les poches de son blouson, un foulard jaune vif tranchant sur le cuir noir, elle un peu voûtée, baissant la tête, comme intimidée, prise en faute. Lui parlait, le menton levé, le profil régulier, les tempes rasées, d'une réelle beauté soulignée par le port insolent, jambes bien campées, ventre plat, silhouette juvénile.

Et Gilles, sans réfléchir, s'était approché avec l'envie de frapper, de détruire même, et il ne voulait pas raisonner, il refusait de penser, répétant entre ses dents : « Cette fois-ci, je lui casse la gueule. »

En levant la tête, Isabelle l'avait aperçu et, brusquement, elle était venue vers lui, si bien que Gilles resta interloqué. Isabelle le rejoignit, se plaça devant lui tandis que Laurent Dimet, après les avoir regardés, s'éloignait lentement en direction de la rue Soufflot, marchant sans se retourner.

Gilles n'avait su que dire :

« Qu'est-ce que tu fais avec lui, après, après ?... »

« C'est ma vie, répondit Isabelle, ma vie. »

Il lui rappela ce qu'elle lui avait raconté, là, à quelques centaines de mètres, dans un café de la place Edmond-Rostand.

« Tu te souviens, demandait-il, tu te souviens de ce que tu m'as dit ? »

« Je m'ennuie, je m'emmerde, dit-elle, à nouveau tête baissée. Votre manière de vivre, c'est rien, regarde ma mère, toi, qu'est-ce que vous réussissez à vivre ? Rien. Rien. »

Elle s'était mise à courir derrière Dimet, criant « Laurent, Laurent ! » et Gilles était resté longuement immobile, son journal entre les doigts, pendant le long de sa jambe, les regardant qui s'éloignaient, lui raide, elle la tête penchée vers lui, et il n'avait plus envie de voir Anne-Marie, il rentrait chez lui, qu'avait-il à écrire encore ?

Il les avait suivis à distance, puis ils tournèrent rue Saint-Jacques et il ne les vit plus.

53

Ce n'est qu'en arrivant boulevard du Montparnasse, place du 18-Juin, face à la longue trouée de la rue de Rennes, obscure comme un fleuve qui dévale entre des falaises, puis en attendant longuement avant de pouvoir traverser le flot des voitures qui, bien qu'il fût près de minuit, bloquait le passage, ce confluent de la rue du Départ et de la rue d'Odessa, ce n'est qu'en se tenant ainsi au bord de la chaussée, cherchant vainement un espace, que Xavier Limel avait pensé à appeler Gilles Duprez, moins pour lui annoncer la nouvelle, qu'il devait déjà connaître – elle était tombée en milieu de matinée, et *France-Soir* avait sorti l'une de ses éditions avec une photo de Richard Berthier visitant en compagnie du ministre une exposition de peinture –, que, brusquement poussé, à cet instant, sur cette place, par le besoin de parler, vraiment, de la mort d'un homme, comme il le faut, en prenant le temps, en le voyant encore vivant, en imaginant le vide qu'il laissait, ce trou béant dans le monde qui allait peu à peu – mais peut-être jamais pour ses proches – se combler.

Il pouvait suffire d'un jour pour que la surface se refermât, et c'était ainsi bien souvent.

Ce besoin de rencontrer Duprez, Limel l'avait peut-être ressenti à cause de sa marche dans la nuit depuis la rue Falguière, le long de la rue de l'Arrivée, de la détente qu'elle avait suscitée en lui.

C'était comme un remords qui s'amplifiait alors qu'il regardait les voitures s'ébranler et qu'il restait là, près du feu rouge, à se remémorer cette journée, tout entière consacrée à l'homme dont, depuis 10 h 22, l'annonce de la mort s'était inscrite sur les écrans des ordinateurs.

Ils avaient eu le temps de rédiger un titre, qu'ils allaient placer à la une de la dernière édition, juste avant le bouclage, et c'était une chance, disait Garini, que la nouvelle fût tombée avant la demie.

« Xavier, il me faut ton feuillet dans trois minutes », avait-il lancé, et la course avait commencé. Et elle n'avait plus cessé jusqu'à ce moment, il y avait une demi-heure, où il avait quitté le journal, l'après-midi passé à recueillir des informations, après qu'il se fut rendu rue Daru, puis à écrire, au début de la soirée, le papier de la première édition du lendemain. Limel avait expliqué à Sylvie Pasquier qu'elle devait garder David toute la nuit, qu'il ne pourrait pas rentrer, et il entendit, cependant qu'elle le rassurait, David qui hurlait : « Je veux parler à papa », mais il n'avait pas le temps et il avait raccroché, se promettant de rappeler plus tard.

Mais le temps lui avait encore manqué, parce qu'il fallait compléter la biographie de Berthier, classer les premiers commentaires, joindre le ministre, qui se dérobait, écouter longuement Pierre-Yves Lavignat qui affirmait qu'il s'agissait d'un assassinat politique, d'un avertissement donné par les terroristes à la France, mais que lui, Lavignat, était prêt à prendre immédiatement la succession de Berthier à la tête de *L'Universel*, quels que fussent les risques.

Garini n'avait prévu qu'une demi-page pour les réactions, et Limel avait arraché deux colonnes de plus, c'était déjà la routine, l'essentiel était qu'ils eussent réussi à faire un titre aujourd'hui, écrit en corps gras, encadré d'un cartouche épais, si bien que c'était cela qui frappait quand on prenait le journal :

M. Richard Berthier, directeur de *L'Universel*,
tué d'un coup de feu

Le corps de M. Richard Berthier, éditeur et directeur du mensuel *L'Universel*, homme d'affaires et personnalité parisienne aux amitiés nombreuses dans le monde financier, politique et culturel, a été découvert à son domicile, un hôtel particulier de la rue Daru, dans le VIIIe arrondissement de Paris, vers 9 heures ce matin.

La mort a été provoquée par une balle de fort calibre, tirée à bout portant dans la région du cœur.

Il est trop tôt pour élucider les circonstances du décès. La police, après les premiers examens, n'écarte aucune hypothèse, y compris donc celle du suicide.

Une enquête a été ouverte par le parquet et a été confiée à la Brigade criminelle. Dès son annonce, la disparition de M. Richard Berthier – sur laquelle nous reviendrons dans nos prochaines éditions – a provoqué de nombreuses réactions.

Comment penser réellement à la mort de cet homme quand elle n'était d'abord que cette longue dépêche de l'A.F.P. que la secrétaire de Limel achevait de reproduire et que Limel avait lue, penché sur l'écran de l'ordinateur, cette suite de lignes vertes qu'il faisait défiler, appuyant sur une touche – et la vie de Berthier passait en mille cinq cents mots, suivie par un flash, signalé *urgent*, annonçant des déplacements de divisions soviétiques dans les États baltes, et le risque d'affrontement entre ces unités et des groupes de déserteurs.

Ainsi, le destin de Berthier s'effaçait déjà : son corps retrouvé dans la chambre aux rideaux tirés, vêtu seulement d'un pantalon de pyjama, étendu le visage contre le parquet, les bras repliés sous le torse, l'arme – un pistolet de 9 mm – à quelques centimètres de l'épaule, peut-être sa main l'avait-elle lâchée, à moins que l'assassin ne l'eût placée là pour faire croire à un suicide, son corps – la peau crevée, éclatée, noircie à hauteur du cœur, sous l'omoplate – dont on avait oublié déjà la réalité, cachée sous les phrases.

C'était Verdier qui avait fourni les détails à Limel, dans une brasserie de la place des Ternes, à l'angle de la rue du Faubourg-Saint-Honoré et du boulevard de Courcelles.

Ils s'étaient installés à la terrasse, à la seule table libre qu'ils avaient trouvée, près de l'entrée.

C'était l'heure où la foule des employés et des vendeuses envahissait le café, et chaque fois que quelqu'un poussait la porte, le vent s'engouffrait, projetant des gouttelettes de pluie sur leur table, tandis qu'ils essayaient de s'entendre dans le brouhaha, de passer commande, mais les garçons couraient, criant à tue-tête, et les phrases de Verdier, la description qu'il faisait de la chambre où il avait pu pénétrer, parce qu'il représentait l'A.F.P. et qu'il connaissait l'inspecteur François Milner, chargé de l'enquête, l'évocation de ce parfum entêtant qui semblait imprégner tout l'appartement, un parfum de femme, peut-être Jicky de Guerlain, ou Chanel n° 5, ce corps qu'il avait vu encore en place, à moins d'un mètre de la porte, tous ces mots qui résumaient une vie, une mort, se trouvaient ensevelis sous les *jambon-beurre, deux cafés allongés, un crème très blanc, un petit-salé-lentilles*.

À la fin, Verdier et Limel avaient renoncé, quitté la brasserie.

Ils avaient marché le long du boulevard de Courcelles, vers la rue Pierre-le-Grand, poussés par le vent, la pluie moins drue qu'ils croyaient, une bruine plutôt, mais que les rafales faisaient tourbillonner, si bien qu'elle frappait fort tout en ne mouillant pas vraiment.

Le corps, donc, reprit Verdier, avait été découvert dans la chambre du dernier étage, à côté du lit défait. L'on pouvait imaginer Berthier qui se levait, allait vers la porte, réveillé par quelque bruit.

Verdier s'arrêta avant de s'engager dans la rue Pierre-le-Grand au bout de laquelle stationnait, devant l'église russe, un car de police.

Cette hypothèse, reprit-il, rendait compte du saccage des bureaux de *L'Universel*, que les premières dépêches n'avaient pas mentionné.

Cela, c'était Caselli qui l'avait révélé, demandant qu'on ne le cite pas, la police ayant exigé le silence complet.

Verdier s'y était engagé, les deux étages avaient été placés sous scellés.

Mais Caselli n'oublierait pas ce qu'il avait éprouvé en arrivant le premier, comme chaque jour, vers 8 h 45, 8 h 50, étonné de trouver le portail ouvert, la cour où stationnait habituellement la voiture de Berthier, déserte, alors qu'à cette heure-là Tango la lavait.

Mais Tango était absent, la porte de l'immeuble ouverte aussi, l'hôtesse et la standardiste n'étaient pas encore arrivées. Cela, c'était normal.

Cependant, Caselli avait éprouvé une impression de malaise, comme si l'odeur ou le silence, ce matin-là, étaient particuliers.

Il avait tardé à s'engager dans l'escalier, retournant dans la cour, remarquant alors que deux des fenêtres du premier étage étaient brisées, persuadé aussitôt que quelque chose s'était produit, montant lentement, découvrant dès son arrivée sur le palier, les portes battantes, les dossiers du journal répandus sur le sol jonché de feuillets, les meubles et les fauteuils renversés, les ordinateurs jetés à terre, comme si plusieurs personnes avaient systématiquement voulu tout détruire.

Au deuxième étage, où Caselli était monté ensuite, la dévastation était la même, les murs couverts de graffiti, d'arabesques noires et rouges, indéchiffrables, comme si l'intention n'était pas de menacer ou d'injurier, mais simplement de souiller, impression peut-être encore renforcée par le non-sens de ces longues ondulations qui couraient sur les murs, les meubles, les tableaux, les portes, les miroirs, se chevauchant, comme si ceux qui les avaient tracées s'étaient poursuivis, courant le long des cloisons, marquant aussi parfois le sol de leur passage.

Caselli montait rarement dans l'appartement de Berthier, qui occupait le troisième et dernier étage de l'immeuble.

Il avait imaginé que les casseurs ne s'en étaient pris qu'aux bureaux de *L'Universel*, puisque la porte qui condamnait la dernière partie de l'escalier était, contrairement aux autres, fermée ; un trait de peinture rouge la barrant par le milieu et se prolongeant sur les cloisons semblait d'ailleurs indiquer qu'elle n'avait pas été ouverte.

Il avait cru, Tango étant absent, que Richard Berthier avait dû ne pas rentrer de la nuit, et, plus par réflexe que par raison, il avait poussé la porte.

L'escalier était plongé dans l'obscurité, mais le parfum entêtant lui avait donné l'intuition, une nouvelle fois, qu'il s'était produit quelque chose, peut-être le pire.

Il était monté, laissant sa main glisser contre le mur, découvrant les portes béantes sur le grand salon où rien n'avait été déplacé, puis celle de la chambre entrouverte, et il avait appelé, attiré par l'obscurité qui paraissait y régner, alors que deux lampes en forme de champignons brûlaient, éclairant le salon.

Dès l'entrée, il avait aperçu Richard Berthier, le front contre le sol, le revolver près de l'épaule gauche, le corps un peu replié, comme si, avant de s'abattre, il s'était accroupi.

Caselli avait avoué à Verdier qu'il avait eu la nausée devant ce dos où le sang avait séché autour des chairs déchirées par l'impact de la balle.

La police aussitôt prévenue, le commissaire Diebolt, dès son arrivée, avait fait fermer les étages, demandant à Caselli de ne rien dire, sous aucun prétexte, si bien que les premières dépêches – celles que Xavier Limel avait utilisées pour rédiger l'encadré de la une dans la dernière édition – ne faisaient état que de la mort de Berthier.

Caselli n'avait parlé à Verdier qu'en fin de matinée, quand ils s'étaient retrouvés en bas de l'immeuble et qu'il l'avait pris par le bras, l'entraînant à l'écart, lui montrant d'un mouvement du menton les fenêtres brisées du premier étage, ajoutant qu'il était d'abord journaliste, qu'il ne voulait pas retenir l'information, qu'il ne comprenait pas ce qui motivait la consigne de la police.

Verdier avait aussitôt téléphoné un texte à l'A.F.P. faisant état des saccages et concluant que, compte tenu de ces nouveaux éléments, l'hypothèse du suicide paraissait difficile à retenir.

Mais pouvait-on jamais savoir ce qui se passait dans la tête d'un homme qui allait mourir, avait ajouté Verdier. Il fallait peut-être imaginer une volonté de destruction, le soin mis à tout anéantir autour de soi, annonçant et effaçant ainsi le suicide.

Berthier, si excessif, avait été bien capable de cela, selon Verdier, avec son goût de la mise en scène grandiloquente. Et celle-là n'en était-elle pas une ?

Xavier Limel n'avait pu ni répondre ni même vraiment penser à ce que peut ressentir un homme qui va se tuer, car alors qu'ils arrivaient rue Daru, devant l'hôtel particulier de Berthier, un homme massif – qu'il lui semblait reconnaître, comme si, sous le déguisement maladroit de l'âge, était apparue sa silhouette d'autrefois, d'il y avait vingt ans, les cheveux plantés bas sur le front, le visage large, les mains dans les poches d'un manteau de loden – s'était précipité sur Verdier, une moue méprisante déformant ses traits.

Il dit d'une voix sourde :

« Vous êtes vraiment de la merde, vous, les journalistes. Vraiment, votre dépêche, Verdier, ça ne pouvait pas attendre ? Ils vont être contents, ceux qui ont fait ça, faites-leur de la pub, comme ça ils recommenceront. C'est ce que vous espérez, non ? Vous n'avez pas changé ! »

Verdier ne répondit pas, s'éloigna avec Limel. Il expliqua, en désignant l'homme d'un geste, que si le commissaire Diebolt – « souviens-toi, Xavier, on l'avait déjà sur le dos en 68 » – était sur les lieux, avec la Criminelle – « Milner, murmura Verdier, pensif : un inspecteur intelligent, la nouvelle école, étudiant en philosophie en 68 » –, c'est que l'affaire n'était pas simple, qu'elle avait un arrière-plan politique, il leur fallait fouiller par là, si on les laissait faire.

Des mots encore, une mort réduite à cette accumulation de phrases, entrant ainsi dans le grand jeu des vivants comme un élément de la partie qui ne cessait jamais, une mort qui changeait la donne.

Il fallait rebattre les cartes, reprendre les mises, Berthier lui-même, sa vie sans plus aucune importance réelle, déchiquetés entre tous les joueurs.

Et c'est à cela que pensait Limel lorsque, vers minuit, ayant écrit ses papiers, il téléphona à Gilles Duprez, lui donna rendez-vous au bar du Select, boulevard du Montparnasse, pour qu'ils parlent un peu, vraiment, de cet homme mort, s'ils le pouvaient, s'il en était temps encore, car il allait à présent se dissoudre, disparaître. Et quoi qu'il eût été, quoi qu'il eût fait, il avait été un homme vivant, comme eux, il y avait moins d'un jour.

Mais si long, parfois, ce dernier jour.

54

Diebolt était donc là, assis, le corps penché en avant, les mains dans les poches de son manteau de loden, silencieux, à regarder la fille – quel âge pouvait-elle avoir ? vingt-cinq, trente ans, pas plus – qui se déshabillait.

Il n'avait quitté la rue Daru qu'en fin de journée, après la visite de Jean-Luc Marchal, et il avait fallu attendre que la presse soit partie pour que Marchal vienne lui-même se rendre compte, afin de rapporter directement ses impressions au ministre de l'Intérieur.

Marchal avait parcouru lentement les bureaux de *L'Universel*, puis l'appartement de Berthier, s'attardant dans la chambre dont on n'avait pas ouvert les rideaux, s'arrêtant devant les contours du cadavre qu'on avait tracés à la craie blanche, sur le parquet. Durant toute la visite, il n'avait pas dit un mot, laissant parler Diebolt qui n'avait prononcé que les phrases indispensables, une ou deux par étage – Milner, qui les suivait, n'ajoutant rien.

C'est dans la cour que Marchal avait dit, sans serrer la main de Diebolt : « Je vous avais indiqué : Berthier, intouchable. On l'a touché et bien touché. Soit. Qu'est-ce qu'on fait ? Débrouillez-vous, Diebolt. Nous ne voulons pas que ce cadavre pourrisse tout. »

Et c'est parce que, depuis ce moment-là, en s'éloignant de la rue Daru, Diebolt avait eu la sensation de garder sur lui, dans la laine de son manteau, dans sa peau, dans ses cheveux, ses sourcils, ce parfum, celui de la chambre de Berthier, ce parfum comme le souvenir tenace de la mort, qu'il s'était fait déposer non loin de la gare Saint-Lazare.

Il avait besoin de se plonger dans la foule, d'emplir sa tête de ce piétinement sur les quais, dans les escaliers qu'il montait lentement, bousculé, respirant cette âcre odeur de corps, de sueurs fortes.

Il s'était assis dans une brasserie, sous la verrière de la gare, plongeant ses lèvres dans la mousse fraîche de la bière, éprouvant à ces sensations frustes une jouissance instinctive.

Il mangea une saucisse dans une assiette grise en carton, simplement pour s'emplir la bouche de moutarde, effacer ainsi, par ces réactions physiques – le palais lui brûlait, il commanda un autre demi –, l'image de ce cadavre obscène, cette nudité flasque, ces jambes repliées – quand on avait fini de le photographier, de relever sur lui tout ce qui pouvait paraître un indice, on l'avait retourné, et il n'était pas encore raidi, les bras s'étaient ouverts, et comme les lèvres étaient retroussées, montrant les dents, ce rictus semblait une invite équivoque, le pyjama fendu laissant voir le sexe.

Ce cadavre-là, il suintait déjà, comme un corps malsain, corrompu, et Diebolt s'était souvenu du corps de Mathilde Serma, coincé sous le Ponte Lungo, à Venise, de ses longs cheveux que le flot ramenait et écartait, cachant et dévoilant le visage – la mort de Mathilde Serma, sa dernière affaire difficile, mais ce corps-là était apaisé, beau, comme une plante qui va au fil de l'eau.

À aucun moment Diebolt ne s'était senti menacé, sachant qu'il sortirait indemne de cette affaire, bien qu'il y fût empêtré, et même si le ministre de l'Intérieur avait changé, si les journalistes le traquaient ; ç'avait été comme si Mathilde Serma, généreuse, sans rancune, heureuse peut-être de mourir, avait englouti avec elle tout ce qui eût pu inquiéter, mettre en danger Diebolt [1].

Le cadavre de Richard Berthier, au contraire, grouillait de malédictions qui allaient se répandre.

Dès que Milner avait appelé, annonçant sa découverte, Diebolt avait perçu qu'il ne se dégagerait pas de cette

1. Sur l'affaire Serma, voir Max Gallo, *Une affaire intime*, roman, Robert Laffont, 1989.

affaire-là, qu'elle serait sa dernière, parce que Jean-Luc Marchal l'avait averti, parce que la chemise verte marquée aux initiales *R.B.*, placée dans le coffre, derrière le bureau de Diebolt, contenait depuis trop longtemps trop de pièces, de noms, de relevés d'écoutes téléphoniques, que Carré avait surveillé l'hôtel de la rue Daru, que Diebolt avait joué avec Jonas comme on envoie une boule contre une autre, que Berthier était lié à trop de ministres – et la photo de *France-Soir*, à la une, représentant Berthier avec l'un d'eux dans la galerie de Zwingle, rue du Renard, était une première alerte – pour que lui, Diebolt, pût esquiver tous les coups.

Et il fallait toujours un bouc émissaire.

Diebolt savait qu'il convenait parfaitement pour ce rôle : il était depuis trop longtemps à son poste, les mains pleines de boue et même couvertes de sang séché, il suffirait de livrer quelques informations contre lui.

Marchal était un habile. On se servirait des rivalités. On proposerait à Carré le poste qu'il espérait, ce bureau tranquille de la rue des Saussaies. On inviterait les journalistes à déjeuner : Verdier, Parrain, Limel.

Tous ceux-là – c'était un signe, ce retour des chevaux du manège, dont Diebolt était persuadé qu'il finissait toujours par se produire à Paris – étaient de vieux ennemis qu'il connaissait depuis vingt ans, qu'il avait poursuivis, lorsqu'il courait en chaussures de sport et blouson dans les manifestations, et eux-mêmes, du côté de la place Maubert, avaient voulu lui faire, comme on dit, la grosse tête.

Marchal leur dirait : « Nous n'avons pas encore réussi, c'est vrai, à faire régner partout, à tous les niveaux de la hiérarchie policière, de la base au sommet, dans tous les services, l'esprit d'une police vraiment républicaine, respectueuse de la loi. Il y a de vieilles habitudes, des hommes qui n'ont pas compris que la loi est la loi, pour les citoyens et pour eux aussi.

– À qui pensez-vous ? » demanderait Verdier. Diebolt l'imaginait, posant ses questions courtes, incisives, le visage en avant, tendu, aigu.

Et Marchal se déroberait avec un sourire : personne en particulier, dirait-il, tout en démentant par une mimique son propos.

« Le commissaire Diebolt, peut-être, je me trompe ? » dirait encore Verdier.

Avant de répondre, Marchal aurait demandé qu'on serve le café, qu'on passe les cigares. La salle à manger du ministère de l'Intérieur, où il recevait, donnait sur les jardins, l'atmosphère était détendue, presque amicale.

« Allons, ce sont bien les Renseignements généraux, et Diebolt en particulier, que vous visez ? » ajouterait Verdier.

« Ce ne sont pas des problèmes de personnes », assurerait Marchal, puis, après un silence : « Cela dit, certains fonctionnaires, comme c'est normal, peuvent faire valoir leurs droits à la retraite, et nous ne nous y opposerons pas. »

Ce cadavre de Berthier annonçait ce qui allait advenir, et Diebolt s'était peut-être attardé pour cela rue Daru, passant et repassant dans les bureaux, ne perdant son sang-froid qu'au moment où on lui apporta la nouvelle dépêche de l'A.F.P. dans laquelle Verdier décrivait avec minutie le saccage des bureaux de *L'Universel*, parce que Caselli, naturellement, avait parlé.

Quel journaliste est capable de se taire ?

Puis, sans répondre à Milner qui disait qu'après tout la chose se serait sue et qu'il valait mieux, dans une affaire comme celle-là, jouer la transparence pour écarter les soupçons d'étouffement – et il précisait déjà en haussant la voix : « Moi, je n'accepterai, puisque je suis chargé de l'enquête, aucune tentative dans ce sens, vous l'imaginez, commissaire », Diebolt opinant, hochant la tête –, il s'était dit que cette dépêche pouvait le servir, qu'elle mettait l'assassinat de Richard Berthier – car, à ses yeux, le suicide était impossible – en relation avec l'action des casseurs, alors qu'il s'agissait peut-être là de deux événements différents, n'ayant qu'un lien d'apparence.

Et il s'était félicité d'avoir, par instinct, sans savoir pourquoi – peut-être pensait-il déjà à Jonas –, demandé à Caselli de faire silence sur le saccage des bureaux, et donc poussé le journaliste à parler, à faire de cet événement-là le centre de ce qui s'était passé rue Daru, le meurtre de Berthier n'en étant plus que la conséquence.

Diebolt s'était alors assis dans l'un des fauteuils du salon, demandant que l'on fermât la porte qui, sur le palier du deuxième étage, condamnait l'escalier menant à l'appartement de Berthier.

L'isolement était complet, et sans doute Berthier, s'il dormait dans sa chambre, n'avait-il rien entendu de ce qui se passait aux étages inférieurs.

Puis Diebolt s'était levé, était entré dans la chambre, avait fermé la porte, et il avait eu l'impression de se retrouver dans une boîte capitonnée, le parfum le prenant à la gorge.

Il était ressorti presque aussitôt avec l'envie de quitter la rue Daru, demandant au policier qui le reconduisait à la préfecture de police, roulant vite, gyrophare bleu sur le toit, de l'arrêter place Saint-Augustin.

De là, il avait marché jusqu'à la gare Saint-Lazare, lentement, un peu voûté, au milieu de ce flot de banlieusards dont les vies identiques et séparées se frôlaient sans jamais se rencontrer, et, peu à peu – était-ce le parfum qu'il avait sur lui ? – il se dit qu'il allait prendre le temps de mourir, qu'il n'allait pas poser sagement la tête sur le billot pour se laisser exécuter par Marchal, mais qu'il allait se battre du fond de son labyrinthe.

Minotaure, avait écrit Gilles Duprez : une belle légende, car lorsque Thésée avait tué le monstre, il avait, rentrant chez lui, oublié de hisser sur son navire les voiles blanches qui annonçaient sa victoire, et sur la falaise, ceux qui l'attendaient, apercevant le navire et les voiles noires du deuil, avaient imaginé que le monstre avait encore vaincu, que Thésée était mort. Le père du héros s'était précipité dans la mer, dernière victime du Minotaure par-delà sa mort.

Diebolt s'était complu à se remémorer peu à peu cette légende, remarquant dans la cohue pressée cette jeune femme aux cheveux relevés en chignon, à la robe noire très courte, au manteau trop ouvert pour le vent froid de la gare, au sac trop grand, et surtout marchant si lentement que c'était comme une invite qu'elle lançait.

Il avait, sans réfléchir, sans autre désir qu'un peu d'excitation, quitté sa table, s'essuyant longuement les lèvres avec la serviette en papier qui sentait la graisse, et il s'était mis à marcher près de cette jeune femme qui soutenait son regard.

Il lança : « Pas froid ? Vous êtes peu couverte.

– Ça vous déplaît ?

– On peut vous découvrir un peu plus ? »

Ces mots qu'il prononçait, c'était comme la mousse fraîche, piquante et pétillante de la bière.

« Ça dépend de vous, répondit-elle, si vous voulez, si vous pouvez. »

Elle ajouta d'une voix de gorge :

« J'ai de beaux dessous. »

Ils étaient sortis de la gare et elle avait aussitôt pris son bras, le tutoyant, marchant plus vite. Il tenta de la ralentir, mais elle remontait la rue d'Amsterdam, résolue, sans un mot, puis, au coin de la rue de Budapest, elle dit : « C'est là », désignant l'hôtel, précisant le prix de la chambre.

Il joua le jeu, se demandant s'il allait à un moment donné sortir sa carte, faire peur, et ce fut comme si la jeune femme l'avait senti, elle se remit à le vouvoyer dans l'entrée de l'hôtel, disant d'une voix sourde : « C'est vous qui avez voulu, c'est vous qui m'avez abordée, faut savoir ce que vous voulez. »

Et il avait payé sans rien dire, et il s'était assis sur le rebord du lit, tendant à la femme le billet qu'elle lui demandait, suivant des yeux les gestes rapides qu'elle accomplissait, fermeture Éclair gauche, puis droite, robe qui s'ouvrait, qu'elle pliait et déposait sur le dossier de la chaise.

« Tu es de Paris ? demanda-t-elle. On dirait pas. »

Et, tout à coup, elle s'était tournée vers Diebolt en culotte ajourée et soutien-gorge noirs, les jambes très grosses sur ses chaussures à talons hauts.

« Qu'est-ce que tu fais ? Tu restes comme ça ? » avait-elle dit d'un ton d'indifférence blasée avec, cela ne pouvait échapper à Diebolt, un fond d'angoisse, l'inquiétude de qui devait toujours rester aux aguets, se méfier, hantée par des images de violence, peut-être de mort, dans le fond de sa tête.

Il s'était demandé où elle habitait dans cette ville, sans doute au bout d'une banlieue, et c'est pour cela qu'elle racolait gare Saint-Lazare, rentrant avec le premier train du matin, au moment où la cohue commençait à se déverser sur les quais – une vie à contre-courant.

Mais qu'étaient les vies qui allaient dans le sens du courant ?

Berthier, Milner, Marchal, Verdier, Limel ?

En fait, pas de courant, pas de sens, un entonnoir où chacun était précipité et dont chacun sortait à son tour par le même trou, Berthier hier dans la nuit, elle quand ? Et lui ?

Diebolt avait cherché un autre billet de cinq cents francs qu'il avait posé près de lui :

« Je veux du temps », avait-il dit.

Elle avait ricané en hochant la tête, la voix gouailleuse, rassurée : « D'accord comme ça, avait-elle dit, mais pas trop, sinon tu banques à nouveau, normal non ? »

Puis, après un silence, d'un ton où perçait un peu de pitié : « Tu peux pas ? avait-elle demandé. T'es impuissant, t'aimes regarder, tu veux qu'on essaie quelque chose ? »

Mais Diebolt avait secoué la tête et elle s'était assise, jambes croisées, la droite haut levée, posée sur le genou gauche, si bien que sa culotte bâillait, laissant deviner la toison du sexe, la moiteur des cuisses, et Diebolt ne voulait pas autre chose : voir de la vie.

55

Ce n'est qu'après deux ou trois heures passées chez lui à ne rien dire, presque immobile, tassé dans le fauteuil, devant le téléviseur, le son si faible qu'on n'entendait qu'un murmure lointain, indistinct, que François Milner sentit son corps recouvrer peu à peu une certaine liberté de mouvement, une souplesse, comme si on desserrait des liens noués dès le matin autour de son cou, de sa poitrine, de ses jambes.

Il eut alors la sensation agréable de pouvoir s'étirer, respirer sans contrainte, sans avoir l'impression qu'on l'empêchait d'aller jusqu'au bout, que le souffle allait lui manquer.

Il s'enfonça alors dans de courts moments de sommeil, se réveillant en sursaut, à nouveau raidi, sursautant comme une sentinelle qui a l'intuition qu'on va la surprendre ou qu'on la guette.

Il était ainsi sur ses gardes depuis que, rue Daru, il avait vu et entendu Diebolt et Jean-Luc Marchal, le chargé de mission auprès du ministre.

Dès qu'il s'était retrouvé seul avec Diebolt, il avait affirmé, peut-être avec grandiloquence, qu'il n'accepterait dans cette enquête aucune limitation, aucun étouffement, et Diebolt avait eu un geste d'indifférence, murmurant :

« Allons, allons, qui vous parle de ça ? Bien sûr que vous ferez ce que vous voudrez. On fait toujours ce qu'on veut. Il n'y a que des autocensures, Milner. On se tait parce qu'on le veut bien, c'est tout. »

Puis Diebolt l'avait regardé avec ironie, ajoutant : « Nous verrons, n'est-ce pas, Milner ? »

C'était comme un défi qu'il avait lancé, comme une épreuve de vérité à laquelle Milner devait se soumettre pour lui-même.

Elle avait commencé dès le lendemain matin par un coup de téléphone qu'il avait reçu ici, chez lui, alors qu'il essayait de donner le change, préparant le petit déjeuner de Gabriel, lui faisant réciter une comptine stupide – *Dans le panier rond/Les petits chatons/Jouent au pompon/ Et font ronron* –, épeler les mots, puis essayant d'embrasser Hélène.

Mais elle se déroba nerveusement, d'un mouvement de refus de tout son corps, comme si elle n'avait pas été dupe du rôle qu'il leur jouait, à elle et à leur fils, pour leur faire croire qu'il était avec eux, alors qu'il avait la tête pleine de cette enquête, avec la hâte de retrouver son bureau, quai des Orfèvres, de savoir si on avait pu prendre Foulon Mantene, puisque c'était le principal suspect – témoin, seulement témoin, avait précisé François Milner à la presse. Mais la radio avait dit ce matin que l'assassin pouvait être le gardien de l'hôtel particulier de la rue Daru, le chauffeur de Richard Berthier, qui avait disparu avec la voiture.

« *On s'oriente donc vers un fait divers classique, avait conclu le journaliste, loin des hypothèses qu'on avait pu échafauder au cours des premières heures de l'enquête.* »

Milner avait cessé, à ces mots, de parler à Gabriel, le faisant taire avec violence, le corps déjà tendu, contraint. Sur un ton de reproche agressif – qui ne lui ressemblait pas –, Hélène avait dit : « Laisse-le, veux-tu, tu ne peux pas t'en occuper, tu ne peux pas. »

Elle avait pris la main de Gabriel, l'entraînant hors de la cuisine : « Viens, mon amour, viens. »

Le téléphone avait sonné, qu'il avait décroché d'un mouvement très vif, la gorge serrée, et avant même qu'il eût prononcé son nom on lui annonçait que le chargé de mission au cabinet du ministre souhaitait lui parler : « Je vous passe M. Marchal. »

Ton de commandement sous la politesse des mots, conseils de prudence derrière la réaffirmation de la liberté de l'enquêteur, « qui doit être aussi grande que celle du juge d'instruction, bien sûr, c'est lui qui vous diligente, le ministère n'interviendra jamais, mais, compte tenu de la personnalité de la victime, le ministre souhaite une information directe ».

Milner se souvenait de Carré le regardant partir rue Daru, répétant : « Couvre-toi, François, couvre-toi bien. »

Mais Milner n'avait pas imaginé que la pression allait être aussi forte, ne se relâchant jamais, Marchal téléphonant presque chaque matin.

Il répondait brièvement, faisant cependant le point. Comment aurait-il pu se dérober ?

Mais c'était une humiliation, la sensation d'être surveillé, de ne pas disposer de la liberté d'agir comme il voulait, d'un obstacle qu'il lui fallait faire effort pour franchir, et c'était pour cela, sans doute, que Marchal l'appelait, pour lui suggérer qu'il devait, au cours de son enquête, ne pas oublier que la victime devait être traitée avec égard – un cadavre dont on ne devait faire l'autopsie sous aucun prétexte.

« À quoi cela servirait-il, n'est-ce pas, de déverser cette vie dans la presse ? Vous voyez qui cela peut favoriser ? Ils ont commencé, d'ailleurs, vous avez vu ? »

Plus tard, Milner, debout dans le métro, les bras levés, tenant le journal au-dessus des têtes, lut l'article de Limel, dans *Le Monde* de la veille, une biographie qui ne rapportait que des faits, mais leur accumulation constituait un portrait-charge de Richard Berthier : un ambitieux, un jouisseur qui avait toujours su rester à l'ombre du pouvoir quel qu'il fût, qui avait commencé à s'enrichir dans les affaires immobilières aux côtés de Georges Rollin, et s'était transformé en homme de culture, entouré de jeunes écrivains « *avec lesquels il était très lié* », écrivait Xavier Limel. Et on imaginait Berthier animant le mensuel *L'Universel,* dont il avait voulu faire, selon ses termes, *« le carrefour mensuel de l'intelligence, de la créativité parisiennes et le reflet coloré de la capitale du monde »*.

Derrière chaque phrase, Milner voyait ce corps replié, cette peau, ces pieds à demi cachés par le pantalon de pyjama trop long, noué trop lâche, qui avait glissé quand on avait retourné le corps.

À peine arrivé quai des Orfèvres, Diebolt l'appela, lui parla de l'article de Limel, qui ne valait, dit-il – quelle voix sourde, comme étouffée, quelle lenteur pesante ! –, que par les arrière-plans, les sous-entendus.

« Limel a des biscuits en réserve, je ne sais pas lesquels, mais il les sortira. Et votre affaire Duprez ? Duprez, Limel, Verdier, c'est la même bande. Vous avez retrouvé votre noiraud ? »

Milner s'en voulait d'avoir accepté cette intrusion, de ne pas avoir raccroché, alors qu'il avait sagement répondu à Diebolt, gêné par le regard attentif de Carré qui, nouant ses mains sur sa nuque, bras écartés, disait :

« Diebolt, n'est-ce pas ? Berthier, c'est son affaire. »

Et, plus bas, la tête penchée, ne regardant plus Milner :

« Il y a peut-être même quelqu'un à lui, là-dedans. Alors... » Il avait levé les bras :

« Il ne sortira rien de tout ça, rien de vrai, en tout cas. »

Puis il s'était dirigé vers la porte, proposant un café à Milner.

« Et toi, bien sûr, avait-il lancé, c'est la vérité que tu cherches. Bon courage, cher collègue ! »

S'il n'avait pas cherché la vérité, à quoi donc se réduisait sa vie ?

Milner était tendu, et il avait parfois le sentiment qu'il allait se rompre, sa voix alors s'éteignait presque et il avait éprouvé cela pour la première fois quand il s'était présenté chez Gilles Duprez, rue du Cardinal-Lemoine, et que l'écrivain l'avait fait entrer, lui présentant un fauteuil, au pied de l'escalier qui montait à la mezzanine, lui-même se tenant le dos appuyé à une table constituée par une planche posée sur deux chevalets.

Que savait-il ?

Mais rien, affirmait Duprez.

Milner avait multiplié les questions, forçant sa voix qui s'effaçait, et, tout à coup, Duprez s'était levé, perdant son sang-froid.

« Si on a flingué Berthier, dit-il, tant mieux, ce n'était qu'un pourrisseur. » Oui, il était sur une piste, mais il invoquait le droit du journaliste à protéger ses sources, le secret de l'information.

« Intéressez-vous à ses amis, ajouta-t-il, aux belles gueules qui l'entouraient, ou bien à ses intérêts financiers. Il était un peu partout, Berthier, il frayait avec n'importe qui, sur tous les plans, non ? »

Milner ne rapporta pas cette réponse à Marchal, qui,

comme chaque matin, était venu s'enquérir des progrès de l'enquête, suggérant lui aussi des pistes pour mieux indiquer qu'il fallait ne pas les suivre.

Marchal commentait l'article de Parrain dans sa *Lettre confidentielle*, – « je vous la fais porter, si vous ne la recevez pas, dès ce matin » –, qui était, comme à l'habitude, un tissu de ragots invérifiables, et il ne fallait pas perdre de temps à en contrôler les allusions.

« Vous n'y trouverez rien, disait Marchal. Travail de destruction de Parrain, mais on ne peut jamais l'attaquer, il parle sous forme d'interrogations. »

Milner avait lu la lettre, ce quatre pages à la typographie serrée, à l'encre curieusement rose, les noms propres en lettres capitales noires, qui sautaient ainsi aux yeux : *« Est-il vrai que Georges ROLLIN a menacé BERTHIER de représailles si celui-ci ne parvenait pas à empêcher l'avocat Benoît RIMBERG de demander la comparution de l'ancien haut fonctionnaire de la police de Vichy, responsable du camp de Drancy, pour crime contre l'humanité ? »* écrivait Parrain.

À lire ces colonnes – deux par page –, Milner avait l'impression de se salir les yeux et les doigts, mais, en même temps, c'était comme une excitation équivoque.

« Les goûts et les débordements de BERTHIER l'ont-ils conduit à rencontrer des maîtres chanteurs ? Que pensent un certain nombre de ses proches de tout cela ? Qu'en pense Laurent DIMET, le grand écrivain avec qui BERTHIER venait de passer une semaine de vacances à Marrakech ? » écrivait-il encore.

Milner avait relevé les noms : ROLLIN, DIMET, RIMBERG, et il y ajouta DUPREZ, FOULON MANTENE.

Il encadra celui-ci, parce qu'un avis de recherche avait été lancé, que Carré, en ricanant, avait dit :

« Ce type, s'il a tué Berthier, il faut le décorer. L'affaire est enterrée en grande pompe et, avec elle, la vérité que tu aimes. Mais s'il ne l'a pas tué, je te conseille – on te conseillera – de faire comme si. »

Milner sortit quelques instants du bureau pour échapper aux sarcasmes de Carré, essayer de se détendre, de faire le point en arpentant les couloirs.

Il avait fait mettre l'immeuble de la rue Boissonade sous surveillance. En vain.

On n'avait pas retrouvé la voiture de Berthier depuis le matin où, au coin du boulevard Raspail, une patrouille de police avait verbalisé.

Et quand Milner s'était rendu à nouveau rue Boissonade, il avait interrogé Kamoun, qui répondait par des phrases courtes, avec un souci de précision, presque de la préciosité, fixant Milner comme s'il tenait à montrer qu'il n'était pas intimidé.

M. Foulon Mantene s'était, à l'entendre, irrité de l'interrogatoire tatillon auquel s'étaient livrés les policiers, mais il s'était rapidement calmé, et Kamoun l'avait laissé dans sa chambre. « Après, expliquait-il, je n'ai plus rencontré *monsieur* – il avait chaque fois utilisé ce mot – Foulon Mantene. »

Puis Milner s'était assis en face de Madeleine Vota. Il émanait du corps de cette femme – elle portait un chemisier blanc qui moulait sa poitrine et une jupe serrée, collant à ses cuisses, laissant voir ses genoux – une telle force qu'il n'avait pas osé la regarder, pas pu, plutôt, comme s'il s'était trouvé en face d'une manifestation éclatante – éblouissante, au sens premier – de la nature, et on en était éberlué, on se sentait écrasé, médiocre, laid, n'ayant pas le droit de lever les yeux.

« Foulon, dit-elle, il est fragile, il est doux. Vous savez ce que ça veut dire, doux ? Ce n'est pas un homme d'ici, il peut avoir de la colère, mais prendre un revolver, le pointer sur la poitrine de quelqu'un, même si c'est un porc – et, pour moi, Berthier c'est un porc, Foulon savait que je le pensais, mais lui, il s'en moquait, c'était comme de l'eau qui lui passait dessus sans le mouiller –, jamais il n'aurait pu faire ça, jamais. »

Milner l'avait crue, mais il fallait cependant retrouver Foulon Mantene, c'était le chaînon manquant.

Les autres, Rimberg, Duprez, Rollin, Dimet, il suffisait de décider de les rencontrer.

Et Milner avait commencé par Duprez, parce qu'il partageait déjà un passé avec lui, cette enquête sur l'agression de la rue Daru qui n'avait pas abouti mais dont Milner était persuadé qu'elle était liée à celle sur le meurtre de Berthier.

Duprez en était convaincu lui aussi, ne s'étant pas étonné de la visite de Milner, le reconduisant jusqu'au porche, rue du Cardinal–Lemoine, lui posant familièrement la main sur l'épaule, et Milner n'avait pas bougé, ne répondant pas quand l'autre avait ajouté :

« Parrain me dit que vous êtes un flic philosophe ? Ça existe ? Il est vrai que je suis écrivain et flic dans l'âme, alors... »

Puis, d'une voix plus basse, tout à coup sérieux, presque grave :

« Vous avez vu Laurent Dimet ? Il faudrait, je crois. »

Duprez s'était éloigné, démarche rapide, bras tendu au-dessus de la tête en guise de salut, comme persuadé que Milner le suivait des yeux.

Se réveillant devant la télévision où défilaient des images de guerre, Milner pensait à cette silhouette de Duprez, dans la cour, passant près de l'arbre, et il était si absorbé par ce souvenir qu'il ne vit pas Hélène, debout un peu en arrière du fauteuil, et quand il se retourna, il l'aperçut, les cheveux noués en arrière, le visage mince, le menton un peu fuyant.

Il lui sembla que cela faisait des jours et des jours, depuis la mort de Berthier, qu'il ne la voyait plus vraiment.

Elle lui parut tout à coup si vieillie qu'il en éprouva un moment de désarroi, de terreur même, comme si quelque chose du futur s'était révélé à lui, qui déjà disparaissait, le visage d'Hélène à nouveau animé, les rides s'effaçant, car elle s'était mise à parler de sa voix hésitante, émouvante.

Dès les premiers mots, Milner se leva, la prit contre lui, lui enveloppa les épaules, et elle se colla à lui qui se sentait si bien, qui l'écoutait.

« Je n'ai pas voulu te raconter jusqu'à présent, lui dit-elle, à propos d'une élève. Il me semblait que ça ne m'appartenait pas, ce qu'elle m'avait dit pour se libérer, pour que je le lui garde, mais elle m'inquiète à nouveau, elle s'absente, j'ai pensé que... »

Il la serra plus fort, l'invitant ainsi à se confier, il lui embrassa les cheveux, il avait envie d'elle, doucement, tendrement, d'elle qui était nue sous sa longue chemise de nuit en lin blanc, fin, transparent.

« Et il y a ce crime, cette affaire Berthier, ajouta-t-elle. Isabelle Rivière, cette élève, m'a parlé de la rue Daru, de Berthier, de Laurent Dimet surtout, il... »

François Milner s'appuyait sur elle plus qu'il ne la soutenait ; il posa sa tête contre la sienne.

Il n'échapperait pas à cette affaire. Elle était bien le moment de vérité de sa vie.

56

Depuis plusieurs jours, près d'une semaine sûrement, le souvenir d'Isabelle hantait son père.

Julien Rivière parlait debout dans la grande salle de la mairie du XIVe arrondissement, devant les délégués des associations de quartier, à moins que ce ne fussent les représentants des habitants de la rue du Commandant-Mouchotte. Bernard, son assistant, lui passait de petites fiches blanches où il avait griffonné deux ou trois phrases, quelques chiffres, et il suffisait à Julien d'un coup d'œil pour les glisser dans son exposé, parce qu'il était devenu, depuis si longtemps, un orateur expérimenté, sachant ménager des silences, accumulant quelques mots inutiles à la suite pour lire les précisions que Bernard lui communiquait.

Mais, tout à coup, dans une pause entre deux phrases, reprenant son élan, il pensa au visage, à la voix d'Isabelle, et ce fut comme si ce souvenir lui faisait perdre la mémoire.

De quoi parlait-il ? Que faisait-il là dans cette salle lambrissée dont les hautes fenêtres donnaient sur la place Ferdinand-Brunot ? De l'autre côté du square se trouvait son appartement, où peut-être Karine l'attendait, peut-être, car elle était de plus en plus souvent absente, rentrant tard, expliquant qu'elle devait enregistrer, avec Pierre-Yves Lavignat, un « pilote ».

Elle s'était irritée qu'il ne la comprît pas, ou peut-être avait-elle choisi de s'irriter parce qu'il fallait qu'elle accable Julien, qu'elle se justifie de ces retards de plus en plus longs.

« Le pilote, oui, avait-elle répété, mais dans quel univers vis-tu, la première émission de la série, le modèle, tu ne comprends pas ? »

Voulait-il comprendre ?

C'était si simple : elle désirait le quitter, elle ne l'avait pas encore décidé, peut-être même ne le savait-elle pas. À trente ans, est-ce qu'on pense, est-ce qu'on prévoit ? Et lui n'avait pas la force de la retenir.

Que les choses aillent à leur guise, jusqu'au bout, qu'elle choisisse.

Et c'était aussi à cause de cette crise-là que Julien Rivière pensait si souvent à sa fille.

Il entendait le délégué des associations du grand ensemble d'appartements du 24 de la rue du Commandant-Mouchotte qui s'enflammait, qui trouvait scandaleux que le Syndicat des transports parisiens envisageât d'établir une liaison aérienne par wagonnets pour les voyageurs qui, de la gare Montparnasse, voulaient rejoindre le R.E.R.

« De la folie ! scandait-il. Veut-on encore plus défigurer Paris, monsieur le député ? Vos amis qui sont au gouvernement peuvent ordonner à la S.N.C.F. et à la R.A.T.P. d'abandonner ce projet scandaleux, de choisir une liaison souterraine. Vous engagez-vous à... »

Rivière lut la fiche préparée par Bernard et répondit calmement. Il appuyait ces protestations. Il se ferait le porte-parole des habitants du XIVe, il...

Les mots, une fois encore, lui manquaient et il fallut que Bernard lui donne un coup de coude, lui murmure : « Conclus, maintenant, conclus, tout le monde en a marre. »

« Voilà », avait-il seulement dit, et, au lieu de rester dans la salle à serrer les mains, comme il le faisait habituellement, il s'était éloigné seul, ne répondant même pas à ceux qui l'interpellaient, le saluaient, tout entier envahi par le souvenir d'Isabelle.

Elle avait, bébé, des mains potelées, creusées de fossettes, qu'il embrassait, qu'il enfouissait tout entières dans sa bouche, et elle riait. Car c'était alors le temps du rire.

Elle était couchée dans un petit berceau de matière transparente comme une vasque posée sur un chariot, et c'était Julien Rivière qui, pour la bercer, l'endormir, la promenait d'un bout à l'autre de l'appartement de la rue Boissonade. Il avait inventé une chanson, une mélopée qu'il murmurait d'une voix grave :

Isa mon amour, Isa ma belle
C'est pour finir le jour
Qu'il faut dormir mon hirondelle
Isa mon amour, Isa ma belle

Et quand il revenait dans le salon, une fois Isabelle endormie, Anne-Marie le regardait en souriant.

« Elle dort ? » demandait-elle.

Il faisait oui de la tête, poussait le berceau dans l'entrée, s'asseyait près d'Anne-Marie, posait la main sur sa cuisse, et elle se laissait aimer.

C'était naturel, paisible, doux, chaud.

C'était avant les temps de la guerre et du froid.

Quand il avait revu Anne-Marie, quelques jours auparavant, elle avait les joues creusées, les yeux gonflés, arborant tous ces stigmates du désespoir et du désarroi qu'elle ne cherchait même plus à cacher.

Elle lui avait téléphoné, elle avait demandé à le rencontrer aussitôt. « C'est Isabelle », avait-elle dit.

Il l'avait donc retrouvée au Café de la Mairie, place Saint-Sulpice, dans la salle du fond, sur la banquette la plus éloignée, et, de dos, ils auraient pu ressembler à l'un de ces couples des fins d'après-midi qui se rejoignent pour quelques heures avant de se séparer, de repartir chacun vers les périphéries de Paris – loin de ce café, de cette place, de cet hôtel sans doute, lieux presque abstraits de l'amour, espace qu'ils avaient délimité dans Paris et où ils ne viendraient jamais avec leurs conjoints, leurs enfants, isolés dans des mondes où ils vivaient les autres heures de leur vie.

Mais il ne s'agissait plus de cela pour Anne-Marie et Julien.

« Isabelle revoit Laurent Dimet, je le sais, elle l'a avoué à Gilles – oui, dit-elle nerveusement, Gilles Duprez, c'est un ami. Voilà. Je n'ai pas de comptes à te rendre aussi ? Elle découche. Elle se drogue, peut-être. Est-ce que je sais (et sa voix, à cet aveu de défaite, monta dans les aigus) ? Elle va au lycée quand elle veut. J'ai revu son professeur d'allemand, Mme Milner, Isabelle s'était confiée à elle. »

Anne-Marie baissa la tête, se moucha longuement, et Julien avait envie de tendre la main, de lui caresser les cheveux, comme si ce geste avait pu effacer le temps passé, faire revenir celui où il chantait *Isa mon amour, Isa ma belle*, mais Anne-Marie se redressa.

Elle avait aussi des cernes noirs qui entouraient ses yeux gonflés.

« À Mme Milner, elle en a dit beaucoup plus qu'à moi, reprit-elle. À toi, rien, j'imagine ? »

Il secoua la tête. Il n'avait plus vu Isabelle depuis des semaines, et il ne s'était guère inquiété – cela, il ne l'avoua pas à Anne-Marie. Il s'était contenté de répondre par ce mouvement lent de la tête, de droite à gauche.

Qu'aurait-il pu lui dire ? Qu'il était pris dans un étau ? Qu'il sentait davantage chaque jour, presque chaque heure, les mâchoires qui le serraient.

Les habitants du XIVe, ses électeurs, l'accusaient. Il y avait ce projet de liaison entre les gares, qui les révoltait, car devant leurs fenêtres, si on réalisait effectivement cette communication aérienne, passeraient jour et nuit des trains de wagonnets éclairés, sans doute bruyants, et leur vie serait ainsi exposée, leur intimité détruite.

Personne n'avait consulté ni averti Rivière, et il devait faire face, promettre.

Il s'était aussi engagé dans cette opération de rénovation du square Olivier-Noyer, avec l'appui et les garanties du Consortium de rénovation urbaine. Et il s'était rendu plusieurs fois à la Défense, au siège du Consortium. À chaque fois, Michel Doriman avait donné toutes assurances, laissé aussi entendre qu'au moment opportun le Consortium pourrait apporter au député une « aide technique », c'était la formule. Par exemple, prévoir dans l'un des immeubles cent mètres carrés de bureaux mis à la disposition du parlementaire pour sa permanence. Où était le mal ?

L'opération avait paru à Rivière saine et souhaitable, il pouvait la maîtriser, mais, peu à peu, elle avait changé de nature, s'était amplifiée ; d'autres – qui ? – étaient intervenus, avaient donné des autorisations.

On avait commencé par vendre le Centre culturel américain, certains jardins étaient menacés, l'électorat populaire qui s'accrochait encore à ces quartiers de Plaisance, de Pernety, dans ces petites rues, rue des Thermopyles, rue de Gergovie, rue Francis-de-Pressensé, rue Léonidas, risquait d'être chassé, loin, du côté de Melun-Sénart, à cinquante, soixante kilomètres de Paris, et les immeubles rénovés seraient habités par une nouvelle population, celle qu'on voyait déjà rue de l'Ouest, qui ne voterait plus pour lui.

Et ce n'était rien encore.

Depuis le dîner chez Doriman, Julien était inquiet.

Dans la guerre qui semblait s'amorcer entre maître Rimberg et Georges Rollin, on ne ménagerait personne. Jean-Luc Marchal l'avait laissé entendre. Rimberg – on pouvait compter sur sa pugnacité, son intelligence presque perverse à force d'habileté – allait attaquer le Consortium, dont Rollin avait été président, et Rollin ouvrirait un contre-feu, contre Berthier qui était aussi l'un des administrateurs du Consortium et qui apparaissait comme une personnalité proche du pouvoir.

L'invitation chez Doriman avait été comme la preuve de l'implication de Julien Rivière dans cette guerre.

Mais il n'avait pas imaginé, ce soir-là, qu'elle conduirait à un assassinat.

Dès qu'il avait appris la mort de Richard Berthier, Julien avait téléphoné à Jean-Luc Marchal, n'obtenant de lui parler qu'après plusieurs tentatives – c'était toujours mauvais signe.

« L'enquête s'oriente vers le fait divers crapuleux, avait dit Marchal, sans doute le chauffeur de Berthier. » Il s'était tu un instant, puis : « Il vaut mieux, n'est-ce pas ? Il faut souhaiter que ça en reste là. Vous avez revu Doriman ? »

La question était venue trop vite, comme pour faire comprendre à Rivière qu'en effet l'assassinat de Berthier était peut-être (mais fallait-il garder cette prudence ou, au contraire, affronter la réalité ?) liée au Consortium, à la guerre ouverte déclenchée contre Rollin par Rimberg, et que lui-même, Julien Rivière, devait préparer sa défense, car on pouvait se servir de lui pour attaquer le Consortium et Rollin, ou, à l'inverse, en mettant en cause le Consortium, s'en prendre à Doriman, donc à Rivière, donc au pouvoir, et Rollin se trouverait de la sorte protégé.

En écoutant Marchal – « Je vous tiens au courant, bien sûr, essayez de voir les gens que vous connaissez dans la presse pour savoir où ils en sont. Xavier Limel est un de vos amis, non ? » –, Rivière découvrait qu'il était, dans tous les cas de figure, une arme des uns contre les autres. La pire des situations.

Ce qui l'accablait, c'est qu'il ne comprenait pas comment il avait pu se trouver pris dans ce piège alors qu'il avait agi sans excès, comme n'importe quel autre élu, que la vie politique ne lui avait donné qu'un peu d'apparat, un prêt à taux d'intérêt réduit qui lui avait permis d'acheter l'appartement qu'il occupait rue Mouton-Duvernet, et que ce peu de gloire, ces miettes de pouvoir qu'il avait obtenues, il les avait payées cher, même s'il ne s'en rendait compte qu'aujourd'hui, trop tard, même s'il était sans doute incapable d'abandonner, même s'il savait aussi que cette vie publique, il l'avait choisie parce qu'elle lui donnait du plaisir, qu'elle avait flatté son goût de l'action, son désir de paraître, d'imposer ses idées aux autres davantage encore que de les convaincre.

Au fond, il était comme un alcoolique. Il avait bu, il avait savouré, il s'était délecté, et chaque jour il avait eu besoin d'un plus grand nombre de verres, ce petit blanc des réunions qu'il présidait, ce rhum des interventions à la tribune de l'Assemblée, ce champagne des interviews télévisées, ces vins bus ici et là quand on le reconnaissait dans la rue, qu'on allait vers lui. « Monsieur le député Rivière, n'est-ce pas ? Je vous ai vu hier soir au journal télévisé, bravo, bravo, continuez ! »

Tout cela, de petits coups de fouet, de chaleur contre le froid de la vie.

Maintenant, il se regardait dans le miroir et il voyait le visage d'Anne-Marie, celui d'Isabelle dont elle lui parlait.

« Qu'est-ce qu'on peut faire, Julien ? demandait-elle, qu'est-ce qu'on peut faire ? Elle n'entend plus, tu comprends, personne ne réussit, ni moi, ni Gilles, ni Mme Milner. »

Ces vies délabrées, c'était lui. Lui qui, en s'éloignant,

avait, comme quand on retire un étai, provoqué tous ces affaissements, ces ruines. Et pourquoi ce saccage ? avait-il envie de crier. Pour cet alcool qu'il buvait maintenant sans joie, parce qu'il ne pouvait plus s'en passer ?

Anne-Marie lui tenait l'avant-bras.

« Tu m'écoutes ou tu t'en fous ? Tu t'en fous, je sais, mais il ne s'agit pas de moi, il s'agit de ta fille. Tu es responsable, et si quelque chose se passe – elle grimaçait, le visage dur –, toi, l'homme public, toi, tu en prendras un coup. Ta carrière – elle fit un geste brutal de la main –, cassée. »

Elle s'interrompit. Il ne répondit rien. Puis, d'une voix plaintive, Anne-Marie ajouta :

« Tu sais ce qu'elle a dit à Mme Milner ? Elle a dit : je suis cassée, je suis cassée. »

Julien revoyait Isabelle dans le couloir de l'école maternelle, en fin d'année.

Elle courait vers lui, tenant au-dessus de sa tête un dessin, une grande feuille roulée qu'elle portait à deux mains.

Elle avait exigé qu'il la déploie et la regarde, là, à l'intérieur de l'école, et elle se tenait, timide, inquiète et orgueilleuse en même temps, près de lui, cependant qu'il dénouait le cordon, qu'il déroulait la feuille, qu'il apercevait ce curieux visage triangulaire – de petits yeux, pas de nez, une bouche énorme, avide, des dents comme des pointes acérées – et, au-dessous, elle avait écrit maladroitement : « portrait de mon papa ».

Il avait soulevé Isabelle, l'embrassant, lui promettant de faire encadrer ce portrait, puis il avait placé la feuille au-dessus d'une armoire, et peut-être était-elle encore là-bas, rue Boissonade, couverte de poussière, oubliée.

« Je vais tuer Dimet », dit, la tête à nouveau baissée, Anne-Marie.

Il lui saisit les poignets, il la raisonna, car – il le savait depuis leur divorce, quand elle avait brusquement décidé, d'un jour à l'autre, sans que rien ne l'annonçât, qu'elle ne pouvait plus vivre avec lui, qu'elle allait le chasser de l'appartement de la rue Boissonade – elle était femme à accomplir ce qu'elle s'était mis dans la tête.

Elle se calma un peu, lui expliquant que le mari de

Mme Milner était chargé de l'enquête sur la mort de Richard Berthier.

« Tu connais, n'est-ce pas ? » demanda-t-elle.

L'étau se refermait sur Rivière.

Mme Milner avait donc parlé à son mari, un inspecteur de la Brigade criminelle, de Laurent Dimet, puisque Isabelle était allée chez Berthier avec celui-ci.

« Tu imagines », murmura Anne-Marie, puis, se levant, elle ajouta : « Mais je t'ai déjà dit tout cela il y a des semaines, et tu n'as rien fait. Pourquoi est-ce que je te parle encore ? »

Elle s'éloigna, il jeta quelques pièces sur la table, la rejoignit alors qu'elle était déjà sur la place, à hauteur de la fontaine, marchant vers la rue Férou, les Éditions Elsen.

Il avait tenté de lui prendre le bras, la main, disant : « Je m'en occupe, Anne-Marie, compte sur moi. »

Elle haussa les épaules, le regarda avec mépris.

Qui avait jamais pu compter sur lui, disait-elle. Qui ?

57

Devant l'entrée principale de l'immeuble, rue Boissonade, une grande porte au large arrondi qui, une fois les deux battants fermés, représentait un palmier dont le tronc et les branches de fer forgé noir se détachaient sur des vitraux d'un jaune doré, Madeleine Vota avait vu cette femme qui avançait en titubant, qui s'immobilisait, cherchant à reprendre son équilibre, mais qui n'y réussissait pas, cependant qu'elle murmurait : « J'habite là, je ne sais pas ce que j'ai, excusez-moi. »

Madeleine Vota avait reconnu cette femme qu'elle croisait parfois dans l'entrée quand – rarement – elle décidait de prendre l'ascenseur pour ne pas monter, après une journée et une nuit d'hôpital, les sept étages, et le nom lui revenait, car Sylvie Pasquier parlait souvent de l'ancienne femme du député, Rivière, qui réussirait peut-être à lui obtenir un appartement dans le quartier, boulevard Brune, et, pour Jérôme, ç'aurait été le paradis, l'avenir de l'enfant assuré dans les bonnes écoles de par ici, imaginait-elle.

Madeleine Vota avait dit : « Vous êtes Mme Bermont, vous voulez que je vous accompagne ? »

Elle la dévisagea presque malgré elle, par habitude, comme elle le faisait pour les malades, remarquant les yeux gonflés, les cernes noirs, cette pâleur des joues, ces gouttes de sueur sur le front.

« Vous avez mal ? » avait-elle demandé tout en poussant la porte.

« Fatigue, je crois, seulement ça, rien », murmura Anne-Marie Bermont qui s'était redressée, dégagée, remerciant une nouvelle fois, disant qu'elle habitait au premier étage, mais sa voix tremblait, il semblait à Madeleine qu'elle allait à nouveau s'affaisser, et elle la prit par les épaules, disant :

« Je suis infirmière, il faut voir un médecin. »

Mais Anne-Marie Bermont avait secoué la tête, acceptant seulement que Madeleine monte avec elle, l'aide à ouvrir sa porte, et, dès que son accompagnatrice eut poussé le battant, elle avait crié : « Isabelle, Isabelle, tu es là ? »

Une grande fille au menton un peu lourd, ses longs bras semblant tirer ses épaules vers la terre, s'était avancée dans le couloir.

Madeleine avait eu aussitôt un sentiment de malaise, un mouvement de colère, même, contre cette adolescente qui ne se précipitait pas vers sa mère, comme si elle ne la voyait pas, ne sentait pas l'état dans lequel elle se trouvait.

« Il faut lui faire du café ou du thé, appeler un médecin », dit l'infirmière du ton dont elle parlait aux femmes de service, aux plus paresseuses, celles qui se cachaient dans les fonds de couloir, appuyées à leurs balais, tardant à faire les lits, à nettoyer les chambres.

Mais la fille n'avait pas bougé, regardant sa mère d'un air ennuyé, comme si rien de ce qu'elle voyait ou entendait ne la concernait.

Anne-Marie Bermont s'était retournée vers Madeleine Vota, repoussant lentement le battant de la porte, murmurant : « Ma fille est là, je vais mieux, je ne sais comment vous remercier, je vais bien.

– Restez pas comme ça », avait dit Madeleine.

En même temps, elle savait qu'elle ne pouvait rien faire, non pas tant parce que Mme Bermont achevait de refermer la porte tout en ajoutant : « Ça va, ça va », que parce que Madeleine Vota avait reconnu ce regard, ce teint, cet air hagard qu'arboraient ceux qui arrivaient aux urgences, accompagnés par un ami qui n'osait expliquer, qui paraissait affolé, tout en essayant de faire croire qu'il n'y avait rien de grave, et parfois l'interne, brutal – parce qu'il était jeune, inquiet, qu'il cachait ses propres incertitudes, son angoisse, sous cette fausse désinvolture qui ne trompait pas l'infirmière –, disait : « Quoi, il a quelque chose ou il n'a rien ? S'il n'a rien, qu'il s'en aille. »

Et celui qu'on accompagnait voulait repartir, et c'était

Madeleine Vota qui le retenait, qui chuchotait au médecin que ce devait être une tentative de suicide, parce qu'elle sentait – c'était un don, lui avait-on dit – quand quelqu'un n'avait plus envie de vivre, qu'en lui la source s'était tarie.

Et, pour Madeleine Vota, c'était la pire des malédictions, la plus mystérieuse des maladies, pareille à la sécheresse qui, en quelques années, transformait en carapace rocheuse ce qui avait été une terre meuble, rouge, où les bêtes enfonçaient leurs sabots, et maintenant on voyait à peine quelques touffes d'herbe sur ces rondeurs et ces étendues grises, mamelons de pierres qui s'étendaient à perte de vue.

Madeleine avait donc quitté la rue Boissonade en se demandant si cette femme réussirait seule à irriguer à nouveau sa vie, ou bien si, de plus en plus vite, la caillasse l'étoufferait.

Elle se signa, la tête un peu baissée pour que les passants, tandis qu'elle marchait le long du boulevard Raspail vers Montparnasse, ne la vissent pas.

Elle murmura : « Je vous remercie, Seigneur », parce qu'elle le savait, Dieu avait placé au centre de son corps une grande source, pour elle et pour les autres, et elle ne craignait pas de la voir s'assécher, jamais.

Même morte, la source de sa vie continuerait de couler, car elle allait avoir des enfants, elle le voulait, et peut-être était-ce le moment, le moyen de donner à Foulon le courage de vivre, car elle craignait pour lui aussi, et c'était de lui qu'elle voulait ces enfants.

Elle allait le rejoindre, prenant le métro à Montparnasse, ne voyant même pas les inscriptions qui maculaient les murs, les wagons, ignorant les regards qui s'attardaient sur elle, indifférente à ces hommes qui, surtout à partir de la station Châtelet, se collaient contre elle, lui frottant les seins de leur bras, de leur épaule, le ventre de leur hanche, et parfois, quand la pression était trop forte, elle donnait un violent coup de coude, ou bien, de la pointe de sa chaussure, elle frappait les chevilles devant elle, au hasard, et personne autour d'elle ne bougeait, mais on s'écartait.

À la gare du Nord, bien qu'il n'y eût plus que cinq stations, elle s'assit, tirant sa jupe sur ses genoux, parce qu'il y avait encore des hommes en face d'elle et que ceux-là, elle était contrainte de les voir, ils étaient provocants, ricanants, l'un passant la main au-dessus de ses propres genoux comme s'il les caressait.

Elle n'avait pas peur. Elle savait comment lancer son sac, en le tenant à bout de bras, en plein dans le visage de ceux qui l'agressaient, ou bien donner un coup de tête, un coup de pied. Elle savait hurler, non de terreur, mais pour effrayer, un cri de rage.

Elle avait appris ça, passage du Poteau, quand elle habitait avec ses frères et sa mère, et c'était là qu'elle retournait, et plus le métro se rapprochait de la station Porte de Clignancourt – c'était déjà Marcadet-Poissonniers –, plus elle retrouvait cette énergie, presque cette envie de se battre, cette certitude qu'il ne se trouverait personne pour la vaincre, la terrasser, la violer – ce dont tant de fois on l'avait menacée, ce contre quoi sa mère l'avait mise en garde.

Mais qu'est-ce que c'était, un homme ?

Elle les voyait couchés sur les lits de l'hôpital, les plus vigoureux, et même les plus célèbres, pauvres créatures de Dieu, si faibles. Et c'est eux qui auraient dû lui faire peur ?

Elle essayait d'en convaincre Foulon, mais il était trop bon. Il lui faisait penser à ces enfants malades que la douleur ronge, parce qu'ils ne comprennent pas que la vie peut s'arrêter, que le mal est en nous. Elle, elle savait cela.

Quand Foulon Mantene était passé à l'hôpital lui dire qu'il ne pouvait plus retourner rue Daru, ni habiter rue Boissonade, qu'elle devait le cacher dans sa famille, passage du Poteau, elle avait vite renoncé à savoir pourquoi, car il se plaquait les mains sur les oreilles, se balançait d'un pied sur l'autre, disant :

« Tais-toi, Madeleine, je ne peux rien t'expliquer, mais laisse-moi me cacher chez les tiens, laisse-moi et ne dis rien. »

Il avait attendu, couché, dans la chambre de repos des infirmières, qu'elle eût fini son service.

Elle avait plusieurs fois entrouvert la porte ; il dormait, les genoux presque sous le menton, les poings sur le visage, et elle l'avait couvert, comme elle le faisait avec les vieillards et les enfants.

Pauvre Foulon. Peut-être que s'il avait un enfant avec elle cela l'accrocherait à la vie. Peut-être qu'un peu de sa source à elle coulerait ainsi en lui.

Il y avait la voiture de son patron de la rue Daru, garée non loin de l'hôpital, et c'était la première fois que Madeleine Vota la voyait. Elle avait interrogé Foulon, mais il niait l'avoir volée.

Non, il n'avait pas voulu la voler, précisa-t-il tandis qu'il roulait lentement, remontant le boulevard Magenta, puis le boulevard Barbès, celui d'Ornano, et la foule changeait sur les trottoirs, les boubous blancs ou bariolés se faisaient de plus en plus nombreux, les hommes parlant en groupes immobiles devant les portes, révélant une ville si différente de celle de la rue Boissonade ou du boulevard Raspail, et même du faubourg Saint-Antoine, que c'était comme si Madeleine rentrait chez elle, dans le pays de ses origines, loin, à l'étranger.

Foulon avait regardé tout autour de lui, au coin du passage du Poteau, après avoir arrêté la voiture, comme s'il avait craint d'être suivi, repéré.

Il dit à Madeleine Vota d'aller vite chercher son frère aîné. Il ne pouvait laisser la voiture là.

« Rends-la, rends-la », répéta-t-elle.

Il secoua la tête. Il ne pouvait pas.

Madeleine ne bougea pas. Il fallait, dit-elle, que son frère conduise la voiture jusqu'à la rue Daru, qu'on l'abandonne là-bas.

Foulon Mantene écoutait, puis il gesticula. Cette voiture, elle valait beaucoup d'argent. Il alluma la radio et poussa à fond la puissance. « Écoute, écoute, cria-t-il, rien que ça, c'est de l'argent » – et il montra l'appareil de radio.

Est-ce qu'on l'avait assez payé, lui, pour tout ce qu'il faisait là-bas, chez Berthier, pour ce que Berthier lui demandait ?

Est-ce qu'elle imaginait même ce qu'il avait accepté de faire, est-ce qu'elle l'imaginait ?

Elle dit : « J'imagine. »

Et elle partit chercher son frère. Après tout, qu'ils s'arrangent entre eux. S'il fallait que Foulon Mantene se venge, qu'il se venge en vendant la voiture. Son frère saurait faire ça. Il faisait ça avec des types de Saint-Ouen et de Saint-Denis. Elle le lui dit après avoir embrassé leur mère.

« Foulon, il a une voiture. Il habitera ici, écoute ce qu'il te demande de faire. »

Tous, ici, chez elle, avaient l'habitude de lui obéir.

Elle sortit dans le petit jardin, baissant la tête pour ne pas heurter la poutre qui soutenait la façade, et referma à demi la porte. Au bout du passage, elle aperçut Foulon qui, les quatre portières de la voiture ouvertes, montrait à l'aîné des Vota les sièges, l'intérieur de la voiture. Elle entendit la musique de la radio de bord qui se déversait.

Quelques jours plus tard, lorsqu'elle s'engagea passage du Poteau – il lui semblait que des hommes l'avaient suivie depuis la station de métro Porte de Clignancourt, mais ils n'avaient pas osé s'approcher, et elle n'avait jamais eu peur, sachant comment elle les aurait repoussés, sûre qu'elle aurait été la plus forte –, elle avait à nouveau entendu cette musique.

Elle semblait jaillir de terre, puis se répandre, envahissant tout le passage, rebondissant contre les façades, couvrant les bruits, si bien que plus Madeleine Vota avançait, plus elle avait le sentiment de pénétrer dans un lieu à part, qui n'était plus la ville, mais le royaume de ces sons aigus, de ces longs roulements de batterie.

C'était comme un signal, une proclamation, un défi, et Madeleine Vota avait marché plus vite, comme si tout son corps vibrait déjà, et elle bougeait les épaules, se déhanchait, emportée par le rythme, gaie tout à coup.

Foulon était vivant puisque la musique était le battement de son sang.

C'est cela qui comptait pour elle, et personne autour d'elle ne semblait comprendre pourquoi.

Elle ne voulait pas s'expliquer. Elle n'avait rien dit de ce qu'elle savait à l'inspecteur qui était venu l'interroger, rue Boissonade, elle avait seulement défendu Foulon. Et elle ne répondait pas davantage aux questions de sa mère ou de ses frères. Elle connaissait leurs pensées.

Eux, elle, disaient-ils, appartenaient à une lignée de guerriers, et elle était fille de chef, de seigneur.

Lui, Foulon Mantene, il n'y avait qu'à le regarder, il était descendant de serviteur.

Elle appartenait à la savane ; lui, à l'épaisse forêt.

Que faisait-elle donc avec lui ?

Elle rejetait leurs reproches, mais elle ignorait elle-même pourquoi elle éprouvait tant d'émotion à savoir que Foulon Mantene, Foulon le faible, l'attendait, couché, dodelinant de la tête, la musique emplissant la pièce et son corps, donnant à ses yeux cette petite lueur brillante qu'il était le seul à posséder.

Et c'était vers cette lumière-là, qui était peut-être un symbole de détresse, un appel au secours, que Madeleine Vota marchait en se dandinant, évitant les flaques d'eau boueuse, sautant d'un pavé à l'autre.

58

Plus tard, quand la pluie s'était mise à tomber dru, les gouttes s'écrasant avec un bruit de crécelle sur les pavés, Carré avait proposé à Madeleine Vota de monter dans la voiture de police ou de se mettre à l'abri dans le pavillon, mais elle n'avait même pas répondu et il n'avait plus osé lui parler, la regardant qui, appuyée au mur du jardin, les pieds enfoncés dans la boue, laissait l'eau couler sur elle – ses cheveux courts déjà collés à son visage cachaient ses grandes boucles d'oreilles –, ruisseler sur l'imperméable beige clair qu'elle avait laissé ouvert, mouillant son chandail, sa jupe blanche serrée, courte, dégoulinant de ses doigts tendus le long du corps, et c'était comme si elle était tout entière enveloppée de larmes.

Mais elle n'avait pas pleuré, s'agenouillant pourtant auprès du corps de Foulon Mantene – Carré l'appelait « Tango » –, lui caressant le front, repoussant ses cheveux en arrière, fermant ses paupières, puis lui embrassant les lèvres.

Elle ne s'était redressée qu'au moment où sa mère, une grosse femme, le corps drapé dans un sari vert, avait commencé à psalmodier.

Madeleine était sortie de cette grande salle, une cave pourvue d'étroites ouvertures où ils vivaient à sept ou huit, on ne pouvait savoir, garnie de matelas posés à même le sol de terre battue.

Elle avait baissé la tête avant de passer la porte barrée par une poutre rajoutée là pour soutenir la façade fissurée du pavillon, et elle avait traversé le jardin alors que le vent froid qui souvent précède la pluie d'orage se levait, couchant les herbes.

Carré avait relevé le col de son manteau, maudissant le

temps, jurant entre ses dents, donnant l'ordre aux gardiens de rester dans la pièce, près du corps, d'interdire qu'on s'approche.

Puis, de la voiture, il avait téléphoné à Milner : « Ça s'est mal passé, avait-il dit, la merde. »

Aux deux extrémités du passage du Poteau, vers le boulevard Ney et la rue du Poteau, les gyrophares des voitures de police placées au milieu de la chaussée, interdisant tout passage, éclairaient de manière intermittente – se chevauchant parfois, donnant alors à l'angle saisi en pleine lumière le relief d'un gros plan – les façades écaillées, les murs défoncés, ce sol crevé de flaques d'eau où Carré avait trempé ses bas de pantalon, et il avait ainsi la sensation désagréable de porter un poids glacé, raidi, qui rendait ses mouvements maladroits.

Il jura, n'obtenant pas immédiatement le quai des Orfèvres, puis il sortit de la voiture, rentra dans le pavillon, se cogna à la poutre, se maudissant d'être là, dans cette gadoue.

Tout à coup, comme il revenait vers la voiture après avoir proposé à Madeleine Vota de se mettre à l'abri, il avait reconnu la silhouette de Diebolt qui s'avançait, tête nue malgré l'averse, les mains enfoncées dans les poches de son manteau de loden, caricature de lui-même.

« Et merde ! avait lâché Carré. Et merde ! »

Il pensait bêtement, à cet instant, à son petit appartement de Montrouge, à Dagobert, son chien, déjà couché près de Liliane qui somnolait devant l'écran de télévision, l'attendant sans impatience.

Est-ce qu'on peut avoir de l'impatience au bout de tant d'années, quand on a longuement mastiqué la vie ensemble et qu'il ne reste rien que cette masse un peu gluante d'habitudes communes qui vous emplissent la bouche et le temps : on ne peut plus se parler et cependant on reste ensemble.

Il avait marché au beau milieu d'une flaque, les pieds cette fois trempés, et il s'était senti ridicule alors que, de toutes les fenêtres, par les portes ouvertes, des gens le regardaient.

Il avait envie de crier, de leur ordonner de rentrer, et, en passant près d'un fourgon de police où se tenaient deux gardiens qui avaient endossé leur gilet pare-balles, il leur avait brutalement intimé l'ordre de vérifier les papiers – permis de travail, de séjour, etc. – de toute la rue. Ceux qui n'étaient pas en règle, embarqués.

« Mais qu'est-ce qu'ils s'imaginent, marmonna-t-il, qu'on est où, ici ? »

Il s'était ainsi trouvé en face de Diebolt et il avait détesté ce moment où l'autre lui avait mis la main sur l'épaule.

Il ressentit ce geste, le poids de cette main, comme une prise de possession, et il se reprocha de ne pas se dégager, d'écouter au contraire Diebolt, la tête un peu baissée, comme s'il faisait à nouveau partie de l'équipe du commissaire, contraint de lui obéir, avec ce mélange d'admiration, de fascination et de mépris qu'on éprouvait à son endroit.

« J'étais juste derrière vous, dit Diebolt. Amusant, non ? Mais vous auriez dû me remarquer – il tapotait l'épaule de Carré. Ne pas m'avoir vu, c'est une négligence, Carré, mais elle au moins – il désigna d'un mouvement du menton Madeleine Vota –, vous ne l'avez pas perdue. »

Il rit silencieusement :

« Qui la perdrait, hein ? On a plutôt envie de la serrer de près, non ? »

Enfin il avait retiré sa main, regardant autour de lui, s'étonnant de l'absence de Milner.

« Il est long à sortir de son lit », dit-il à mi-voix, et Carré s'en voulut de ne pas défendre son collègue, mais, en même temps, il éprouvait une certaine rancœur envers lui.

C'était Milner le responsable de l'enquête Berthier, pourquoi n'avait-il pas lui-même suivi la piste principale ?

Milner – avait-il envie de dire, mais il retenait les mots au bord de ses lèvres –, encore un phraseur, un flic intellectuel qui finirait par écrire des livres et passer à la télévision, et qui laisserait les pauvres cons dans la merde.

Et Carré avait pensé que, finalement, le roi des cons, c'était lui, qui donnait des conseils à Milner : « Couvre-toi, François, couvre-toi bien », alors que celui-ci n'avait nullement besoin de conseils, et c'était Carré qui était dans la merde, passage du Poteau, avec Tango, le témoin principal, mort, le tueur en fuite, et cette pauvre femme, Madeleine Vota, un corps beau comme un arbre sous la pluie, dans ce jardin.

« Ça c'est passé trop vite », avait-il dit à Diebolt en le suivant, car le commissaire, de ce pas lent et lourd que Carré connaissait, se dirigeait vers le pavillon, ignorant la pluie, les flaques, et Carré se sentait frêle, frileux, éprouvant encore le besoin de se justifier, de comprendre.

Il retrouvait cette relation de soumission qu'il avait eue avec Diebolt, à laquelle nul ne pouvait échapper dans son service.

Il avait donc raconté la filature de Madeleine Vota, depuis la rue Boissonade, puis il s'était interrompu :

« Mais si vous étiez derrière moi, vous le savez. Vous planquiez aussi rue Boissonade, vous ? »

Diebolt ne répondit rien, mais Carré savait que l'autre, tout commissaire qu'il était, aimait le terrain, comme il disait, surtout quand il sentait une affaire, et celle-là, la mort de Berthier, était la sienne.

« Tango, fit encore Carré à mi-voix, on le connaissait, vous vous souvenez ? »

Et il avait regretté cette phrase, ce rappel des enquêtes qu'il avait menées pour Diebolt, rue Daru, les photographies qu'il avait prises depuis la camionnette stationnée devant l'hôtel particulier de Berthier, tout ce qu'il avait amassé sur les fréquentations, les habitudes, les mœurs du directeur de *L'Universel*, tout ce qu'il aurait dû oublier.

Un moment, il avait espéré que Diebolt n'avait pas entendu, car il n'avait pas répondu, continuant de marcher, n'interrogeant pas Carré, mais, à l'instant où ils entraient dans le jardin du pavillon, Diebolt s'était arrêté.

« Vous avez une bonne mémoire, Carré. Moi aussi », avait-il dit.

C'était comme un avertissement, presque une menace qu'il souligna en plaçant à nouveau la main sur l'épaule de Carré, en le forçant à entrer le premier dans la pièce.

La mère de Madeleine Vota poursuivait sa mélopée, les mains appuyées au mur, donnant de légers coups de tête contre la cloison, oscillant d'avant en arrière tout en répétant ses lamentations ; ses fils, l'aîné se tenant un peu à l'écart, immobiles autour d'elle, regardaient le corps de Foulon Mantene, sur le visage duquel on avait à présent déployé un voile blanc.

Il avait – était-il ainsi quand Carré l'avait vu pour la

première fois ? il ne s'en souvenait plus – les bras en croix, si longs, si maigres, les jambes un peu repliées, les pieds nus, et Carré avait regardé les mains, les paumes tournées vers l'extérieur, blanc-rose.

Carré était sorti, l'émotion le prenant sans qu'il sût pourquoi, et il s'adossa à la façade, près de la porte, un peu protégé de l'averse par l'auvent du toit, regardant, droit devant lui, Madeleine Vota toujours immobile, pétrifiée sous la pluie.

Il avait entendu Diebolt interroger les frères Vota, alors que le commissaire n'en avait pas le droit, puisque c'était la Brigade criminelle qui menait l'enquête. Mais merde, est-ce qu'on pouvait interdire quelque chose à Diebolt, et quelle importance ? Au demeurant, Milner n'avait qu'à être là.

Les frères Vota n'avaient pas bien vu. Le tueur était entré dans la pièce et avait fait feu.

Leur sœur, Madeleine, était là, dans le coin, devant le réchaud à gaz, le dos tourné, et Foulon était couché, comme ça, avec la musique près de lui.

Carré imaginait la scène, le type qui n'avait pas eu de peine à reconnaître Tango, si grand, si maigre, le long poste à transistor posé sur l'oreiller.

Cela s'était produit au moment où Carré avait quitté le passage du Poteau, ayant localisé le pavillon où se rendait Madeleine Vota, là où devait se cacher Tango, cherchant dans ce quartier pourri un lieu d'où téléphoner à Milner.

À peine s'était-il éloigné qu'il avait entendu trois ou quatre coups de feu, le premier comme étouffé, et la musique s'était interrompue quelques secondes plus tard, les autres détonations n'éclatant qu'au bout de plusieurs minutes, plus proches, en provenance de l'extrémité du passage, donc.

Or Tango avait été tué d'une seule balle qui l'avait touché à la gorge, et c'est comme si quelqu'un avait appuyé là avec la pointe d'une lance, ou bien avait serré autour de son cou une couronne d'épines rouges.

Était-ce le tueur, en s'enfuyant, qui avait tiré, et sur qui, ou bien quelqu'un d'autre avait-il cherché à l'abattre ?

Diebolt sortit : « Vous êtes toujours aussi sensible », lança-t-il à Carré.

« Vous, murmura Carré en regardant Diebolt droit dans les yeux, le tueur, vous l'avez vu, vous étiez là pendant que je partais téléphoner. Vous avez tiré combien de fois ? »

Diebolt ne répondit pas.

« Peut-être que vous le connaissiez ? Sûrement, même. »

Carré baissa les yeux pour que Diebolt ne voie pas qu'il pensait à ce type qu'on avait photographié rue Daru, ce loubard qui s'était battu avec Tango, ce zonard que Diebolt rencontrait parfois, l'un de ses informateurs, comme il disait, une longue silhouette au visage émacié, les cheveux noués sur la nuque, des lunettes enfoncées dans les orbites.

Quand il redressa la tête, Carré n'osa pas affronter le regard de Diebolt, il dirigea le sien vers Madeleine Vota. Ses cheveux étaient si collés par la pluie qu'elle semblait maintenant ne plus être, les yeux fermés, qu'un visage nu, l'image de la détresse.

59

Sélim Naïr arrivait passage du Poteau par le boulevard Ney, venant de la station de métro Porte de Saint-Ouen. Il avançait penché en avant, les épaules rentrées, les mains dans les poches de son blouson, sur ce large trottoir où le vent froid, intermittent, soulevait au ras du sol une poussière brune qui, parfois, dans la lumière des phares, formait des tourbillons que le souffle venu de la chaussée rabattait, les camions se succédant à vive allure dans le fracas.

Tout à coup, il avait vu une silhouette sortir en courant du passage, hésitant une ou deux secondes avant de s'élancer. En même temps qu'il la reconnaissait, Sélim aperçut un homme au milieu du passage, jambes écartées, bras tendus, et il devina l'arme entre ses poings.

Il se jeta sur le côté cependant que la musique – cette musique qui depuis plusieurs jours jaillissait de la maison des Vota – s'interrompait et que l'écho de quatre ou cinq détonations roulait jusqu'au boulevard Ney, se perdait dans la rumeur de la circulation.

Tout cela vu, compris par Sélim le temps d'un mouvement de tête, d'un saut, et déjà il traversait en zigzag la chaussée, courant vers le périphérique qu'on devinait là-bas, comme un mur de bruits, d'éclats, de lueurs.

C'est dans sa direction que la silhouette s'éloignait, et Sélim accéléra pour ne pas la perdre de vue, s'assurer qu'il suivait bien ce type qu'il recherchait.

Tout en se tenant à une trentaine de mètres derrière lui, contre les façades, il devinait les cheveux noués sur la nuque, la veste à longues franges qui battaient les jambes de l'homme qui courait.

À s'enfoncer dans les petites rues de Saint-Ouen – et il leva un instant la tête pour lire les plaques : rue Jules-Vallès, rue Paul-Bert, rue Biron –, il éprouva une excitation qu'il ne ressentait plus depuis des années, peut-être depuis le jour où il avait enfin quitté la cité de la Muette, à Drancy, parce qu'il avait touché son premier salaire des Éditions Christian Elsen, que son contrat de travail était à durée indéterminée, et il avait attiré son frère Nasser contre lui en disant : « Je suis parisien, maintenant, et toi bientôt aussi. »

Les illusions étaient retombées. Mais, ce soir, le destin lui avait fait croiser ce type qu'il recherchait depuis des semaines, qui allait le conduire jusqu'à Nasser, et il fallait donc ne pas se laisser distancer, être capable de le rejoindre s'il entrait dans une maison ou une station de métro, et Sélim était heureux de pouvoir ainsi courir, sans perdre son souffle, alors que l'autre, ce porc, ce Jonas de merde, ralentissait, se retournait, et Sélim se plaquait aussitôt contre la façade, puis repartait, courant sans bruit, sur la pointe des pieds, dans ces rues de banlieue à peine éclairées, désertes.

Il pensait à ce carrefour de Saint-Germain-des-Prés, à la rue des Canettes où il traînait parfois le soir, croisant la foule paisible dans la rumeur des embouteillages, l'éclat des lumières des vitrines qui se superposaient en un remous de couleurs.

Il revoyait les brasseries, les restaurants dont on apercevait les salles comme autant de scènes illuminées, tous ces visages, ce brouhaha, ces phrases qui se croisaient, à mille lieues de ces façades mortes.

Le type ne courait plus, marchant à grandes enjambées, sûr, imaginait-il, de ne plus être pris – qu'avait-il fait passage du Poteau ? –, ne se retournant même plus, tandis que Sélim continuait de sautiller pour ne pas perdre le rythme, se répétant ce que Kader Malik lui avait dit dans le café de la rue de la Charbonnière : « Laisse le temps, mon fils, laisse le temps, Allah nous voit, Allah est grand, laisse-lui le temps. »

Le temps était venu, et Sélim le savait, le sentait.

C'était comme une certitude de tout son corps, la conviction qu'il était le plus fort, qu'Allah – ce Dieu auquel il n'avait jamais pensé, qui maintenant lui offrait la vengeance comme la preuve qu'il fallait Le respecter et Lui obéir – le guidait, le protégeait, et que l'autre, ce porc, ne pouvait qu'être vaincu.

Sélim n'allant pas au-delà de ce sentiment d'invincibilité, il ne pensait pas à la manière dont il agirait, mais ce type serait vaincu.

Ils avaient marché ainsi, peut-être des heures, et Jonas, avançait toujours plus lentement, et chaque fois qu'il s'arrêtait, Sélim se dissimulait.

Mais l'autre allait à nouveau de l'avant, et les rues succédaient aux boulevards, et l'on passait sous ces échangeurs qui forment une forêt d'énormes piliers de béton entre lesquels s'entrecroisent des routes et où s'accumulent, mêlés à l'herbe jaune, des détritus.

Ils avaient longé des voies ferrées, et ils n'avaient pas rencontré un seul passant, mais parfois, dans une encoignure, Sélim distinguait des formes allongées sous des cartons d'emballage.

Un chien grondait, montrant ses crocs, ses yeux verts de loup.

La circulation elle-même, en ce creux de la nuit, avait presque disparu : un camion de temps à autre, un taxi – et Sélim se rapprochait, décidé à bondir avant que Jonas n'ait tenté d'y monter, mais l'autre continuait de marcher.

Une fois, une seule fois, une voiture de police avait roulé lentement, se tenant entre eux deux, puis les dépassant, et ç'avait été un moment d'inquiétude, mais elle avait tout à coup accéléré, actionnant sa sirène dont le hululement s'était perdu dans l'entrelacs des rues.

Peu après, Sélim avait reconnu ces rues, ces longs bâtiments gris, ce carrefour au centre duquel se dressait un haut lampadaire dont la lueur bleuâtre éclairait un poteau indicateur dont il n'avait nul besoin de lire les indications familières :

Cité de la Muette – Cité du square de la Libération
Gendarmerie mobile

Quelques dizaines de mètres plus loin, Jonas, dont la démarche se faisait presque sautillante, passa sous une inscription peinte en noir sur une planche. Tout en ne le quittant pas des yeux, Sélim la déchiffra, ne la recomposant dans sa mémoire qu'au moment où il l'avait déjà dépassée :

Ici, l'OD HLM réhabilite la cité de la Muette
369 logements
Travaux financés par le concours du Conseil général
de l'État et de la Région
Ici l'État investit pour votre avenir

Le fait d'être chez lui, de deviner l'alternance, sur les façades, des plaques d'aggloméré, des fenêtres, des petites balustrades, des panneaux ajourés des cages d'escaliers, lui donnait encore davantage le sentiment de sa force.

Il approchait de Jonas, qui maintenant marchait sous la galerie, le long des piliers de métal, et Sélim obliqua brusquement, traversant la cour, rejoignant la galerie de droite, celle où se trouvaient apposées au mur trois plaques de marbre qu'il reconnut aussi, mais il n'avait jamais retenu ce qui y était gravé, et il ne put lire les mots :

En ce lieu
qui fut camp de concentration
de 1941 à 1944
Cent mille hommes, femmes et enfants
de religion ou d'ascendance juive
ont été internés par l'occupant hitlérien

passant trop vite, tout entier tendu vers son but, cet homme qui venait à présent vers lui, puisqu'il avait poursuivi nonchalamment son chemin sous la galerie de gauche et que Sélim remontait celle de droite de manière à le croiser, à lui porter un coup de face, à s'assurer qu'il s'agissait bien de ce Jonas dont il apercevait maintenant les lunettes enfoncées dans les orbites, le visage émacié.

Sélim avait couru, bondi plutôt, et Jonas s'était immobilisé, glissant sa main dans sa poche, mais il était trop tard, la tête de Sélim l'atteignit sous le menton, le front frappant la gorge, lui coupant le souffle, et il tomba à la renverse, sa nuque heurtant le sol ; Sélim, emporté par son élan, s'affala sur lui, l'écrasant de son poids, pesant avec son avant-bras sur la gorge, cependant que de sa main droite, il palpait les poches, reconnaissant une arme, se redressant quand il prit conscience que l'homme était évanoui.

Il avait retiré la ceinture du pantalon de Jonas, retourné le corps de cet homme qui commençait à geindre, lui nouant les poignets dans le dos, ramassant les lunettes, les plaçant dans la poche de son blouson, puis soulevant le corps, le montant jusqu'au troisième étage, en travers de ses épaules, capable de le porter durant des heures s'il le fallait.

Il avait tapé à la porte de l'appartement de son père avec son front, plusieurs fois, les bruits sourds résonnant dans la cage d'escalier, déclenchant des toux, des bruits de voix.

Celle d'Izzi, enfin, et Sélim s'irrita, car le type s'était mis à gigoter sur ses épaules : « Ouvre », lança-t-il.

Il passa devant son frère, buta contre son père couché sur un matelas.

« Nasser est revenu », dit Izzi tout en regardant avec des yeux effarés le corps de Jonas que Sélim laissait tomber.

« De la corde », demanda-t-il.

Izzi courut dans la chambre et revint avec des sangles.

Sélim les noua autour des chevilles de Jonas, puis, avec d'autres, entrava ses avant-bras.

Il attacha l'homme par le cou à l'un des tuyaux qui passaient dans l'entrée et se tourna vers Nasser, qui avait rejoint Izzi.

Le père, assis maintenant, frottait ses yeux, ébloui par la lumière de l'ampoule accrochée au milieudu plafond.

« Tu viens avec moi, Nasser, dit-il en prenant son frère par le coude. Toi, tu restes », ajouta-t-il, le doigt tendu vers Izzi.

Il s'inclina devant son père.

« Ne le laisse pas partir, père, murmura-t-il, c'est un homme de mal. »

Akim Naïr hocha la tête, et, de sa voix rocailleuse, répondit

« Même si je meurs, je le garderai. Va, fils. »

Ce dernier mot éclata dans la tête de Sélim comme un grand chant.

60

Sélim avait ouvert la porte de l'appartement de son père, puis il s'était effacé afin que les autres puissent entrer.

Gilles Duprez avait alors aperçu le corps de l'homme couché par terre, le cou attaché à un tuyau, les bras et les jambes entravés par des sangles. Il ne voyait pas le visage appuyé à la cloison, l'homme se tenant recroquevillé, et il distinguait mal ses vêtements dans la pénombre.

Gilles avait d'abord éprouvé un sentiment de honte.

Il s'était immobilisé, retourné vers Xavier Limel qui le suivait et qui s'était penché sur le corps, pour voir. Gilles avait deviné que Limel partageait sa réaction, qu'il était, comme lui, prêt à renoncer, à sortir, à rejoindre maître Rimberg et Anne-Marie Bermont qui les attendaient en bas, dans la voiture, devant la galerie de la cité de la Muette.

Rimberg avait refusé de monter avec eux, car, disait-il, ce n'était pas la place d'un avocat – non plus que celle d'une femme, avait-il ajouté.

« Qu'est-ce qu'on fout ici ? » avait murmuré Duprez.

L'homme, peut-être parce qu'il somnolait jusque-là, que le bruit de la porte et ces quelques mots venaient de le réveiller, avait tenté de se soulever en s'appuyant sur son avant-bras droit, faisant faire à son corps un début de rotation et montrant ainsi son visage.

Duprez l'avait aussitôt reconnu, s'approchant, jurant, ressentant dans sa poitrine – précisément là où il avait reçu, sous les côtes, ce coup de couteau dont la cicatrice le gênait encore, tirant sur la peau – une douleur qui se transformait en colère.

Ce type était bien l'agresseur d'Anne-Marie Bermont, celui qui l'avait blessé rue Daru, et, si l'on en croyait le récit de Sélim Naïr, le tueur de cet Africain, le chauffeur de Richard Berthier, le gardien de l'hôtel particulier de la rue Daru, ce Foulon Mantene, dit Tango, dont on venait d'annoncer, à la radio et dans les premières éditions de *France-Soir*, l'assassinat.

Sélim Naïr avait allumé, et Duprez, qui s'était accroupi près de l'homme, retrouvait chaque trait de cette physionomie émaciée, la peau tannée, presque bistre, les yeux surtout, ce regard mort, chargé d'une violence qui l'avait, rue Daru, effrayé au point qu'il avait sauté en arrière, sentant que l'autre allait chercher à le tuer, et c'était la même impression qu'il ressentait encore à présent, bien que l'homme fût couché, lié.

Gilles Duprez s'était redressé, calme, la colère ayant cédé la place à une détermination joyeuse, celle qu'il éprouvait quand il parvenait à son but et qu'un sentiment fait de certitude et d'orgueil l'envahissait, comme si les circonstances – il osait dire le destin – avaient une fois de plus voulu le favoriser, le confirmer dans l'idée qu'il était cet homme volontaire qui allait jusqu'au bout de ce qu'il avait décidé.

Dieu voulait cela.

Duprez, si on l'avait interrogé, aurait prétendu qu'il ne savait pas si Dieu existait, qu'il était, comme on dit, agnostique, mais il osait parfois s'avouer qu'il croyait que Dieu – une bonne étoile, la chance, pouvait-on dire aussi, plus modestement – veillait sur lui, lui indiquant sans en avoir l'air les chemins à suivre.

Si bien qu'il se retrouvait là, en cette fin de matinée, dans l'appartement des Naïr : le père, Akim, assis, le coude gauche posé sur la table, le menton dans la paume, sa main droite tenant une planche longue comme une matraque, couverte de plâtre séché et dont dépassait des clous rouillés ; le fils, Izzi, debout près de son père, les yeux brillant d'une intelligence aux aguets, allant de l'homme couché à son frère, Sélim, qui était resté appuyé le dos à la porte refermée, observant Xavier Limel et Gilles Duprez.

« Pas comme ça », avait dit Gilles.

Il avait dénoué la sangle qui serrait le cou de l'homme et qui le retenait comme un animal à ce tuyau peint en gris, mais ce simple contact, ce frôlement de sa main sur les cheveux noués sur la nuque de l'homme, puis sur la veste de daim à longues franges, lui avait donné un frisson de dégoût.

Il avait eu un mouvement de répulsion, peut-être aussi de peur encore.

Cependant, il avait continué, dénouant les liens qui emprisonnaient les chevilles, puis, comme s'il devinait l'inquiétude de Sélim Naïr, il avait montré les bras toujours attachés, hochant la tête pour indiquer qu'il n'y toucherait pas.

Frottant sa cicatrice, il avait dit en regardant Limel :

« Je le laisse comme ça, on l'assied et on l'écoute, non ? »

Puis, comme Limel ne répondait pas, hésitant encore, il avait commencé à soulever l'homme, l'aidant à se redresser – Sélim Naïr s'approcha, mains ouvertes, prêt à frapper –, le poussant vers la petite pièce, la chaise qu'Akim Naïr venait d'abandonner, tout en déclarant qu'il comprenait Limel, ses scrupules : un journaliste ne pose pas de questions à un homme attaché, mais lui, Duprez, avait une relation particulière avec ce personnage, et, du doigt, il toucha sa blessure.

« Il m'a déjà interrogé à sa façon, n'est-ce pas, monsieur ? » dit-il.

L'homme s'était maladroitement assis, sa poitrine contre le bord de la table, et il souriait d'un air de défi, regardant tour à tour Sélim Naïr, Limel, Duprez, disant tout à coup d'une voix aiguë, les mots frappant net :

« Vous – il désignait d'un mouvement du menton Gilles Duprez –, je vous connais pas, je vous ai jamais vu, jamais. »

Il fit une moue, haussant les épaules, ajoutant en passant sa langue sur ses lèvres : « J'ai soif, merde. »

Duprez demanda à Sélim Naïr d'apporter un verre d'eau, puis il s'assit en face de l'homme, le dévisagea ; il se sentait sûr de lui, de son bon droit, et, sans cesser de le fixer, il le contraignit même à baisser les yeux – il réprima un mouvement de joie en lui, pas fier de ce goût de revanche qui l'habitait, s'astreignant au calme, à la mesure, disant :

« Je vous laisse attaché parce que je sais que vous êtes dangereux, vous m'avez blessé rue Daru, vous vous souvenez ? »

L'homme plissa les yeux comme s'il cherchait à se souvenir, puis il fit non de la tête, et Duprez répéta :

« Bon, bon, mais l'homme que vous avez tué, passage du

Poteau, racontez-nous, ça peut vous servir, on n'est pas de la police. »

Sélim Naïr revenait, il posa sur la table un verre d'eau et un revolver, disant avec sa voix de gorge :

« Il avait ça. »

L'homme les observa, regarda le revolver.

« Journalistes ? » murmura-t-il.

Il avait changé de ton, puis, comme Limel et Duprez se contentaient de répondre d'un hochement de tête, il répéta sa question : « Journalistes ? » et Duprez sortit sa carte de presse qu'il posa sur la table entre le revolver et le verre d'eau.

L'homme recula, s'appuya au dossier de la chaise :

« Je peux vous dire qui m'a donné ça. »

Il désignait le revolver.

« Un flic », reprit-il.

Il se rengorgeait, souriant, montrant de petites dents blanches écartées, disant qu'il voulait que ce con – il désignait Sélim Naïr – lui rende ses lunettes, sinon il ne parlerait pas.

D'un regard, Gilles Duprez avait obtenu que Sélim Naïr lance les lunettes sur la table, et Duprez, les ouvrant, les plaça sur le visage de l'homme, retrouvant aussitôt le même sentiment d'inquiétude, comme si la physionomie de l'homme, avec cette monture métallique enfoncée dans les orbites, était devenue plus menaçante.

« Quel flic ? » demanda Duprez.

« Pas n'importe qui, un grand, un important, vous voulez que je vous raconte ? »

Ce type allait parler, et Gilles Duprez l'avait pensé dès qu'Anne-Marie Bermont l'avait appelé, la voix entrecoupée de longues respirations, voilée par l'angoisse. Duprez lui avait demandé de raccrocher, d'attendre qu'il la rejoignît.

Il l'avait retrouvée au café de la Mairie, place Saint-Sulpice, sur la banquette, dans la salle du fond ; assis en face d'elle, cet homme jeune aux cheveux bouclés, Sélim Naïr, auquel elle avait demandé de reprendre son récit.

Au fur et à mesure que Sélim Naïr parlait, qu'il observait en même temps le visage d'Anne-Marie, Gilles se souvenait des confidences qu'elle lui avait faites, de ses liens passés avec ce garçon, et il faisait effort pour ne pas y penser, pour questionner Sélim Naïr sur ce qu'il avait vu, passage du Poteau, et Sélim montrait le titre de *France-Soir: « L'assassin présumé de Richard Berthier, l'ancien chauffeur du directeur de* L'Universel, *abattu à son tour, dans le* XVIIIe *arrondissement de Paris. Le tueur s'est enfui, mais ce meurtre confirme que le crime de la rue Daru est une affaire crapuleuse suivie, cette nuit, d'un règlement de comptes entre complices.* »

« Je l'ai eu, conclut Sélim Naïr, il est chez mon père. »

Il ne s'échappera pas, ajouta-t-il en secouant la tête, puis il plongea les mains dans les poches de son blouson, prit un air renfrogné, comme un témoin indifférent, feignant de ne pas écouter Anne-Marie qui expliquait à Gilles que Sélim Naïr ne savait que faire de cet assassin ; elle lui avait donc téléphoné mais, elle semblait maintenant s'en excuser – elle n'avait pas pu l'atteindre tout de suite et elle avait alors joint Xavier Limel.

Elle baissa un peu la tête, ne la relevant que lorsque Gilles Duprez l'eut rassurée, lui disant qu'il était heureux qu'elle eût avertie Xavier, qu'ils seraient ainsi deux témoins, que c'était sage, qu'il fallait partir tout de suite, voir le « prisonnier de Monsieur ».

Il tapa sur l'épaule de Sélim Naïr, mais Anne-Marie l'interrompit.

Elle avait, disait-elle – et elle baissa à nouveau la tête – téléphoné à Benoît, Benoît Rimberg, parce qu'il était avocat, qu'il pouvait être utile, qu'elle voulait que Sélim et son frère fussent protégés, qu'il fallait les aider, qu'elle l'avait promis, qu'il fallait donc se rendre chez Benoît, lequel acceptait de les accompagner à Drancy, chez Sélim.

Elle avait une façon de prononcer Sélim d'une voix adoucie, presque dans un murmure, qui irritait Gilles Duprez, et il se contenta de dire :

« Bien sûr, bien sûr, et Limel sera chez Rimberg, j'imagine. »

Anne-Marie se leva, se pencha vers Sélim, lui mit la main sur l'épaule, protectrice, presque maternelle, et Gilles s'éloigna, traversa rapidement la salle du café, impatient de se retrouver dehors, sur cette place, respirant un grand coup d'air, s'en voulant de la déception qu'il éprouvait du fait qu'Anne-Marie eût appelé Limel, Rimberg, en même temps que lui.

Sans doute était-ce de la jalousie, et il trouvait se sentiment ridicule.

Il prit Sélim Naïr par l'épaule, cherchant une complicité que le garçon refusa en se dégageant, et, dans le taxi qui les conduisait place Dauphine, Sélim laissa Anne-Marie Bermont s'asseoir entre lui et Gilles, comme s'il avait tenu à rester le plus éloigné possible de celui-ci, manifestant presque du mépris.

Il montra la même attitude avec Benoît Rimberg et Limel, s'installant en dernier dans la voiture de l'avocat, se rencognant à l'arrière, silencieux, alors qu'Anne-Marie Bermont, montée à l'avant, près de Rimberg qui conduisait, racontait à nouveau comment Sélim Naïr avait, passage du Poteau, assisté à la fuite de l'homme qui avait sans doute abattu le chauffeur de Richard Berthier, comment il l'avait suivi, maîtrisé, comment il le gardait chez lui, à Drancy, cité de la Muette.

Tout en conduisant prudemment le long du périphérique, ne cherchant pas à sortir de la file de camions dans laquelle il avait été coincé dès la porte de Bercy, Rimberg ne posait aucune question, se contentant de répéter un nom, « Richard Berthier », ou bien murmurant : « Drancy, oui, Drancy, cité de la Muette », jetant alors un coup d'œil à Sélim Naïr, l'observant quelques secondes dans le rétroviseur, et Gilles Duprez captait ce regard.

Rimberg s'était garé devant la galerie, non loin du monument de granit rose et du wagon de marchandises, expliquant à Limel et à Gilles Duprez qu'il attendrait avec Anne-Marie dans la voiture, qu'il les laissait faire leur métier, interviewer l'homme, qu'ensuite ils aviseraient, qu'il serait alors temps de téléphoner de la voiture à la police.

Sélim Naïr était déjà descendu et Duprez se pencha vers Anne-Marie Bermont, lui prit le visage sous le menton, la força ainsi à se rapprocher de lui, à accepter qu'il lui effleure les lèvres – et qu'elle l'eût laissé faire lui donna une intense sensation de chaleur dans la poitrine.

Duprez regarda Rimberg en souriant.

« Attendez, attendez-nous », dit-il d'une voix joyeuse.

Et il s'était élancé, courant derrière Sélim Naïr qui, à grandes enjambées, longeait la galerie, passant devant ces plaques de marbre qui rappelaient qu'ici, de 1941 à 1944, cent mille hommes, femmes et enfants de religion ou d'ascendance juive avait été internés par l'occupant hitlérien.

61

Depuis qu'il était rentré de la cité de la Muette à Drancy, Benoît Rimberg ne bougeait pas, le buste droit, les doigts posés sur le clavier de son ordinateur, hésitant à appuyer sur l'une ou l'autre des touches, à reprendre cette partie d'échecs qu'il avait commencée avant le coup de téléphone d'Anne-Marie, il y avait maintenant quatre ou cinq heures.

Il ne retrouvait pas la signification des coups qu'il avait déjà joués, s'étonnant de la place de ses cavaliers noirs, ne comprenant pas pourquoi l'ordinateur avait répondu en déplaçant un fou, ouvrant ainsi, presque sans espoir, un nouveau front.

Et, bien qu'il ne jouât pas, Rimberg ne quittait pas sa place, ne tendant pas le bras vers le téléphone chaque fois qu'il percevait le léger cliquetis intermittent qui signalait qu'un voyant s'allumait, que Béatrice Lesgarre souhaitait lui parler.

C'était comme si ce qu'il venait de vivre à Drancy, cité de la Muette, au milieu de cette cour où poussait une herbe éparse et où cent mille hommes, femmes, enfants – et son père et sa mère – avaient piétiné, eu froid, faim, angoisse, terreur, souffrance, l'avait rendu si prudent, si circonspect qu'il n'osait bouger, craignant un piège, tant l'accumulation des coïncidences était grande, comme si toutes les trajectoires qu'il avait un moment repérées se rejoignaient dans cette cour de la cité de la Muette, autour de ce wagon de marchandises vide, resté là sur une portion de rails.

Quand il s'était éloigné, roulant lentement, Anne-Marie assise près de lui, Limel, Duprez et Sélim Naïr installés à l'arrière, Rimberg avait d'abord vu ce wagon dans le rétroviseur, avant d'apercevoir le fourgon et la voiture de police stationnés au fond de la cour, et l'inspecteur Milner qui poussait Jonas, les poignets serrés par les menottes.

Tout au long du trajet de retour, ils avaient peu parlé, Rimberg se contentant même de hochements de tête, Limel téléphonant à son journal, demandant qu'on lui réserve un titre à la une, peut-être même la place pour le début de son article, expliquant à Garini, son rédacteur en chef, ce qu'il avait appris : Tango, le meurtrier présumé de Berthier, avait été abattu par un certain Jonas qui prétendait avoir reçu son arme d'un commissaire des Renseignements généraux, Diebolt, qu'il informait régulièrement depuis des années sur ce qui se déroulait rue Daru. Et c'est encore ce commissaire Diebolt qui avait indiqué à Jonas le lieu où se cachait Foulon Mantene, dit Tango, passage du Poteau, dans le XVIIIe arrondissement.

Alors que la voiture avait rejoint le périphérique et que défilaient les portes de Paris : porte de Bagnolet, porte Dorée, porte de Bercy – Rimberg s'engagea alors sur la bretelle de sortie –, Limel tentait de convaincre Garini de la qualité de ses sources : « Hypothèses ? Mais non, répétait-il, des aveux, à moi, à Duprez, puis à maître Rimberg ! »

Il raccrocha enfin, disant d'une voix sourde : « Prudent comme un bureaucrate. »

Duprez le rassura :

« Tu auras tes feuillets, lui dit-il, je vais donner la nouvelle – une partie, une partie seulement – à Verdier, et quand l'A.F.P. aura publié sa dépêche, qu'à 20 heures le journal télévisé aura ouvert sur cette information, Garini te suppliera de faire le papier. »

Rimberg les avait déposés place Saint-Sulpice. La nuit était déjà tombée, une bruine grasse se déposait sur le pare-brise où les essuie-glaces patinaient, laissant des traînées grises.

Il conduisait lentement, bloqué près de dix minutes sur le Pont-Neuf, baissant la vitre, essayant de prendre patience, laissant aller son regard le long de la Seine. Mais, au lieu d'éprouver, comme à l'habitude, un sentiment d'apaisement – « je suis là, au centre de cette ville ; même si rien n'a de sens, je suis parvenu jusqu'à ce cœur, la partie peut s'effacer, les pièces reprendre leur place première sur l'échiquier ; j'ai cependant fait le parcours, je n'ai pas été vaincu en trois coups, échec et mat au début de la partie, comme la plupart des joueurs, je suis allé au bout de cet affrontement qu'on ne peut gagner, partie nulle, donc, ni regret ni amertume » –, voici ce qu'il ressentait et qui lui était insupportable comme une défaite imméritée : de la tristesse et presque du désespoir.

Il avait envie de laisser sa voiture là, sur place, dans cet embouteillage, et de partir à pied, seul, comme si, par ce geste, il avait pu se débarrasser de tout ce qu'il était, et d'abord de sa mémoire.

Mais il était resté au volant, sortant enfin de la cohue, garant sa voiture place Dauphine, dans son parking, espérant trouver ses bureaux vides pour ne pas même avoir à subir un regard, mais Béatrice Lesgarre se leva quand il entra, et il ne la salua pas, détournant la tête pour lui laisser deviner qu'il ne voulait pas qu'on lui parle, sachant qu'elle comprendrait.

Elle le suivit cependant dans son bureau, l'empêchant de fermer la porte, disant que Jean-Luc Marchal, le chargé de mission au cabinet de M. le ministre de l'Intérieur, avait téléphoné plusieurs fois et demandait qu'on le rappelle. « D'urgence », répéta-t-elle.

Rimberg ne répondit rien, il s'assit devant la petite table placée près de la fenêtre, et il posa les mains à plat sur le clavier de l'ordinateur, regardant l'échiquier, cherchant à reconstituer ce début de partie, mais c'était comme s'il ne pouvait lier entre eux les déplacements des pièces, car les souvenirs faisaient à présent irruption, une image : cette façon qu'avait eue Duprez de prendre le visage d'Anne-Marie dans sa paume, sous le menton, de lui effleurer les lèvres, la douceur qui rayonnait de ce geste, la tendresse de ce mouvement, la joie qui, après, avait paru habiter Duprez – et Rimberg l'avait alors vu courir derrière Sélim Naïr.

C'était sans doute cela qui avait atteint Rimberg, qui le blessait, non qu'il fût jaloux, mais parce qu'il avait été incapable de ces sentiments-là.

Comme si, dès le début de sa vie, on l'avait brûlé au fer rouge de l'extrême émotion, pour qu'il ne pût plus rien ressentir, pour qu'il craignît toujours, toute sa vie, ce qui pouvait l'émouvoir, et qu'il souffrît cependant de ce manque : la capacité d'aimer bêtement, pour rien, de se laisser aller spontanément à ses élans, sans réfléchir, sans calculer à trois, quatre, sept, huit coups parfois, sans prévoir ce qui allait nécessairement survenir, l'usure, la fin de l'amour, la déception – et alors pourquoi s'engager là, dans cette voie de l'échec ?

Et il comprenait que c'était cela, aimer, s'enfoncer dans une impasse, ne pas savoir que c'en était une, faire le pari stupide qu'on allait vaincre, inventer une issue qui n'existait pas.

Il avait été incapable de cet aveuglement.

Il était trop lucide, trop bon joueur.

Et c'était là sa faiblesse, sa défaite.

Le téléphone cliquetait et Béatrice Lesgarre avait entrouvert la porte, l'avait refermée, puis poussée à nouveau, sans que Rimberg bougeât la tête, faisant comme s'il n'entendait rien.

Elle osa enfin parler, dire que Jean-Luc Marchal rappelait, qu'il ne quittait pas la ligne, qu'il attendait Rimberg.

Enfin elle tira la porte, et il savait qu'elle lui laissait encore un moment de répit avant de revenir, parce qu'elle avait le sens du devoir, qu'elle n'acceptait pas – il le savait – qu'il déserte, comme elle le lui avait déjà dit une fois –, peut-être aussi parce qu'elle l'aimait.

Il n'éprouva à cette conclusion aucune satisfaction, mais, au contraire, un sentiment de dérision, comme si vraiment la folie emportait toujours le destin de tous ces êtres qui passaient leur vie à tenter de se rejoindre, l'un manquant toujours l'autre, celui-ci poursuivant celui-là qui essayait d'en accrocher un autre, qui lui-même s'enfuyait, sorte de chasse au leurre à laquelle personne ne gagnait, hormis ceux qui acceptaient d'emblée l'idée de perdre.

Cela, il ne l'avait jamais voulu. Cherchant toujours – même dans le tête-à-tête avec cette boîte grise à l'œil rectangulaire, cet ordinateur en face de lui – à vaincre.

En cette fin de journée, alors que les phares blanchâtres des bateaux-mouches faisaient surgir les façades et les stries de la pluie, il ne savait plus jouer, peut-être à cause de ce qu'il venait de vivre, cité de la Muette, de l'excitation de Gilles Duprez quand il était redescendu de l'appartement des Naïr, qu'il avait ouvert la portière du côté d'Anne-Marie, la prenant aux épaules, expliquant que le type, ce Jonas que Sélim avait capturé, était bien le même : « Ton bonhomme, celui des Halles, le mien. »

Et Duprez avait fait le geste brutal de donner un coup de couteau.

L'affaire, avait-il repris en regardant Rimberg, était complexe, ce qu'il pressentait d'ailleurs depuis le début, car Richard Berthier était surveillé. Jonas était donc un informateur.

« Tout s'entrecroise », dit Duprez d'une voix exaltée, hachée. Et, un ton plus bas, il murmura : « Dimet est sûrement mêlé à tout ça, on va l'avoir, Anne-Marie, on va l'avoir. »

Rimberg, réussissant encore à ne pas se laisser prendre plus qu'il ne le devait par ce récit, concerné seulement comme avocat, réfrénant sa curiosité, n'en sentait pas moins qu'au contraire cette affaire qui naissait était la sienne, qu'elle l'impliquait, et, au fur et à mesure que Gilles Duprez parlait, il était entraîné par ce tourbillon, écoutant avec avidité.

Duprez parlait, racontait comment Jonas s'était introduit avec Nasser Naïr, le frère de Sélim, dans l'hôtel particulier de Berthier, rue Daru.

« Pour leur montrer, leur… »

Et Jonas avait fait un geste obscène.

Ils avaient barbouillé les murs du deuxième étage, tout salopé, mais ils avaient dû se cacher : une bande de skins avaient pénétré dans l'immeuble à quatre ou cinq, armés de battes de base-ball, cassant les machines, les meubles dans les bureaux de *L'Universel*, puis s'enfuyant, dévalant l'escalier – et Jonas avait entraîné Nasser.

Les skins, il les craignait : des dingues.

Puis, tout à coup, ils s'étaient trouvés face à face avec Tango.

« Il m'a reconnu, le singe », avait dit Jonas.

Tango venait d'en haut, sûrement, avait expliqué Jonas. Puis l'Africain avait filé, il ne s'était même pas battu, il n'avait même pas ouvert sa gueule – filé, et Jonas n'avait pas compris.

En haut, disait Duprez, il y avait Berthier, torse nu, en pantalon de pyjama, le dos troué par l'explosion d'une balle tirée, à bout portant à hauteur du cœur.

« Et ça, c'est vous ou Tango ? avait-il demandé à Jonas. À moins que ce ne soit tous les deux ? »

Jonas avait bondi, hurlé :

« C'est pas les skins et c'est pas moi, c'est une histoire de cul, et c'est le Zoulou, et il voulait me faire porter ça, et ça, *niet, niet* ! »

C'est pour ça, disait-il, qu'il l'avait descendu, parce qu'on allait le piéger, il le savait, et il avait voulu s'expliquer, mais le zoulou n'avait rien voulu entendre.

« Je l'ai eu par hasard, avait dit Jonas, par malchance, mais je regrette rien, une pauvre rondelle, ce type. »

Rimberg avait oublié qu'il ne voulait être que le témoin officiel et l'avocat de Sélim Naïr, qu'il avait décidé de s'en tenir à ce rôle qu'il jouait à la demande d'Anne-Marie.

Il était aux aguets, apercevant des indices, établissant des liaisons, poussant une idée, construisant une explication, semblant ne pas prêter attention à Duprez, le front appuyé au volant, mais attentif, se persuadant qu'il avait découvert une nouvelle ouverture, qu'il allait pouvoir ajouter une variante de plus dans le dossier de Georges Rollin qu'il achevait de constituer.

Car Rollin était, par l'intermédiaire du Consortium de rénovation urbaine, le financier de l'un des clubs de supporters du Parc des Princes, où l'on retrouvait une cohorte de skinheads. Et Bourrin, le président du club, ne pouvait rien refuser à Rollin, surtout pas ce petit service, ce sport presque innocent : casser les bureaux de *L'Universel*, un journal pour gonzesses, pour travestis, pour Juifs, et on avait dû chauffer les skins avec ces mots-là.

Rollin avait pu s'amuser à ça, pour effrayer Richard Berthier, lui montrer qu'il devait plier, peut-être rendre des comptes, obtenir précisément de Rimberg que le dossier Rollin fût refermé.

Ou peut-être, au contraire, par plaisir sénile, pour vivre encore, voulait-il simplement faire monter les enjeux, augmenter les risques, être – cela, Berthier l'avait bien perçu – encore au centre d'une affaire, attirer sur lui la foudre tout en jouant à l'écarter, parce que être foudroyé, c'était encore vivre quand la mort était là, si proche.

On murmurait dans les bureaux du Consortium de rénovation urbaine que Rollin était atteint d'un cancer généralisé. Michel Doriman affirmait qu'il refusait de se faire soigner, qu'il avait interrompu le traitement que le professeur Laroche lui avait ordonné.

« Il veut en finir », répétait partout Doriman.

Pierre-Yves Lavignat partageait ce sentiment. Il devait prendre la succession de Berthier à la tête de *L'Universel*. L'Élysée était intervenu, avait fait comprendre que c'était là le bon candidat, homme de culture, n'est-ce pas, écrivain de qualité qui était de surcroît un proche, un fidèle du président. Le président ne l'invitait-il pas à ces longues promenades impromptues dans Paris ? Et les photographes les avaient surpris, marchant côte à côte, chacun coiffé d'une casquette, paisibles piétons arpentant d'un bon pas les quais de la Seine, près du pont Alexandre III.

Lavignat avait donc commenté avec une assurance qui inquiétait Doriman et Marchal – « Vous croyez, Lavignat ? » avait demandé à plusieurs reprises Marchal – que Rollin était une victime du syndrome « bunker du Führer »

Lavignat s'était longuement expliqué. Rollin était un ami du professeur Hederlisch, un vrai nazi, celui-là, avait-il dit. Ils vivaient l'un et l'autre dans le culte de l'énergie hitlérienne, de cette apothéose – selon les dires de Hederlisch, bien sûr –, de ce moment presque mystique qu'avait représenté le suicide d'Hitler, entraînant délibérément dans la mort sa compagne, Eva, Goebbels, ses tout jeunes enfants, et des dizaines de millions d'hommes.

« C'est cela Rollin, répétait Lavignat, à l'échelle qui est la sienne, dans le Paris du drame bourgeois qui est notre environnement culturel ; il veut introduire cette dimension d'apocalypse, il veut briser quelques vies, emporter avec lui, dans le gouffre, quelques réputations. »

Et Lavignat avait ajouté, l'air pensif, passant sa main ouverte dans ses cheveux noirs mi-longs, essayant de se donner un visage inspiré : « Cela il, faut le reconnaître ne manque pas d'une certaine grandeur, il y a chez Rollin de la *signorilità*, comme disent les Italiens. »

À se remémorer cela, Rimberg éprouvait de la révolte et du dégoût. Mais il se reprochait ces réactions, preuves de sa faiblesse, de ce qu'il gardait encore des illusions, comme s'il devait s'indigner, en bon naïf, du conformisme d'un Lavignat qui ne voulait pas voir la veulerie, la lâcheté d'un Rollin, et préférait transformer en vie héroïque ce qui n'était, chez ce dernier, qu'une existence protégée, toujours habilement menée du côté du plus fort, et maintenant il ne s'agissait, derrière la rancœur, que d'âpreté à vivre encore.

Tant d'enfants étaient morts, passés par cette cour de la cité de la Muette où Rollin, jeune haut fonctionnaire, les avait fait parquer, garder, expédier dans des wagons de marchandises vers Auschwitz.

Cela, Rimberg y avait pensé tout en écoutant Duprez, cité de la Muette. Et au moment où Duprez achevait son récit, Sélim était apparu, poussant Jonas devant lui.

En téléphonant à la police, puisque le temps était venu de livrer le prisonnier, Rimberg avait reconnu dans cet homme à la longue veste de daim, au visage émacié, aux lunettes cerclées de métal, aux cheveux noués sur la nuque, celui qu'ici même il avait frappé de la pointe du pied.

Il n'en dit rien, il tenta de ne pas se laisser emporter par l'inquiétude, l'étonnement, devant ces lignes qui se rejoignaient, mais il était comme écrasé, parlant lentement, obtenant enfin la communication avec l'inspecteur Milner.

« Ici maître Rimberg... », commença-t-il.

Et parce qu'il parlait en avocat, que les mots habituels lui revenaient, il avait retrouvé une certaine assurance.

Mais, chez lui, devant l'écran de l'ordinateur, face à l'échiquier, il ne réussissait pas à rassembler ses idées, à comprendre la stratégie qu'il avait voulu mettre en œuvre en déplaçant ses deux cavaliers si loin en avant.

Il refusa une nouvelle fois de répondre à Béatrice Lesgarre qui disait d'un ton excédé : « Je m'en vais, maître, dois-je brancher le téléphone dans votre bureau ? »

Elle claqua la porte.

Rimberg était resté encore un long moment, puis il s'était enfin décidé, appuyant sur une touche, et l'écran de l'ordinateur s'était zébré durant quelques secondes, puis l'échiquier avait disparu et un rectangle avait surgi au centre, comportant le dessin d'une bombe ronde et noire dont la mèche brûlait, prête à exploser, et une inscription : *erreur de mémoire*.

Benoît Rimberg n'avait pas bougé, fasciné par cet œil verdâtre qui semblait à même de lire en lui.

62

C'était donc cela, la peur, avait pensé François Milner, c'était donc cela qu'on ressentait, cette émotion qui prenait au ventre, l'envie de fuir, de se dissoudre, cette panique qui étouffait, voilait la voix, c'était donc cela qu'on éprouvait quand il fallait choisir, et qu'on savait qu'on allait se retrouver seul, recevoir des coups de toutes parts.

Et Milner s'était rappelé que deux fois seulement dans sa vie il avait été saisi ainsi, dans son corps, par cette angoisse qui donnait envie de *se coucher* – au sens propre du terme – et il comprenait que ce mot ait pu aussi signifier capituler, abandonner, renoncer donc.

Une image lui était en effet revenue au moment où il signait la demande de garde à vue pour Daniel Jonard, dit Jonas, né le 27 juin 1959 à Argenteuil, sans domicile fixe, et où il tendait à Jonas le procès-verbal d'interrogatoire pour qu'il y apposât sa signature, et Jonas avait souri, dévoilant ses petites dents écartées, blanches.

« Ça va être la merde pour vous, monsieur l'inspecteur, avait-il dit, drôlement la merde, je préfère être à ma place. »

Puis il avait feuilleté la quinzaine de feuillets dactylographiés.

« Vous voulez vraiment, avait-il interrogé, vous êtes sûr ? »

Et Milner était resté impassible, les poignets appuyés au bord de son bureau.

Jonas avait tracé ses initiales, d'un geste nerveux, au bas de chaque page, puis il avait croisé ses mains derrière sa nuque, et c'est à cet instant que Milner s'était souvenu de ce gamin qu'il avait été.

Peut-être avait-il à peine six ou sept ans, et la bande qu'il avait défiée l'avait acculé dans un des coins de la cour de récréation, derrière les toilettes, là où se tramaient les complots et se vendaient les cigarettes.

On lui avait lié les bras et c'est alors que la panique l'avait saisi et qu'il avait eu envie de disparaître, de se renier, d'implorer pitié, mais il n'avait pas fait un geste, pas dit un mot.

On l'avait martelé de coups de poing.

Une autre fois, ce devait être en 1967, des étudiants d'extrême droite l'avaient pourchassé rue Champollion, cette petite ruelle où il s'était engouffré parce qu'ils étaient une centaine, place de la Sorbonne, et qu'on l'avait reconnu, et il avait alors éprouvé la même panique qu'autrefois.

Mais on ne l'avait pas rejoint, et il avait traversé la Seine, marché le long du quai des Orfèvres, et jamais il n'aurait imaginé, à ce moment-là, que presque vingt-cinq ans plus tard il ressentirait la même peur, assis à son bureau, devenu inspecteur de la Brigade criminelle, chargé de l'enquête sur l'assassinat de Richard Berthier, décidé à aller jusqu'au bout, comme il l'avait dit une nouvelle fois à Carré, et c'était bien là qu'était la source de sa peur, là qu'était la tentation de la lâcheté.

Il n'y céderait pas, il le savait, sans bien vouloir démêler les raisons de ce qu'il n'appelait même pas du courage, plutôt un instinct qui le poussait à agir ainsi, à transmettre au juge d'instruction Jean Daspres le dossier Jonas.

« Ne te presse pas, avait conseillé Carré. Appelle Marchal, prends les devants, avertis-le ; de toute façon, il te téléphonera. »

Puis, comme François Milner ne répondait rien, Carré avait haussé les épaules :

« Tu es courageux, François, ça ne sert à rien, mais tu es courageux. Tu as ta conscience pour toi, c'est bien le seul appui que tu pourras trouver. »

Carré avait parlé calmement, avec une sorte d'indifférence, le détachement cynique d'un observateur à peine intéressé par les faits qu'il constatait.

Dans le silence qui avait suivi, Milner avait relu l'interrogatoire de Jonas, cette vie en quelques feuillets : banlieue, petite délinquance, courts séjours en prison, un peu de drogue, participation en 1979 – à vingt ans – à des manifestations politiques d'extrême gauche, arrestation, destin banal d'un adolescent de parents divorcés, un cas d'école, sinistre.

Puis – et, à partir de là, Milner s'attardait sur chaque mot – la rencontre avec le commissaire Diebolt. Le jeune délinquant devenait un informateur, pénétrant les petits groupes politiques que tentait le terrorisme, traînant sur ordre là où il le fallait, rencontrant le policier presque chaque semaine, et essayant de devenir un familier de Richard Berthier, agissant sur instructions, mais aussi pour son propre compte, parce que, pour mieux le tenir, Diebolt lui laissait une longue laisse, le nœud autour du cou assez lâche pour qu'il pût courir et mordre, se croire en liberté.

« Le commissaire Diebolt m'a dit : " Prends ce fligue, défends-toi, car l'Africain veut te faire porter le chapeau de l'assassinat de Berthier, et Berthier, c'est ce macaque qui l'a tué" », affirmait Jonas.

Il précisait que Diebolt lui avait indiqué la planque de Tango, passage du Poteau. Ils devaient se retrouver là-bas. « S'il te menace, avait dit Diebolt, n'hésite pas, flingue-le, je te couvre. » Puis Jonas avait ajouté : « Diebolt a essayé de me flinguer, après, comme un lapin, dès que je suis sorti de la cave des Africains. Oui, mais je cours vite. S'il n'y avait pas eu ce petit con pour me cravater... Mais, maintenant, je dois plus rien à personne. Alors, si ça vous intéresse, mais ce sera la merde pour vous... »

Diebolt, donc, l'un des plus importants personnages de la Maison, avait organisé un meurtre. Milner pouvait-il agir autrement qu'en recueillant les confidences de Jonas ?

Duprez, Limel, maître Rimberg, Anne-Marie Bermont, Sélim Naïr était tous témoins, et demain on retrouverait dans les articles de presse le récit de Jonas tel qu'ils l'avaient recueilli avant de livrer l'homme à la police, cité de la Muette, à Drancy.

Dès qu'il avait aperçu Jonas, puis Duprez, et peut-être aussi à cause de cette cour, de ces façades fissurées, de ces deux visages qu'il avait entrevus – un homme et une femme, vieux, la tête ronde, presque chauves l'un et l'autre, la femme reconnaissable à ses lèvres peintes, souriant, penchés à leur fenêtre –, Milner avait ressenti les premiers signes de la peur. L'instant du choix arrivait, il le savait.

Plus tard, quai des Orfèvres, il avait écrit à la main, sur une feuille qu'il joignit à l'interrogatoire de Jonas :

« À l'attention de Monsieur le Juge d'instruction Jean Daspres, de la part de l'inspecteur François Milner :

L'interrogatoire de Daniel Jonard, dit Jonas, meurtrier de Foulon Mantene, dit Tango, et ce, dans le cadre de l'enquête sur l'assassinat de Richard Berthier, fait apparaître comme nécessaire la comparution et l'interrogatoire du commissaire Diebolt, des Renseignements généraux.

Celui-ci est en effet accusé par Jonas d'avoir fourni à ce dernier l'arme du meurtre de Foulon Mantene et les renseignements qui ont permis à Jonas de localiser sa victime.

D'après les déclarations du suspect, les relations entre lui et le commissaire Diebolt sont anciennes.

C'est à la demande de Diebolt que Jonas s'est introduit dans l'entourage de Richard Berthier. Il rendait régulièrement compte au commissaire de ses activités.

Je transmets à mes supérieurs hiérarchiques les éléments que je viens de rapporter. »

Les actes qu'il accomplissait, les mots qu'il écrivait, son refus répété de téléphoner à Jean-Luc Marchal, rien de cela n'altérait son calme, et cependant la peur, l'angoisse se faisaient encore plus fortes, car dans le bureau régnait à présent un complet silence, Carré affectant de lire le journal, le repliant soigneusement, redemandant encore de la même voix presque douce : « Tu n'appelles pas Marchal ? » Et Milner avait secoué la tête, n'ayant même pas la force de parler, toute son énergie rassemblée pour s'en tenir à ce choix qu'il avait fait d'instinct.

Il avait envie de dire : c'est malgré moi que j'agis ainsi, je ne suis pas courageux, mais je ne peux pas faire autrement – et, en même temps, il pensait : c'est un tournant de ma vie, ce que je fais donne un sens à mon existence. Je ne me suis pas renié. C'est cela que je vais pouvoir transmettre à Gabriel, cette unité de ma vie, depuis le moment où, dans cette cour d'école, je me suis tu, jusqu'à cette nuit où j'ai fui par la rue Champollion, passant devant ce bâtiment où je suis maintenant ce soir – et comment aurais-je pu imaginer cela il y a près de vingt-cinq ans, ces deux moments d'angoisse, ces jalons de ma vie auxquels vient à présent s'ajouter cet autre, et tous trois forment entre eux une ligne droite.

Brusquement, Carré s'était levé et se mit à gesticuler, hurlant : « Tu es con, Milner, con, et tu m'emmerdes, tu entends ? Parce que moi je ne vais pas te soutenir, tu dois le savoir. Je vais te laisser tomber. Je ne dirai pas que j'ai vu Diebolt passage du Poteau, je ne dirai rien. Je ne l'ai pas vu, je n'ai pas entendu les coups de feu qu'il a tirés, rien, rien, tu ne peux pas compter sur moi, Milner. Et Jonas, je ne le connais pas, je ne l'ai jamais vu rue Daru, je ne l'ai pas photographié. Rien Milner ! Tu es un connard, tu m'emmerdes, et moi je t'emmerde ! »

Carré était sorti, claquant la porte, et Milner était resté sans bouger, peut-être durant une vingtaine de minutes, voire une demi-heure.

Le téléphone avait sonné plusieurs fois, longuement, et Milner avait fini par décrocher, posant le combiné sur le bureau, reconnaissant la voix de la secrétaire de Jean-Luc Marchal.

Il avait laissé la voix hésiter, s'irriter, se perdre, remplacée bientôt par la tonalité intermittente.

Il n'avait pas levé la tête quand Carré était rentré avec deux gobelets de café, en posant un devant lui.

« Bois, il n'est pas sucré », dit Carré en reprenant sa place en face de Milner. Puis il s'était mis à parler.

Il n'était pas suicidaire, expliqua Carré.

Pour quoi, pour qui devait-il prendre des risques ?

Pourquoi accabler Diebolt ? Pourquoi défier Diebolt ?

Pas lui, le plus coupable, mais ceux qui l'avaient maintenu à son poste, lui avaient donné des ordres, l'avaient laissé faire, fermant les yeux.

Trop utile, Diebolt, cette fois-ci encore.

Il bouclait l'affaire Berthier en grand artiste.

Berthier assassiné par Tango, lui-même tué par Jonas que

la police abattait en tentant de l'arrêter. Une boule bien lisse, une affaire de petits délinquants qui avait mal tourné.

Jean-Luc Marchal et bien d'autres au-dessus de lui auraient pu respirer librement, continuer à parler de la morale républicaine. Mais il y avait eu ce con, ce grain de merde, ce raton, Sélim Naïr. Et, malgré ça, rien ne sortirait !

Paris ville lumière ! Tu parles, Milner. Paris ville obscure où on ne faisait jamais la lumière à fond, jusque dans les coins, des pans entiers restant dans l'ombre. « Et toi, Milner, tu voudrais éclairer tout ça ? »

La voix de Carré s'était remise à trembler. Il s'interrompit, alluma une cigarette.

Milner pouvait le juger comme il voulait, disait-il. Lâche, salaud.

Soit. Il acceptait. Il se jugeait comme ça lui-même. Et alors ? Pourquoi pas ? Au nom de quoi ? Au nom de qui ?

Milner ne pouvait compter sur personne. Les journalistes ? Duprez ? Limel ? Carré ricana.

Il se souvenait de l'affaire Mathilde Serma et de tout ce qu'elle cachait : financement occulte du *Grand Journal*, suicide suspect de Jean-Marc Serma, mort de Bernard Varain, le financier du *Grand Journal*, mêlé à tout ça et que personne n'avait jamais inquiété.

Un journaliste, Serge Torri, avait bien tenté de raconter ce qu'il avait appelé *Une affaire publique*, dans laquelle les hommes politiques étaient impliqués, mais il avait dû renoncer, le silence était retombé après quelques remous.

Diebolt au cœur de tout cela, Diebolt toujours en place.

Alors, Limel, Duprez, et même maître Benoît Rimberg feraient deux ou trois petits tours de piste, et puis on changerait de musique et d'éclairage.

Ce coin-là de la scène serait à nouveau plongé dans l'ombre. Et lui, Milner, en aurait pris plein la gueule !

« Mais qui sait, qui sait, peut-être que tu aimes ça », avait conclu Carré.

« Peut-être », avait murmuré Milner.

Il s'était levé, avait tendu la main à Carré qui balbutiait, baissant la tête, tandis que Milner sortait.

63

Au fur et à mesure qu'il s'était éloigné de la rue Falguière, et, en fait, dès qu'il avait quitté son bureau au journal, commencé à longer les couloirs, cessé d'entendre les sonneries du téléphone, la voix de Garini convoquant les chefs de service pour discuter de la mise en page de la une, Xavier Limel avait senti en lui monter la fatigue.

C'était une lassitude nauséeuse qui le forçait à marcher lentement, lui donnait l'impression de tituber comme un fêtard après une nuit de beuverie.

Et c'est bien ce qu'il avait vécu, se saoulant de mots, et cela faisait si longtemps qu'il avait soif, qu'il n'écrivait plus de cette manière, les phrases s'enchaînant l'une à l'autre, les faits venant naturellement s'encastrer pour former une démonstration irréfutable !

Il n'avait presque pas eu à raturer, à faire entrer dans le corps de l'article des éléments nouveaux qu'il aurait pu oublier, tout s'était mis en place, presque du premier coup, à partir du témoignage – *à prendre sous toutes réserves*, avait-il écrit, formule de style, précaution de forme qui n'avait rien changé à son récit – de Daniel Jonard, dit Jonas.

« Très bon papier », avait dit Garini, cependant que Limel, assis sur le coin du bureau, se sentait déjà moins concerné, premier symptôme de cette fatigue qui allait le saisir. Mais il n'y avait pas pris garde, contraint de répondre à Garini qui s'inquiétait du portrait que Limel avait tracé du commissaire Diebolt, de ses méthodes.

« Recoupé, vérifié, confirmé cinq, six fois », avait répondu Xavier Limel.

Et, d'une voix traînante, lasse, il avait raconté comment il avait téléphoné à Jean-Luc Marchal, chez lui. Il lui avait lu des passages de son article : « Voilà ce que nous comptons publier demain. »

Et Marchal, après un long silence, une toux – « Il fallait l'entendre, disait Limel, il s'étranglait, j'avais presque de la pitié pour lui : au petit matin, à jeun, difficile à digérer » –, avait dit que l'Inspection générale des services avait été saisie par le ministre et que de toute évidence elle allait demander la traduction du commissaire Diebolt devant la commission disciplinaire.

Et Marchal n'avait rien ajouté quand Limel lui eut indiqué qu'il allait aussi publier cette information.

« Je peux vous citer ? » avait-il demandé.

Long silence, respiration bruyante, puis : « Citez-moi » avait dit Marchal avant de raccrocher.

« Parfait, parfait », avait murmuré Garini tout en continuant à parcourir les feuillets, revenant en arrière : « Sur Berthier, vos allusions aux affaires intimes, est-ce que… »

Mais il ne poursuivit pas, se contentant de regarder Limel qui faisait oui d'un mouvement de la tête.

Limel avait observé Garini, devinant les réticences, les inquiétudes du rédacteur en chef en dépit des éloges qu'il ne cessait de murmurer : « Très bien, Limel, étonnant », lorsqu'il avait terminé de lire une page.

Il leva alors la tête, pensif : « C'est une bombe », et, comme pour lui-même : « Je ne peux le mettre qu'en une. »

Limel était resté immobile, silencieux, obligeant Garini à répéter : « C'est un papier de une, naturellement. »

Puis, comme pour se donner le moyen d'échapper à cette conclusion, il ajouta que, d'ordinaire, ils n'ouvraient jamais le journal sur ce qui, après tout, n'était qu'un fait divers. Il jeta un coup d'œil à Limel comme pour mesurer sa résistance, savoir jusqu'où il pourrait reculer, se déjuger.

« Quand on assassine un directeur de journal, même s'il s'agit d'un mensuel, quand l'homme est l'ami de plusieurs ministres c'est un peu plus qu'un fait divers, surtout quand les Renseignements généraux manipulent l'affaire… »

Limel avait dit cela sur le seuil du bureau, lançant encore : « Mais, après tout, peut-être pas… »

Et c'est à ce moment-là qu'il s'était vraiment senti accablé, comme s'il se réveillait avec la gueule de bois, le corps moulu, incapable même de s'étirer ou de bâiller, s'appuyant à la paroi dans la cabine de l'ascenseur, restant un long moment sur le perron, face à la rue, souffrant de cette lumière vive d'une matinée fraîche qui ne le revigorait pas, mais le faisait frissonner, au contraire.

Tout en restant là, immobile, bousculé par les coursiers, salué par les confrères qui le frôlaient, l'invitaient à prendre un café – mais il ne répondait pas – il avait alors fait défiler instinctivement l'article dans sa mémoire, et c'était comme sur l'écran de l'ordinateur, à la même vitesse de déroulement, afin de lui permettre de relire : non, pas un mot, pas une virgule ne manquait, et il revoyait même les sous-titres de chaque paragraphe.

Car il avait tenu à découper lui-même son article et exigé de Garini que rien n'en fût modifié à la mise en page, et Garini, tout en bougonnant, avait noté en marge des feuillets cette obligation exceptionnelle qui allait révolter la rédaction en chef technique, obligée de composer la « titraille » de Limel : *Les méthodes particulières de l'inamovible commissaire Diebolt... L'affaire Rollin-Berthier... La manipulation... Un meurtre qui reste mystérieux*.

Toujours debout dans l'entrée, Limel se récitait chaque phrase du dernier fragment de son article, les doutes qu'il exprimait sur la culpabilité de Foulon Mantene, dit Tango, qu'on imaginait difficilement en assassin de Berthier, que tout accusait cependant et dont la mort providentielle permettait de boucler l'affaire, de la contenir dans les limites du sordide, donc du raisonnable.

« Diebolt écarté, avait-il écrit, *a peut-être rendu un dernier service. Et sa manipulation dévoilée reste encore une réussite si on ne répond pas avec certitude à la question : qui a tué Richard Berthier, et pourquoi ?* »

Dernière phrase de l'article.

Puis Xavier Limel sortit, les yeux mi-clos dans la lumière du jour trop forte.

Il avait marché sans plus pouvoir penser, épuisé, ne réussissant pas à reprendre pied, se retrouvant – déjà ou seulement – devant le Select.

Il entra par habitude dans la salle vide, commandant un café, s'accoudant au comptoir, appuyant tout son corps sur ses avant-bras, buvant ce café trop fort, puis, se tournant vers la terrasse, il avait découvert près de l'entrée une jeune femme assise, son sac posé sur la table ronde, une jupe bleu vif serrée haut sur ses cuisses, jambes croisées.

Elle fumait et le regardait d'un air provocant. Il détourna d'abord les yeux, comme s'il cherchait qui elle pouvait dévisager ainsi, mais c'était bien lui. Il la fixa longuement et elle soutint son regard, ironique, allumant une nouvelle cigarette tandis qu'il la détaillait. Elle avait des jambes musclées, la peau mate, une poitrine forte, une bouche charnue, et cet examen auquel il se livrait le désespérait.

Était-ce seulement la fatigue de la nuit, ces mots, ces phrases par longues rasades, l'excitation, la griserie d'un texte qui venait bien, où il plaçait tout ce qu'il avait accumulé, les résultats de son enquête sur Rollin, ce qu'il avait recueilli à la documentation du journal sur le commissaire Diebolt – et il avait repris les principaux éléments de l'affaire Serma –, ce qu'il savait de *L'Universel* et des habitudes de Berthier, et ses sympathies avec le pouvoir quel qu'il fût, et enfin, servant de lien à tout cela, les confidences de Daniel Jonard, le démontage d'une superbe machination qui s'était enrayée parce que le hasard avait placé, passage du Poteau, un témoin particulier dans l'engrenage, ou bien tout simplement parce que Diebolt avait perdu l'habitude du tir instinctif, ne fréquentant plus le stand d'entraînement depuis des années, et qu'ainsi la silhouette de Jonas s'était perdue du côté de Saint-Ouen, suivie par Sélim Naïr ?

Était-ce cette débauche tout intellectuelle de la nuit qui le rendait à ce point indifférent à cette jeune femme, alors qu'autrefois, quelle qu'elle eût été, il serait allé s'asseoir près d'elle, renonçant à tout ce qu'il avait prévu de faire, parce que le désir l'aurait emporté ?

Ce matin, il restait là, commandant un autre café, incapable de demander qu'on le lui servît là-bas, en terrasse, à la table de cette jeune femme qui avait sûrement des heures à perdre ou à louer, la journée peut-être ?

C'était cela, autrefois, pour Limel, Paris : le hasard des rencontres, des itinéraires, la possibilité presque quotidienne de l'imprévu, ce mouvement brownien de millions de vies qui se heurtaient, se frôlaient, parmi lesquelles il choisissait.

Si loin déjà, cette période-là de sa vie !

Tout était balisé, Paris réduit à des trajets repérés, des voies à vitesse contrôlée.

Peut-être à cause de ce corps, de ce visage de femme a quelques mètres de lui, vers lesquels il n'irait pas, il pensa à Brigitte comme il ne l'avait jamais fait depuis qu'elle l'avait quitté, au mépris qu'elle avait manifesté pour lui, aux réquisitoires dont elle l'avait accablé précisément pour cela, parce qu'il s'était laissé peu à peu réduire, ne cherchant plus à s'évader, trop las pour y songer.

La jeune femme se leva, lui jeta un dernier coup d'œil ; il pouvait encore la rejoindre, prendre derrière elle la rue Vavin.

Il y avait alentour des hôtels commodes, et peut-être autrefois lui aurait-il immédiatement proposé de partager quelques heures ou quelques minutes, et elle aurait répondu : « Pourquoi pas ? », pas vraiment putain, pas vraiment désintéressée, acceptant un petit présent qu'elle aurait placé au milieu d'un livre.

« Vous avez lu ça ? » aurait-elle demandé, *avant*.

Et *après*, seulement quelques minutes plus tard, à demi déshabillée, elle aurait dit : « C'est pas mal, tu sais ? »

Ç'avait été cela aussi, pour Limel, ce quartier de Montparnasse, Paris autrefois – Paris d'aujourd'hui pour d'autres que lui.

Il avait descendu la rue Vavin, la jeune femme perdue de vue, peut-être accostée, entraînée, aimée par un autre en ce moment même.

Et il ne se souvenait pas de la dernière fois qu'il avait fait l'amour, sans doute avec Brigitte, et, depuis rien, pas même ce désir, et c'était sans doute là la cause – ou le signe, puisque les choses vont et viennent, origine et conséquence tout à la fois – de son désespoir, de cette fatigue.

Il avait marché ainsi à petits pas vers la rue d'Assas.

Était-il le seul à ressentir cela, ou bien tous ceux de sa génération, Bory, Verdier, Mérou, Parrain – Gilles Duprez, c'était différent, peut-être parce que plus vieux, avec une autre histoire – ressentaient-ils la même chose que lui ?

Désir émoussé, enfui. Agir, pourquoi ?

Même écrire cet article, le lire d'ici deux ou trois heures à la une du journal, recevoir les coups de fil des copains, éprouver ce bref grésillement de vanité, tout en sachant qu'un journal se froisse, se jette, qu'un autre lui succède – quelle importance, cet article, aussi fugace qu'une ivresse et laissant comme elle la tête lourde, le sentiment d'avoir perdu sa nuit, cru en un mirage ?

Dans un jour ou deux, cette affaire Berthier-Rollin, tous ces mots ne seraient plus rien, qu'une trace imperceptible sur une disquette, dans une mémoire d'ordinateur, qu'une impulsion, un jour, peut-être, ferait resurgir.

Limel avait eu le sentiment de s'être une fois de plus laissé prendre aux vaines agapes que les journalistes croyaient célébrer avec la réalité.

Le vrai banquet se tenait ailleurs que dans les salles de rédaction. Là où il y avait du désir, peut-être dans cette chambre d'hôtel de la rue Jules-Chaplain où la jeune femme, qui sait, se déshabillait, ou peut-être passage du Poteau, au moment où Diebolt dégainait, et, jambes écartées, tirait, bras tendu, sur Jonas.

Réel, cela ?

Qu'est-ce qui l'était aujourd'hui ?

La guerre même, disait-on, n'était plus qu'un jeu électronique, les mots, ignorés, devenus des images. Réalité, oui, mais si « traitée » qu'on ne pouvait plus la regarder qu'en spectateur.

Il s'en voulait de cette philosophie de bazar, alors qu'il aurait dû déjà reprendre son téléphone, savoir comment réagissait Diebolt à sa mise à l'écart, obtenir une interview.

Oui, il ferait, il devait faire cela.

Mais pourquoi ? Par habitude ? Parce que c'était son métier ? Pour dévoiler la vérité de ce qui se tramait dans ce Paris des années quatre-vingt-dix ?

Comme si c'était possible, comme si Limel ne savait pas qu'on jetterait de grandes pelletées de terre sur ce qu'il avait révélé ! Et le prochain article qu'il écrirait sur l'affaire

Rollin-Berthier serait relégué en page 27 ou 28, et Garini n'aurait même pas à se justifier.

Il était entré dans le jardin du Luxembourg par la petite porte de la rue d'Assas, puis il s'était approché du parc de jeux, ému tout à coup, et il lui sembla reconnaître parmi ces cris d'enfants la voix de David, et sa fatigue se dissipa.

Il marcha vers cette voix.

Et quand il aperçut son fils qui se hissait dans une construction de poutrelles métalliques, se contorsionnant pour passer d'une barre à l'autre, il oublia tout, transporté par une bouffée de joie.

Il cria : « David, David », son fils lui tendant la main, répondant : « Je suis là, papa, je suis là ! »

64

Dès qu'Anne-Marie Bermont avait vu Xavier Limel à quelques dizaines de mètres devant elle, boulevard Raspail, portant sur ses épaules son fils qui, parfois, se penchait en arrière, riant aux éclats, elle avait ralenti le pas, veillant à laisser entre elle et lui une distance de plus en plus grande.

C'était difficile, car Limel s'immobilisait, posait son fils à terre, le confiant à cette jeune femme qui habitait le septième étage, Sylvie Pasquier, qui marchait près d'eux, poussant son bébé, tentant de retenir David qui se débattait, et Limel était contraint de le reprendre sur ses épaules.

Anne-Marie avait donc traversé rapidement sans se soucier des voitures, donnant l'impression de ne pas les voir, de se précipiter même à leur rencontre, atteignant cependant le trottoir opposé sans être renversée, avançant alors plus vite, comme si, sûre désormais de ne pas les rejoindre, elle ne voulait pas perdre de vue ces silhouettes, Xavier Limel, David qui gesticulait, Sylvie Pasquier qui tenait maintenant son fils Jérôme dans ses bras, dirigeant la poussette de la main gauche.

C'était comme une image d'elle autrefois qu'Anne-Marie Bermont poursuivait.

Souvent, en revenant du Luxembourg, Julien avait ainsi soulevé Isabelle, la juchant sur ses épaules, et elle était si fière, disant à Anne-Marie – elle avait parlé tôt, très bien, et l'on commentait autour d'eux : fille d'intellectuels, bien sûr, et l'on s'étonnait de la richesse de son vocabulaire : « Je suis plus grande que toi, maman, plus grande. »

Elle saisissait Julien par les cheveux : « Je me tiens à toi, papa, comme ça. »

Julien hurlait joyeusement.

Il semblait que cette scène perdue se déroulait à nouveau là-bas, à l'entrée de la rue Boissonade, entre David et Xavier Limel, et Anne-Marie s'était arrêtée à la hauteur du boulevard Edgar-Quinet, fermant un instant les yeux parce qu'il lui semblait entendre la voix enfantine d'Isabelle.

Elle se rappelait – et c'était une douleur insupportable – que presque dans chaque phrase qu'elle prononçait la petite disait avec un enthousiasme confiant, un élan joyeux, « papa », « maman », et même, souvent – Anne-Marie ne le découvrait qu'aujourd'hui, tant d'années plus tard –, elle semblait ne parler que pour pouvoir prononcer ces deux mots, les proclamer, s'y accrocher, se rassurer à leur sonorité.

Et, tout à coup, comme une roche friable à laquelle on s'est agrippé, ces mots s'étaient effrités, Isabelle n'avait plus pu les prononcer ensemble, Julien avait quitté la rue Boissonade.

Est-ce à ce moment-là qu'Isabelle avait commencé à appeler fréquemment ses parents par leur prénom, ou bien à réussir à parler à Anne-Marie, à l'interpeller sans même la nommer ?

Tout le sens de cette stratégie du langage de dévoilait brusquement à Anne-Marie, et quand elle avait rouvert les yeux, Xavier, David, Sylvie Pasquier et Jérôme avaient disparu dans la rue Boissonade, sans doute déjà entrés dans l'immeuble, mais, de crainte de les retrouver devant l'ascenseur, ou tremblant à l'idée qu'Isabelle serait absente de l'appartement et que l'angoisse la reprendrait, Anne-Marie Bermont ne s'était pas engagée sur la chaussée pour gagner sa rue.

Elle avait descendu au contraire le boulevard Edgar-Quinet, puis pénétré dans le cimetière du Montparnasse, avançant d'abord dans l'allée principale, puis retrouvant la tombe de Jean-Paul Sartre, se rappelant qu'ici, le jour où la foule s'était rassemblée pour le porter en terre, elle avait aperçu Julien. Isabelle avait réussi à se faufiler, à rejoindre son père.

Un instant, Anne-Marie avait cru qu'ils allaient pouvoir recommencer, Julien revenant rue Boissonade, et, l'émotion aidant, peut-être le meilleur d'eux-mêmes, ils étaient restés longtemps côte à côte, Isabelle accrochée d'un bras au cou de son père, appuyant l'autre à l'épaule d'Anne-Marie.

Puis on avait fermé la tombe de Sartre, la foule s'était

dispersée, et eux s'étaient tout à coup trouvés seuls sur le boulevard, hésitant encore, mais comme entraînés, chacun suivant sa pente.

« On va déjeuner souvent ensemble, tous les trois », avait dit Julien, penché vers Isabelle.

Elle n'avait pas répondu, disant « Je m'en vais », s'élançant résolument vers la rue Boissonade, et Anne-Marie avait couru derrière elle, Julien demeurant un moment immobile, puis s'éloignant à son tour vers le bas du boulevard.

Il aurait peut-être suffi d'un mot, d'un pas pour que tout change, et cette certitude qui l'avait envahie alors qu'elle marchait lentement dans les allées silencieuses, quasi désertes – une silhouette ici ou là arrêtée devant une stèle –, désespérait Anne-Marie.

C'était insoutenable de penser que leurs vies, au lieu de diverger, auraient pu se mêler à nouveau, et Isabelle, de ce fait, eût été si différente, rassurée sans doute, alors qu'Anne-Marie pressentait sous la raideur de sa fille – derrière son silence ou les mots méprisants qu'elle lui lançait parfois, la manière qu'elle avait de la rejeter, de se secouer quand Anne-Marie essayait de la toucher – le cri de quelqu'un qui tombait dans un gouffre, ses prises ayant lâché, ceux auxquels elle s'agrippait – son père, sa mère – s'étant dérobés.

Anne-Marie Bermont avait froid à en trembler, mais elle ne voulait pas encore rentrer, comme si elle avait peur d'affronter la réalité, le vide de l'appartement, ou Isabelle si repliée sur elle-même, la défiant d'un regard, d'un mot si brutal qu'elle préférait rester là, dans cet espace du repos tentateur.

Car elle avait envie de se coucher là, elle aussi, pour que cesse ce va-et-vient du souvenir et de l'angoisse, pour que disparaisse cette conviction qu'il eût fallu si peu de chose pour qu'une autre vie se déroulât.

Cette idée l'écartelait, déchirée entre le sentiment qu'il était trop tard, que les choses étaient jouées, que le hasard – peut-être le destin – décidait, et qu'en même temps elle avait eu à chaque fois – et à cet instant encore – le choix, mais qu'elle s'était trompée ou bien n'avait pas eu le courage.

Quand, cité de la Muette, à Drancy, elle avait croisé le regard de cet homme qu'on appelait Jonas, que Sélim Naïr bousculait en le poussant devant lui, le gardant jusqu'à ce qu'arrivent la voiture et le fourgon de la police, elle avait retrouvé cette peur panique qu'elle avait éprouvée à l'instant même de l'agression, au Forum des Halles, quand elle s'était retournée et qu'elle avait affronté les yeux de cet homme, mais, davantage que la blessure ou la contagion qu'elle avait redoutées alors, cette peur était liée au signe du destin, aux circonstances qui l'avaient placée là, de manière à ce qu'elle rencontrât cet homme.

Et c'était ce qu'elle avait ressenti à nouveau, bien qu'il fût à présent hors d'état de lui nuire.

Il avait souri ironiquement, dévoilant ses dents écartées, paraissant si bien la reconnaître qu'elle avait baissé la tête, qu'elle s'était tassée dans la voiture, près de Rimberg, et, si elle avait osé, elle aurait crié d'effroi.

Cet homme était le visage que, pour elle, le malheur avait pris, elle en était persuadée.

Et, dans la voiture, sur le trajet du retour, elle n'avait rien dit, évitant de répondre à Gilles Duprez qui proclamait sa victoire, qui répétait qu'il allait toujours jusqu'au bout de ce qu'il avait entrepris, que, Berthier mort, Jonas arrêté, restait encore Laurent Dimet, et de celui-là aussi il se chargeait. Quant à Rollin : « Vous allez vous occuper de lui, n'est-ce pas, maître ? » avait-il dit, tapotant l'épaule de Benoît Rimberg qui conduisait.

Anne-Marie n'avait pas osé dire à Duprez qu'elle voulait que tout se calme, maintenant, et si elle avait pu reprendre ses actes, ses paroles, elle l'aurait fait.

Elle craignait la force, la détermination de Duprez – même si c'était cela qui l'avait attirée en lui.

Elle regrettait d'avoir pensé, désiré, espéré tuer Laurent Dimet.

Elle avait eu tort de le dire, car les mots sont comme des flèches qui, une fois lancées, vont par elles-mêmes jusqu'au bout de leur trajectoire.

Elle se reprochait d'avoir appelé Duprez, puis Limel, quand Sélim Naïr lui avait raconté, dans le bureau des Éditions Christian Elsen, ce qu'il avait fait, et lui avait dit, le front baissé : « Il faut que vous m'aidiez. » Elle eût dû se contenter d'avertir Rimberg, le seul prudent, le seul raisonnable, comprenant tout sans qu'elle eût besoin de parler, de dire qu'elle avait peur au-delà de tout raisonnement, qu'elle ne voulait pas qu'Isabelle souffrît davantage encore de ce qui allait survenir.

Mais, une fois de plus, trop tard.

Depuis le matin, les radios – et Anne-Marie était passée de l'une à l'autre, transportant le transistor de la cuisine à la salle de bains – ne parlaient que de l'arrestation de Daniel Jonard, dit Jonas, le meurtrier de Foulon Mantene, dit Tango, cet Africain qu'on soupçonnait d'être l'assassin de Richard Berthier.

Chaque fois, le journaliste concluait qu'il s'agissait d'un règlement de comptes entre complices.

Pour sa part, Pierre-Yves Lavignat, qu'on avait interviewé, félicitait la police de son efficacité, annonçant que *L'Universel*, qu'il dirigeait désormais, s'apprêtait à publier un numéro spécial d'hommage à Richard Berthier, auxquels collaboreraient ceux qui l'avaient connu, des journalistes comme Brigitte Georges, des écrivains comme Catherine Mora ou Laurent Dimet.

À cet instant, Anne-Marie s'était retournée, devinant qu'Isabelle était là, sur le seuil de la cuisine, son blouson trop grand lui faisant une silhouette affaissée aux épaules tombantes, ses trop longs bras tirant le corps vers le sol.

Anne-Marie avait aussitôt coupé la radio, proposé à Isabelle une tasse de thé, des toasts : « Mange un peu », lui avait-elle dit.

Mais Isabelle s'était contentée de la regarder fixement, sans même répondre d'un mouvement de tête.

Puis, comme Anne-Marie répétait d'une voix suppliante : « Isabelle, Isabelle, je t'en prie », le menton de sa fille s'était mis à trembler, elle avait fait une grimace, et Anne-Marie avait eu envie de se précipiter, de la prendre contre elle, et, comme cela s'était déjà produit une nuit, Isabelle aurait éclaté en sanglots, se serait une nouvelle fois confiée, et elles seraient reparties côte à côte, amies, confiantes.

Cependant elle n'avait osé bouger, et cela aussi, dans ce

cimetière du Montparnasse, alors qu'elle se dirigeait vers la sortie, Anne-Marie le regrettait, ne comprenant pas pourquoi elle s'était ainsi sentie paralysée, peut-être par crainte d'être à nouveau repoussée.

Trop tard. Le visage d'Isabelle était redevenu lisse. Elle avait dit d'une voix sourde : « Je m'en vais. » Et c'était en effet l'heure de partir pour le lycée.

Mais, maintenant, ces mots de tous les jours, Anne-Marie, courant plus qu'elle ne marchait vers la rue Boissonade, pensait qu'ils signifiaient autre chose, qu'ils étaient l'écho de ceux qu'elle avait lancés, les mêmes, il y avait des années déjà, lors de l'enterrement de Sartre, et Anne-Marie ne voulait pas imaginer, se contentant de répéter : « Isabelle, Isabelle ! »

65

Assise à la terrasse du café qui, place Edmond-Rostand, fait face à l'entrée du jardin du Luxembourg, Hélène Milner avait cru plusieurs fois déjà reconnaître Isabelle Rivière.

Elle s'efforçait pourtant de ne pas penser à elle, de lire attentivement le *Spiegel*, et elle ne levait pas la tête, l'hebdomadaire placé entre son assiette et le saladier, mais, tout à coup, c'était plus fort qu'elle, elle voyait Isabelle.

Ce n'était d'abord que le souvenir de son visage, cette physionomie enfantine dans laquelle les yeux reflétaient déjà la douleur d'une femme, le désespoir d'une adulte blessée, et que déformait, sans qu'elle y prît garde, une expression – le menton un peu prognathe, des rides autour de la bouche – faite de détermination et de mépris, qui effrayait Hélène.

Puis, malgré elle, Hélène levait la tête, et c'était comme si ce souvenir s'incarnait. Il lui semblait que la jeune fille qui s'avançait sur le trottoir, ou bien celle qui attendait à l'arrêt de l'autobus, le 84, était Isabelle : même blouson, même pantalon de toile, mêmes cheveux longs, de couleur cendrée.

Hélène se redressait pour mieux voir, s'apprêtait à demander l'addition pour rejoindre Isabelle, – une fois même, elle avait fait un petit signe avorté –, mais l'illusion se dissipait, et à l'émotion et à la déception qu'elle ressentait, elle mesurait combien l'absence d'Isabelle Rivière la préoccupait.

Isabelle manquait depuis plus d'une semaine.

C'était la première fois qu'elle disparaissait pour une durée aussi longue, alors qu'habituellement elle ne s'absentait que pour une ou deux matinées, ou bien un après-midi. Hélène ne s'en étonnait même plus, de nombreux élèves organisant ainsi leur emploi du temps en fonction des contrôles écrits de physique ou de mathématiques, dédaignant les matières qu'ils jugeaient secondaires, l'allemand ou l'anglais.

L'administration du lycée n'y pouvait rien, le proviseur analysant cela comme « l'effet pervers d'une volonté de réussite, la prise de conscience de la hiérarchie des urgences ».

Et, avec l'emphase qui, selon les cas, le rendait, aux yeux d'Hélène, ridicule ou odieux, il ajoutait : « Nous sommes un grand lycée parisien, un épicentre des comportements scolaires. »

Hélène avait envie de claquer la porte, mais elle se contentait d'un hochement de tête, passant dans le bureau du censeur et du conseiller principal d'éducation, demandant – « Encore, s'exclamait-on, mais c'est une obsession, chère amie ! » – le dossier d'Isabelle Rivière.

Tout en le cherchant de mauvaise grâce, on lui répétait qu'une cinquantaine d'élèves du lycée se trouvaient dans la situation d'Isabelle. On ajoutait – un murmure irrité : « Si tous les professeurs venaient ici... heureusement que... »

On haussait les épaules, et Hélène Milner quittait le bureau, puis le lycée, cherchait à se rassurer, à se convaincre qu'elle n'avait aucune raison de s'inquiéter pour Isabelle, qu'une absence d'une semaine sans envoi de certificat médical était, affirmait l'administration, la règle, qu'elle n'était chargée d'aucune responsabilité particulière pour cette élève, qu'elle devait ne la considérer qu'à l'égal de Bruno Bonelli, de Sandra Favier ou de Jonathan Gonzalès, qui dérivaient, elle le sentait, et dont elle devait se préoccuper.

Mais c'était comme si Isabelle était devenue l'incarnation de ses angoisses, un personnage presque symbolique, *obsédant*, oui, pour reprendre le mot des bureaucrates du lycée – son obsession, la mesure de sa propre fragilité, des dangers qu'elle pressentait pour François, pour Gabriel, pour l'humanité même.

Cela pouvait paraître absurde – et elle se le reprochait, elle essayait de maîtriser ce mouvement de son esprit–, mais, au fur et à mesure qu'elle lisait, sur ce coin de table, un article qui démontrait méthodiquement que la guerre était au bout de la crise internationale, elle pensait de plus en plus douloureusement à Isabelle, persuadée qu'elle était menacée, que cette longue absence était anormale, qu'elle devait agir.

C'était la même chose, le soir, chez elle, quand François, rentré tard, ne répondait pas à ses questions – « Tu as arrêté ce Jonas, demandait Hélène, ils l'ont dit au journal de 20 heures, l'affaire Berthier est terminée, tu es satisfait ? »

François se contentait de bougonner, puis de dire tout à coup, comme s'il parlait pour lui-même, exprimant à haute voix une interrogation : « Si je quittais la police ? » – et il haussait les épaules : « Pourquoi pas ? »

Mais il ne lui donnait aucune explication, ajoutant parfois, quand il devinait son étonnement, son anxiété : « Je plaisante, Hélène, je plaisante. »

Il se mettait alors à parler de Gabriel, se rendant dans la chambre de l'enfant, revenant, enlaçant Hélène, murmurant : « Il est beau, notre fils. »

Mais cela ne suffisait pas à rassurer Hélène, au contraire.

Ce malaise de François, si perceptible, les coups de téléphone répétés qu'on lui adressait du ministère de l'Intérieur – il refusait de répondre, laissant la voix de la secrétaire défiler sur le répondeur : « M. Jean-Luc Marchal, du cabinet du ministre, demande à l'inspecteur Milner de le rappeler d'urgence au... » – persuadaient Hélène que François – et donc elle-même, et Gabriel – était menacé.

Et le visage d'Isabelle Rivière revenait la hanter sans qu'elle osât parler d'elle à François, se contentant de lui demander s'il avait vu ou interrogé ce Laurent Dimet qui connaissait Berthier.

François s'enfonçait alors dans un complet mutisme, un silence de tout son corps replié sur lui-même, et Hélène n'insistait pas, gardant en elle, toute la nuit, cette angoisse où tout se mêlait, les risques de guerre, la peur qu'elle éprouvait pour Gabriel, jeté dans ce monde qui n'était qu'un brasier dont les flammes parfois paraissaient s'éteindre, mais qui, en fait, brûlait toujours, repartant au moindre coup de vent vif, depuis les premiers âges, avec des flammes plus hautes à chaque fois.

Et comme Hélène ne pouvait rien empêcher, ou si peu – une signature donnée au bas d'un appel qu'un collègue lui présentait dans la cour du lycée, dérisoire –, comme elle ne savait rien de ce qui harcelait François, c'était le visage d'Isabelle Rivière qui lui revenait.

Si elle réussissait à retenir cette jeune fille, à la *sauver* – elle employait ce mot –, à faire quelque chose pour elle, le monde aussi serait sauvé, et Gabriel avec lui.

Elle se dressait sur le bord du lit, légèrement tournée vers François, n'osant le réveiller, mais sa respiration était trop régulière, l'imitation du sommeil était trop parfaite pour qu'il dormît vraiment.

Elle respectait cependant son silence, son désir d'être seul, et elle sortait de la chambre, s'asseyant dans l'obscurité du salon, consciente du ridicule de son comportement, de l'excès de ses divagations.

Elle se mettait à lire, à écrire, mais ce travail dans lequel, naguère, elle avait réussi parfois à s'enfouir, aggravait encore son angoisse.

Que n'avait-elle choisi d'étudier la littérature du Moyen Age allemand, la poésie amoureuse, plutôt que cette montée de la folie s'insinuant dans les esprits, annonçant déjà son triomphe bien avant qu'Hitler ne harangue les foules à Nuremberg ?

C'était cela qu'elle sentait revenir, ce moment où l'homme, une nouvelle fois, choisissait de massacrer l'homme.

Elle était saisie d'effroi quand, dans cette petite salle poussiéreuse, au troisième étage de l'escalier C de la Sorbonne, Jacques Hederlisch expliquait que la guerre, la violence étaient la trame même de l'histoire des hommes, que la grandeur – peut-être maléfique, il laissait à chacun le soin d'en décider – d'Hitler était d'avoir compris cela et d'avoir rationnellement – il détachait chaque syllabe, martelant de son poing le bureau – tenté d'utiliser cette donnée, d'avoir en somme voulu maîtriser l'énergie destructrice – qu'il n'avait pas inventée, créée, mais qui était le propre de l'humanité – pour construire son ordre.

Lénine n'avait pas fait autre chose. C'était pourquoi ces hommes-là étaient prométhéens.

Hélène aurait voulu que cesse ce bavardage, ce tête-à-tête que Hederlisch prolongeait comme si le cours qui précédait n'avait pas suffi à étancher son besoin de parler.

« Voilà, voilà, disait-il, et voyez-vous, chère amie, je sens la guerre renaître, et cela va être, pour certaines générations, celles qui bêlent depuis les années soixante, une surprise, un réveil brutal, mais vous et moi nous sommes historiens, nous savons, n'est-ce pas ? »

Hélène l'avait quitté horrifiée, traversant la place de la Sorbonne sans rien voir autour d'elle, et, peu à peu, comme si elle avait voulu chasser ces paroles sinistres, et qu'en même temps elle les subissait, les assimilait si complètement qu'elles devenaient une préoccupation intime, fichée en elle, elle repensait à Isabelle.

Que vais-je faire pour elle ?

Ce n'était plus l'humanité qui se précipitait à nouveau dans le brasier, ce n'étaient plus les États, les hommes qui se préparaient au carnage, mais une adolescente, Isabelle, qu'elle connaissait depuis deux ans déjà, qu'elle avait vu changer sous ses yeux, qui s'enfonçait de plus en plus vite, peut-être irrémédiablement, dans un marécage.

Elle avait appelé au secours, elle avait choisi Hélène pour confidente, pour tenter de s'agripper, de se retenir.

Et qu'avait fait Hélène ?

En quoi l'avait-elle aidée ?

Signer un manifeste contre la guerre, quelle importance, quelle influence sur cette machinerie de mort qui tournait par elle-même, alors qu'Isabelle, à portée de voix, à portée de main, se détruisait ?

Où était-elle, maintenant ?

Hélène hésitait cependant, n'osant encore traverser le Luxembourg, prendre la rue Vavin, puis le boulevard Raspail, afin de gagner la rue Boissonade, puisque c'était là – elle connaissait l'adresse par cœur, l'ayant lue dix, vingt fois sur la fiche d'Isabelle – qu'habitait Anne-Marie Bermont, sa mère.

Hélène avait un mouvement de colère contre cette femme. À quoi cela servait-il de publier des livres, de donner des interviews dans les pages littéraires des magazines, sur le roman comme apprentissage de l'altruisme, chemin vers la connaissance de l'autre, éducation sentimentale, si elle-même ne voyait rien de ce qui arrivait à sa fille ?

Hélène était donc entrée dans cette brasserie, commandant

une salade, une eau minérale, une tarte, un café, tout lui paraissant sans saveur – les tomates, glacées ; la tarte, spongieuse, elle aussi sortie du réfrigérateur ; le café, froid –, mais elle avait été obligée de rester là, puisqu'elle avait été servie, et c'était ce qu'elle voulait : gagner du temps, essayer de lire cet hebdomadaire, tenter de se calmer en fumant lentement.

Mais cette certitude, tout à coup, que c'était Isabelle qui venait sur le trottoir, et, dans un sursaut de joie, l'envie de frapper contre la vitre, la scène imaginée, Isabelle entrant dans le café, s'asseyant, et Hélène l'invitant à déjeuner, et Isabelle, tout en mangeant vite, qui disait : « Tout va bien, madame, j'ai eu une petite grippe, je rentre au lycée demain. »

Le monde retrouvait la paix, François confiait : « J'ai bouclé l'affaire Berthier-Rollin, terminée, réglée », et il soulevait Gabriel à bout de bras : « Que veux-tu, mon Billie ? disait-il. Qu'on sorte un peu, tous les trois ? »

Mais ce n'était qu'une jeune fille inconnue qui passait, et Hélène restait seule avec sa tasse de café froid.

Elle buvait et frissonnait comme si toute l'horreur et l'amertume du monde étaient devenues ce liquide épais, glacé, qui avait perdu tout son arôme.

Que devait-elle donc faire ?

Elle s'accorda encore un répit, se laissa prendre une nouvelle fois au mirage, Isabelle appuyée à l'abri d'autobus, mais l'illusion fut plus brève, l'angoisse plus forte encore, les mots de guerre, là, grimaçant dans ces colonnes, ces photos du *Spiegel* qui montraient des visages cachés par des masques à gaz, devenus groins verdâtres, gueules de monstres, visages d'hommes et d'enfants, cependant.

Et il sembla à Hélène que c'étaient les traits d'Isabelle qui s'étaient ainsi déformés, qu'on avait frappés pour qu'ils prissent cette apparence inhumaine, celle d'hommes qui, pour survivre, se défiguraient.

Hélène paya, sortit. Elle devait faire quelque chose.

Elle avait donc marché, traversé le Luxembourg, atteint la rue Boissonade, et elle s'était engagée dans l'escalier de l'immeuble qu'habitaient Anne-Marie Bermont et Isabelle Rivière, au premier étage.

66

Lorsque Justine Kraussman avait ouvert la porte de l'appartement d'Anne-Marie Bermont et qu'elle avait vu Hélène Milner qui se tenait éloignée du seuil, comme si, après avoir sonné, elle avait eu la tentation de repartir sans attendre, elle avait immédiatement reconnu cette jeune femme que Hederlisch recevait à la fin de son séminaire. Une fois même, il l'avait présentée aux quelques étudiants qui s'attardaient – Kamoun et Justine étaient parmi eux.

« Voici Mme Milner, avait-il dit, une brillante germaniste qui nous prépare une thèse remarquable, n'est-ce pas, chère amie ? Au croisement de la littérature et de l'histoire. Elle viendra exposer le résultat de ses recherches devant vous. »

La surprise de Justine était si grande, de la retrouver là sur le palier du premier étage, devant la porte d'Anne-Marie Bermont, qu'elle ne réussit pas à parler.

Hélène Milner se taisait elle aussi, comme empruntée, expliquant au bout d'un long moment qu'elle était le professeur d'allemand d'Isabelle Rivière, qu'elle s'inquiétait de l'absence de celle-ci aux cours, qu'elle avait pris la liberté…

Elle laissa sa phrase inachevée, hésitant à entrer comme, d'un signe, l'y invitait Justine.

Elle s'y décida enfin, murmura, tout en pénétrant dans l'appartement, suivant Justine dans le salon, qu'elle n'agissait qu'à titre amical, personnel, qu'elle n'était chargée par le lycée d'aucune mission officielle.

Tout à coup, elle s'interrompit : « Vous êtes la sœur d'Isabelle ? » demanda-t-elle.

D'un mouvement de tête, Justine répondit par la négative,

tout en cherchant comment allumer les deux lampes de ce salon où elle pénétrait pour la première fois, réussissant enfin à trouver les interrupteurs, désignant un fauteuil à Hélène, puis quittant la pièce.

La chambre d'Anne-Marie Bermont se trouvait au fond du couloir que des spots éclairaient, leur lumière réfléchie par la peinture laquée.

À chaque fois que Justine s'engageait dans ce couloir, elle éprouvait un sentiment d'inquiétude, comme si elle s'enfonçait dans une cavité, un boyau au bout duquel il n'y avait aucune issue.

Elle avait eu cette impression lorsque, suivant sa mère, elle était entrée pour la première fois dans cet appartement, qu'elle avait vu Anne-Marie Bermont, le visage si blanc, défait, des cernes bleutés sous les yeux, les couvertures remontées jusqu'au menton, ses bras maigres et raides sur le couvre-lit. À cause de cela, elle avait failli refuser de jouer pour quelques jours – peut-être deux à trois semaines – les gardes-malades, les dames de compagnie, même si, comme le lui avait dit sa mère, cette proposition était inespérée : cinq cents francs pour vingt-quatre heures, nourrie.

Sofia Kraussman avait insisté : « Tu ne te rends pas compte ? »

Justine avait calculé qu'au bout de trois semaines elle pourrait avoir gagné plus de dix mille francs. Elle avait finalement accepté.

Elle ne le regrettait pas.

Anne-Marie Bermont dormait le plus souvent, silencieuse quand elle était réveillée, si repliée sur elle-même que Justine avait eu dès le deuxième jour un mouvement d'affection et de pitié pour cette femme.

Elle avait commencé à lui parler, assise en face du lit.

Le docteur Sertys l'y avait encouragée. Il fallait ramener Anne-Marie Bermont à la vie, et, pour cela, les mots, un lien affectif valaient mieux que tous les médicaments.

« Une tentative de suicide, avait-il dit à Justine qui l'avait raccompagné au terme de l'une de ses visites, cela laisse toujours des séquelles. Mme Bermont est très fragile, et, bien sûr, si l'on ne retrouve pas sa fille, si celle-ci ne donne pas de ses nouvelles, la cause demeurera, le risque sera de tous les instants. Mais, d'abord, sortons-la de là. Après, après... »

Il avait souri, et Justine lui avait trouvé une bonne tête, malgré tout, malgré ce nœud papillon, cette raideur bourgeoise – pensait-elle – et cette femme, surtout, Mme Marthe Sertys, dont, par sa mère qui ne cessait de raconter et de se plaindre, elle connaissait tous les travers, toutes les mesquineries, la bêtise.

Elle se refusait d'ailleurs à la saluer, retenant cependant Kamoun qui, chaque fois qu'il la croisait dans l'entrée, la défiait d'un sourire plein de morgue, haussant les épaules quand elle lui reprochait d'emprunter l'ascenseur et l'escalier principal au lieu d'utiliser l'escalier de service.

Cela faisait cinq jours que Justine Kraussman habitait chez Anne-Marie Bermont, où elle s'était installée dans la chambre d'amis dès que la patiente était rentrée de l'hôpital après y être restée une nuit, le temps d'un lavage d'estomac, puis d'une visite du docteur Sertys qui avait obtenu qu'on la laissât sortir, dès lors qu'il la prenait en charge et qu'elle ne demeurerait pas seule.

Des liens, peut-être même de l'affection, s'étaient ainsi tissés entre Justine et Anne-Marie, et, le deuxième jour, celle-ci lui avait montré la lettre d'Isabelle qui avait provoqué son geste, ce désir de mort.

« Vous comprenez, n'est-ce pas ? Vous pouvez comprendre ? avait-elle dit à Justine. Est-ce que vous écririez cela à votre mère ? » avait-elle encore demandé avec anxiété.

Justine avait pris cette feuille de cahier qu'Anne-Marie lui tendait, papier rose quadrillé de bleu avec encoches dans la marge et quatre lignes écrites au stylo bille :

J'ai réfléchi et décidé.
Je m'en vais.
Ne me cherche pas.
Je ne veux plus vous voir

Isabelle.

Avant même que Justine eût levé les yeux, Anne-Marie – petite voix, si grande lassitude, un mot anglais venait à Justine, elle ne savait pourquoi, peut-être parce qu'il exprimait par ses sonorités mêmes l'état d'Anne-Marie : *exhausted* – avait dit : « Vous n'auriez pas écrit cela, vous, mais ma fille l'a écrit... »

Justine s'était mise à parler avec fougue, avec le sentiment que les mots pouvaient sauver Anne-Marie.

Elle avait expliqué qu'elle n'avait en effet jamais écrit cela, mais qu'elle l'avait si souvent pensé !

Elle vivait seule, d'ailleurs, et voyait rarement sa mère. Chaque fois, des tensions violentes, des indignations réciproques les séparaient. C'était inéluctable.

À leur dernière rencontre, quand Sofia Kraussman avait appris que sa fille voulait vivre – « peut-être, peut-être », avait seulement dit Justine – avec cet étudiant, l'Arabe, comme disait Sofia – Kamoun, celui qu'Anne-Marie logeait au septième étage –, ç'avait été entre elles une dispute si violente que Justine avait pensé ne plus revoir sa mère, n'éprouvant plus pour elle que du mépris.

Puis – Justine riait – un médiateur s'était interposé. Elle avait raconté la visite de Robert Blumfeld : « Tu comprends, Justine, il faut que tu imagines, pour ta mère, tu comprends... »

Il les avait invités, elle, Sofia, Kamoun, *Chez Goldenberg*, rue des Rosiers. « Kamoun, oui, Kamoun, on l'a pris pour un Juif pied-noir, séfarade, il a finalement beaucoup aimé la carpe farcie, le strudel... »

Elle s'était interrompue comme pour s'excuser d'avoir ainsi trop parlé d'elle, mais Anne-Marie Bermont semblait avoir été distraite, racontant qu'elle aussi, autrefois, était allée souvent *Chez Goldenberg*.

Elle parlait lentement, comme si chaque mot avait fait surgir en elle un souvenir.

« C'était avec Isabelle, disait-elle, un ami à moi, maître Rimberg, qui aurait cru ? Elle était alors si affectueuse... »

Et Justine, pour éviter qu'ainsi Anne-Marie ne s'enlise à nouveau, avait recommencé à parler, à raconter ce déjeuner.

Sofia Kraussman avait d'abord été réservée, hostile même. Kamoun plutôt timide, et Blumfeld, justement, avait cité le nom de maître Rimberg, pour lequel il avait accepté de témoigner.

Mais – il avait haussé les épaules – la mort était allée plus vite que la justice : Georges Rollin venait de mourir de sa belle mort dans les draps blancs de l'Hôpital américain, à Neuilly. « J'aurais aimé qu'il vive des années encore, avait ajouté Blumfeld, et qu'on les lui fasse payer d'un jour, seulement d'un jour dans les conditions que nous avons connues à Drancy, à Auschwitz. »

Justine aurait pu parler longtemps encore, mais Anne-Marie Bermont s'était endormie.

Les calmants que lui administrait le docteur Sertys l'apaisaient et le sommeil s'abattait sur elle d'un seul coup, parfois au milieu d'une phrase qui restait en suspens tandis que sa tête s'inclinait.

À ces moments-là, Justine quittait la chambre, laissant la porte ouverte, elle s'installait dans la cuisine, se mettait à lire, mais distraitement, essayant bientôt d'imaginer la vie de cette femme qui pouvait paraître comblée : cet appartement que Justine n'osait même pas explorer, comme un domaine si inaccessible qu'il valait mieux l'ignorer, ce métier d'éditeur, les livres qu'elle publiait s'entassant sur un petit bureau dans sa chambre, un mari puis des amants – et tout cela s'effondrait, et elle se retrouvait plus démunie que Sofia Kraussman, *domestique* – Justine employait ce mot comme pour s'y blesser – qui vivait dans six mètres carrés, là-haut sous les combles, entre un éboueur, un couple d'Africains et un Maghrébin.

Et c'était elle, Anne-Marie, qui avait voulu renoncer à la vie.

Quel chemin prendre ?

Tout en s'interrogeant, Justine se prépara à geste machinaux une tasse de café.

Peut-être n'y avait-il pas de chemin, peut-être fallait-il seulement, à chaque fois, choisir ce qui était le plus vrai en soi, écarter tous les calculs, toutes les mesquineries, les prudences mêmes, aller là où portait le désir, parce que là était la source de vie.

Et, après s'être assurée qu'Anne-Marie dormait toujours, Justine avait, par l'escalier de service, rejoint en courant le septième étage, poussé la porte de la chambre de Kamoun, et, sans parler – car le souffle lui manquait –, elle l'avait entraîné, descendant avec lui, le faisant entrer dans l'appartement d'Anne-Marie Bermont, le forçant à s'asseoir dans la cuisine et ne parlant toujours pas, la respiration saccadée.

Elle lui avait servi une tasse de café, s'installant en face de lui, le regardant.

Quand, enfin, le souffle lui était revenu, elle avait dit : « Alors, que décide-t-on, on vit ou on ne vit pas ? »

Kamoun avait semblé éberlué, paraissant ne pas comprendre ce qu'elle lui disait, et, sans le regarder, elle avait ajouté : « Ensemble, bien sûr. »

Ils s'étaient l'un et l'autre levés, enlacés, restant ainsi longtemps, jusqu'à ce que la sonnette de la porte d'entrée se mît à tinter.

Justine avait alors poussé Kamoun vers l'escalier de service, puis elle avait ouvert, reconnaissant aussitôt cette jeune femme, Hélène Milner.

67

Parrain, debout contre la croisée, avait longuement regardé Anne-Marie Bermont.

Il ne détournait la tête – et il voyait alors Limel, Duprez, Rimberg – qu'au moment où elle le fixait, mais le distinguait-elle vraiment ?

Elle était assise dans le fauteuil de cuir noir, à l'angle du salon, les autres s'étaient rassemblés autour de la table basse au plateau de marbre veiné de rose. David Limel, lui, allait des uns aux autres, et, à la fin, pour échapper à cette jeune femme – Sylvie, l'avait appelée Limel – qui avait servi les boissons, l'enfant s'était réfugié dans les bras d'Anne-Marie, se cachant sous le plaid dont elle avait enveloppé ses genoux.

Mais, tout en berçant David qui, comme un bébé, suçait son pouce, elle gardait les yeux fixes de ceux qui rêvent, qui oublient ce qui les entoure et suivent en eux-mêmes le mouvement de leurs pensées, essayant de retenir une image, un souvenir.

Dès qu'il l'avait vue ainsi, comme tassée sur elle-même, « petite chose grise » – et il avait eu peur de ces mots qui lui venaient : mais non, mais non, s'était-il efforcé de penser, elle a simplement les traits tirés, l'attitude d'une convalescente –, Parrain avait éprouvé pour elle un sentiment de pitié, de tendresse qu'il ne réussissait pas à contrôler, qui le pertubait.

Il ne voulait pas, lui aussi – comme Xavier Limel ou Gilles Duprez –, se laisser prendre au piège des sentiments et des émotions. C'étaient les faibles, les dupes, les naïfs qui croyaient à ces leurres.

Tout au long de la soirée, il avait donc ignoré Duprez et Limel, évité de penser à Anne-Marie, pour bavarder avec maître Rimberg, dont il appréciait la lucidité sarcastique, peut-être le cynisme.

Il s'était étonné de le rencontrer chez Limel, mais Rimberg n'avait pas répondu, marquant d'une expression dédaigneuse que la remarque lui paraissait inconvenante, que Parrain devait bien comprendre pourquoi il était là, puisqu'il savait tout et donc aussi que Rimberg, il y avait longtemps, avait été l'amant d'Anne-Marie, et un peu plus que cela, peut-être l'avait-il aimée, estimée en tout cas.

Parrain était donc resté un moment silencieux, puis il avait commencé à interroger Rimberg sur les conséquences de la mort de Georges Rollin.

Que pouvait-on faire, maintenant ? Dossier enterré, non ?

Il ricanait, répétant le mot, et Rimberg s'était contenté de dire : « Vraiment ? » Puis, après un moment de silence, il avait ajouté : « Rollin est mort, Berthier est mort, mais le Consortium de rénovation urbaine est toujours prospère, et il y a des choses à en dire, vous ne croyez pas ? Rollin l'a présidé pendant des décennies. Il a été très amical avec des tas de gens. On peut… – il s'était interrompu – … s'intéresser à ses amitiés. Elles sont si diverses, si éclectiques… »

Commençant ainsi à évoquer les affaires auxquelles Rollin, Berthier, Doriman étaient mêlés, et même – Parrain baissa la voix – « Julien Rivière, ici, avec le projet de rénovation de certains quartiers du XIVe arrondissement », l'un et l'autre retrouvaient les mots habituels, les règles du jeu qu'ils connaissaient, Parrain essayant d'obtenir de Rimberg des informations qu'il pourrait publier dans sa *Lettre confidentielle*, Rimberg lui donnant la réplique.

« Je n'écrirai rien contre Rivière », chuchota Parrain en lançant un coup d'œil vers Anne-Marie.

« Il va démissionner, répondit Rimberg, on ne peut plus le protéger. Ils lâchent du lest : Diebolt à la retraite d'office, et peut-être un procès, Rivière livré aux chacals. Le pouvoir sait toujours se défendre, n'est-ce pas ? »

Mais Rimberg avait promis quelques documents sur Doriman, et, disait-il entraînant Parrain vers la croisée, loin des autres : « Il faut voir Diebolt, je suis sûr qu'il veut parler, rencontrez-le, Parrain. Il connaît votre discrétion. »

Parrain avait écouté, n'avouant pas qu'il avait déjà vu Diebolt, dîné avec lui dans un restaurant italien de la rue Saint-Louis-en-l'Ile.

Diebolt avait d'abord été silencieux, choisissant les plats, le vin, sans parler, comme si même ces phrases-là eussent contenu une information à ne pas livrer, montrant du doigt sur la carte le cru qu'il avait choisi, le garçon lisant *Bardolino rosé*, et Diebolt confirmant d'un signe.

Ce n'est qu'au milieu du repas, après qu'on eut servi les *bocconcini al limone*, que Diebolt était sorti de son mutisme. Il n'aimait pas la cuisine italienne, sauf peut-être celle du *Harris Bar*, à Venise : « Vous n'ignorez pas que j'ai été longtemps là-bas, vous savez pourquoi ? »

Parrain fit oui d'un hochement de tête, laissant Diebolt s'avancer.

« Est-ce que vous avez écrit sur Mathilde Serma, Bernard Varain, *Le Grand Journal*, etc. ?

– Un peu, répondit Parrain, un peu.

– Affaire, simple, finalement, avait marmonné Diebolt. Affaire publique. »

Il commanda une autre bouteille de vin.

« Même leur vin est surfait. L'italien est toujours léger, de la frime. »

Puis, tout à coup, se penchant en avant, et c'était comme si son gros visage s'empourprait après un effort :

« J'espère que vous ne croyez pas à la fable de Richard Berthier tué par ce Nègre ? J'espère », murmura-t-il.

« Je ne crois à rien, dit Parrain, j'enregistre des faits. Vous avez un autre coupable ? Un nom à me donner ?

– J'ai été suspendu, mon cher, mis à la retraite, ce n'est plus de ma compétence, mais, à votre place, je m'intéresserais aux absents, à ceux qui disparaissent. Pourquoi s'enfuir quand on a la conscience pure ? Curieux, vous ne trouvez pas ? »

Quelques mots encore, puis Diebolt s'était levé, corps lourd qui se dressait en s'appuyant des paumes à la table.

« Vous m'invitez, bien sûr, avait-il dit à Parrain. Les notes de frais, moi, je n'ai plus ça. »

Il avait souri : « Je vais réfléchir, avait-il ajouté, j'ai peut-être de quoi écrire un livre. Vous pourriez m'aider, ou bien… – il avait déjà fait quelques pas, puis il revint vers la table – …je pourrais demander à Laurent Dimet, qu'en pensez-vous ? Dimet est un bon écrivain, non ? »

Du restaurant même, dès que Diebolt l'avait quitté, Parrain avait cherché à joindre Dimet, puis il avait recommencé à l'appeler de chez lui pendant une partie de la nuit, et tout le lendemain, interrogeant le nouveau patron de *L'Universel*.

« Dimet ? Pas vu, je vous assure. Vous le connaissez, il part souvent », répondit Lavignat.

Parrain avait le sentiment qu'il y a avait trop d'indifférence dans le ton de Lavignat, une affectation de désinvolture doublée d'une certaine inquiétude.

Il avait plus tard réussi à joindre l'inspecteur Milner, mais celui-ci s'était refusé à toute réponse, raccrochant sans un mot de politesse.

Quant à Xavier Limel et Gilles Duprez, ils ne croyaient pas à l'hypothèse de la culpabilité de Dimet. Ils soupçonnaient Diebolt de vouloir les lancer sur une fausse piste pour cacher sans doute un crime aux mobiles politiques et financiers.

« Avec Dimet, avait dit Duprez, le meurtre de Berthier devient une affaire de mœurs, c'est le coup de Tango en plus sophistiqué. »

Mais Parrain s'était obstiné, essayant de reconstituer l'emploi du temps de chacun pendant la nuit du meurtre, interrogeant Brigitte Georges et Pierre-Yves Lavignat chez eux, dans leur appartement de la place des Vosges.

« Laurent Dimet était avec vous, leur dit-il, il a pu, en partant d'ici… »

Adossé au mur près de la haute cheminée, les mains croisées sur la nuque, dans une pose étudiée, comme s'il allait être photographié, Lavignat avait ri, se moquant de Parrain, de l'accusation qu'il portait contre Dimet : « Accusation implicite, bien sûr, mais elle est là, derrière vos questions. »

Il s'était tourné vers Brigitte Georges, assise, enfoncée plutôt dans l'un des trois canapés de cuir blanc qui formaient devant la cheminée un U au centre duquel se trouvait une table ronde.

« Peut-on lui dire ce que nous savons ? »

Brigitte avait penché la tête.

« Vous ne l'utiliserez pas, avait repris Lavignat, c'est tout à fait *off the record*, c'est uniquement pour vous. »

Dimet, expliqua alors Lavignat avec jubilation, s'était enfui en compagnie d'une adolescente, une « minette ».

« Ça ne vous étonne pas de lui, j'imagine, ç'aurait pu être un adolescent, mais non, une jeune fille. Voyage initiatique pour elle : la Méditerranée, Sicile, Grèce, etc. Voilà. »

Trop de conviction chez Lavignat, trop d'assurance pour faire disparaître les soupçons de Parrain, même si le puzzle paraissait se mettre en place, la disparition d'Isabelle Rivière trouvant là une explication, et Gilles Duprez comme Xavier Limel avaient accepté cette hypothèse.

Limel avait alors organisé ce dîner chez lui, autour d'Anne-Marie Bermont, pour parler de cela, de la nécessité ou non de déposer une plainte pour enlèvement ou détournement de mineure contre Laurent Dimet, que l'on pourrait faire rechercher par Interpol.

Ils avaient évoqué cette éventualité entre eux, Anne-Marie Bermont paraissant ne pas les entendre, chipotant tout au long du dîner, puis, lorsqu'ils étaient retournés au salon, elle avait réclamé à Limel un plaid, parce qu'elle avait froid.

Parrain s'était éloigné, se plaçant contre la croisée, à l'écart, apercevant ainsi toute la rue Boissonade, écoutant distraitement Limel et Duprez, Rimberg qui les avait rejoints, mais qui parlait peu.

Duprez qui avait repris son récit, expliquait qu'il avait commencé à écrire, que son livre serait terminé d'ici à un mois ; Christian Elsen était intéressé, on discutait déjà contrat.

Parfois, comme s'il avait été saisi par l'inquiétude, il se levait, s'approchait d'Anne-Marie Bermont, l'embrassait, lui caressait les cheveux : « Tu vas bien ? » murmurait-il.

Elle ne hochait même pas la tête et Gilles, au bout d'un instant, retournait s'asseoir entre Limel et Rimberg.

Brusquement, Anne-Marie se redressa, laissant tomber le

plaid qu'elle ne ramassa pas, disant qu'elle descendait chez elle, que Duprez pouvait rester là, qu'elle voulait être seule, dormir.

Elle traversa le salon, et c'est Rimberg qui la raccompagna, annonçant qu'il ne remonterait pas.

Limel et Duprez demeuraient debout, empruntés, comme des acteurs qui ont oublié leur texte, et, au moment où ils s'apprêtaient à le déclamer, Anne-Marie était revenue vers eux, disant d'une voix forte.

« Je ne veux rien faire, Isabelle rentrera si elle veut. »

Immobile, Parrain avait eu envie de marcher vers Anne-Marie, de la prendre aux épaules, de dire : ce type, Dimet, est un assassin. Votre fille, si elle veut ? Si elle peut !

Mais il n'avait pas bougé.

Était-il sûr de ce qu'il croyait ? Et était-ce son rôle que de donner des conseils ?

On est lié dès qu'on parle. Et il ne voulait être entravé par rien.

Il avait quitté la croisée, passant dans la petite pièce attenante au salon, un bureau-bibliothèque où se trouvait le téléviseur.

Il appuya sur la télécommande, faisant se succéder les images, avions, tanks, carte murale du Moyen-Orient devant laquelle apparaissaient des présentateurs, et, tout à coup, d'une dernière pression du doigt, il fit surgir le visage de Brigitte Georges, grave lorsqu'elle parlait, mais avec, entre chaque phrase, un sourire de connivence, presque d'invite, que soulignait l'œil étincelant, le rouge à lèvres brillant.

La voix avait beau annoncer la mort, la guerre à venir, la bouche et le regard exprimaient une sorte de joie frémissante.

Parrain eut envie de hurler des injures et des malédictions, d'envoyer un objet se fracasser contre l'écran.

Mais, calmement, il reposa la télécommande, puis quitta la pièce, et, à une question de Gilles Duprez, il répondit d'un ton placide qu'il n'y avait rien de nouveau, que tout allait bien, comme d'habitude.

68

Sélim Naïr avait donné la télécommande à Nasser, puis il s'était assis près de son père au fond de la petite pièce, le plus loin possible de l'écran, cependant que ses deux frères s'étaient accroupis épaule contre épaule.

Izzi tentait d'obtenir de Nasser le droit de choisir la chaîne, et Nasser repoussait son cadet d'une bourrade, l'un et l'autre si proche du téléviseur que leur têtes masquaient souvent une partie de ces images que Nasser faisait se succéder si vite qu'il était impossible de saisir le sens de ce que l'on voyait.

Sélim les avait brutalement obligés à immobiliser un visage, celui de Brigitte Georges, et les deux frères avaient ricané, se tournant vers Sélim, Izzi puis Nasser esquissant un geste obscène.

Sélim les menaça d'un coup de pied, et, pour quelques instants, ils se tinrent tranquilles, si bien que Sélim put se souvenir de cette femme qu'il avait entrevue dans le hall d'entrée des Éditions Christian Elsen.

Leurs regards s'étaient croisés et Sélim n'avait pas baissé les yeux, au contraire.

Il l'avait d'abord sentie gênée, elle avait fait quelques pas, mais il ne l'avait pas lâchée, et elle avait fini par sourire, commençant à lui parler, mais Sélim s'était éloigné sans lui répondre, comme s'il n'avait pas compris qu'elle s'adressait à lui.

Maintenant qu'il la voyait au centre de l'écran – elle levait le bras pour donner la parole aux uns et aux autres, montrant un poignet potelé ; le jour où Sélim l'avait croisée, elle avait les bras nus, et il avait deviné la moiteur de ses aisselles –, il se demandait si elle lui avait vraiment parlé ou bien s'il n'avait pas lui-même imaginé cette scène.

Mais il éprouvait le même doute, le même trouble pour toute sa vie.

Qu'est-ce qui était vrai, qu'est-ce qui était faux, qu'avait-il vécu, qu'avait-il imaginé ?

Rue des Canettes, au café de la Mairie, dans l'entrée des Éditions Elsen, dans le bureau d'Anne-Marie Bermont, qui était-il ? Sélim ? Quel Sélim ?

Celui du passage du Poteau, celui qui était assis dans ce deux-pièces au troisième étage de la cité de la Muette, était aussi Sélim, mais l'un était le rêve de l'autre, et cet autre le cauchemar du premier, et c'était comme si Sélim, écartelé, n'existait nulle part – la preuve de sa vie résidait seulement dans cette tension qu'il ressentait, cette impossibilité de savoir qui il était vraiment, ce qui vraiment était réalité ou image.

Ces énormes rats qui avaient traversé le square, ici, à Drancy, les avait-il vus ou bien imaginés ?

Avait-il jamais été debout devant la fenêtre de la chambre d'Anne-Marie Bermont, contemplant le parc, croyant entendre le sifflement de ces rats, Anne-Marie couchée, nue dans le lit où il venait de l'aimer ?

Il n'était pas un épisode de sa vie qui ne parût à Sélim irréel, insaisissable : ainsi, cette longue poursuite dans les rues de Saint-Ouen, derrière cet homme aux cheveux noués, puis le retour dans la voiture de cet avocat, maître Rimberg, et enfin la police, l'interrogatoire, cet inspecteur Milner, attentif, prévenant, presque amical, qui – était-ce croyable, cela ? – avait rassuré Sélim a propos de Nasser :

« On va fermer les yeux, avait dit l'inspecteur, je ne sais rien, et si Jonard le met en cause, le juge sera compréhensif, ne vous inquiétez pas. »

Et le juge Jean Daspres, félicitant Sélim Naïr, et maître Rimberg donnant à Sélim son numéro personnel, lui demandant de l'appeler s'ils avaient, lui ou son frère, la moindre difficulté avec la police, la justice...

Tout cela, comment le faire coïncider, y croire, puisqu'il fallait aussi vivre – ou imaginer – ce moment où, à l'entrée de la cité de la Muette, une voiture de police avait bloqué la route à Sélim ?

Il roulait lentement sur le scooter des Éditions Christian Elsen, sur lequel il avait arrimé le téléviseur couleur qu'il offrait à son père et à ses frères avec la prime de fin d'année qu'il venait de toucher, presque un treizième mois, 5 822 francs exactement. Il espérait qu'ainsi Izzi et Nasser resteraient dans l'appartement au lieu de traîner dans la cité, parce que, sur le vieux téléviseur en noir et blanc, les images sautaient.

Et les trois policiers avaient cerné Sélim Naïr, agressifs: « Où tu as volé ça, Saddam ? » demanda l'un d'eux en déchirant le carton d'emballage, et Sélim – il était aussi ce Sélim-là, lâche, soumis – sortit la facture, la tendit sans lever les yeux.

« Mais dis donc, tu es riche, c'est tes femmes qui te payent tout ça ? »

Il ne répondit pas, sortit sa carte d'identité.

« Français, en plus, merde, Saddam est français ! »

Puis Sélim montra son bulletin de salaire.

Ils tournaient autour du scooter, donnaient des coups de pied dans les pneus, et Sélim commençait à trembler de rage quand, de la voiture, le chauffeur avait protesté :

« Vous avez fini de le provoquer ? Laissez-le, vous voyez bien qu'il est en règle. »

Les autres avaient lancé des jurons à l'adresse de Sélim et de leur camarade qui démarrait, commençait à rouler lentement, les obligeant à abandonner Sélim, à balancer les papiers : carte d'identité, facture, bulletin de salaire, qu'il ramassa lentement, avec la sensation de s'agenouiller à même la chaussée, de battre la terre de son front et de ses poings, de lancer des imprécations – et il lui semblait que s'il s'était laissé aller à cela, les morceaux épars de sa vie se seraient rassemblés et qu'il aurait été enfin Sélim Naïr.

À ce moment-là, il avait pensé à Kader Malik, qui, chaque fois, dans son café de la rue de la Charbonnière, l'exhortait à retrouver le chemin de la vraie vie, celui de la foi.

Cette voix douce et forte de Kader Malik était pour Sélim comme un souvenir d'enfance, des phrases que l'on chuchotait à son oreille pour qu'il s'enfonçât dans le sommeil.

C'était aussi de cela qu'il avait besoin, et peut-être pouvait-on, devait-on vivre ainsi, les yeux ouverts, la paix du sommeil en soi ? Peut-être ne réussissait-on à vivre qu'ainsi ?

Mais, dès qu'il avait quitté la rue de la Charbonnière, cessé d'entendre la voix de Kader Malik, ce désir, cet appel s'effaçaient.

Il avait envie de vivre, de regarder les femmes, de sentir qu'elles répondaient à son regard, qu'elles osaient le frôler de l'épaule quand il était accoudé au comptoir du café de la Mairie et qu'elles lui demandaient le sucrier.

Il savait – il l'avait fait – qu'il pouvait leur parler sans qu'elles se détournent, joyeuses au contraire de l'attention qu'il leur portait.

Ils allaient s'asseoir ensemble à une table, prenant un autre café, et parfois Sélim les retrouvait chez elles, et elles devenaient ensuite des amies qu'il embrassait sur les joues.

« Tu vas ? » demandaient-elles.

Il clignait des yeux. Avait-il vécu cela ? Il ne le savait déjà plus.

Il s'était laissé emporter si loin par ses souvenirs qu'il en avait oublié cet écran de télévision, comme si les images qui surgissaient en lui masquaient les autres, celles qu'à nouveau Nasser ou Izzi, chacun se disputant la télécommande, choisissait de laisser un instant sur l'écran, et c'est à peine s'il entendait ses frères les commenter, Izzi levant le poing en même temps que ces adolescents au visage masqué qui, entre deux jets de pierres, brandissaient des portraits.

Ce geste de son frère avait révolté Sélim, et il avait eu un mouvement pour se dresser, frapper Izzi, mais, à cet instant, il avait senti la main de son père se poser sur son genou, le retenir sans peser, simplement par ce poids d'une main, la tendresse qu'il devinait dans ce geste. Sélim s'était senti envahi par l'émotion, l'envie de pleurer, comme à cet instant où, passage du Poteau, il était entré dans la maison des Vota, baissant la tête pour passer sous la porte sans heurter la poutre qui soutenait la façade.

À ceux qui étaient là, une vieille femme, les trois frères Vota, il voulait dire qu'il avait réussi à prendre l'assassin, lui, Sélim Naïr, et que ce type, il l'avait livré à la police, que le tueur allait payer.

Il avait voulu leur raconter cela, mais il avait vu, assise sur un matelas, les jambes serrées entre ses bras, les mains nouées sur ses genoux, cette jeune femme aux cheveux courts ébouriffés, aux grandes boucles dorées, qui hochait un peu la tête. Elle l'avait regardé, et il avait compris qu'elle était la femme de celui qu'on avait assassiné.

Il avait eu envie de partir, et, ému aux larmes par le visage de cette femme, il s'était dirigé à reculons vers la porte.

Elle s'était alors levée, et elle lui avait paru grande, belle, comme les femmes qu'il voyait, photographiées dans certains livres que publiaient les Éditions Elsen. Il se souvenait de l'un d'eux, intitulé *Corps noirs de la beauté*, et il n'avait pas bien compris le sens de ces mots accolés l'un à l'autre, mais peut-être à cause de cela s'était-il souvenu de ce titre, et, voyant Madeleine Vota, il lui avait semblé que l'une des femmes du livre s'avançait vers lui.

Il ne savait plus ce qui était vrai, réel, imaginaire ou souvenir.

Elle lui avait pris la main, elle l'avait retenu, lui avait demandé de raconter ce qu'il avait vu, ce qu'il avait fait.

Il s'était assis, il avait parlé de son frère Nasser, du directeur du Centre de l'avenue Jean-Aicard. Elle avait dit : « Je connais Kamoun. »

Elle était debout devant le réchaud à gaz, il regardait ses jambes fines, ses hanches larges, et quand elle s'était tournée, il avait été honteux parce qu'elle avait surpris son regard, deviné ses pensées.

Mais elle était venue vers lui avec un grand verre qu'elle tenait à deux mains.

« Bois, avait-elle dit, bois, le thé doit être chaud, brûlant. C'est comme ça qu'il faut le boire. »

Et, avant de lui donner le verre, elle avait trempé ses lèvres dans le thé, buvant une petite gorgée, inclinant la tête, les yeux levés vers lui.

Il avait saisi le verre et avait placé ses lèvres là où elle avait posé les siennes.

69

Allongée sur le lit, immobile, Élisabeth Doriman essayait de vider sa tête de ses pensées, comme elle avait appris à expirer profondément, chassant dans un souffle régulier l'air de ses poumons, jusqu'au bout, jusqu'à ce que tout son corps parût vide, qu'elle eût la sensation d'être rentrée en elle, et elle ne libérait ses muscles pour inspirer qu'au moment où, après quelques secondes, il lui semblait qu'elle allait étouffer.

Elle s'efforçait ainsi de s'endormir, les mains croisées sous ses seins, la jambe droite repliée, le pied contre le genou gauche, dans l'une des positions du yoga, s'obligeant à sourire dans la nuit, parce qu'il y avait une relation, imaginait-elle, entre les expressions que l'on prenait et ce que l'on ressentait, et qu'il fallait sourire pour achever de se détendre, glisser insensiblement dans le sommeil comme on se laisse recouvrir par le flux d'un fleuve en crue, inexorable.

Les autres nuits, elle réussissait à ne même plus entendre la respiration saccadée, chaotique de Michel, son ronflement, éprouvant, à maîtriser ainsi son corps, un sentiment d'orgueil qu'elle dominait aussi, car toute sensation trop vive, toute idée trop aiguë était un facteur de trouble, et elle devait donc les éloigner d'elle, rester ce corps lisse, ce ventre plat, cette âme paisible, cette respiration régulière.

Mais, en cette nuit du 16 au 17 janvier 1991, elle ne parvenait pas à trouver le sommeil.

C'était comme si, à chaque fois qu'elle inspirait, le plus lentement, le plus calmement possible, bouche fermée, des pensées, des questions, des images emplissaient à nouveau sa tête, se répandaient en elle comme autant de miasmes, et elle avait envie de bouger – elle avait été déjà obligée de le faire, dépliant sa jambe, se tournant vers Michel, tendant le bras pour toucher son lit –, contrainte à un effort de volonté pour reprendre sa position, le rythme de sa respiration. Mais cette violence qu'elle exerçait sur elle pour tenter de se dompter était le contraire de ce qu'elle recherchait.

Elle voulait le vide en elle, et elle était un champ de bataille, comme si, dans son corps, malgré l'immobilité qu'elle préservait à ces deux ou trois mouvements près, elle s'arc-boutait pour retenir une vague tumultueuse qui charriait, en désordre, tout ce qu'elle avait vécu, tout ce qu'elle craignait.

Elle avait envie de se lever pour la fuir, accomplir des actes de diversion, comme on dévie un flot, descendre à la cuisine, se servir un verre d'eau glacée, ou bien s'installer devant le téléviseur, ou bien lire, aller respirer sur la terrasse.

Elle résistait encore, et parfois des bribes de prière – Dieu, depuis quand n'avait-elle plus prié ? – montaient à ses lèvres.

Elle s'étonnait des rugosités de sa langue, ce hollandais qu'elle ne parlait plus jamais et qui revenait en elle avec des souvenirs d'enfance – cette impression qu'elle avait quand, le matin, elle partait en classe à vélo, de heurter une paroi de glace qu'il lui fallait briser, tête baissée. Elle avait le front, les joues, le nez, les lèvres, et même les doigts, malgré ses gants, l'intérieur des cuisses, malgré ses gros bas de laine, tailladés de coupures profondes, douloureuses.

Elle avait mal, elle avait froid comme l'enfant qu'elle avait été.

Elle ne bougeait pas, elle chassa ces souvenirs, expirant, appuyant légèrement ses mains sur sa poitrine, mais, alors qu'elle recommençait à inspirer, la bouche légèrement ouverte, un peu haletante, une question simple venait, de celles que posent les enfants et qu'on tente, après, d'écarter de soi : « Pourquoi est-ce que je vis ? Pourquoi ? »

C'était comme si, depuis l'enfance, elle avait roulé sur cette piste au bord du canal, découvrant tout à coup, cette nuit, qu'il n'y avait pas de but, pas d'école où elle pourrait ranger son vélo sous un auvent, entrer dans une classe, chauffer ses mains au-dessus du radiateur, et qu'elle ne pouvait pas non plus faire demi-tour, que son père ne serait pas à l'attendre, faisant les cent pas, les mains derrière le dos, et, quand il la voyait, marchant à sa rencontre. Alors elle se laissait pousser, ne pédalant plus, un bras passé autour du cou de son père.

« Pourquoi est-ce que je vis ? Pourquoi ? »

Toute la soirée, elle s'en rendait compte maintenant, elle avait eu cette question en elle cependant qu'elle souriait, qu'elle répondait aux uns et aux autres, Jean-Luc Marchal assis à sa droite, Christian Elsen à sa gauche, et, en face d'elle, son mari, Michel, entouré par Pierre-Yves Lavignat et Karine.

Ils étaient restés longtemps à table, Marchal puis Elsen se penchant vers elle pour lui murmurer que c'était exquis.

Elle avait fait préparer une étuvée d'araignées de mer aux épices, puis une pintade fermière au foie gras rôtie, avec des pommes de terre confites au jus, et, pour dessert, un turban de chocolat accompagné d'un sorbet.

Elle aimait que ses dîners fussent parfaits, que le bourgogne que l'on servait fût à la bonne température, c'était pour elle comme autrefois une présentation de mode, il y fallait du rythme, de la beauté, et chaque détail comptait.

Elle avait appris cela et ne négligeait rien quand elle recevait, surveillant elle-même la cuisinière.

Mais, à table, elle chipotait, sans appétit, souriante, écoutant les autres.

Comment font-ils, eux, pour vivre ?

Alors qu'ils montaient au salon-fumoir par le petit escalier en colimaçon, Karine l'avait retenue, lui confiant qu'elle avait quitté Julien Rivière. Un *looser*, disait-elle, qui, au lieu de se battre pour conserver son siège, avait démissionné.

Karine avait parlé avec amertume, agressivité.

« Je n'allais pas couler avec lui, n'est-ce pas ? J'ai fait ce que j'ai pu, mais je ne suis pas responsable de ce qui arrive à sa fille, de ses maladresses. J'ai ma vie à faire ; lui, la sienne est derrière lui. »

Elle s'était arrêtée sur l'une des marches, elle se passait la main dans les cheveux.

« Vous avez vu mon émission ? Pierre Yves l'anime avec moi ; lui, la culture, bien sûr, moi les variétés. »

Karine poussa un petit rire : « Ça marche. »

Elle compara des taux d'audience, des parts de marché.

« J'ai plein d'idées », dit-elle en recommençant à monter.

Élisabeth s'était assise près d'Elsen, qui lui avait souri, mais sans prêter attention à elle, penché vers Jean-Luc Marchal. Elle devinait qu'ils parlaient d'un manuscrit de Gilles Duprez à propos de l'assassinat de Richard Berthier.

« Je ne peux pas publier ça », disait Elsen.

Il écartait les mains, le cigare au coin droit de sa bouche, les yeux plissés, toussotant, puis rejetant la tête en arrière pour souffler la fumée.

Duprez s'était emporté, racontait Elsen, il s'était même indigné.

« Les grands mots, bien sûr, nous le connaissons tous, c'est un excessif : censure de fait, pression du pouvoir – Elsen haussait les épaules –, lâcheté, etc. Je n'ai pas cédé. Qu'il fasse son livre ailleurs. Je ne veux pas publier de livres à problèmes. »

Jean-Luc Marchal hocha la tête, laissant entendre qu'il approuvait, qu'il comprenait, tout au moins.

« Que cherche-t-il ? demanda Lavignat. Un scandale ? Duprez a toujours fonctionné comme cela. Ce n'est pas un enquêteur rigoureux. Il monte des coups. Ce n'est pas l'écriture ou la démonstration qui l'intéresse, mais le spectacle, la mise en scène. Que sait-il vraiment de la mort de Berthier ? »

Lavignat était assis les jambes allongées, les bras écartés appuyés au dossier du canapé, si bien que sa main droite touchait la nuque de Karine, et Élisabeth était sans doute la seule à l'avoir remarqué – il avait commencé à la caresser du bout des doigts, Karine baissant un peu la tête, telle une chatte, pour que la main puisse remonter plus haut sous ses cheveux.

« Cette affaire Berthier, avait commencé Michel Doriman, qui va s'y intéresser encore ? La démission de Rivière – il se tourna vers Karine comme pour s'excuser –, le dossier que Rimberg a monté contre Rollin, est-ce que cela compte, aujourd'hui ? »

Marchal approuva avec gravité.

« Tu as fait le ménage, reprit Michel Doriman en tapotant le genou de Marchal. Ce commissaire Diebolt, balayé ; Rollin, mort ; Rivière, hors jeu. Maintenant, ayons le sens des proportions : quand la guerre sera là, parce qu'il y aura la guerre, peut-être cette nuit même, qui se préoccupera de cela ? Qui ? Les choses se mettront à leur vraie place, je ne m'inquiète pas.

« Qui s'inquiète ? » dit Marchal.

Ils avaient continué de parler, et peut-être était-ce ce mot, *guerre*, qui avait angoissé Élisabeth, alors qu'ils en jouaient, l'échangeaient comme un mot quelconque.

« J'ai un projet de manuscrit fort intéressant, dit Christian Elsen, une réflexion sur la guerre, plus précisément sur Hitler. L'auteur est ce professeur Hederlisch, je l'avais vu avec Rollin, une personnalité, ses idées sont contestables, mais intéressant, paradoxal... »

Lavignat approuva tout en murmurant : « Inquiétant quand même, ce type est un nazi.

– Je crois à la confrontation des idées, reprit Elsen. Ne qualifiez pas quelqu'un d'une manière aussi brutale. Vous êtes engagé. Moi, je suis éditeur, éclectique, vous comprenez ? Si ce texte de Hederlisch est intéressant, je le publie, je le verse au débat. Après, vous – il pointait son doigt vers Lavignat –, faites vos émissions, discutez-en dans *L'Universel*, c'est votre rôle. »

Pourquoi est-ce que je vis ? Pourquoi ?

Élisabeth avait raccompagné Christian Elsen et Karine qui partaient ensemble, et au moment où elle refermait la porte elle les entendit rire.

Lorsqu'elle était remontée au salon, Lavignat, Michel et Jean-Luc Marchal s'étaient rapprochés, penchés tous trois, les coudes sur leurs genoux, dans la même position, comme s'ils regardaient quelque objet posé entre eux, à leurs pieds.

Ils étaient si préoccupés qu'ils ne l'avaient pas entendue s'approcher, si bien qu'elle s'était assise à distance, devant l'une des fenêtres, regardant la ville qui lui semblait écrasée sous un grand bloc sombre et froid que teintait, à sa base, une couleur rosée.

Ils parlaient de Laurent Dimet.

Elle ne voulait pas écouter, mais Lavignat mettait une telle exaltation dans ses propos qu'elle y prêta attention malgré elle.

« C'est une lettre d'aveu, dit Lavignat. La confession d'un homme qui s'imagine condamné, et peut-être l'est-il, qui sait ?

– Vous comptez en faire état ? » demanda Marchal.

Lavignat se récria.

Bien sûr que non, disait-il. Il respecterait les volontés de Dimet, qui lui avait fait confiance. Publication seulement après sa mort.

« C'est sage », avait dit Marchal, qui, ayant vu Élisabeth se lever, avait pris congé, répété que le dîner était exquis, puis s'était ravisé.

Pouvait-on regarder un instant la télévision ?

« Nous sommes le 17 janvier depuis quelques minutes », murmura-t-il.

Mais ce n'était, d'un programme à l'autre, que l'habituelle succession de scènes qui pouvaient s'enchaîner dans le désordre, comme dans un circuit sans commencement ni fin.

Lavignat les quitta quelques minutes plus tard, murmurant à Michel qu'évidemment, comme journaliste, il était tenté de révéler ce qu'il savait, mais il y avait un devoir supérieur, n'est-ce pas ?

Il embrassa la main d'Élisabeth, releva le col de fourrure de son long manteau de cuir.

« Plus tard, plus tard, dit-il, après la guerre… »

Élisabeth n'avait demandé aucune explication à Michel qu'elle retrouva dans leur chambre.

Il était assis, en pyjama, sur le bord du lit, ne la regardant pas, pensif, murmurant que si la guerre éclatait, elle ne pouvait qu'accélérer les reclassements politiques.

Une fois le conflit terminé, le gouvernement serait remanié ou changé.

« À ce moment-là… » Il s'interrompit, puis répéta : « À ce moment-là, peut-être… »

Il leva la tête, parut découvrir Élisabeth, tendit la main.

Les autres soirs, elle s'approchait, docile, marchant vers lui comme autrefois sur une estrade, et ça n'avait pour elle ni plus ni moins d'importance, le corps faisait ce qu'il devait faire et Michel Doriman l'avait épousée pour cela – une apparence, elle le savait.

Mais, ce soir, elle avait ignoré sa main, et il n'insista pas, s'allongeant, éteignant la lampe de chevet, disant tout en bâillant : « Laurent Dimet a écrit à Lavignat une lettre-testament à publier après sa mort. »

Il s'interrompit, se moucha longuement. Dimet s'accusait du meurtre de Berthier, prétendant avoir le sida, et il avait quitté la France avec la fille de Rivière.

« Vrai, faux, est-ce qu'on sait ? »

Michel s'était tourné sur le côté.

« Cette étuvée d'araignées de mer, une saveur, mais le bourgogne, un peu lourd peut-être.

– Je n'ai pas trouvé », dit Élisabeth.

« Drame de la passion, de la jalousie, de la maladie, pense Lavignat. Berthier était un instable, Dimet un violent. S'il a réellement le sida, le geste s'explique. »

Michel prit une longue inspiration.

« Il est peut-être parti dans le Golfe, dit-il d'un ton amusé en se tournant vers Élisabeth. Tu ne dors pas ? »

Elle éteignit sa lampe. Elle dormait. Il lui souhaita bonne nuit, murmura encore que, pour cette fille, évidemment, c'était triste. « Quelle folie d'avoir des enfants, quelle folie ! »

Il commença à respirer bruyamment et, après une sorte de grognement, il se mit à ronfler.

Elle était là, à un mètre de ce corps. Là.

Pourquoi est-ce que je vis ? Pourquoi ?

Elle réussissait de moins en moins à contrôler sa respiration. C'était comme si elle était obligée d'expirer et d'inspirer de plus en plus vite, un halètement, comme quand, sur cette route, le matin, alors que la nuit enveloppait encore la campagne et qu'il semblait qu'à l'exception de la piste cyclable, tout fût recouvert d'eau, elle se mettait debout sur ses pédales pour fuir la peur qui la poursuivait, atteindre l'école au plus tôt, retrouver la chaleur.

Mais il n'y avait plus d'école, plus de chaleur, simplement, sous ses mains croisées, ce cœur qui battait de plus en plus fort, qu'elle ne parvenait pas à calmer, et c'était, venant de son ventre, montant en elle, un sanglot ou une nausée, comme une grande houle qui allait se briser en cri.

Pourquoi est-ce que je vis, pourquoi suis-je ici, dans cette ville, si loin de chez moi, si loin de mon enfance, si loin ?

Elle ne criait pas, elle pleurait silencieusement et des larmes coulaient sur son visage alors qu'elle continuait de sourire, comme dans une grimace.

Comme si elle avait voulu contenir quelque douleur, elle pressait sur son ventre un battement qu'elle sentait là, sous sa peau tendue, un battement qui n'était que le sien, pas celui d'un enfant qu'elle aurait porté, qu'elle ne portait pas, qu'elle ne voulait pas de Michel, jamais.

Pourquoi est-ce que je vis, pourquoi ?

Elle s'était levée d'un bond. Elle ne pouvait plus rester allongée.

Elle descendit à la cuisine, puis elle ouvrit la porte-fenêtre donnant sur la terrasse et y resta longuement, pour se laisser envelopper par la nuit et le froid, comme si ces sensations physiques avaient pu être une réponse à la question qu'elle se posait.

Pourquoi est-ce qu'elle vivait ?

Parce qu'elle était un morceau de la nuit, une partie de ce froid un bref frisson du monde.

Elle tremblait.

Elle était donc rentrée, montée au salon, et elle s'était allongée sur le canapé, allumant pour la première fois depuis des années une cigarette, plus calme, aspirant goulûment la fumée, gonflant son ventre comme dans un désir d'enfant.

Elle était allée se faire du café, très fort, et elle en respirait l'arôme comme si elle redécouvrait des saveurs de la vie auxquelles elle avait renoncé.

Elle était remontée au salon, tenant la Thermos chaude contre elle, entre ses seins.

Elle ne dormirait pas cette nuit-là.

Après tout, quelle importance ?

Elle avait appuyé sur la télécommande et le visage de Brigitte Georges avait occupé l'écran du téléviseur, lèvres brillantes, bleu teintant discrètement ses paupières.

« *Le porte-parole de la Maison-Blanche,* disait-elle d'une voix un peu claironnante, *M. Marlin Fitzwater, à 1 h 10, heure de Paris, a annoncé que, ce matin à 0 h 40, heure de Paris, les forces aériennes…* »

Élisabeth se tassa.

C'était donc la guerre.

Elle rentra la tête dans ses épaules comme autrefois, quand elle était toute petite et qu'elle pédalait dans la nuit, contre le vent.

Paris, juin 1991.

DU MÊME AUTEUR

Romans

Le Cortège des vainqueurs, Laffont, 1972.
Un pas vers la mer, Laffont, 1973, et J'ai Lu.
L'Oiseau des origines, Laffont, 1974, et J'ai Lu.
La Baie des Anges :
I. *La Baie des Anges*, Laffont, 1975, et J'ai Lu.
II. *Le Palais des Fêtes*, Laffont, 1976, et J'ai Lu.
III. *La Promenade des Anglais*, Laffont, 1976, et J'ai Lu.
La Baie des Anges, 1 vol., coll. « Bouquins», Laffont, 1982.
Que sont les siècles pour la mer, Laffont, 1977.
Les hommes naissent tous le même jour :
I. *Aurore*, Laffont, 1978.
II. *Crépuscule*, Laffont, 1979.
Une affaire intime, Laffont, 1979.
France, Grasset, 1980.
Un crime très ordinaire, Grasset, 1982.
La Demeure des puissants, Grasset, 1983.
Le Beau Rivage, Grasset, 1985.
Belle Époque, Grasset, 1986.
La Route Napoléon, Laffont, 1987.
Une affaire publique, Laffont, 1989.
Le Regard des femmes, Laffont, 1991.

Histoire, essais

L'Italie de Mussolini, Perrin, 1964 et 1982, et Marabout.
L'Affaire d'Éthiopie, Le Centurion, 1967.
Gauchisme, réformisme et révolution, Laffont, 1968.
Maximilien Robespierre. Histoire d'une solitude, Perrin, 1968 et 1989.
Histoire de l'Espagne franquiste, Laffont, 1969, et Marabout.
Cinquième Colonne, 1939-1940, Plon, 1970 et 1980, éd. Complexe, 1984.
Tombeau pour la Commune, Laffont, 1971.
La Nuit des Longs Couteaux, Laffont, 1971.

La Mafia, mythe et réalités, Seghers, 1972.
L'Affiche, miroir de l'histoire, Laffont, 1973 et 1989.
Le Pouvoir à vif, Laffont, 1978.
Le XXe siècle, Perrin, 1979.
Garibaldi, la force d'un destin, Fayard, 1982.
La Troisième Alliance, Fayard, 1984.
Les idées décident de tout, Galilée, 1984.
Le Grand Jaurès, Laffont, 1984, et Presses Pocket.
Lettre ouverte à Robespierre sur les nouveaux Muscadins, Albin Michel, 1986.
Que passe la Justice du Roi, Laffont 1987.
Jules Vallès, Laffont, 1988.
Les Clés de l'histoire contemporaine, Laffont, 1989.
Manifeste pour une fin de siècle obscure, Odile Jacob, 1990.
La gauche est morte, vive la gauche, Odile jacob, 1990.

Politique-fiction

La Grande Peur de 1989, Laffont, 1966.

Conte

La Bague magique, Casterman, 1981.

En collaboration

Au nom de tous les miens, de Martin Gray, Laffont, 1971.

Traduction

Guerre des gangs à Golfe-City, de David Gallway.

Composition réalisée par INFOPRINT

IMPRIMÉ EN FRANCE PAR BRODARD ET TAUPIN
Usine de La Flèche (Sarthe).
LIBRAIRIE GÉNÉRALE FRANÇAISE - 6, rue Pierre-Sarrazin - 75006 Paris.
ISBN : 2 - 253 - 06405 - X

30/9681/5